주니어 백엔드 개발자가
반드시 알아야 할 실무 지식

주니어 백엔드 개발자가 반드시 알아야 할 실무 지식

시행착오를 줄여주는 실무 밀착 백엔드 개발 가이드

초판 1쇄 발행 2025년 4월 28일
초판 2쇄 발행 2025년 6월 5일
초판 3쇄 발행 2025년 11월 10일

지은이 최범균 / **펴낸이** 임백준
펴낸곳 한빛미디어 / **주소** 서울시 서대문구 연희로2길 62 콘텐츠2부
전화 02-325-5544 / **팩스** 02-336-7124
등록 1999년 6월 24일 제2017-000058호 / **ISBN** 979-11-6921-374-5 93000

총괄 이복연 / **책임편집** 홍성신 / **기획·편집** 김대현
디자인 표지 박정우 내지 최연희 / **전산편집** 다인
영업마케팅 송경석, 김형진, 장경환, 조유미, 한종진, 이행은, 고광일, 성화정, 김한솔, 전차은 / **제작** 박성우, 김정우

한빛미디어는 한빛앤(주)의 IT 출판 브랜드입니다.

이 책에 대한 의견이나 오탈자 및 잘못된 내용은 출판사 홈페이지나 아래 이메일로 알려주십시오.
파본은 구매처에서 교환하실 수 있습니다. 책값은 뒤표지에 표시되어 있습니다.

홈페이지 www.hanbit.co.kr / **이메일** ask@hanbit.co.kr

Published by HanbitN, Inc. Printed in Korea
Copyright © 2025 최범균 & HanbitN, Inc.

이 책의 저작권은 최범균과 한빛앤(주)에 있습니다.
저작권법에 의해 보호를 받는 저작물이므로 무단 복제 및 무단 전재를 금합니다.

지금 하지 않으면 할 수 없는 일이 있습니다.
책으로 펴내고 싶은 아이디어나 원고를 메일(writer@hanbit.co.kr)로 보내주세요.
한빛앤(주)는 여러분의 소중한 경험과 지식을 기다리고 있습니다.

시행착오를 줄여주는
실무 밀착 백엔드 개발 가이드

주니어 백엔드 개발자가 반드시 알아야 할 실무 지식

최범균 지음

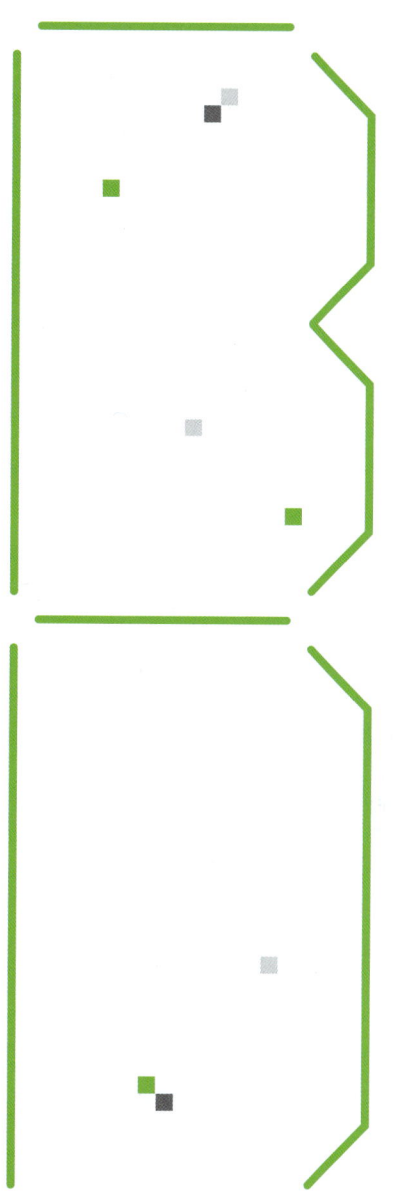

한빛미디어
Hanbit Media, Inc.

저자의 말

백엔드 개발자로서 경력을 쌓아 나가다 보니 코드 외에도 다양한 기초 지식이 필요하다는 사실을 알게 되었다. 백엔드 개발자로서 제대로 역할을 수행하려면 스프링 프레임워크 같은 기술을 이용해서 필요한 기능을 구현하는 것 외에도 성능부터 네트워크 구성까지 알아야 할 내용이 많았다. 이런 내용은 그때그때 학습을 통해 채우거나 동료 개발자의 힘을 빌려 배우기도 했다.

시간이 지나 시니어 개발자의 위치에 서게 되면서 구성원에게 코드 외에 살펴보아야 할 내용을 공유하고 안내하는 역할을 맡게 되었다. 이 과정에서 반복적으로 등장하는 주제가 있었고, 이 주제를 하나로 모아 공유하면 좋겠다는 생각을 하게 됐다. 이것이 이 책을 쓰게 된 계기이다.

이 책은 성능에 대한 내용부터 네트워크에 이르기까지 초보 서버 개발자가 알아두면 좋을 기초 지식을 제공하는 것을 목표로 한다. 개인적으로는 DRY$^{Don't\ Repeat\ Yourself}$ 원칙을 지키는 결과물이기도 하다. 그동안 비슷한 내용을 반복해서 동료 개발자에게 설명했는데, 이 책을 통해 그 반복이 줄어들기를 바란다.

최범균

저자 소개

최범균 madvirus@madvirus.net

코딩하는 걸 좋아하고 나이 들어서도 코딩하고 싶은 개발자다. 좋은 책과 글을 쓰고 싶어 하며 유튜브나 SNS로 개발 관련 이야기를 나누고 있다.

저서
- 『도메인 주도 개발 시작하기』(2022, 한빛미디어)
- 『육각형 개발자』(2023, 한빛미디어)

이 책에 대하여

대상 독자

이 책은 백엔드 개발을 시작한 지 몇 년 안 된 주니어 개발자를 대상으로 한다. 백엔드 개발자로 성장하기 위해 필요한 다양한 기초 지식을 쌓을 수 있을 것이다.

이후에 더 깊은 이해가 필요하면 한 주제를 전문적으로 다룬 책이나 자료를 참고하길 바란다.

책의 구성

이 책에서는 총 10개의 주제를 다룬다.

2장에서는 성능의 핵심 지표인 응답 시간과 처리량에 대해 알아본다. 또한 성능과 관련된 다양한 주제(커넥션 풀, 캐시 등)에 대해 알아보고 이를 통해 응답 시간을 낮추고 처리량을 높이는 방법을 살펴본다.

3장에서는 DB와 관련된 내용을 다룬다. 인덱스를 이해하고 조회 성능을 높이기 위한 몇 가지 방법을 소개하며, 쿼리 타임아웃을 포함한 몇 가지 주의 사항도 함께 살펴본다.

4장에서는 마이크로서비스가 증가하는 환경에서 고려해야 할 내용을 다룬다. 타임아웃, 재시도, 동시 요청 제한, 서킷 브레이커에 대해 알아보고 외부 연동과 DB 연동을 함께 할 때 주의할 점도 살펴본다.

5장은 비동기 외부 연동에 대해 다룬다. 비동기 외부 연동을 위한 5가지 방법을 소개한다. 먼저 스레드를 이용한 방식과 메시징을 이용한 방식을 살펴보고, DB 트랜잭션을 고려한 트랜잭션 아웃박스 패턴을 소개한다. 이어서 배치를 이용한 전송과 CDC를 활용한 데이터 복제 방식도 알아본다.

6장은 서버 프로그래밍에서 신경 써야 할 동시성에 대해 다룬다. 프로세스 수준에서 동시성을 제어하기 위한 몇 가지 방법을 알아보고, DB의 잠금을 이용한 동시성 제어 방식과 잠금을 사용할 때 주의할 점도 함께 알아본다.

7장은 서버 처리량에 큰 영향을 주는 IO와 성능의 관계를 알아본다. IO로 인한 대기가 자원 효율에 미치는 영향을 살펴보고 이를 해소하기 위한 2가지 방법인 가상 스레드와 논블로킹 IO에 대해 알아본다.

이 책에 대하여

8장에서는 개발자가 놓치기 쉬운 보안에 대해 다룬다. 인증과 인가의 기본 개념을 정리하고, 2가지 암호화 방식인 단방향 암호화와 양방향 암호화를 소개한다. HMAC을 이용한 데이터 검증 방식과 보안에 도움이 되는 몇 가지 방법도 함께 알아본다.

9장과 10장은 개발자가 소홀하기 쉬운 서버 관리와 네트워크 기초를 다룬다. 9장에서는 OS 계정과 권한, 프로세스, 디스크 용량 관리 등 백엔드 개발자가 알고 있어야 할 서버 관리 기초 지식을 정리한다. 10장에서는 IP, NAT, VPN 같은 네트워크 기초 지식을 설명한다.

마지막으로 11장에서는 열 번째 주제로 자주 사용하는 서버 아키텍처 패턴을 소개한다. MVC 패턴, 계층형 아키텍처, DDD의 전술 패턴, 마이크로서비스 아키텍처, 이벤트 기반 아키텍처, CQRS 패턴을 다룬다.

이 외에 부록 A부터 C까지는 백엔드 개발자가 참고하면 좋을 내용을 추가로 담고 있다. 부록 A에서는 성능 테스트의 기초를 다룬다. 본인이 만든 서버의 성능을 측정할 때 도움이 될 것이다.

부록 B에서는 NoSQL에 대해 간략히 소개한다. 특별한 이유가 없다면 익숙한 RDBMS를 사용하는 것이 좋지만, 필요할 때 NoSQL을 도입할 수 있으려면 NoSQL의 개념과 특징 정도는 알고 있어야 한다고 생각한다.

부록 C에서는 DB를 이용한 분산 잠금 구현 방법을 설명한다. 간단한 분산 잠금이 필요할 때 참고하면 도움이 될 것이다.

아무쪼록 이 책이 주니어 백엔드 개발자에게 도움이 되길 바란다.

정오표와 피드백

편집 과정에서 오탈자를 확인하는 절차를 거쳤음에도 미처 발견하지 못한 오탈자나 내용에 대한 오류는 출판사 도서 정보 페이지에 등록할 수 있다. 책과 관련한 궁금한 점은 저자 이메일로 문의하기를 바란다.

CONTENTS

저자의 말 ··· 4
저자 소개 ·· 4
이 책에 대하여 ··· 5

Chapter 01 | 들어가며

코딩을 할 수 있게 된 것일 뿐 ·· 14

Chapter 02 | 느려진 서비스, 어디부터 봐야 할까

처리량과 응답 시간 ·· 18
서버 성능 개선 기초 ·· 25

Chapter 03 | 성능을 좌우하는 DB 설계와 쿼리

성능에 핵심인 DB ·· 52
조회 트래픽을 고려한 인덱스 설계 ·· 54
몇 가지 조회 성능 개선 방법 ·· 63
알아두면 좋을 몇 가지 주의 사항 ·· 77
실패와 트랜잭션 고려하기 ·· 86

Chapter 04 | 외부 연동이 문제일 때 살펴봐야 할 것들

우리는 문제가 없는데 ·· 90
타임아웃 ·· 91
재시도 ·· 96
동시 요청 제한 ·· 100

CONTENTS

서킷 브레이커 · 102
외부 연동과 DB 연동 · 104
HTTP 커넥션 풀 · 109
연동 서비스 이중화 · 111

Chapter 05 | 비동기 연동, 언제 어떻게 써야 할까

동기 연동과 비동기 연동 · 114
별도 스레드로 실행하기 · 120
메시징 · 124
트랜잭션 아웃박스 패턴 · 134
배치 전송 · 138
CDC(Change Data Capture) · 142

Chapter 06 | 동시성, 데이터가 꼬이기 전에 잡아야 한다

서버와 동시 실행 · 148
잘못된 데이터 공유로 인한 문제 예사 · 152
프로세스 수준에서의 동시 접근 제어 · 156
DB와 동시성 · 169
잠금 사용 시 주의 사항 · 178
단일 스레드로 처리하기 · 183

Chapter 07 | IO 병목, 어떻게 해결하지

네트워크 IO와 자원 효율 · 188
가상 스레드로 자원 효율 높이기 · 192

논블로킹 IO로 성능 더 높이기 · 199
언제 어떤 방법을 택할까 · 208

Chapter 08 | 실무에서 꼭 필요한 보안 지식

중요한 보안 · 212
인증과 인가 · 214
데이터 암호화 · 225
HMAC을 이용한 데이터 검증 · 236
방화벽으로 필요한 트래픽만 허용하기 · 239
감사 로그(audit log) 남기기 · 241
데이터 노출 줄이기 · 242
비정상 접근 처리 · 243
시큐어 코딩 · 244
개인 보안 · 246

Chapter 09 | 최소한 알고 있어야 할 서버 지식

개발자와 서버 · 250
OS 계정과 권한 · 251
프로세스 확인하기 · 257
백그라운드 프로세스 · 259
디스크 용량 관리 · 262
파일 디스크립터 제한 · 266
시간 맞추기 · 270
크론으로 스케줄링하기 · 271
alias 등록하기 · 274
네트워크 정보 확인 · 276

CONTENTS

Chapter 10 | 모르면 답답해지는 네트워크 기초

- 네트워크 기초를 모르면 ··· 282
- 노드, 네트워크, 라우터 ··· 283
- IP 주소와 도메인 ··· 285
- NAT ··· 290
- VPN ··· 292
- 프로토콜과 TCP, UDP, QUIC ··· 294

Chapter 11 | 자주 쓰는 서버 구조와 설계 패턴

- MVC 패턴 ··· 300
- 계층형 아키텍처 ··· 302
- DDD와 전술 패턴 ··· 305
- 마이크로서비스 아키텍처 ··· 307
- 이벤트 기반 아키텍처 ··· 310
- CQRS 패턴 ··· 312

Appendix A | 처음 해보는 성능 테스트를 위한 기본 정리

- 성능 테스트 종류 ··· 316
- 포화점과 버클존 ··· 317
- 주요 측정 지표 ··· 319
- 성능 테스트 설계 시 고려 사항 ··· 321
- 성능 테스트 도구 ··· 324
- 성능 테스트 실행 시 주의 사항 ··· 326

Appendix B | NoSQL 이해하기

NoSQL이란 · 330
NoSQL 종류 · 333
NoSQL 도입 시 고려 사항 · 336
CAP 정리 · 338

Appendix C | DB로 분산 잠금 구현하기

잠금 정보 저장 테이블 · 343
분산 잠금 동작 · 344
DB 잠금 구현 · 345

찾아보기 · 352

Chapter 01

1장

들어가며

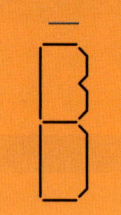
코딩을 할 수 있게 된 것일 뿐

신입으로 들어온 개발자 A가 있다. 개발자 A는 내부 직원이 사용할 간단한 사이트를 만들고 있었다. 기능 구현은 순조로웠다. 입사 전에 포트폴리오를 만들면서 필요한 구현 기술을 경험했기에 새로운 기술을 익혀야 하는 어려움도 없었다. 개발 PC에 톰캣 서버와 MySQL을 설치하고 제대로 동작하는지 확인도 했다. 기대한 대로 동작한다. 개발 서버에 배포한 뒤 기획팀에 테스트를 요청했다.

얼마 안 가 오류가 발생한다는 연락을 받았다. 개발자 A가 개발 주소에 접근하니 DB에 연결할 수 없다는 오류가 발생한다. 개발 DB에 이상이 있나 싶어서 확인했다. 개발 DB 자체는 연결이 잘 된다. 일단 개발 서버를 재시작했다. 이제 잘 된다. 기획팀에 다시 해보라고 연락했다.

하지만 제대로 실행되는 시간은 오래가지 않았다. 개발자 A는 뭐가 문제인지 알 수 없어서 선배 개발자에게 도움을 요청했다. 선배 개발자는 코드를 훑어보더니 "커넥션을 안 닫았네요"라고 말한다. 일부 코드에서 사용이 끝난 DB 커넥션을 닫지 않은 것이다.

```java
// 개발자 A가 작성한 문제의 코드
Connection conn = ds.getConnection(); // 커넥션 풀에서 구함
try {

} catch(Exception e) {
    ... 에러 처리
}
// conn.close()가 누락 -> 커넥션 풀에 반환하지 않음
```

DB 커넥션을 사용한 뒤 풀에 반환하지 않았고, 그로 인해 커넥션이 누수되었다. 결국 풀에 있던 모든 커넥션이 소진되었고, 이때부터 풀에서 새로운 커넥션을 가져올 수 없는 오류가 발생했다.

개발자 A는 커넥션 누수가 발생하는 버그를 모두 찾아 수정하고 개발 서버에 배포했다. 이후 다시 기획팀에 테스트를 요청했다. 시간이 좀 지났는데도 오류가 발생한다는 연락이 오지 않았다. 개발자 A는 안도하며 자신감을 느낀 채 퇴근했다.

그런데 다음날 문제가 다시 발생했다. DB에 또다시 연결할 수 없었다. 개발자 A는 커넥션을 풀에 반환하지 않는 코드가 남아 있는지 다시 살펴봤다. 하지만 그런 코드는 없었다. 아무리 생각해도 원인을 알 수 없던 개발자 A는 다시 선배 개발자에게 도움을 요청했다. 선배 개발자는 DB 오류 메시지와 커넥션 풀 설정을 보더니 "커넥션의 최대 연결 시간 설정이 없네요"라고 말한다. 개발자 A는 이게 무슨 소리인가 싶어 다시 물어봤다. "최대 연결 시간이 없는 게 어떤 문제죠?" 선배 개발자는 DBMS 자체적으로 커넥션 유지 시간이 설정되어 있는데 풀에 있는 커넥션의 연결 시간이 DBMS의 설정 시간을 초과하면서 발생한 문제라고 원인을 알려줬다.

커넥션 풀의 커넥션 최대 유지 시간을 알맞게 설정한 후 다시 개발 서버에 배포했다. 이제 시간이 지나도 DB 연결이 안 되는 문제가 발생하지 않았다.

개발자 A 이야기는 가상의 사례지만 실제로 흔히 발생하는 문제 중 하나다. 스프링과 같은 프레임워크를 사용하면서 커넥션을 반환하지 않는 문제는 줄었지만, 커넥션 풀을 잘못 설정해서 DB 연결이 제대로 되지 않는 문제는 지금도 초보자들이 자주 겪는다.

초보 백엔드 개발자가 몰라서 저지르는 실수는 이뿐만이 아니다. 보안에 매우 취약한 코드를 작성하기도 하고, 처음에는 잘 동작하지만 시간이 지나면서 급격히 느려지는 시스템을 만들기도 한다. 스프링부트, Go, Node.js를 사용해 API 서버를 만드는 방법을 익혔다 하더라도 이것은 서버 개발자가 알아야 할 지식의 일부에 지나지 않는다. 서버 개발을 위해 알아야 할 다양한 기초 지식을 모르면 실제 서비스 운영 과정에서 여러 문제가 발생할 수 있다.

필자 역시 기초 지식이 부족해서 많은 실수를 저질렀다. 그러나 경험이 쌓이고 부족했던 지식을 학습하면서 실수를 줄일 수 있었다. 이러한 경험을 바탕으로 이 책을 썼다. 이 책은 필자가 직접 경험하고 학습한 내용 중에서 초보 백엔드 개발자에게 도움이 될만한 기초적인 지식을 정리한 것이다. 하나의 주제를 깊게 다루기보다는 성능, 외부 연동, 보안 등 초보 백엔드 개발자가 반드시 알아야 할 여러 주제의 기초적인 내용을 다룬다. 이를 통해 여러분은 과거의 필자처럼 기초 부족으로 인한 어이없는 실수를 하지 않기를 바란다.

Chapter 02

2장

느려진 서비스, 어디부터 봐야 할까

이 장에서 다룰 내용
- 처리량과 응답 시간
- 병목 지점과 확장
- DB 커넥션 풀
- 서버 캐시
- 정적 자원과 캐시/CDN
- 대기 처리

처리량과 응답 시간

앱을 실행했을 때 로딩 중인 이미지가 오래 표시되거나 통신사 사이트에서 요금 정보를 조회하는 데 10초 이상 걸린다면 흔히 성능이 나쁘다고 말한다. 성능이 저하되면 가장 눈에 띄는 현상은 결과가 늦게 표시되는 것이다. 너무 오래 걸려서 타임아웃(시간 초과) 에러가 발생하기도 한다.

사용자는 무언가를 실행할 때 동작하기까지 걸린 시간으로 성능을 판단하지만 실제로는 다양한 지표가 성능과 관련되어 있다. 네트워크 속도, 디스크 속도, 메모리 크기, 디바이스(스마트폰)의 CPU 속도 등이 여기에 해당한다. 이런 다양한 지표 중에서 서버 성능과 관련 있는 중요한 지표를 2가지 꼽자면 응답 시간과 처리량을 들 수 있다.

응답 시간

먼저 응답 시간[1]을 알아보자. 응답 시간은 사용자의 요청을 처리하는 데 걸리는 시간을 의미한다. [그림 2.1]은 전형적인 API 호출 과정을 나타낸 것이다. 이 그림에서 API를 호출(과정 1)하고 전체 JSON 응답을 받을 때까지(과정 1.3) 소요된 시간이 바로 응답 시간이다.

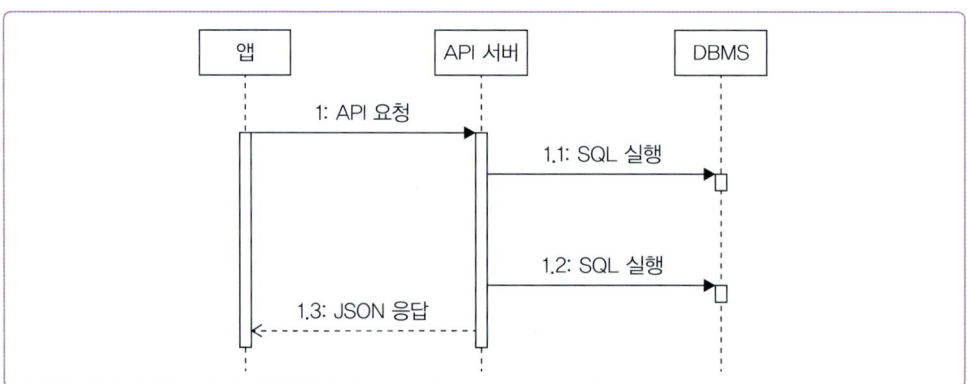

그림 2.1 API 서버의 간단한 실행 흐름

---

1 성능 측정 도구에서 응답 시간은 주로 response time으로 표시한다.

응답 시간을 구성하는 요소에 대해 좀 더 자세히 살펴보자. 하나의 API 요청을 처리하는 데 걸리는 전체 시간은 [그림 2.2]와 같이 구성된다.

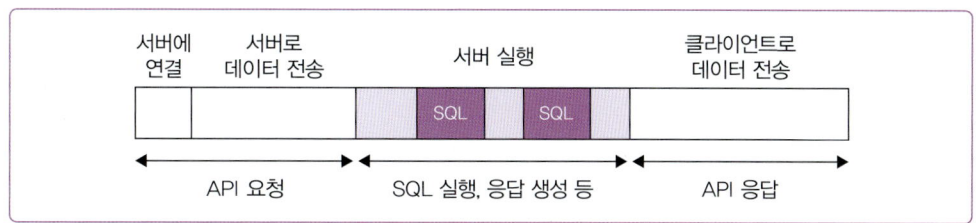

그림 2.2 응답 시간의 구성

클라이언트(앱이나 브라우저)가 서버로 요청을 보내는 과정은 크게 2단계로 이루어진다.

1. 서버에 연결: TCP를 이용해서 서버에 연결한다.
2. 데이터 전송: 정해진 규칙(프로토콜)에 따라 데이터를 서버에 전송한다. 예를 들어, HTTP 프로토콜에 따라 POST 방식으로 JSON 데이터를 보낼 수 있다.

서버는 로직을 실행한 다음에 응답 데이터를 클라이언트에 전송한다. 응답 데이터를 전송할 때는 API 요청 과정에서 서버와 연결된 소켓을 이용한다.

응답 시간은 다음과 같이 2가지로 나누어 측정하기도 한다.

- TTFB(Time to First Byte): 응답 데이터 중 첫 번째 바이트가 도착할 때까지 걸린 시간
- TTLB(Time to Last Byte): 응답 데이터의 마지막 바이트가 도착할 때까지 걸린 시간

응답 데이터의 크기가 작다면 TTFB와 TTLB의 차이가 크지 않다. 하지만 파일 다운로드처럼 전송할 데이터가 크거나 네트워크 속도가 느리면 TTFB와 TTLB의 차이가 커질 수 있다. 따라서 서버 성능을 올바르게 평가하려면 데이터 특성이나 네트워크 환경을 고려해 TTFB와 TTLB 중 적절한 지표를 선택해 측정해야 한다.

응답 시간은 0.025초처럼 1초보다 짧을 때가 많다. 그래서 성능 측정을 위해 응답 시간을 잴 때는 1/1000초인 밀리초 단위를 사용한다. 밀리초를 표현할 때는 10ms처럼 'ms'를 뒤에 붙인다.

> **Column** 응답 시간은 중요하다
>
> 응답 시간이 사업에 주는 영향은 크다. 오래된 자료이긴 하지만 구글이 공개한 'Speed Matters for Google Web Search'[2]에 따르면 검색 지연 시간이 길어질수록 사용자당 검색 횟수가 줄어드는 경향이 확인되었다.
>
> ---
> **100ms 지연 시: 검색 횟수 0.2% 감소**
> **400ms 지연 시: 검색 횟수 0.6% 감소**
>
> ---
>
> 더욱이 지연 시간을 다시 원래대로 복구한 이후에도 검색 횟수 감소세가 지속되었다고 한다. 비슷한 시기에 아마존도 응답 시간과 관련된 통계를 발표했다. 응답 시간이 100ms 증가할 때마다 매출이 1% 감소한다는 내용이었다.
>
> 응답 시간이 증가하면 트래픽과 매출이 줄어든다. 반대로 응답 시간을 줄여야 트래픽과 매출이 줄지 않는다. 응답 시간을 줄인다고 해서 매출이 반드시 증가하는 것은 아니지만 응답 시간이 길어질수록 서비스에 부정적인 영향을 주는 것은 확실하다.

[그림 2.2]에서 봤듯이 응답 시간은 API 요청 전송 시간, 서버의 처리 시간, API 응답 전송 시간으로 나뉜다. 서버 개발자는 주로 서버의 처리 시간을 확인한다. 서버 처리 시간은 다음과 같은 요소를 포함한다.

- 로직 수행(if, for 등)
- DB 연동(SQL 실행)
- 외부 API 연동
- 응답 데이터 생성(전송)

이 중에서도 DB 연동과 외부 API 연동이 큰 비중을 차지한다. 다음은 필자가 경험한 서비스에서 실제 한 요청의 처리 시간을 측정한 결과다.

- 전체 처리 시간: 348ms
- API 연동 1(외부 네트워크에 존재하는 API 호출): 186ms(53%)
- API 연동 2(내부 네트워크에 존재하는 API 호출): 44ms(13%)
- DB 연동(SQL 실행 6회): 101ms(29%)
- 로직 수행: 17ms(5%)

---

[2] https://blog.research.google/2009/06/speed-matters.html

API 연동 2번만으로 전체 처리 시간의 66%나 차지한다. DB 연동도 29%를 차지한다. 반면 로직 수행 시간은 5%에 불과하다. API 연동이 없는 경우라면 DB 연동이 전체 실행 시간의 70~80% 이상을 차지한다. 이러한 이유로 응답 시간을 줄일 때 DB 연동과 API 연동 시간에 집중한다.

처리량

처리량[3]은 단위 시간당 시스템이 처리하는 작업량을 의미하는데 흔히 TPS나 RPS로 처리량을 나타낸다. TPS는 초당 트랜잭션 수를 의미하는 transaction per second의 약자이고 RPS는 초당 요청 수를 의미하는 request per second의 약자이다. 서버의 성능 지표를 표현할 때 TPS나 RPS를 구분 없이 혼용하기도 하지만 이 책에서는 TPS를 사용한다.

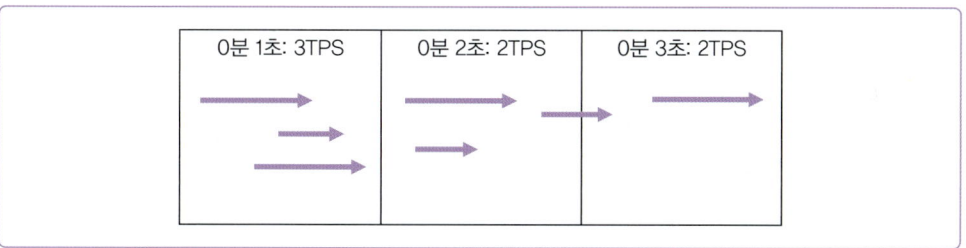

그림 2.3 TPS는 초당 처리한 트랜잭션 수를 나타낸다.

[그림 2.3]에서 화살표는 요청을 의미하고 화살표의 길이는 응답 시간을 나타낸다. 0분 1초 구간에는 완료된 요청이 3개이므로 이 구간의 TPS는 3이다. 0분 2초 구간에서 완료된 요청은 2개이므로 TPS는 2가 된다.

최대 TPS는 시스템이 처리할 수 있는 최대 요청 수를 의미한다. 예를 들어, 서버가 한 번에 5개의 요청을 처리할 수 있다고 가정하자. 이때 요청당 처리 시간이 1초라면 최대 TPS는 5가 된다. 동시에 들어오는 요청 수가 최대 TPS를 초과하면 서버는 초과한 요청을 나중에 처리한다.

---

3   성능 측정 도구에서 처리량은 throughput으로 표현한다.

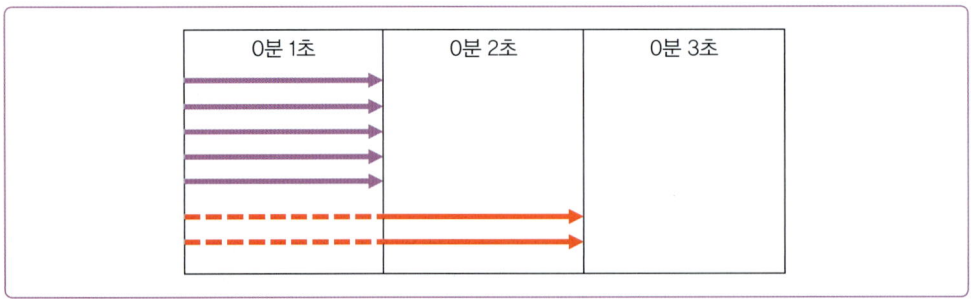

그림 2.4 요청이 최대 TPS를 초과하면 응답 시간이 지연된다.

[그림 2.4]는 최대 TPS를 초과하는 요청이 들어왔을 때 사용자 입장에서 응답 시간이 증가하는 문제를 보여준다. 최대 TPS가 5인 서버에 동시에 7개의 요청이 들어오면 이 중 5개만 바로 처리할 수 있다. 나머지 2개는 먼저 실행된 5개의 요청이 끝난 후에야 처리할 수 있다. 사용자 입장에서 먼저 처리된 5개의 요청은 응답 시간이 1초지만 나중에 처리된 2개의 요청은 응답 시간이 2초가 된다(기다리는 시간 1초와 실제 처리한 시간 1초).

응답 시간의 증가는 사용자 이탈로 이어질 수 있다(앞의 '응답 시간은 중요하다' 참고). 이를 방지하려면 다음 2가지 방법을 고려해야 한다.

- 서비가 동시에 처리할 수 있는 요청 수를 늘려 대기 시간 줄이기
- 처리 시간 자체를 줄여 대기 시간 줄이기

두 방법을 적용하면 TPS를 높일 수 있다.

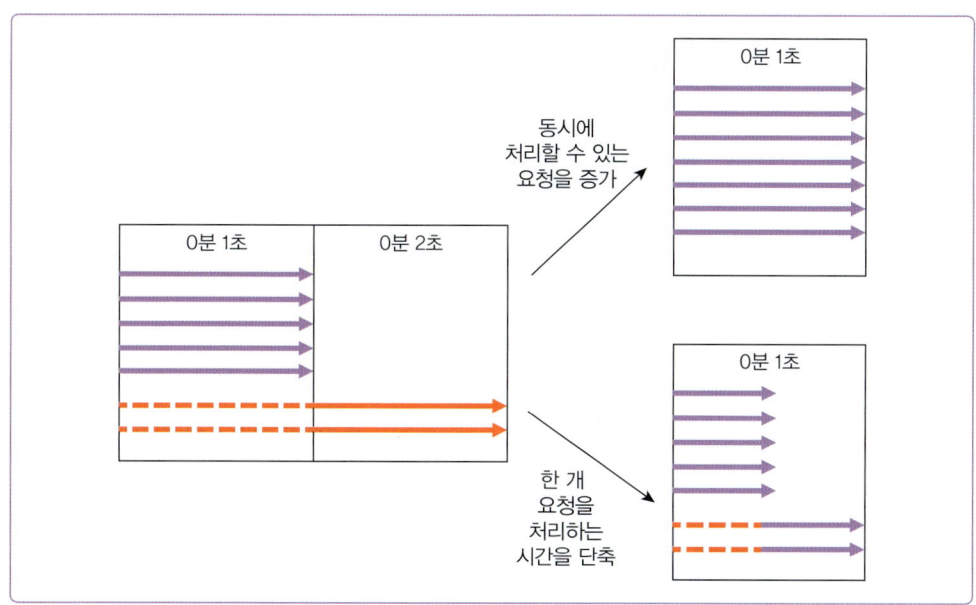

그림 2.5 TPS를 높이려면 동시에 처리할 수 있는 요청 수를 늘리거나 처리 시간을 단축해야 한다.

성능을 개선하려면 먼저 현재 서버의 TPS와 응답 시간을 알아야 한다. 막연히 성능이 느리다고 말하면서 이것저것 시도하면 안 된다. 트래픽이 많은 시간대의 TPS와 응답 시간이 얼마인지 측정하고, 이 결과를 바탕으로 목표 TPS와 응답 시간을 설정하고 효과적인 성능 개선안을 도출해야 한다.

TPS를 확인하는 가장 간단한 방법은 모니터링 시스템을 활용하는 것이다. 스카우터, 핀포인트, 뉴렐릭 같은 도구를 사용하면 실시간 TPS뿐 아니라 과거 특정 시점의 TPS도 확인할 수 있다.

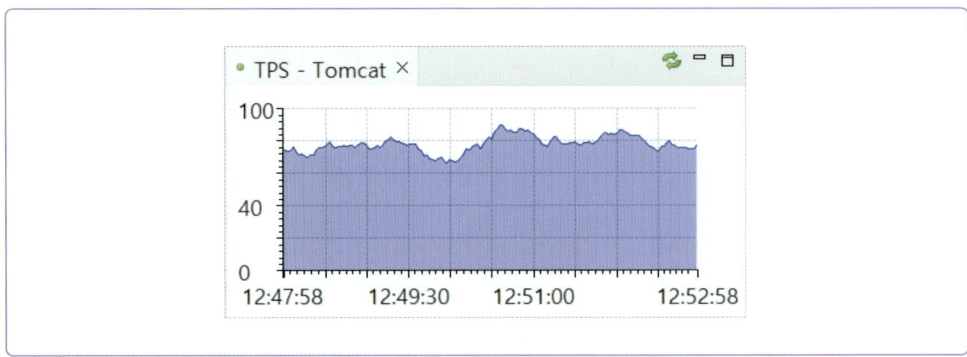

그림 2.6 모니터링 도구를 사용하면 실시간으로 TPS를 확인할 수 있다. 이 그림은 스카우터가 제공하는 TPS 그래프이다.

> **Memo**
>
> 많은 모니터링 시스템이 TPS를 구할 때 근사치를 사용한다. 예를 들어 5초 간격으로 처리한 요청 수를 구한 뒤 이를 5로 나눠 TPS를 계산하는 식이다. 더욱 정확한 TPS를 알고 싶다면 웹 서버 접근 로그를 활용하면 된다. 엘라스틱서치 같은 별도 시스템에 접근 로그를 수집한 뒤 집계하면 된다.
>
> 엘라스틱서치나 핀포인트 같은 도구가 없다면 접근 로그를 파싱해서 TPS를 구해도 된다. 다소 번거롭긴 하지만 약간의 리눅스 명령어와 코딩만으로도 TPS를 산출할 수 있다.

서버 성능 개선 기초

병목 지점

서비스 초기에는 성능 문제가 잘 발생하지 않는다. 사용자 수, 트래픽, 데이터베이스 크기 등이 모두 작기 때문이다. 성능 문제는 사용자가 늘면서 점차 나타난다. 트래픽이 늘고 데이터가 쌓이면서 간헐적으로 응답 시간이 느려지는 현상이 발생한다.

이런 증상을 방치하면 어느 순간 심각한 성능 문제가 터진다. 이때 나타나는 전형적인 증상은 다음과 같다.

- 순간적으로 모든 사용자 요청에 대한 응답 시간이 심각하게 느려진다. 10초 이상 걸리는 요청이 늘어나고 다수의 요청에서 연결 시간 초과와 같은 오류가 발생한다.
- 서버를 재시작하면 잠시 괜찮다가 다시 응답 시간이 느려지는 현상이 반복된다.
- 트래픽이 줄어들 때까지 심각한 상황이 계속된다.

트래픽이 증가하면서 성능 문제가 발생하는 주된 이유는 시스템이 수용할 수 있는 최대 TPS를 초과하는 트래픽이 유입되기 때문이다. 시스템이 제공할 수 있는 최대 TPS를 높이지 않으면 증가하는 트래픽을 적절히 처리할 수 없다.

TPS를 높이려면 먼저 성능 문제가 발생하는 지점을 찾아야 한다. 문제 지점을 찾는 간단한 방법은 처리 시간이 오래 걸리는 작업을 식별하는 것이다. 성능 문제는 응답 시간이 길어지면서 발생하는 경우가 많기 때문이다. 경험에 의해 감으로 오래 걸릴 것 같은 코드를 추측할 수도 있지만 가능하다면 실제 실행 시간을 측정해야 한다. 이때 모니터링 도구가 유용하다. 대부분의 모니터링 도구는 실행 시간 추적 기능을 제공하므로 이 기능을 활용하면 성능 문제가 발생하는 시점에 어떤 코드에서 실행 시간이 오래 걸렸는지 찾을 수 있다. 적절한 모니터링 도구가 없다면 로그라도 남겨야 한다. 의심되는 코드의 실행 시간을 로그로 남겨두면 나중에 성능 문제가 다시 발생했을 때 개선할 부분을 찾는 데 도움이 된다.

일반적인 서버는 DB나 다른 API와 연동한다. 필자의 경험상 성능 문제는 주로 DB나 외부 API를 연동하는 과정에서 발생했다.

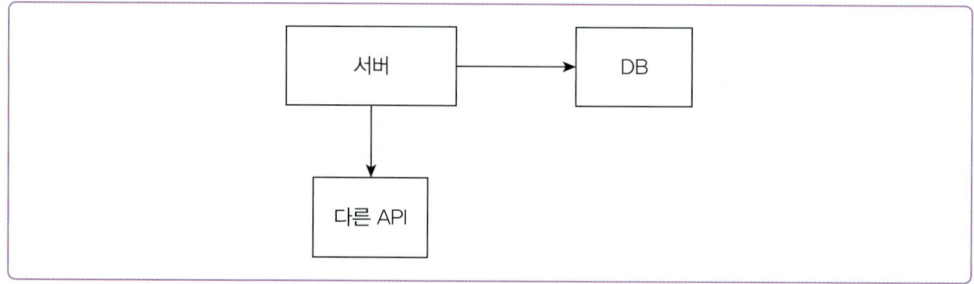

그림 2.7 서버 성능 문제는 주로 DB 연동이나 API 연동 과정에서 발생한다.

여기에서는 서버 관점에서 처리량과 응답 시간을 개선하는 방법을 중심으로 살펴보자. DB와 관련해 서버 개발자가 알아야 할 기초 내용은 3장에서, 외부 연동과 관련된 내용은 4장에서 다룰 것이다.

수직 확장과 수평 확장

성능 문제를 일으키는 원인을 찾았다면 빠르게 적용할 수 있는 개선안을 도출해야 한다. 사용자가 서비스를 이용하지 못하는 상황에서 이를 방치한 채 시간만 오래 걸리는 개선 방안을 시도할 수는 없다. 일단 급한 불을 끄고 나서 근본적인 해결책을 모색해야 한다.

급한 불을 끄는 방법 중 하나는 수직 확장scale-up을 하는 것이다. 수직 확장은 CPU, 메모리, 디스크 등의 자원을 증가시키는 것을 말한다. 더 빠른 CPU로 바꾸거나 CPU 코어수를 늘리고 메모리를 확장하고 디스크를 SSD로 바꾸는 것만으로도 성능이 개선될 수 있다. 클라우드 환경에서 비교적 빠르게 시도할 수 있는 방법이다.

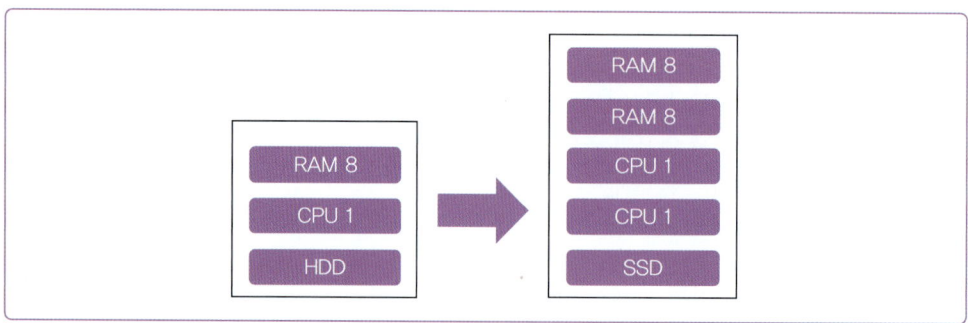

그림 2.8 수직 확장은 응답 시간을 줄이고 처리량을 높여준다.

필자도 수직 확장을 통해 긴급한 상황을 해결한 경험이 있다. 예전에 M사 서비스에 장애가 발생해서 급히 대응한 적이 있다. M사 서비스는 사용자가 조금만 몰려도 전체 시스템이 먹통이 되는 문제가 있었다. 원인은 DB 성능에 있었다. 실행되는 쿼리, 테이블 설계 등 여러 면에서 문제가 있었으며 근본적으로 해결하려면 많은 시간이 필요했다. 그래서 우선 진행한 작업이 DB 장비의 수직 확장이었다. 고성능 CPU로 교체하고 메모리도 증설했다. 이를 통해 일단 서비스를 재개할 수 있었다. 완전히 중단되는 것보다 다소 느리더라도 서비스를 제공하는 게 낫기 때문이다. 또한 문제 원인을 해소할 방안을 찾고 적용할 수 있는 시간도 벌 수 있었다.

수직 확장이 DB에서만 효과가 있는 것은 아니다. 서버도 메모리 부족으로 성능 문제가 발생할 수 있다. 예를 들어 서버 메모리가 512MB일 때 동시에 처리할 수 있는 요청 개수가 200개라면 동시 요청이 250개로 늘어나는 것만으로도 응답 시간이 증가하기 시작한다. 이때 서버 메모리를 1GB로 증설하기만 해도 TPS를 늘릴 수 있다.

수직 확장은 즉각적인 효과를 바로 얻을 수 있지만 트래픽이 지속해서 증가하면 언젠가 결국 또다시 성능 문제가 발생한다. 그때마다 수직 확장을 반복할 수는 없다. 수직 확장은 비용이 많이 들기 때문이다. 또한 한 대의 장비가 감당할 수 있는 용량에도 한계가 있다. 따라서 트래픽이 증가하면 서버를 추가로 투입해 TPS를 높이는 방법도 고려해야 한다. 이렇게 서버를 늘리는 방법을 수평 확장scale-out이라고 한다.

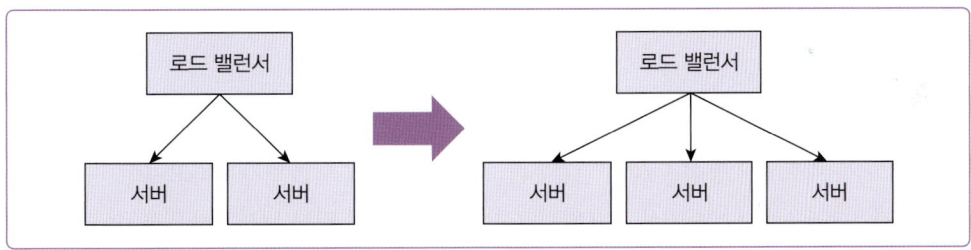

그림 2.9 수평 확장으로 처리량을 증가시킨다.

> **알아두기   로드 밸런서**
>
> 서버가 두 대 이상이면 로드 밸런서load balancer가 필요하다. 로드 밸런서는 사용자 트래픽을 각 서버에 골고루 분배해서 한 서버에 사용자 트래픽이 몰리지 않도록 한다. 이를 통해 전체 서버 자원을 효율적으로 활용할 수 있다.
>
> 로드 밸런서가 트래픽을 알맞게 분산시키기 위해 사용하는 방식은 크게 정적인 방식과 동적인 방식으로 나뉜다.

> 정적인 방식의 대표적인 예로는 라운드 로빈과 IP 해시 방식이 있다. 라운드 로빈 방식은 클라이언트의 요청을 각 서버에 순차적으로 분배하는 방식이다. IP 해시 방식은 클라이언트의 IP 주소를 해시한 값을 기반으로 요청을 전달할 서버를 결정한다. IP 해시값은 동일하기 때문에 동일한 클라이언트는 항상 같은 서버로 연결되도록 해준다.
>
> 동적인 방식은 서버의 현재 상태에 따라 트래픽을 분산하는 방식으로 트래픽이 적은 서버에 요청을 보내는 형태로 동작한다. 예를 들어 연결 수가 더 적은 서버에 요청을 보내거나, 응답 시간이 더 짧은 서버에 요청을 보내는 식이다.

TPS를 높이기 위해 무턱대고 서버를 추가해서는 안 된다. 실제 병목 지점이 어디인지 파악하는 게 중요하다. DB에서 성능 문제가 발생하고 있는데 서버를 추가로 투입하면 불에 기름을 붓는 격이다. DB에 문제가 있는 상황에서 DB를 사용하는 서버를 더 늘리면 DB에 가해지는 부하가 더 커지고 성능 문제는 더 악화된다. 외부 API의 성능이 문제인 경우도 마찬가지다. 외부 API의 성능이 개선되지 않는 한 서버를 추가한다고 해도 TPS는 향상되지 않는다. DB나 외부 API에 성능 문제가 발생하지 않는 범위 내에서만 수평 확장을 해야 효과가 있다.

DB 커넥션 풀

DB를 사용하려면 다음과 같이 3단계를 거친다.

1. DB에 연결한다.
2. 쿼리를 실행한다.
3. 사용이 끝나면 연결을 종료한다.

서버와 DB는 네트워크 통신을 통해 연결된다. 이때 네트워크 연결을 생성하고 종료하는 데 걸리는 시간은 0.5초에서 1초 이상 소요되기도 한다. 이 시간이 길게 느껴지지 않을 수도 있지만 실제로는 매우 긴 시간이다. 예를 들어 실행 시간이 10ms에 불과한 짧은 쿼리를 실행하기 위해 연결과 종료에 50ms(0.05초)가 걸린다고 하자. 단순히 계산해도 전체 처리 시간인 60ms 중 80% 이상이 DB의 연결 및 종료에 쓰이게 된다.

네트워크에서 DB를 연결하고 종료하는 시간은 전체 응답 시간에 영향을 준다. 응답 시간이 길어지면 전체 처리량은 떨어진다. 트래픽이 증가하면 이러한 현상은 더 두드러진다. 매 요청마다 DB를 연결하고 종료하면 트래픽이 증가할 때 급격하게 처리량이 떨어지기도 한다.

이런 문제를 피하기 위해 DB 커넥션 풀을 사용한다. DB 커넥션 풀은 DB에 연결된 커넥션을 미리 생성해서 보관한다. 애플리케이션은 DB 작업이 필요할 때 풀에서 커넥션을 가져와 사용하고, 작업이 끝나면 다시 풀에 반환한다. 커넥션 풀을 사용하면 이미 연결된 커넥션을 재사용하기 때문에 응답 시간이 줄어드는 장점이 있다.

많이 사용하는 프레임워크나 언어도 DB 커넥션 풀을 지원한다. 서버 개발에서 DB 커넥션 풀을 사용하는 것은 필수라는 얘기다. 스프링 부트는 HikariCP를 커넥션 풀로 사용하며 Go 언어는 자체적으로 DB 커넥션 풀을 지원할 정도다.

커넥션 풀은 다양한 설정을 제공한다. 그중 중요한 설정은 다음과 같다.

- 커넥션 풀 크기(또는 최소 크기, 최대 크기)
- 풀에 커넥션이 없을 때 커넥션을 구할 때까지 대기할 시간
- 커넥션의 유지 시간(최대 유휴 시간, 최대 유지 시간)

각 설정이 성능과 품질에 어떤 영향을 주는지 차례대로 살펴보자.

커넥션 풀 크기

커넥션 풀 크기는 커넥션 풀에 미리 생성해둘 커넥션 개수를 지정하는 설정이다. 커넥션 풀 크기는 커넥션 풀 설정에서 가장 중요하다. 서버는 주로 DB와 통신하기 때문에, DB 연결을 관리하는 DB 커넥션 풀 크기를 잘못 설정하면 성능에 큰 영향을 준다. 다음과 같은 상황을 가정해보자.

- 커넥션 풀 크기는 5다.
- 한 요청에서 쿼리를 실행하는 데 1초 걸린다.
- 계산을 쉽게 하기 위해 데이터 전송 시간은 무시한다.

[그림 2.10]처럼 서버에 6개의 요청이 동시에 들어왔을 때 이 중 5개 요청은 풀에서 커넥션을 가져올 수 있다. 반면 나머지 1개 요청은 사용할 수 있는 커넥션이 없으므로 다른 요청이 커넥션 사용을 끝내고 풀에 반환할 때까지 기다려야 한다.

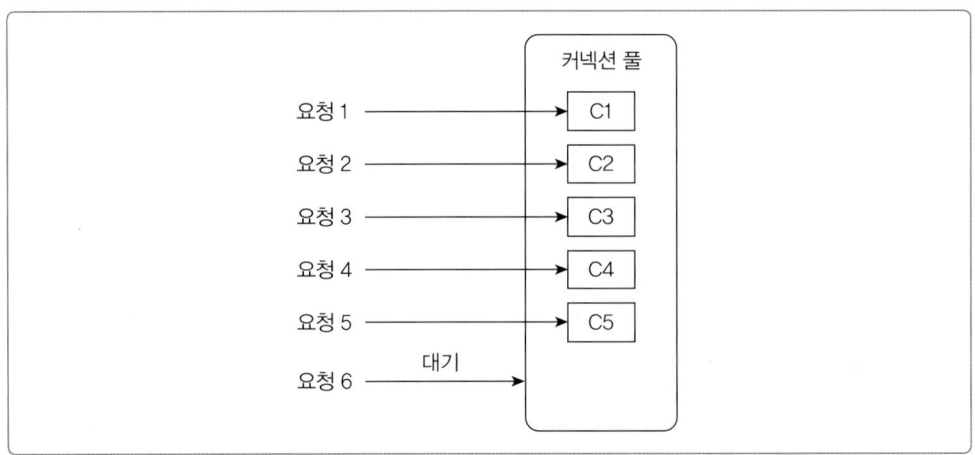

그림 2.10 풀의 모든 커넥션이 사용 중이면 다른 요청은 풀에 유휴 커넥션이 생길 때까지 대기하게 된다.

풀에서 커넥션을 얻기 위해 대기하는 시간을 줄이려면 전체 응답 시간과 TPS를 고려하여 커넥션 풀 크기를 지정해야 한다. 커넥션 풀 크기가 5이고 한 요청에서 쿼리를 실행하는 데 0.1초가 걸린다고 가정해보자. 이때 1초에 처리할 수 있는 요청 수는 50이 된다(1초/0.1초*5). 즉 동시에 50개의 요청이 들어오더라도 모두 1초 안에 처리가 끝난다. 물론 어떤 요청은 바로 커넥션을 얻어 실행되고, 어떤 요청은 커넥션을 구하기 위해 0.9초를 기다릴 수도 있지만 모두 1초 안에 처리할 수 있다.

반면 커넥션 풀 크기가 5이고 한 요청의 쿼리 실행 시간이 0.5초라면 1초에 처리할 수 있는 요청 수는 10으로 줄어든다(1초/0.5초*5). 이 상태에서 동시에 50개의 요청이 들어오면 모든 요청을 처리하는 데 5초가 걸리게 된다. 어떤 요청은 0.5초 만에 실행이 끝나지만, 다른 요청은 커넥션을 구하기 위해 4.5초를 기다렸다가 쿼리를 실행한다. 응답 시간 기준으로 5초는 꽤나 긴 시간이다. 이때는 응답 시간을 줄이기 위해 커넥션 풀 크기를 50으로 늘려 모든 요청을 0.5초 이내에 처리할 수 있다.

커넥션 풀의 구현 방식에 따라 다르지만 일반적인 커넥션 풀은 최소 크기와 최대 크기를 설정할 수 있다. 예를 들어 최소 크기를 10으로, 최대 크기를 20으로 지정했다고 하자. 동시에 들어오는 요청이 10개 이하면 커넥션 풀은 10개의 커넥션을 풀에 유지한다. 그러다 어느 시점에 동시에 들어오는 요청이 10개를 초과하면 커넥션 풀은 커넥션 수를 늘려서 요청을 처리한다. 동시 요청 수가 증가하면 커넥션 풀은 최대 크기인 20개까지 커넥션을 늘린다. 이후 동시 요청이 20개 이하로 줄면 커넥션 풀의 커넥션도 점차 줄어든다.

일반적으로 트래픽은 증가했다가 감소하는 패턴을 보인다. 은행 서비스는 낮 시간대에 트래픽이 높고, 게임 서비스는 저녁 시간대에 트래픽이 높은 경향이 있다. 이러한 특성에 맞게 커넥션 풀 크기도 트래픽이 적은 시간대는 최소 크기로 유지하고 트래픽이 높은 시간대에는 최대 크기로 확장해서 커넥션 개수를 필요한 만큼만 유지할 수 있다.

> **Memo**
> 트래픽이 순간적으로 급증하는 패턴을 보인다면 커넥션 풀의 최소 크기를 최대 크기에 맞추는 것이 좋다. 트래픽이 점진적으로 증가할 때는 DB 연결 시간이 성능에 큰 영향을 주지 않지만 트래픽이 급증할 경우 DB 연결 시간도 성능 저하의 주요 원인이 될 수 있기 때문이다.

커넥션 풀 크기를 늘리면 처리량을 높일 수 있다. 그러나 커넥션 풀 크기를 무턱대고 늘리면 안 된다. DB 상태를 보고 늘려야 한다. DB 서버의 CPU 사용률이 80%에 육박하는 상황에서 커넥션 풀 크기를 늘리면 DB에 가해지는 부하가 더 커져 쿼리 실행 시간이 급격히 증가할 수 있다. 이러한 상태에서는 커넥션 풀 크기를 늘리기보다는 오히려 커넥션 풀 크기를 유지하거나 줄여서 DB 서버가 포화 상태에 이르지 않도록 해야 한다. 서버를 수평 확장하는 것도 커넥션 풀 크기를 늘리는 것과 동일하다. DB 서버의 상태를 면밀히 확인한 후에 수평 확장을 진행해야 한다.

커넥션 대기 시간

대부분의 커넥션 풀은 대기 시간을 설정할 수 있다. 대기 시간이란 풀에 사용할 수 있는 커넥션이 없을 때 커넥션을 얻기 위해 기다릴 수 있는 최대 시간을 의미한다. 지정된 대기 시간 안에 커넥션을 구하지 못하면 DB 연결 실패 에러가 발생한다.

커넥션을 얻기 위해 대기하는 시간만큼 응답 시간도 길어진다. 참고로 HikariCP의 기본 대기 시간은 30초로 설정되어 있다. 이 말은 최악의 경우 응답 시간이 30초를 넘길 수도 있다는 것을 의미한다. 따라서 응답 시간이 중요한 서비스는 커넥션 대기 시간을 가능한 한 짧게 설정해야 한다. 트래픽의 양이나 서비스의 특성에 따라 차이는 있지만 보통의 경우라면 0.5초에서 3초 이내로 지정하자.

대기 시간을 짧게 설정하면 커넥션 풀이 모두 사용 중일 때 빠르게 '일시적 오류'와 같은 에러 응답을 사용자에게 보여줄 수 있다. 에러를 응답하는 게 부정적으로 보일 수도 있다. 하지만 대기 시간 때문에 긴 시간 동안 무응답 상태로 유지되는 것보다는 빠르게 에러를 반환하는 것이 더 낫다. 커넥션을 얻지 못했을 때 빠르게 에러를 응답해야 서버의 부하가 증가하는 것도 방지할 수 있다.

예를 들어 커넥션 풀의 크기가 10이고 대기 시간이 30초라고 하자. 이때 동시에 30개의 요청이 발생했는데 순간적으로 DB 서버에 부하가 걸리면서 쿼리 실행 시간이 10초로 늘어났다. 이 시점에 각 요청은 다음 상태가 된다.

- 요청 10개는 풀에서 커넥션을 확보하여 쿼리 실행을 시작함
- 요청 20개는 풀에서 커넥션을 확보하지 못해 대기 상태로 진입함

대기하는 사람 중 절반이 기다리지 못하고 5초 만에 요청을 취소하고 다시 요청했다고 가정해 보자. 그러면 [그림 2.11]처럼 상태가 바뀌게 된다.

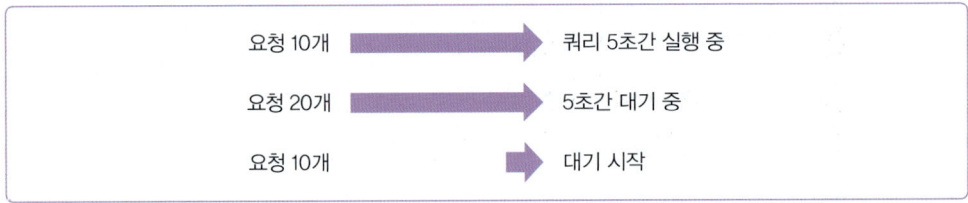

그림 2.11 대기 시간이 길어지면 재요청이 발생하면서 동시 트래픽이 더 증가한다.

풀에서 커넥션을 확보한 10개의 요청은 쿼리 실행 시간 10초 중 절반인 5초를 실행한 상태다. 풀에서 커넥션을 구하지 못한 나머지 20개의 요청은 여전히 대기 중이며 대기 시간 30초 중 5초가 흘러갔다. 그리고 이때 10명의 클라이언트가 5초 만에 요청을 취소하고 다시 요청을 보내면서 새로운 대기를 시작한다. 클라이언트가 요청을 취소하더라도 서버는 일정 시간 동안 하던 작업을 즉시 중단하지 않기 때문에 이 시점의 대기 중인 요청 수는 총 30개가 된다.

대기 중인 요청 수가 20개에서 30개로 증가하면서 서버가 동시에 처리해야 할 요청 수가 30개에서 40개로 늘었다. 이와 같이 몇 초 만에 요청을 취소하고 재요청이 반복되면 동시에 처리해야 할 요청 수는 계속 증가한다. 요청 수가 증가하면 그만큼 서버에 가해지는 부하도 커지게 된다.

커넥션 풀의 크기가 10개이고 대기 시간이 1초라면 어떻게 될까? 동일하게 동시에 30개의 요청이 들어오고 2초가 지난 시점에서의 상태는 다음과 같다.

- 풀에서 커넥션을 확보한 10개의 요청은 쿼리를 2초간 실행하고 있음
- 커넥션을 확보하지 못한 20개의 요청은 오류 응답을 받음

이 시점에 서버가 처리 중인 동시 요청 수는 10개이다. 새로운 요청이 들어오더라도 커넥션을 구하지 못하면 1초 뒤에 바로 에러를 응답한다. 이처럼 대기 시간을 짧게 설정하면 서버 부하를 일정 수준으로 유지할 수 있으며 서버를 안정적으로 운영하는 데 도움이 된다.

최대 유휴 시간, 유효성 검사, 최대 유지 시간

직원들이 사용하는 내부 업무 시스템을 떠올려보자. 근무 시간대에는 지속적으로 서버에 요청이 들어오지만 새벽 시간대에는 요청이 거의 없을 것이다. 요청이 없는 시간대에는 풀에 있는 커넥션도 사용되지 않는다. 이때 주의할 점이 있다. 커넥션이 사용되지 않는 시간이 길어지면 연결이 끊길 수 있다.

MySQL과 같은 DB는 클라이언트와 일정 시간 동안 상호작용이 없으면 자동으로 연결을 끊는 기능을 제공한다. 따라서 풀에 있는 커넥션이 일정 시간 이상 사용되지 않으면 DB와의 연결이 끊어질 수 있다. 예를 들어 DB가 1시간 동안 상호작용이 없는 클라이언트의 연결을 종료하도록 설정되어 있다고 가정해보자. 만약 새벽 시간대에 1시간 이상 사용자가 없으면 커넥션 풀에 있는 모든 커넥션은 DB와의 연결이 끊기게 된다.

이때 DB와의 연결이 끊긴 커넥션을 사용하면 에러가 발생한다. 이러한 연결 끊김으로 인해 발생하는 에러를 방지하기 위해 커넥션 풀은 다음 2가지 기능을 제공한다.

- 최대 유휴 시간 지정
- 유효성 검사 지원

최대 유휴 시간은 사용되지 않는 커넥션을 풀에 유지할 수 있는 최대 시간을 의미한다. 최대 유휴 시간을 30분으로 설정하면 30분 이상 사용되지 않은 커넥션은 종료되어 풀에서 제거된다. 이 시간을 DB에 설정된 비활성화 유지 시간보다 짧게 설정하면, DB가 연결을 끊기 전에 풀에서 커넥션을 제거할 수 있다.

유효성 검사는 커넥션이 정상적으로 사용할 수 있는 상태인지 여부를 확인하는 절차이다. 커넥션 풀의 구현 방식에 따라 커넥션을 풀에서 가져올 때 유효성을 검사하거나 주기적으로 검사할 수 있다. 이 과정을 통해 연결이 유효하지 않은 커넥션을 식별하고 풀에서 제거할 수 있다.

일부 커넥션 풀은 유효성 검사를 위해 실제 쿼리를 실행하기도 한다. 이때는 'SELECT 1 FROM dual'이나 'SELECT 1'과 같이 간단한 쿼리를 사용한다.

커넥션 풀이 제공하는 또 다른 설정은 최대 유지 시간이다. 이 값이 4시간으로 설정되어 있다면, 커넥션은 생성된 시점부터 최대 4시간까지만 유지된다. 4시간이 지나면 커넥션이 유효하더라도 커넥션을 닫고 풀에서 제거된다.

> **Memo**
> 최대 유휴 시간과 최대 유지 시간을 무한대로 설정하지 않는 것이 좋다. 커넥션 풀의 기본값을 확인한 뒤 이 두 설정의 기본값이 무제한으로 되어 있다면 DB 설정을 참고하여 알맞게 적절한 값으로 지정해야 한다.

서버 캐시

응답 시간을 줄이고 처리량을 높이기 위해 DB 서버를 수직 확장하거나 수평 확장할 수 있다. 하지만 DB 서버를 확장하려면 비용이 많이 든다. 또한 DB 서버를 수평 확장하더라도 처리량은 늘릴 수 있지만 실행 시간이 획기적으로 줄어들지는 않는다.

DB 서버를 확장하지 않고도 응답 시간과 처리량을 개선하고 싶다면 캐시^{cache} 사용을 고려할 수 있다. 캐시는 일종의 (키, 값) 쌍을 저장하는 Map과 같은 형태의 데이터 저장소다. 캐시에 데이터를 저장해두면 동일한 데이터를 요청할 때 DB가 아닌 캐시에서 데이터를 읽어와 응답할 수 있다. 데이터 특성에 따라 차이는 있지만 일반적으로 캐시에서 데이터를 읽는 속도가 DB보다 빠르기 때문에 자주 조회되는 데이터를 캐시에 보관하면 응답 시간을 줄일 수 있다.

캐시의 전형적인 동작 방식은 [그림 2.12]와 같다.

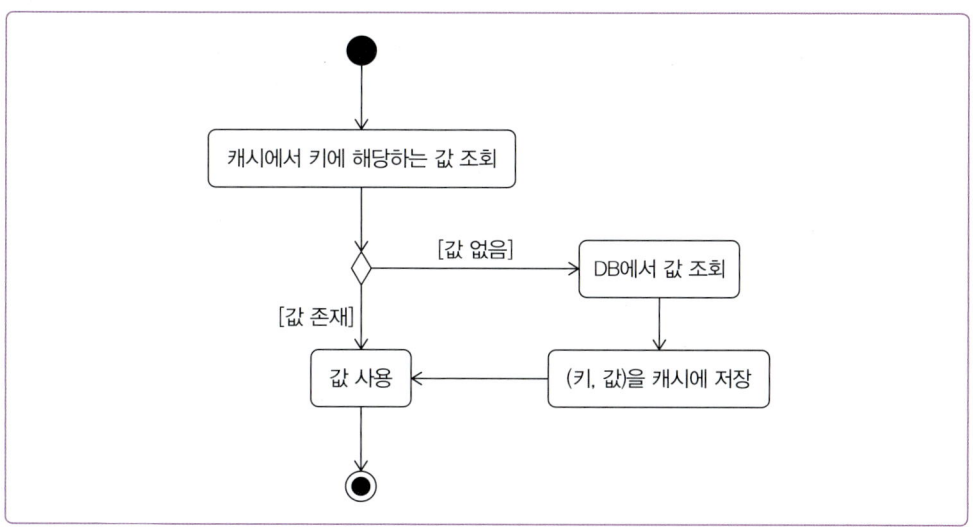

그림 2.12 캐시의 동작 방식

프로그램은 먼저 캐시에서 키에 해당하는 값을 조회한다. 값이 존재하면 바로 사용한다. 존재하지 않으면 DB 쿼리를 실행해 값을 조회한 후, 해당 값을 캐시에 저장하고 사용한다. 이후 동일한 요청이 들어오면 캐시에 저장된 값을 바로 사용한다. 캐시에서 데이터를 읽어오면 DB와의 연동 시간이 줄어 응답 시간이 단축된다.

DB뿐만 아니라 복잡한 계산 결과나 외부 API 연동 결과도 캐시에 보관하여 응답 시간을 줄이는 데 활용할 수 있다.

> **알아두기** 키 선택
>
> 캐시는 (키, 값) 형태로 데이터를 저장하므로 저장하는 대상에 따라 적절한 캐시 키를 선택해야 한다. 예를 들어 게시글 상세 정보는 "articles:번호" 형태의 캐시 키를 사용하고 최신 인기 글은 "articles:hot10"을 키로 사용하는 식이다. 또한 캐시를 사용할 때는 캐시 키가 겹치지 않도록 주의해야 한다.

적중률과 삭제 규칙

캐시가 얼마나 효율적으로 사용되는지는 적중률hit rate로 판단할 수 있다. 캐시 적중률은 다음과 같이 계산한다.

- 적중률(hit rate) = 캐시에 존재한 건수/캐시에서 조회를 시도한 건수

캐시에서 데이터를 100번 조회했는데 그중 87번은 해당 데이터가 존재했다고 가정해보자. 이때 캐시 적중률은 0.87, 즉 87%가 된다. 적중률이 높을수록 DB와의 연동이 줄어들고 곧 응답 시간 감소, 처리량 증가, DB 부하 감소로 이어진다.

적중률을 높이는 가장 간단한 방법은 캐시에 최대한 많은 데이터를 저장하는 것이다. 총 5,000개의 상품이 존재할 때 캐시에 100개의 상품 정보를 저장하는 것보다 4,500개의 상품 정보를 저장하는 편이 적중률이 높아질 것이다. 5,000개의 상품 정보 전체를 모두 캐시에 저장하면 이론적으로 캐시 적중률은 100%가 된다.

하지만 캐시에 모든 데이터를 무작정 저장할 수는 없다. 캐시는 메모리 자원을 사용하기 때문이다. 사용할 수 있는 메모리 용량은 한계가 있기에 캐시에 저장할 수 있는 데이터 개수나 크기도 제한된다. 예를 들어 캐시에 최대 1,000개 데이터만 보관할 수 있다는 식이다.

캐시에 보관할 수 있는 데이터에 제한이 있으므로, 캐시가 가득 차 있는 상태에서 새로운 데이터를 캐시에 저장하면 기존에 있던 데이터 중 하나를 제거해야 한다. 삭제할 대상을 선택할 때 주로 사용하는 규칙은 다음과 같다.

- LRU(Least Recently Used): 가장 오래전에 사용된 데이터를 제거한다.
- LFU(Least Frequently Used): 가장 적게 사용된 데이터를 제거한다.
- FIFO(First In First Out): 먼저 추가된 데이터를 먼저 삭제한다.

많은 서비스에서는 오래된 데이터보다 최신 데이터를 더 자주 조회하는 경향이 있다. 최신 기사나 최신 영상의 조회수는 높지만 반대로 시간이 지난 데이터는 조회 수가 낮다. 즉, 오래된 데이터는 캐시에 있어도 사용되지 않을 가능성이 크다. 따라서 캐시가 가득 차 있지 않더라도 오래된 데이터는 미리 삭제하는 것이 좋다. 이렇게 하면 불필요한 메모리 사용을 줄일 수 있기 때문이다. 이를 위해 캐시에는 유효 시간(만료 시간)을 설정하는 방식도 함께 사용한다. 일정 시간이 지나면 캐시에서 해당 데이터를 자동으로 제거하여 메모리를 효율적으로 관리할 수 있다.

로컬 캐시와 리모트 캐시

서버가 사용하는 캐시에는 크게 두 종류가 있다. 첫 번째는 로컬local 캐시다. 로컬 캐시는 서버 프로세스와 동일한 메모리를 캐시 저장소로 사용한다. 두 번째는 리모트remote 캐시다. 리모트 캐시는 별도 프로세스를 캐시 저장소로 사용한다.

> **알아두기** **인-메모리 캐시**
>
> 로컬 캐시는 인-메모리in-memory 캐시라고도 불린다. 메모리에 캐시 데이터를 보관하기 때문이다. 그런데 리모트 캐시로 많이 사용하는 레디스를 인-메모리 데이터 저장소라고 부르기도 한다. 이 책에서는 '인-메모리'라는 용어에서 오는 혼동을 줄이기 위해 인-메모리 캐시가 아닌 로컬 캐시라는 용어를 사용한다.

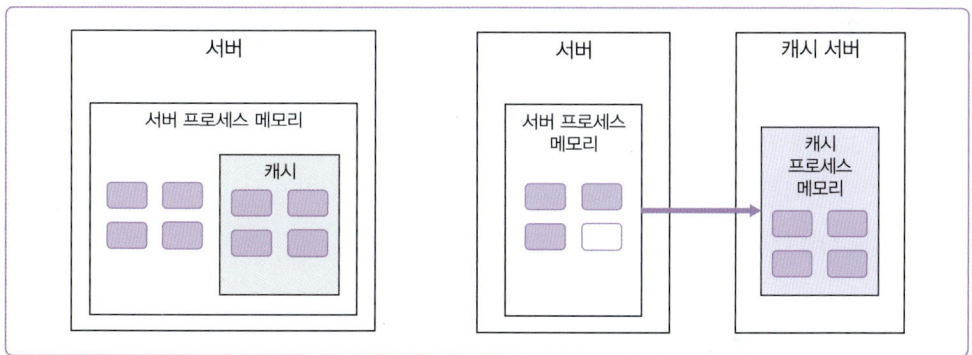

그림 2.13 로컬 캐시(왼쪽)와 리모트 캐시(오른쪽)

로컬 캐시 구현 기술로는 Caffeine(자바), go-cache(Go), node-cache(Node.js) 등이 있다. 로컬 캐시의 장점은 속도에 있다. 서버 프로세스와 캐시가 동일한 메모리 공간을 사용하므로 캐시 데이터에 빠르게 접근할 수 있다. 별도의 외부 연동이 필요하지 않아 구조를 단순하게 유지할 수 있다는 장점도 있다.

로컬 캐시의 단점은 캐시에 저장할 수 있는 데이터 크기에 제한이 있다는 점이다. 서버 프로세스가 사용할 수 있는 메모리양에 물리적인 한계가 있기 때문이다. 또한 서버 프로세스를 재시작하면 메모리에 존재하던 캐시 데이터가 모두 삭제되어 일시적으로 캐시 효율(적중률)이 순간적으로 떨어진다는 단점도 있다.

리모트 캐시는 로컬 캐시와 정반대의 장단점을 가진다. 가장 큰 장점은 캐시 크기를 유연하게 확장할 수 있다는 것이다. 대표적인 리모트 캐시 기술인 레디스^{Redis}는 여러 대의 레디스 서버를 이용해서 수평 확장할 수 있는 기능을 제공한다. 이를 통해 캐시에 보관할 수 있는 데이터 규모를 늘릴 수 있다. 또한 서버 프로세스가 재시작되더라도 레디스에 저장된 캐시 데이터는 그대로 유지된다. 이런 장점 때문에 로컬 캐시와 대비해서 캐시 효율을 높일 수 있다.

리모트 캐시의 단점은 속도에 있다. 서버 프로세스는 캐시 프로세스와 데이터를 주고받기 위해 네트워크 통신을 해야 한다. 메모리에 저장된 데이터에 직접 접근하는 것과 비교하면 네트워크 통신은 상대적으로 느리다. 게다가 리모트 캐시를 운영하려면 별도의 서버 장비와 프로세스가 필요하기 때문에 시스템 구조가 복잡해진다.

로컬 캐시와 리모트 캐시는 각각 장단점이 뚜렷하기 때문에 상황이나 용도에 맞게 선택해야 한다. 어떤 방식을 무조건 선택해야 한다는 절대적인 기준은 없으며 데이터 규모, 변경 빈도, 응답 시간, 처리량 등을 판단 기준으로 삼아 결정해야 한다.

캐시에 보관할 데이터 규모가 작고 변경 빈도가 매우 낮다면 로컬 캐시로 충분하다. 예를 들어 홈 화면에 표시할 최신 공지글 목록을 생각해보자. 보통 이 목록은 많아야 10개 미만이다. 또한 몇 시간에서 며칠 동안 동일할 때가 많다. 이처럼 자주 바뀌지 않고 크기가 작은 데이터는 로컬 캐시를 사용하기에 적당하다.

반면에 데이터 규모가 크다면 리모트 캐시를 사용해야 한다. 트래픽이 많은 대형 쇼핑 사이트의 개별 제품 정보가 이에 해당한다. 대량의 상품 데이터를 캐시에 저장해야 하는데, 로컬 캐시로는 메모리 용량 등의 한계로 대응이 어렵다. 일부 데이터를 로컬 캐시에 저장하더라도 데이터가 수시로 변경되면 캐시 효율도 떨어진다.

배포 빈도가 높은 서비스라면(하루에도 몇 번씩 배포) 리모트 캐시 사용을 적극적으로 고려하자. 로컬 캐시를 사용할 경우 서버를 재시작될 때마다 캐시 데이터를 처음부터 다시 쌓아야 한다. 이로 인해 서버를 재시작한 직후 캐시 적중률이 떨어지고 응답 시간도 느려지게 된다. 리모트 캐시를 사용하면 서버를 재시작하더라도 캐시 데이터는 그대로 유지되므로 응답 시간을 일정 수준으로 유지할 수 있다.

캐시 사전 적재

트래픽이 순간적으로 급증하는 패턴을 보인다면 캐시에 데이터를 미리 저장하는 것도 고려할 필요가 있다. 다음은 캐시에 미리 데이터를 저장하면 큰 효과를 볼 수 있는 가상의 사례를 만들어 본 것이다.

- G 앱 사용자는 300만 명이다.
- G 앱 서비스는 사용자에게 매달 정해진 날에 이달의 요금 정보를 보여준다.
- 해당 일자가 되면 전체 회원을 대상으로 요금 안내 푸시 알림을 발송한다.
- 푸시를 받은 사용자 중 일부는 G 앱을 통해 이달의 요금 정보를 조회한다.

이 사례에서 푸시 알림을 받은 사용자는 G 앱을 실행해 즉시 요금 정보를 조회한다. 푸시를 받자마자 50%의 사용자가 바로 확인한다면, 단시간에 150만 명이 동시에 접속하게 된다. 이때 요금 정보에 대한 캐시 적중률은 순간적으로 0%에 가까워질 수 있다. 왜냐하면 아직 사용자의 개별 요금 정보가 캐시에 저장되어 있지 않기 때문이다. 사용자가 한 번이라도 이달의 요금 정보를 조회해야만 캐시에 저장되므로 푸시 알림 직후에 처음으로 요금 정보를 조회하는 시점에는 캐시에 데이터가 존재하지 않는다.

캐시 적중률이 낮아지면 전체 응답 시간이 느려질 뿐만 아니라 DB에 전달되는 부하도 급격히 증가한다. 이런 상황을 방지하는 방법 중 하나는 캐시에 데이터를 미리 넣어두는 것이다. 300만 명의 사용자에게 푸시 알림을 보내기 전에 각 사용자의 요금 정보를 캐시에 저장해두면 푸시를 받은 사용자가 한꺼번에 몰려올 때도 캐시 적중률을 99%에 가깝게 유지할 수 있다. 이를 통해 순간적으로 트래픽이 몰렸을 때도 응답 시간을 안정적으로 유지할 수 있으며, DB에 부하가 집중되는 현상도 효과적으로 방지할 수 있다.

캐시 무효화

캐시를 사용할 때 반드시 신경 써야 할 점은 유효하지 않은 데이터를 적절한 시점에 캐시에서 삭제하는 것이다. 캐시에 보관된 데이터의 원본이 바뀌면, 그에 맞춰 캐시에 보관된 데이터도 함께 변경하거나 삭제해야 한다. 원본이 변경됐는데 캐시에 저장된 데이터가 갱신되지 않으면 사용자는 오래된 잘못된 정보를 확인하게 되는 문제가 발생할 수 있다.

캐시에 저장된 데이터의 특성에 따라 캐시를 무효화하는 시점을 달리 설정해야 한다. 가격 정보, 게시글 내용처럼 민감한 데이터는 변경되는 즉시 캐시를 무효화해야 한다. 게시글 내용을 수정했는데도 캐시가 그대로 유지되면 사용자는 수정 전 게시글 내용을 보게 되어 혼란을 겪을 수 있다. 작성자는 수정이 제대로 반영되지 않았다고 생각해 오류 신고를 하거나 서비스에 대한 신뢰도를 낮게 평가할 수도 있다.

변경에 민감한 데이터는 로컬 캐시가 아닌 리모트 캐시에 보관해야 한다. 로컬 캐시는 자신의 데이터만 변경하지 다른 서버의 로컬 캐시는 변경하지 않기 때문이다. A 서버에 연결한 사용자는 변경된 가격 정보를 보지만 B 서버에 연결한 사용자는 B 서버의 로컬 캐시에 보관된 변경 전 가격 정보를 보게 되는 문제가 발생할 수 있어 서비스 신뢰성에 큰 영향을 줄 수 있다.

변경에 민감하지 않고 데이터 크기가 작다면 캐시의 유효 시간을 설정하여 주기적으로 갱신하는 방식을 사용해도 된다. 예를 들어 최근 인기 글 목록을 캐시에 저장한 경우, 최근 인기 글 목록이 바뀌고 몇 분 뒤에 캐시 데이터가 변경되더라도 서비스에 심각한 문제는 일어나지 않는다. 인기 글 목록을 저장하는 캐시의 유효 시간을 10분으로 지정하면 10분 주기로 최신 인기 게시글 목록을 갱신하는 효과를 얻을 수 있다. 갱신 시간을 줄이고 싶다면 유효 시간을 10분에서 1분으로 줄이기만 하면 된다.

가비지 컬렉터와 메모리 사용

자바, Go, 파이썬 등의 언어는 가비지 컬렉터를 사용한다. 가비지 컬렉터Garbage Collector를 사용하는 언어는 사용이 끝난 객체를 힙 메모리에서 바로 삭제하지 않고 정해진 규칙에 따라 사용하지 않는 메모리를 찾아서 반환한다. 예를 들어 힙 메모리 사용량이 일정 비율을 초과하면 가비지 컬렉터를 실행하거나, 일정 주기로 자동 실행된다.

가비지 컬렉터는 개발자가 메모리를 직접 관리해야 하는 부담을 줄여준다. 코드로 메모리를 관리할 수 없기 때문에 보안 이슈를 줄여주는 장점도 있다. 하지만 가비지 컬렉터는 응답 시간에 영향을 줄 수 있다. 예를 들어 자바에서는 가비지 컬렉터가 실행되는 동안 애플리케이션의 실행이 일시 중단되는데, 이것을 모든 실행이 멈춘다고 해서 'Stop-The-World'라고도 표현한다.

메모리를 많이 사용하고 생성된 객체가 많을수록 사용하지 않는 객체를 찾는 데 시간이 오래 걸린다. GC^{Garbage Collection} 알고리즘과 메모리 사용 패턴에 따라 차이가 있지만 사용하는 메모리양과 객체 수가 많을수록 GC 실행 시간은 길어진다.

반대로 메모리 사용을 줄이면 GC 시간도 줄어들 가능성이 높아진다. 예를 들어 JVM에 할당된 최대 힙 크기를 4GB에서 2GB로 줄이면 GC가 탐지하고 제거해야 할 미사용 객체의 개수와 크기도 줄어든다. 검사해야 할 객체 수가 줄어드는 만큼 GC 수행 시간도 짧아진다. 물론 실제 애플리케이션이 4GB에 가까운 메모리가 있어야 하는 데도 2GB로 줄이면 메모리 부족으로 에러가 발생할 수 있으므로 실제 메모리 사용 패턴에 맞게 최대 힙 크기를 조정해야 한다.

한 번에 대량으로 객체를 생성하는 것도 주의해야 한다. 콘텐츠 조회 API가 한 번에 10만 개의 게시글을 반환할 수 있다고 하자. 게시글 하나가 0.5KB의 메모리를 사용한다면 10만 개의 게시글은 대략 50MB가 메모리를 차지하게 된다. 만약 동시에 100명 사용자가 조회 API를 호출하여 10만 개의 게시글을 조회한다면 약 4.9GB의 메모리가 필요해진다. 사용할 수 있는 최대 메모리가 4GB라면 메모리가 부족 상태가 발생한다. 메모리가 부족해서 GC를 실행하지만 메모리가 부족한 상태는 지속된다. 여전히 필요한 메모리는 4.9GB이기 때문이다.

대량으로 객체가 생성되는 것을 방지하려면 조회 범위를 제한해야 한다. 10년 치 거래 내역을 한 번에 조회할 수 있도록 하기보다는 최대 3개월 치만 거래 내역을 조회할 수 있게 하는 식으로 말이다. 마찬가지로 한 번에 조회할 수 있는 데이터의 개수도 트래픽 규모와 메모리 크기에 맞춰 제한해야 한다.

파일 다운로드와 같은 기능을 구현할 때는 스트림을 활용한다. 다음 자바 코드처럼 파일 데이터를 한꺼번에 메모리에 로딩한 후에 응답하는 방식은 피해야 한다. 파일 크기와 동시 사용자 수에 따라 메모리 사용량이 급증할 수 있기 때문이다. 이 코드는 30MB 크기의 파일을 100명이 동시에 다운로드하면 약 3GB의 메모리가 필요하게 된다.

```
byte[] bytes = Files.readAllBytes(Path.of("path")); // 파일을 한 번에 메모리에 로딩
out.write(bytes);
```

스트림을 활용하면 파일 처리 과정에서 필요한 메모리 크기를 줄일 수 있다. 다음은 스트림을 이용하도록 변환한 코드이다.

```
InputStream is = Files.newInputStream(Path.of("path"));
byte[] buffer = new byte[8192]; // 8KB 메모리
int read;
while ((read = is.read(buffer, 0, 8192)) >= 0) {
    out.write(buffer, 0, read);
}
// is.transferTo(out)와 동일 코드
```

이 코드는 파일을 한 번에 읽지 않고 8KB씩 끊어서 읽는다. 동시에 100명이 다운로드를 요청하더라도 필요한 메모리는 800KB에 불과하다. 파일 전체를 한 번에 메모리에 로딩하는 방식은 총 3GB에 가까운 메모리가 필요했는데, 이와 비교하면 스트림 방식은 0.001%도 안 되는 적은 메모리만을 사용하는 셈이다.

> **Column**
>
> **대량 데이터를 한 번에 메모리에 올려서 서버가 중지된 사례**
>
> I사에서 일할 때 내부 사용자를 위한 관리 사이트에 접속할 수 없다는 연락을 받은 적이 있다. 관리 사이트용 서버는 2개였는데 그중 한 서버가 연결되지 않았다. 모니터링 시스템을 통해 확인한 결과 JVM에 할당된 최대 메모리 크기를 사용하고 있었으며 여러 차례 풀 GC가 실행되었지만 메모리는 계속해서 포화 상태에 머물렀다. 결국 메모리 부족 에러(OOME, Out Of Memory Error)도 발생했고, 문제 원인을 분석하기 위해 힙 덤프를 저장하고 서버를 재시작했다.
>
> 힙 덤프를 분석한 결과, 메모리에서 가장 높은 비중을 차지하고 있는 객체는 엑셀 생성과 관련된 객체였다. 누군가가 엑셀 다운로드 기능을 실행했는데 조회한 데이터가 수백만 건에 달했다. 엑셀 파일을 생성하는 과정에서 모든 데이터가 메모리에 올라갔다. 엑셀 생성 시간이 길어지자 사용자는 요청을 취소하고 다시 엑셀 다운로드를 시도했다. 동일한 데이터가 다시 메모리에 올라갔고, 이 과정에서 엑셀 생성을 위한 메모리 사용량이 급증하면서 메모리 부족 현상이 발생한 것이다.
>
> 이 문제를 해결하기 위해 2가지 조치를 취했다. 먼저 엑셀을 메모리에서 생성하지 않고 로컬 파일에 스트림 형태로 만들도록 변경했다. 둘째, 엑셀을 생성하기 위해 필요한 데이터를 조회하는 방식도 개선했다. 기존에는 DB에서 조회한 결과를 리스트로 한 번에 받아 처리했지만 스트림 형태로 받아 순차적으로 처리하는 방식으로 수정했다. 이러한 변경을 통해 엑셀을 생성하는 과정에서 필요한 메모리 사용량을 줄일 수 있었고 이후에는 동일한 문제가 발생하지 않았다.

> **Column | 디스코드가 러스트로 간 이유**
>
> 채팅 서비스로 유명한 디스코드는 성능 향상을 위해 기술을 적극적으로 수용하는 것으로도 잘 알려져 있다. 예를 들어 디스코드는 Go 언어로 구현된 서버를 러스트로 재구현한 적이 있다.[4] 이때 러스트로 전환한 주된 이유가 GC 때문이었다. GC로 인해 발생하는 응답 시간이 증가하거나 CPU 사용률이 급격히 튀는 문제가 발생했고, 이 문제를 해결하기 위해 디스코드 개발진은 GC가 없는 러스트를 선택했다. 그 결과 디스코드는 성공적으로 성능을 개선할 수 있었다.
>
> 이 사례를 듣고 '좋아, 이제 러스트로 다 개발해야지'라는 생각을 할 수도 있다. 하지만 러스트에 익숙한 개발자가 없다면 이런 생각은 일단 접어두자. 대량의 트래픽이나 높은 성능이 반드시 요구되는 상황이 아니라면 GC로 인한 성능 영향은 비교적 크지 않은 경우가 많으며, 시간이 지날수록 GC의 성능도 지속적으로 개선되고 있는 추세다. 일단 다른 성능 개선 방법이 있는지 검토해보자. 그럼에도 GC로 인한 영향을 줄일 수 없다면 그때 GC가 없는 언어를 도입하는 것을 고려하자.

응답 데이터 압축

응답 시간에는 데이터 전송 시간이 포함된다. 이 전송 시간은 2가지 요인에 영향을 받는다.

- 네트워크 속도
- 전송 데이터 크기

사용자의 네트워크 속도가 느리면 응답 시간이 길어진다. 하나의 무선 공유기에 너무 많은 사용자가 붙었을 때 웹사이트가 늦게 뜨는 것과 같다. 전송할 데이터의 크기가 커도 응답 시간이 길어진다. 10KB 크기의 파일을 다운로드받는 시간보다 1GB 크기의 파일을 다운로드하는 데 더 오랜 시간이 걸리는 것과 같다.

서버는 사용자의 네트워크 속도를 제어할 수 없지만 전송하는 데이터의 크기는 제어할 수 있다. 이때 사용할 수 있는 방법이 바로 응답 데이터를 압축해서 전송하는 것이다. 웹 서버가 전송하는 응답 데이터 중에서 HTML, CSS, JS, JSON과 같이 텍스트로 구성된 응답은 압축하면 데이터 전송량을 크게 줄일 수 있다. 실제로 텍스트 데이터를 gzip으로 압축하면 70% 이상 크기를 줄일 수 있으며 데이터 전송 크기가 줄어든 만큼 전송 시간도 빨라진다. 즉, 응답 시간이 짧아진다.

---

[4] https://discord.com/blog/why-discord-is-switching-from-go-to-rust

응답 데이터를 압축해 데이터 전송량을 줄이는 것은 응답 시간뿐만 아니라 비용에도 영향을 준다. 클라우드 환경에서는 트래픽 자체가 비용으로 직결되기 때문이다. 따라서 응답 데이터 압축은 반드시 적극 검토해보자. 아파치나 Nginx와 같은 웹 서버는 압축 기능을 제공하고 있으므로 약간의 설정만 추가하면 즉시 효과를 볼 수 있다.

> **알아두기**   **Accept-Encoding 요청 헤더와 Content-Encoding 응답 헤더**
>
> 웹 브라우저나 HTTP 클라이언트는 Accept-Encoding 헤더를 통해 서버에 처리할 수 있는 압축 알고리즘을 알린다. 예를 들어 gzip, deflate 알고리즘을 사용해서 압축을 풀 수 있다면 다음과 같이 Accept-Encoding 헤더를 전송한다.
>
>
> ```
> Accept-Encoding: gzip, deflate
> ```
>
> 웹 서버는 Accept-Encoding 헤더에 명시된 알고리즘 중에서 자신이 지원하는 방식이 있을 경우, 해당 압축 알고리즘으로 응답 데이터를 압축해서 전송한다. 이때 사용된 압축 알고리즘은 Content-Encoding 응답 헤더를 통해 클라이언트에 전달된다.

응답 데이터를 압축할 때는 다음 사항을 고려하자.

- html, css, js, json과 같은 텍스트 형식의 응답은 압축률이 높아 효과적이다. 반면 jpeg 이미지나 zip 파일처럼 이미 압축한 데이터에는 다시 압축해도 효과가 없다. 따라서 모든 응답에 압축을 적용하지 말고 텍스트 형식의 데이터에 압축을 적용하자.
- 웹 서버에서 압축을 적용했더라도 방화벽이 이를 해제해 응답할 수 있다. 즉, 웹 서버에 압축 설정을 적용했음에도 실제 응답 데이터가 압축되지 않았다면 방화벽 설정도 확인해야 한다.

> **알아두기**   **트래픽과 비용**
>
> 응답 데이터의 크기는 곧 비용으로 연결된다. AWS와 같은 클라우드 서비스는 트래픽 양에 비례해서 과금한다. 트래픽 규모가 작을 때는 금액 차이가 크지 않지만 트래픽 규모가 커질수록 데이터 크기를 줄이는 것만으로도 절감되는 비용이 커진다. IDC와 같은 온프레미스 환경을 사용할 때도 네트워크 대역폭에 따라 지불하는 비용이 달라진다. 트래픽이 증가하는 추세라면 응답 데이터의 크기를 줄일 수 있는지 확인해보자. 노력한 만큼 비용 절감 효과를 볼 수 있을 것이다.

정적 자원과 브라우저 캐시

온라인 쇼핑 사이트를 만들기 위해 서버를 개발했다고 가정해보자. 이 서버는 스프링 부트와 타임리프를 사용해서 HTML을 생성해 응답하고 JS와 CSS 파일도 함께 전달한다. JSON을 반환하는 API도 포함되어 있다. 또한 아파치 웹 서버를 통해 판매자가 업로드한 상품 이미지를 제공한다.

여기서 서버는 2가지 종류의 데이터를 응답한다. 첫 번째는 동적 자원이다. 동적 자원은 브라우저가 요청할 때마다 결과가 바뀌는 데이터로 제품 목록 HTML이나 제품 상세 JSON 응답이 여기에 해당한다. 두 번째는 정적 자원이다. 정적 자원은 같은 URL에 대해 같은 데이터를 응답하는 콘텐츠로 이미지, JS, CSS가 대표적이다. 정적 자원은 전체 트래픽에서 상당한 비중을 차지한다. 이미지가 많은 온라인 쇼핑몰 사이트의 첫 페이지는 정적 자원이 전체 데이터의 80%를 차지하기도 한다[5].

Content size by content type

CONTENT TYPE	PERCENT	SIZE
Image	74.84%	3.0 MB
Script	19.49%	775.4 KB
HTML	2.07%	82.5 KB
XHR	2.03%	80.6 KB
CSS	1.24%	49.3 KB
Redirect	0.27%	10.6 KB
Error	0.06%	2.6 KB
Total	100.00%	4.0 MB

그림 2.14 A 온라인 쇼핑몰 사이트의 첫 페이지에 접속했을 때 어떤 종류의 파일이 다운로드됐는지 확인해보니 전체 크기(4MB)에서 이미지와 스크립트(JS)가 약 94%(약 3.7MB)를 차지하고 있다. 이 데이터는 tools.pingdom.com을 이용해 측정한 결과다.

동일한 페이지에 들어갈 때마다 같은 이미지나 JS 파일을 매번 다운로드하면 서버 입장에서 좋을 게 없다. 트래픽은 비용과 연결된다. 더 많은 트래픽을 처리하려면 더 큰 비용을 내야 한다.

---

5 웹 브라우저의 개발자 도구를 사용하면 한 페이지를 불러오는 각 데이터 종류가 얼마나 많은 용량을 차지하는지 쉽게 확인할 수 있다.

한 사용자가 상품 상세 페이지를 10번 방문했을 때 동일한 이미지와 JS 파일을 10번 다운로드 받으면 그만큼 불필요한 트래픽이 발생하고 트래픽 비용도 증가할 수밖에 없다. 브라우저 입장에서도 비효율적이다. 같은 이미지와 JS를 매번 새로 받으면 그만큼 화면에 표시되는 속도도 느려지기 때문이다.

서버가 전송하는 트래픽을 줄이면서 브라우저가 더 빠르게 화면을 표시할 수 있는 방법이 있다. 바로 클라이언트 캐시를 활용하는 것이다. HTTP 프로토콜에서는 데이터를 응답할 때 Cache-Control이나 Expires 헤더를 이용해 클라이언트가 응답 데이터를 일정 시간 동안 저장해둘 수 있도록 설정할 수 있다. 예를 들어 https://도메인주소/a.png라는 이미지의 응답 헤더에 Cache-Control 헤더 값이 다음과 같이 지정되어 있다고 하자.

```
Cache-Control: max-age=60
```

브라우저는 https://도메인주소/a.png 같은 주소로부터 a.png 파일을 다운로드하면, 해당 파일을 로컬 캐시(메모리나 디스크)에 보관한다. 이후 같은 주소를 60초 이내에 다시 요청하면 서버에 요청을 보내지 않고 로컬에 보관한 데이터를 사용해서 표시한다. 로컬에서 불러오기 때문에 처리 속도도 빨라진다.

브라우저 캐시를 활용하면 서버 입장에서도 전송해야 할 트래픽이 줄어들어 그만큼 네트워크 전송 비용을 아낄 수 있다.

정적 자원과 CDN

브라우저 캐시를 사용하면 네트워크 트래픽을 줄일 수 있지만 여전히 문제가 발생할 수 있다. 브라우저 캐시는 브라우저 단위로 동작하기 때문에 동시에 많은 사용자가 접속하면 순간적으로 많은 양의 이미지, JS, CSS를 전송하게 된다. 이로 인해 빠르게 네트워크가 포화되어 응답 시간이 급격히 느려진다. 4차선 도로(대역폭)에 차가 1~2대씩 지나가면 막힘없이 잘 통과하다가 수십 대의 차가 몰리면 순식간에 도로가 막히는 것과 같다.

이런 문제를 해결하는 방법 중 하나는 CDN^{Content Delivery Network} (콘텐츠 전송 네트워크)을 사용하는 것이다. 대표적인 CDN 서비스로는 Amazon CloudFront, Akamai, Cloudflare 등이 있다. 이름에서 알 수 있듯이 CDN은 콘텐츠를 제공하기 위한 별도의 네트워크를 의미한다. 이를 통해 클라이언트에 콘텐츠를 더 빠르고 효율적으로 전달할 수 있다. 일반적으로 CDN은 [그림 2.15]와 같은 구조를 갖는다.

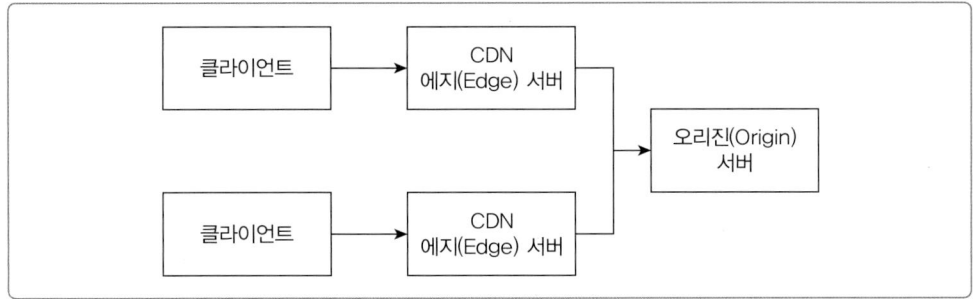

그림 2.15 CDN은 지역별로 에지 서버를 제공한다. 클라이언트는 지리적으로 가까운 에지 서버에 연결되기 때문에 오리진 서버에 직접 연결할 때보다 빠르게 콘텐츠에 접근할 수 있다.

사용자는 CDN이 제공하는 URL을 통해 콘텐츠에 접근한다. CDN 서버에 요청한 콘텐츠가 없으면 오리진 서버에서 읽어와 제공한다. 오리진 서버에서 읽어온 콘텐츠는 캐시에 보관한다. 이후 동일한 콘텐츠에 대한 요청이 들어오면 오리진 서버가 아닌 캐시에 보관한 데이터를 응답한다. 즉, 동일한 콘텐츠를 여러 번 요청해도 오리진 서버는 한 번만 처리하면 되는 것이다. 나머지는 CDN이 맡는다. 이처럼 이미지, JS 같은 정적 자원을 CDN으로 제공하면 오리진 서버가 처리해야 할 트래픽을 상당히 줄일 수 있다.

CDN은 여러 지역에 서버를 둔다. 사용자는 가까운 곳에 위치한 서버에 연결해서 콘텐츠를 다운로드한다. 이로 인해 콘텐츠를 더 빠르게 받을 수 있고, 이미지나 JS 파일이 빠르게 로드되는 만큼 브라우저도 더 빠르게 화면을 표시할 수 있다. 또한 CDN을 활용하면 오리진 서버에서 직접 콘텐츠를 제공하는 것보다 트래픽 비용도 적게 든다.

서비스가 성장하기 시작했다면 오리진 서버의 트래픽 감소, 콘텐츠의 빠른 제공, 트래픽 비용 절감이라는 장점이 있는 CDN 사용을 고려해보자.

> **알아두기** **주의 사항**
>
> 정적 파일을 관리할 때 주의할 점이 있다. 바로 크기다. 서비스를 운영하다 보면 실수로 용량이 큰 이미지 파일을 업로드할 때가 있다. 실제로 30MB나 되는 이미지 파일을 실수로 올려서 비용 청구가 올라간 사례도 있다. 계약 조건에 따라 특정 트래픽을 초과하지 못하게 막는 경우도 있다. 이때는 용량 초과로 서비스가 불능 상태에 빠지기도 한다. 따라서 이미지와 같은 파일을 업로드할 때는 파일 크기를 신중하게 관리해야 한다.
>
> 용량이 큰 파일 때문에 네트워크 트래픽이 급격히 증가하는 문제를 방지하려면 웹 서버에 크기 제한 설정을 추가하는 것이 좋다. 예를 들어 아파치 웹 서버는 파일이 일정 크기를 초과하면 에러 코드를 응답하도록 설정할 수 있다. 이러한 설정을 적용하면 실수로 크기가 큰 이미지 파일을 서버에 올렸을 때 네트워크가 포화되거나 트래픽 비용이 과도하게 증가하는 것을 방지할 수 있다.

대기 처리

사용자가 순간적으로 폭증할 때가 있다. 대표적인 예가 콘서트 예매다. 예매가 시작되면 몇 분만에 매진이 되곤 한다. 많은 사용자가 표를 구매하기 위해 계속해서 클릭하고, 이로 인해 급격히 증가한 트래픽은 매진과 동시에 빠르게 감소한다. 1시간도 안 되는 짧은 시간 동안만 트래픽이 폭증하는 것이다.

이렇게 짧은 시간 동안 폭증하는 트래픽은 어떻게 처리해야 할까? 생각할 수 있는 방법 중 하나는 서버를 미리 증설하는 것이다. 클라우드를 사용하고 있다면 서버를 쉽게 증설할 수 있다. 하지만 서버만 증설한다고 끝나지 않는다. DB 성능도 문제가 된다. 트래픽은 DB에도 영향을 미치기 때문이다. DB는 쉽게 증설할 수 없기에 예상되는 트래픽에 맞춰 미리 증설해야 한다.

순간적으로 폭증하는 트래픽을 처리하기 위해 서버와 DB를 증설하는 것이 잘못된 방법은 아니지만 한 가지 문제가 있다. 바로 비용이다. 짧은 시간을 버티기 위해서 투입해야 하는 비용이 크기 때문이다. 클라우드에서 증설한 서버는 다시 줄일 수 있지만 DB는 그렇지 않다. 최대 트래픽에 맞춰 DB 성능을 높여 놓으면 다시 DB 성능을 줄이기가 쉽지 않다. 전체 서비스 시간 중 1%[6]도 되지 않는 시간을 위해 고정 비용(DB 비용)이 커지는 격이다.

---

[6] 30일 중에 예매 대란으로 트래픽이 폭증한 시간이 1시간이라고 해보자. 30일에서 1시간은 0.14%에 불과한 시간이다. DB와 같은 데이터 저장소는 상대적으로 비용이 많이 들기 때문에 0.14%를 위해 고정 비용을 높이는 것은 부담이 될 수 있다.

반대의 접근 방법도 있다. 처리할 수 있는 시스템의 처리량을 무작정 늘리기보다는 수용할 수 있는 수준의 트래픽만 받아들이고 나머지는 대기 처리하는 것이다. 대표적인 예로 사용자 대기 시스템일 들 수 있는데 은행 창구에서 고객을 응대하는 것과 비슷하다. 모든 창구에 고객이 있으면 나머지 고객은 기다린다. 한 창구의 고객이 일을 끝내면 대기 순번이 빠른 고객이 해당 창구로 가서 일을 처리한다.

트래픽이 순간적으로 증가할 때 동시에 수용할 사용자 수를 제한하고 나머지 사용자를 대기 처리하면 다음의 이점을 얻을 수 있다.

- 서버를 증설하지 않고도 서비스를 안정적으로 제공할 수 있다.
- 사용자의 지속적인 새로 고침으로 인한 트래픽 폭증도 방지할 수 있다. 사용자는 새로 고침할 경우 순번이 뒤로 밀리기 때문에 불필요한 새로 고침을 자제하게 된다.

사용자는 대기 없이 서비스를 사용하고 싶어 하지만 높은 부하로 인해 서비스 자체가 아예 안되는 것보다는 대기하는 편이 낫다. 자기 차례가 오면 결국 서비스를 사용할 수 있기 때문이다.

> **Memo**
> 서버 개발자라면 누구나 한 번쯤 대규모 트래픽을 처리할 수 있는 아키텍처를 경험해보고 싶다는 마음이 생길 것이다. 하지만 개발자라면 비용도 생각해야 한다. 대규모 트래픽을 처리하기 위해 지불해야 할 비용은 결코 적지 않다. 이런 관점에서 대기 제어는 매우 합리적인 방식이라 할 수 있다. 게다가 대기 제어 기능을 직접 구현할 필요도 없다. 이미 여러 설루션이 존재하고 있어 빠르게 도입할 수 있다는 것도 큰 장점이다.

Chapter 03

3장

성능을 좌우하는 DB 설계와 쿼리

이 장에서 다룰 내용
- 성능과 DB
- 인덱스 설계
- 조회 성능 개선 방법
- 주의 사항

성능에 핵심인 DB

성능 문제를 겪고 있던 H 서비스를 분석하고 개선한 적이 있다. H 서비스는 교사와 학생을 대상으로 하는 서비스였다. 코로나 시기에 재택 수업이 시작되면서 서비스 가입자가 증가했다. 문제는 개학과 함께 시작됐다. 출석 체크 시간인 8시 40분이 다가오면서 서비스의 응답 시간은 서비스를 이용하기 어려울 정도로 느려졌다. 10초가 넘도록 응답을 받지 못해 에러가 발생했고 사용자의 불만은 극에 달했다.

문제는 DB에서 발생했다. 사용자가 조금만 증가해도 DB 장비의 CPU 사용률이 90%를 넘겼다. DB 장비의 CPU 사용률이 높아지면서 전체 쿼리 실행 시간이 느려졌고 서버의 응답 시간도 함께 느려졌다.

문제가 발생한 이유는 풀 스캔 때문이었다. 호출 빈도가 높은 기능에 풀 스캔을 유발하는 쿼리가 있었던 것이다. 데이터가 적을 때는 문제가 되지 않았지만 서비스 사용이 본격화되면서 데이터 개수가 증가했고 풀 스캔으로 인해 쿼리 실행 시간이 느려지기 시작했다. 트래픽이 증가하면서 풀 스캔으로 인한 DB 부하도 커졌고 서버 응답 시간도 지속적으로 길어졌다.

> **알아두기** **풀 스캔(full scan)**
>
> 풀 스캔은 테이블의 모든 데이터를 순차적으로 읽는 것을 말한다. 보통 쿼리의 where 절에 있는 조건에 대응하는 인덱스가 없을 때 풀 스캔이 발생한다. 인덱스를 사용하는 것보다 전체 데이터를 탐색하는 것이 더 빠를 때도 풀 스캔이 발생한다. 데이터 개수가 적을 때에는 풀 스캔을 해도 성능 문제가 겉으로 드러나지 않지만 데이터 개수가 늘어나면 어느 순간 응답 시간이 기하급수적으로 증가하게 된다. 따라서 DB를 설계할 때는 풀 스캔 발생 가능성을 항상 염두에 두어야 한다.

DB 성능은 연동하는 모든 서버 성능에 영향을 준다. DB 성능 문제로 전체 서비스가 먹통이 되는 상황을 여러 번 목격했다. 쿼리 실행 시간이 길어지면서 전체 서비스가 느려지는 성능 문제는 흔히 발생하는 문제다. 하지만 DB 자체가 문제인 상황은 많지 않았다. 오히려 DB를 잘못 사용해서 발생한 문제가 더 많았다. DB를 전문가 수준으로 깊이 이해할 수 있다면 이상적이겠지만 서버 개발자 입장에서 조금만 신경 써도 DB 성능 문제를 충분히 줄이거나 없앨 수 있다.

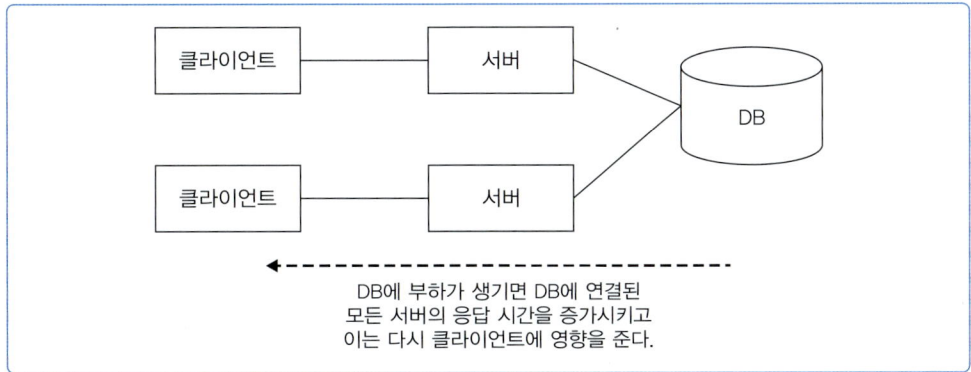

그림 3.1 DB 성능에 문제가 생기면 전체 서비스에 영향을 준다.

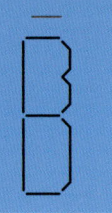

조회 트래픽을 고려한 인덱스 설계

일반적인 시스템에서는 조회 기능의 실행 비율이 높다. 게시판을 예로 들어보자. 다수의 사용자는 게시판에서 글을 읽는다. 그중 일부 사용자만 새로운 게시글을 등록하거나 수정하고 삭제한다.

같은 게시판이어도 트래픽 규모가 다를 수 있다. 인기 있는 커뮤니티 사이트에서 사용하는 게시판과 회사 내부에서 사용하는 공지 사항 게시판은 사용자 수와 새로 등록되는 게시글 수에서 차이가 난다.

DB 테이블을 설계할 때는 조회 기능과 트래픽 규모를 고려해야 한다. 이를 고려하지 않으면 성능에 심각한 문제가 발생할 수 있다. 예를 들어 카테고리별로 나눠서 게시글 목록을 보여주는 게시판을 만들어야 한다고 하자. 게시판 테이블은 [그림 3.2]처럼 카테고리를 저장하기 위해 category 칼럼을 가질 것이다.

article	
id	integer(10)
category	integer(10)
writerId	integer(10)
title	varchar(255)
content	clob
regdt	timestamp

그림 3.2 카테고리별로 게시글을 보여주기 위해 article 테이블에 category 칼럼을 정의했다.

카테고리별로 분류하는 기능을 구현한 쿼리는 다음과 같이 조건절에서 category 칼럼을 비교해야 한다.

```
select id, category, writerId, title, content
from article
where category = 10 order by id desc limit 20, 10
```

만약 category 칼럼에 인덱스가 없다면 어떤 일이 벌어질까? 우선 사내 공지용 게시판을 생각해보자. 회사마다 차이는 있겠지만 매주 1건씩 공지 사항을 등록한다고 한다면 1년에 52개의 게시글이 쌓이게 된다. 이렇게 10년간 등록해도 총게시글 수는 520건에 불과하다. 트래픽도 적다. 직원 수가 1,000명이고 게시글이 올라오면 모든 직원이 5분 이내에 글을 읽는다고 가정할 경우, 초당 게시글 읽기 요청 트래픽은 3.34 TPS가 된다.

10년 동안 쌓인 게시글 수가 520건에 불과하고, 최대 TPS가 10 미만인 상황에서 조회 성능을 올리기 위해 category 칼럼에 인덱스를 추가할 필요는 없다. 데이터양이 적고 동시 접속자도 매우 적기 때문에 테이블을 풀 스캔하더라도 성능 문제가 발생하지 않기 때문이다.

반면에 인기 커뮤니티 사이트에서 특정 카테고리에 속한 게시글 목록을 찾기 위해 article 테이블을 풀 스캔하면 조회 성능에 심각한 문제가 발생한다. 현재 등록된 전체 게시글이 1,000만 건이라면(하루에 5,000개의 게시글이 등록될 경우 약 6년이면 1,000만 건이 쌓임) 사용자가 게시글 목록을 조회할 때마다 특정 카테고리에 속한 게시글을 찾기 위해 1,000만 건의 데이터를 비교해야 한다. 많은 사용자가 동시에 게시글 목록을 조회하게 되면 다수의 풀 스캔이 발생하고, 이로 인해 DB 장비의 CPU 사용률이 100%에 도달하면서 DB가 제 기능을 하지 못하게 된다.

풀 스캔이 발생하지 않도록 하려면 조회 패턴을 기준으로 인덱스를 설계해야 한다. 게시판의 경우, 카테고리별로 게시글 목록을 조회하는 패턴이 존재하므로 category 칼럼에 인덱스를 추가해서 조회 성능을 개선할 수 있다.

내가 작성한 글 목록 보기 기능도 비슷하다. 내가 작성한 글 목록을 조회하려면 아래 쿼리를 실행한다. 풀 스캔이 발생하지 않도록 하려면 writerId 칼럼을 포함한 인덱스를 생성해야 한다.

```
select id, category, writerId, title, content from article
where writerId = 10 order by id desc limit 10, 10
```

> **알아두기** 전문 검색 인덱스
>
> 문자열을 이용한 검색 기능은 흔히 볼 수 있는 기능이다. 제목에 특정 단어가 포함된 게시글을 검색하는 기능이 이에 해당한다. 다음 쿼리처럼 like를 이용해서 조건을 지정하면 된다.

```
select id, category, writerId, title, content from article
where title like '%검색어%' order by id desc limit 10
```

그런데 중간에 포함된 단어를 검색하기 위한 lilke 조건은 풀 스캔을 유발한다.

엘라스틱서치 같은 검색 엔진을 사용하면 DB를 사용하지 않고 검색 기능을 구현할 수 있다. 하지만 별도의 검색 엔진을 구성하기 힘든 상황이라면 DB가 제공하는 전문full-text 검색 기능 사용을 고려해보자. Oracle Text나 MySQL의 FULLTEXT 인덱스를 사용하면 풀 스캔 없이 문자열 검색 쿼리를 실행할 수 있다.

단일 인덱스와 복합 인덱스

사용자의 모든 활동 내역을 보관하기 위해 [그림 3.3]과 같은 activityLog 테이블을 만들었다고 하자.

activityLog	
🔑 id	integer(10)
userId	integer(10)
activityType	varchar(20)
activityDate	date
activityDatetime	timestamp
memo	varchar(200)

그림 3.3 사용자 활동 로그를 저장하는 activityLog 테이블 예시

일평균 방문 회원이 10만 명이고, 평균 5번의 활동을 한다면 activityLog 테이블에는 하루에 50만 건의 데이터가 쌓이고 한 달이면 1,500만 건의 데이터가 쌓인다. 요즘 기준으로 보자면 대규모 데이터는 아니지만 그렇다고 작은 데이터도 아니다. 용도에 알맞은 인덱스가 없으면 조회 성능에 문제가 발생할 수 있는 규모다.

고객 센터에서 특정 사용자의 일자별 활동 내역을 조회하는 목적으로 activityLog 테이블을 사용한다고 가정해보자. 다음 쿼리를 사용해서 활동 내역을 조회할 것이다.

```
select * from activityLog where userId = 123 and activityDate = '2024-07-31'
order by activityDatetime desc
```

이 쿼리는 userId가 123이고 activityDate가 '2024-07-31'인 데이터를 검색한다. 성능 문제가 없으려면 userId를 포함한 인덱스가 필요하다. 여기서 고민할 점은 activityDate를 포함하느냐 하지 않느냐에 대한 것이다.

- 단일 인덱스: userId만 인덱스로 사용
- 복합 인덱스: (userId, activityDate)를 인덱스로 사용

사용자당 가질 수 있는 데이터가 얼마나 될지 가늠해보면 어떤 인덱스를 사용해야 할지 판단하는 데 도움이 된다. 개별 사용자 기준으로 1주일에 하루 정도 방문하고 평균 활동 데이터가 5건이면 1년을 활동해야 260건이 된다. 이렇게 5년을 꾸준히 활동해야 1,500건이 쌓인다. 이 정도 데이터 건수면 userId 칼럼만 사용하는 단일 인덱스만 사용해도 심각한 문제는 발생하지 않는다. 몇천 건이 안 되는 데이터를 비교하는 시간은 짧기(DB 성능에 따라 다르겠지만 0.1초 이내) 때문이다.

회원들의 활동성이 좋다면 (userId, activityDate) 칼럼을 조합한 복합 인덱스 사용을 고려해야 한다. 매일 방문하고 30번 이상의 활동을 하는 회원은 1년이면 1만 건이 넘는 활동 로그 데이터를 생성한다. 사용자당 수만 건이 넘는 데이터가 쌓일 수 있기 때문에 userId 칼럼만 인덱스로 생성하면 조회 속도가 느려질 수 있다. 이때는 userId 칼럼과 activityDate 칼럼을 복합 인덱스로 생성해야 조회 성능 문제가 발생하지 않는다.

activityLog 테이블은 통계를 추출하기 위한 목적으로도 사용할 수 있다. 예를 들어, 다음 쿼리를 이용하면 특정 일자의 활동 타입별 개수를 구할 수 있다.

```
select activityDate, activityType, count(activityType)
from activityLog
where activityDate = '2024-07-28'
group by activityType;
```

이 쿼리를 실행할 때 전체 데이터를 풀 스캔하지 않으려면 activityDate 칼럼을 인덱스로 사용해야 한다. 여기서 고민할 점은 activityType 칼럼을 인덱스에 포함시키느냐 여부다. 이 경우에는 쿼리 실행 빈도와 실행 시간을 검토해서 포함 여부를 결정할 수 있다.

activityDate 칼럼만 인덱스에 존재하면 특정 일자에 해당하는 데이터를 모두 검색해야 한다. 하루 평균 쌓이는 데이터가 50만 개면 적지 않은 숫자다. 실행 시간이 10초 이상 걸릴 수 있다.

그런데 이 쿼리를 하루에 한 번만 실행해서 그 결과를 별도 테이블에 저장한다고 하자. 그러면 쿼리 실행 시간이 30초가 걸려도 문제 될 게 없다. 하루에 한 번만 실행하기 때문이다.

서비스가 급격하게 성장해서 하루에 쌓이는 데이터가 수백만 개에 달하면 상황이 달라진다. DB 성능에 따라 쿼리 실행 시간이 급격히 증가할 수 있기 때문이다. 이런 상황이 오면 activityDate 칼럼과 activityType 칼럼을 포함한 복합 인덱스를 적용해야 한다. 이렇게 하면 인덱스에 포함된 값만으로 쿼리 결과를 구할 수 있다. 커버링 인덱스를 사용하면 실제 데이터를 읽지 않기 때문에 조회 시간을 단축할 수 있다.

선택도를 고려한 인덱스 칼럼 선택

인덱스를 생성할 때는 선택도selectivity가 높은 칼럼을 골라야 한다. 선택도는 인덱스에서 특정 칼럼의 고유한 값 비율을 나타낸다. 선택도가 높으면 해당 칼럼에 고유한 값이 많다는 뜻이며, 선택도가 낮으면 고유한 값이 적다는 뜻이다. 선택도가 높을수록 인덱스를 이용한 조회 효율이 높아진다.

아래에 표시한 회원 테이블을 보자.

```
create table member (
    memberId int not null primary key,
    gender char(1),
    …생략
);
```

gender 칼럼이 M, F, N의 3개 값 중 하나를 갖고, gender 칼럼을 인덱스로 사용한다고 하자. 전체 회원 데이터 중에서 M이 50만 개, F가 50만 개, N이 천 개일 때 다음 쿼리를 실행하면 여전히 50만 개의 데이터를 확인해야 한다. 선택도가 낮아 인덱스 효율이 떨어진다.

```
select * from member
where gender = 'F' and birthyear = 1900;
```

인덱스로 사용할 칼럼을 고를 때 선택도가 항상 높아야 하는 것은 아니다. 선택도가 낮아도 인덱스 칼럼으로 적합한 상황도 있다. 작업 큐를 구현한 테이블이 이에 해당한다. 작업 큐로 사용할 테이블을 다음과 같이 정의했다고 하자.

```
create table jobqueue (
    jobid varchar(16) not null primary key,
    status char(1) not null,
    …생략
);
```

jobqueue 테이블의 status 칼럼은 W(대기), P(처리 중), C(완료) 세 값을 갖는다. 작업 큐의 특성상 대부분 데이터의 status 칼럼값은 C이고, 적은 수의 데이터만 W와 P를 값으로 갖는다. 고유한 값이 3개뿐이므로 선택도가 낮은 칼럼인 것이다.

하지만 실제 사용하는 쿼리를 보면 status 칼럼은 인덱스로 사용하기에 좋은 칼럼이다. 작업 큐를 처리하는 코드는 status 칼럼값이 W인 데이터를 조회하기 때문이다.

```
select * from jobqueue
where status = 'W'
order by jobid asc;
```

작업 실행기는 이 쿼리를 반복해서 실행하므로 이 쿼리가 오래 걸리면 모든 작업 실행이 지연되는 문제가 발생한다. status 칼럼에 인덱스가 걸려 있지 않으면 이 쿼리는 풀 스캔을 발생시키므로, 선택도에 상관없이 status 칼럼을 인덱스로 추가해야 한다.

커버링 인덱스 활용하기

커버링 인덱스는 특정 쿼리를 실행하는 데 필요한 칼럼을 모두 포함하는 인덱스를 말한다. 커버링 인덱스를 사용하면 쿼리 실행 효율을 높일 수 있다. 예를 들어 다음 쿼리를 실행한다고 해보자.

```
select * from activityLog
where activityDate = '2024-07-31' and activityType = 'VISIT';
```

activityDate 칼럼과 activityType 칼럼을 사용하는 인덱스가 있다면, 인덱스를 사용해서 읽을 데이터를 빠르게 선택할 수 있다. 데이터를 선택한 뒤에는 칼럼값을 조회하기 위해 각 데이터를 읽어 온다. 인덱스를 사용해서 조회할 데이터를 선택하는 과정은 빠르지만 실제 데이터 자체는 읽어와야 하는 것이다.

이번에는 다음 쿼리를 보자.

```
select activityDate, activityType
from activityLog
where activityDate = '2024-07-31' and activityType = 'VISIT';
```

이 쿼리는 실제 데이터에 접근하지 않는다. 왜냐하면 쿼리를 실행하는 데 필요한 activityDate 칼럼과 activityType 칼럼값이 모두 인덱스에 포함되어 있기 때문이다. 실제 데이터를 읽어오는 과정이 생략되므로 쿼리 실행 시간이 빨라진다.

인덱스는 필요한 만큼만 만들기

시스템에서 자주 사용하는 쿼리가 다음의 두 쿼리라고 하자.

```
select * from activityLog
where userId = 123 and activityDate = '2024-07-31'
order by activityDatetime desc;

select * from activityLog
where userId = 123 and activityDate = '2024-07-31' and activityType = 'BUY'
order by activityDatetime desc;
```

첫 번째 쿼리는 userId 칼럼과 activityDate 칼럼을 이용해서 검색하고, 두 번째 쿼리는 여기에 activityType 칼럼을 추가로 이용해 검색한다. 이 두 쿼리를 빠르게 실행하기 위해 다음과 같이 2개의 복합 인덱스를 만들 수 있다.

- (userId, activityDate)
- (userId, activityDate, activityType)

여기서 두 번째 인덱스가 효과를 발휘하려면 한 사용자가 하루에 만들어 내는 데이터 개수가 조회 성능에 영향을 줄 만큼 많아야 한다. 하루에 고작 수백 개 미만일 때에는 인덱스 추가 효과를 체감하기 어렵다.

효과가 적은 인덱스를 추가하면 오히려 성능이 나빠질 수 있다. 인덱스는 조회 속도를 빠르게 해주지만 데이터 추가, 변경, 삭제 시에는 인덱스 관리에 따른 비용(시간)이 추가되기 때문이다. 또한 인덱스 자체도 데이터이기 때문에 인덱스가 많아질수록 메모리와 디스크 사용량도 함께 증가한다.

새로 추가할 쿼리가 기존에 존재하는 인덱스를 사용하지 않을 때는 요구사항을 일부 변경할 수 있는지 검토해보자. 작은 변경만으로도 인덱스를 활용할 수 있기 때문이다. 예를 들어 다음 reservation 테이블을 보자. 이 테이블은 예약 정보를 저장한다.

```sql
create table reservation (
  id bigint not null primary key,
  name varchar(30) not null,
  reserveDate date not null,
  state char(2) not null,
  regDt timestamp not null
);
create index idxRdate ON reservation (reserveDate);
```

예약자 이름으로 조회하는 기능을 구현해야 할 경우, 다음처럼 name 칼럼을 비교할 수 있다.

```sql
select * from reservation
where name = '예약자 이름'
order by regDt desc
```

reservation 테이블은 name 칼럼을 인덱스로 갖고 있지 않으므로 위 쿼리를 실행하면 풀 스캔이 발생한다. 풀 스캔을 방지하기 위해 name 칼럼을 인덱스로 추가할 수도 있지만, 요구사항을 일부 변경하면 인덱스를 추가하지 않아도 된다.

다음은 변경한 요구사항이다. 예약 일자를 조건에 추가했다.

- 특정 일자에 예약한 예약자 이름으로 조회

이 요구사항을 위한 쿼리는 다음과 같다.

```
select * from reservation
where reserveDate = '2024-08-09' and name = '고객명';
```

이 쿼리는 reserveDate 칼럼을 포함하고 있는 idxRdate 인덱스를 사용한다. 특정 일자에 속한 데이터만 비교하므로 새로운 인덱스를 추가하지 않고도 풀 스캔 없이 예약자 이름으로 데이터를 조회할 수 있다.

Column 같은 칼럼에 대한 인덱스 또 추가하지 않기

오래 사용되는 DB 테이블에는 기능을 추가하는 과정에서 다양한 인덱스가 추가된다. 오래 사용되는 만큼 DB를 다루는 개발자도 바뀌게 된다. 담당 개발자가 바뀌면 어떤 인덱스가 존재하는지, 인덱스를 왜 추가했는지와 같은 지식이 전수되지 않고 소실될 때도 있다. 그러다 보면 같은 칼럼을 사용하는 인덱스를 중복해서 추가하거나 거의 동일한 효율을 보이는 인덱스를 추가하는 일이 발생한다. 필자는 실제로 두 인덱스가 동일한 칼럼을 사용하는 테이블을 본 적이 있다.

동일한 칼럼을 사용하는 인덱스가 2개 존재한다고 해서 조회 성능이 두 배로 좋아지는 것은 아니다. 인덱스 관리 비용만 증가할 뿐이다. 이런 일이 발생하지 않도록 새로운 인덱스를 추가하기 전에 기존에 어떤 인덱스가 존재하는지, 동일한 효과를 낼 수 있는 다른 인덱스가 있는지 검토하자.

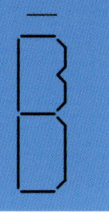

몇 가지 조회 성능 개선 방법

인덱스가 아니어도 조회 성능을 개선할 방법이 존재한다. 이 절에서는 어렵지 않으면서도 쉽게 사용할 수 있는 개선 방법에 대해 알아보도록 하겠다.

미리 집계하기

다음 기능을 제공하는 간단한 설문 조사 기능을 만든다고 하자.

- 각 설문은 질문이 4개로 고정되어 있다.
- 회원은 각 설문 조사마다 '좋아요'를 할 수 있다.
- 설문 조사 목록을 보여줄 때 답변 수와 '좋아요' 수를 표시한다.

이 기능을 구현하기 위해 [그림 3.4]와 같이 3개의 테이블을 만들었다.

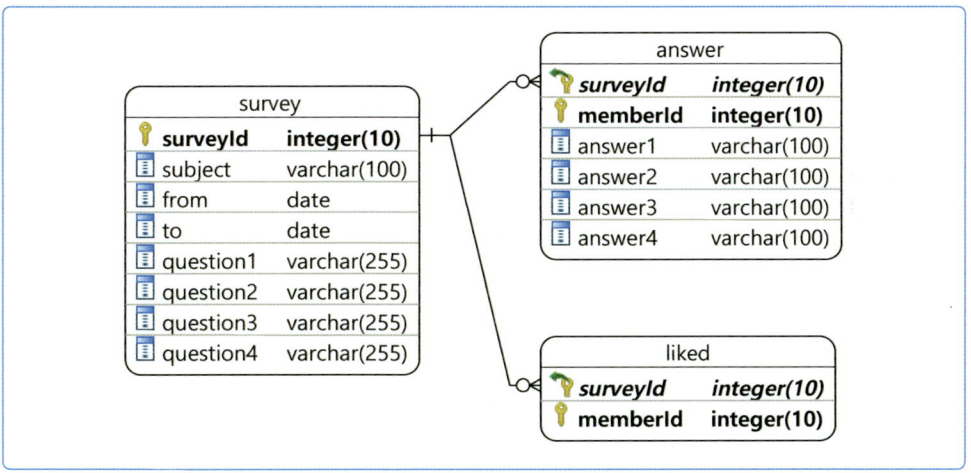

그림 3.4 간단한 설문 조사 기능을 위한 테이블 설계

목록을 표시할 때 설문에 답변한 회원 수와 '좋아요'를 한 회원 수를 표시한다는 요건이 있다. 이 요건을 충족하기 위해 설문 목록 조회 쿼리의 select 절에 서브 쿼리를 사용할 수 있다.

```
select s.id, s.subject,
  (select count(*) from answer a where a.surveyId = s.id) as answerCnt,
  (select count(*) from liked l where l.surveyId = s.id) as likeCnt
from survey s
order by id desc
limit 30;
```

이 쿼리는 논리적으로는 정확하지만 성능에는 문제가 발생할 수 있다. 30개의 설문이 있을 때 설문마다 평균 답변자 수가 10만 명이고, '좋아요'를 한 회원 수가 1만 명이라고 가정해보자. 위 쿼리를 실행하면 논리적으로 다음 쿼리가 실행된다.

- 목록 조회 1번
- 답변자 수를 세는 쿼리 30번: select 쿼리가 30개의 설문 데이터를 조회하므로 각 설문마다 답변자 수를 구하기 위한 서브 쿼리가 30번 실행된다. 각 쿼리는 10만 개를 센다.
- '좋아요' 수를 세는 쿼리 30번: 각 설문마다 '좋아요'를 한 회원 수를 구하기 위한 서브 쿼리가 30번 실행된다. 각 쿼리는 1만 개를 센다.

합치면 논리적으로 61번의 쿼리가 실행된다. 목록 조회 쿼리가 0.01초, 답변자를 세는 서브 쿼리가 설문당 0.1초, '좋아요' 수를 세는 쿼리가 0.05초 걸린다고 할 경우 목록을 조회하는 데 걸리는 시간은 다음과 같다.

- 쿼리 시간 = 0.01 + 0.1 * 30 + 0.05 * 30 = 4.51

사용자가 많은 온라인 서비스에서 4.51초는 매우 긴 시간이다. 게다가 트래픽이 몰리기 시작하면 조회 속도가 급격히 느려진다.

count나 sum과 같은 집계 쿼리를 조회 시점에 실행하면서 발생하는 성능 문제를 제거하는 방법은 간단하다. 집계 데이터를 미리 계산해서 별도 칼럼에 저장하면 된다. 설문 조사 예에서는 survey 테이블에 답변자 수와 '좋아요' 수를 저장할 칼럼을 추가하고, 이 칼럼에 값을 계산해서 넣는 방식으로 구현한다.

survey	
🔑 **surveyId**	integer(10)
subject	varchar(100)
from	date
to	date
question1	varchar(255)
question2	varchar(255)
question3	varchar(255)
question4	varchar(255)
answerCnt	integer(10)
likedCnt	integer(10)

그림 3.5 집계 값을 저장할 칼럼을 활용해 조회 성능을 개선할 수 있다.

[그림 3.5]와 같이 답변자 수와 '좋아요' 수를 보관할 칼럼을 추가한 뒤 설문에 답변할 때나 '좋아요'를 누를 때마다 해당 칼럼값을 증가시키는 방법으로 미리 집계할 수 있다.

```
-- answer 테이블에 답변을 추가한다.
insert into answer values (...);

-- survey 테이블의 answerCnt 값을 1 증가시킨다.
update survey set answerCnt = answerCnt + 1 where surveyId = 아이디;
```

'좋아요'도 비슷하다. '좋아요'를 취소했다면 likedCnt 칼럼값을 1 빼면 된다.

```
delete from liked where answerId = 설문ID and memberId = 회원ID;
update survey set likedCnt = likedCnt - 1 where surveyId = 설문ID;
```

설문 조사 목록을 조회하는 쿼리는 이제 답변자 수와 '좋아요' 수를 세기 위한 서브 쿼리가 필요하지 않다.

```
select s.id, s.subject, answerCnt, likeCnt
from survey s
order by id desc
limit 30;
```

서브 쿼리 시간만큼 쿼리 실행 시간이 줄어들어 조회 속도가 빨라진다.

> **Column 비정규화해도 괜찮나요?**
>
> 데이터베이스 설계에서 중요하게 여기는 것 중 하나로 정규화normalization를 들 수 있다. 다음은 정규화에 대해 위키피디아에 정의된 내용이다.
>
> "정규화는 관계형 데이터베이스의 설계에서 데이터 중복을 줄이고 데이터 무결성을 개선하기 위해 데이터를 정규형에 맞도록 구조화하는 프로세스를 뜻한다. 데이터베이스 정규화의 목표는 이상이 있는 관계를 재구성하여 작고 잘 조직된 관계를 생성하는 것에 있다."
>
> 이 정의에 따르면 survey 테이블에 answerCnt 칼럼을 추가하는 것은 데이터를 중복하는 것이다. answer 테이블로 개수를 구할 수 있기 때문이다. 또한 answerCnt 칼럼이 가지는 값과 answer 테이블의 개수가 불일치하는, 즉 무결성이 깨지는 문제가 발생할 수도 있다.
>
> 하지만 설문 예제에서는 약간의 불일치를 감수하더라도 실시간 집계용 칼럼을 추가하는 것이 맞다고 생각한다. 실제로 특정 설문에 대한 answer 테이블의 데이터 개수가 10,150인데 answerCnt 칼럼의 값이 10,149라고 해도 심각한 문제는 아니다. 목록을 보는 회원에게는 중요한 문제가 아니기 때문이다.
>
> 게다가 정확한 값은 언제든지 구할 수 있다. 관리툴에서 최종 보고서를 생성할 때는 answerCnt, likedCnt 칼럼을 사용하는 대신 answer 테이블과 liked 테이블을 사용해서 실제 개수를 구하면 된다.

> **Column 동시성 문제는 없나요?**
>
> 다음 쿼리를 동시에 5개 클라이언트가 실행하면 어떻게 될까?
>
>
> ```
> update survey set answerCnt = answerCnt + 1 where surveyId = 1;
> ```
>
> DB가 이 쿼리를 원자적atomic 연산으로 처리하면 answerCnt는 5만큼 증가한다. 원자적 연산으로 처리하지 않으면 answerCnt 값이 어떻게 될지 예측할 수 없다. 트랜잭션 격리 수준에 따라 그리고 사용하는 DBMS에 따라 이 쿼리는 원자적으로 실행되기도 하고 그렇지 않기도 하다. 따라서 증가/감소 쿼리를 사용할 때는 DBMS가 지정한 트랜잭션 격리 수준에서 원자적으로 처리하는지 검증해야 한다.

페이지 기준 목록 조회 대신 ID 기준 목록 조회 방식 사용하기

게시글 데이터가 10만 개 있다고 하자. 화면에 10개의 게시글을 보여주면 전체 페이지 개수는 1만 개가 된다. 첫 페이지를 읽어오기 위한 쿼리는 다음과 같다. id 칼럼이 주요 키일 때 이 쿼리는 10개의 데이터만 탐색한다.

```
select id, subject, writer, regdt
from article
order by id desc
limit 10 offset 0;
```

다음은 마지막 1만 번째 페이지에 해당하는 게시글을 읽어오는 쿼리다.

```
select id, subject, writer, regdt
from article
order by id desc
limit 10 offset 99990;
```

이 쿼리를 실행할 때 99,991번째 id부터 바로 조회하면 좋겠지만, DB는 어떤 id 값이 99,991번째인지 알지 못한다. 그래서 DB는 역순으로 id를 99,990개 세고 나서 10개 데이터를 조회한다. 데이터를 세는 시간만큼 실행 시간이 증가하는 것이다.

인덱스에 포함되어 있지 않은 칼럼이 where 절에 포함되면 실행 시간은 더 증가한다. 다음 쿼리를 보자. deleted 칼럼은 삭제 여부를 표시하기 위한 것으로, 이 쿼리는 삭제되지 않은 게시글 목록을 조회한다.

```
select id, subject, writer, regdt
from article
where deleted = false
order by id desc
limit 10 offset 10000;
```

deleted 칼럼이 인덱스에 포함되어 있지 않다면 어떻게 될까? 주요 키를 이용해서 id 칼럼을 역순으로 차례대로 세는 과정은 동일하다. 하지만 deleted 값이 false인지 판단해야 하기 때문에 DB는 각 행의 deleted 값을 읽어야 한다. 실제 데이터를 읽어오므로 실행 시간은 더 길어진다. 또한 deleted 값이 true인 데이터도 존재하므로 deleted 값이 false인 데이터를 10,000개 세기 위해 조회하는 데이터 수는 10,000개를 넘기게 된다.

deleted 칼럼이 false인지 비교할 목적으로 데이터를 읽어오는 시간을 줄이기 위해, deleted 칼럼을 인덱스로 사용할 수도 있다. 하지만 여전히 지정한 오프셋만큼 데이터를 세는 시간은 남는다.

지정한 오프셋으로 이동하기 위해 데이터를 세는 시간을 줄이는 방법은 특정 ID를 기준으로 조회하는 것이다. 예를 들어 deleted 칼럼값이 false인 데이터의 id 칼럼값이 [그림 3.6]처럼 분포되어 있다고 하자.

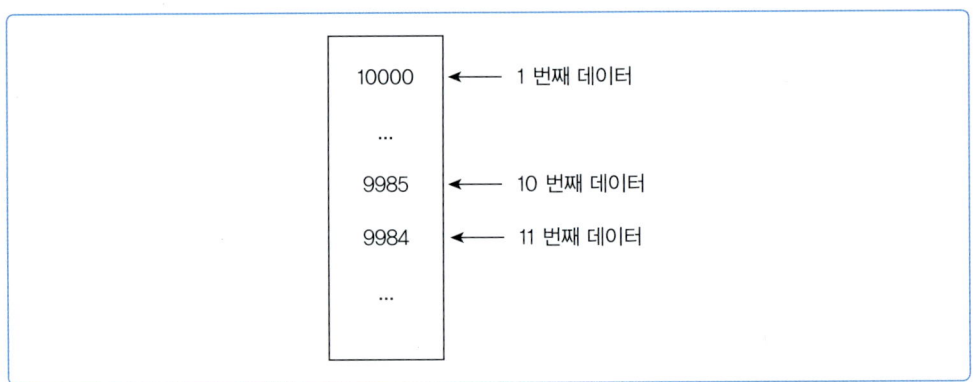

그림 3.6 deleted 조건으로 인한 오프셋 증가 예시

처음 10개 데이터를 읽어오는 쿼리는 다음과 같다.

```
select * from article
where deleted = false
order by id desc
limit 10;
```

이 쿼리 결과로 조회한 마지막 데이터의 id는 9985가 된다. 다음 10개 데이터를 읽을 때는 앞서 읽어온 마지막 id를 사용해서 조회하면 된다.

```
select * from article
where id < 9985 and deleted = false
order by id desc
limit 10;
```

id는 인덱스(주요 키)이므로 DB는 9985 보다 작은 id 값인 9984를 바로 찾을 수 있다. 오프셋을 사용했을 때는 지정한 오프셋만큼 데이터를 세는 시간이 필요한데 이 과정이 생략되어 실행 시간이 빠르다.

모바일 화면은 페이지 단위로 이동하는 방식보다는 스크롤을 통해 다음 데이터를 읽어오는 방식이 많다. 이런 조회 방식에서는 ID를 기준으로 조회하는 방식이 더 잘 들어맞는다. 클라이언트에서 페이지 번호를 받는 대신 마지막으로 조회한 ID를 기준으로 다음 데이터를 요청함으로써 조회 속도를 높일 수 있다.

프론트엔드 개발자가 다음에 읽어올 데이터가 존재하는지 알려주는 속성을 응답 결과에 포함시켜 달라고 요청하면, 1개만 더 읽어 판단하면 된다. 예를 들어, 10개만큼 데이터를 내려주고 추가로 더 읽을 데이터가 있는지 여부를 응답으로 제공해야 한다면 다음 쿼리처럼 읽어올 개수를 11개로 제한한다.

```
select * from article
where id < 1001 and deleted = false
order by id desc
limit 11;
```

조회 결과가 11개면 다음에 읽을 데이터가 존재하는 것이다. 이때는 처음 10개를 응답으로 제공하고 추가 데이터 존재 여부를 true로 응답하면 된다. 조회 결과가 10개 이하면 추가 데이터 존재 여부를 false로 응답한다.

조회 범위를 시간 기준으로 제한하기

조회 성능을 개선하는 방법 중 하나는 조회 범위를 시간 기준으로 제한하는 것이다. 이 방식을 사용하기에 적당한 예가 뉴스 기사 목록이다. 국내 주요 포털은 기사 목록을 제공할 때 일자별로 분류해서 제공하고 있다. 즉, 기사 조회 범위를 일자 기준으로 제한하는 것이다. 일자별로 조회하는 쿼리는 다음 형태를 띨 것이다.

```sql
select title, ...생략
from news
where regdt >= '2024-08-09 00:00:00' and regdt < '2024-08-10 00:00:00'
order by regdt desc
limit 100;
```

이 쿼리를 성능 문제 없이 실행하려면 regdt 칼럼에 인덱스를 추가하면 된다. 하루에 등록되는 기사 개수에 따라 인덱스를 추가하지 않고 다른 조건을 더해도 성능이 유지될 수 있다.

```sql
select title, ...생략
from news
where regdt >= '2024-08-09 00:00:00' and regdt < '2024-08-10 00:00:00'
  and category = '01'
order by regdt desc
limit 100;
```

쇼핑 사이트에서 회원의 주문 내역을 조회하는 기능도 이와 유사하다. 30개씩 순서대로 조회하는 방식이 아닌 월별로 주문 내역을 조회하는 방식을 사용하면 쿼리는 다음 형태가 된다. 필요한 인덱스는 (customerId, orderDt)이다. 페이지 기준 목록 조회나 ID 기준 목록 조회에 비해 쿼리가 단순해지고 성능 문제도 발생하지 않는다.

```sql
select id, ...생략
from order
where customerId = 100
  and orderDt >= '2024-08-01 00:00:00' and orderDt < '2024-09-01 00:00:00'
order by orderDt desc;
```

조회 범위를 제한하는 또 다른 방법은 최신 데이터만 조회하는 것이다. 대부분의 기능은 최신 데이터를 주로 조회하기 때문이다. 예를 들어, 고객에게 매달 한 번씩 제공하는 점검 결과가 있다고 하자. 대부분의 고객은 최근에 받은 점검 결과가 정상인지에 관심이 있으며, 3년 전에 받은 결과에는 관심이 없다. 이런 경우 최근 6개월간의 점검 결과만 제공해도 서비스에는 문제가 되지 않는다.

최신 점검 결과만 제공한다면 조회 쿼리를 다음과 같이 단일 쿼리로 단순화할 수 있다.

```
select * from checkResult
where cust_id = ?
  and checkMonth >= ?
order by checkMonth desc;
```

공지사항도 마찬가지다. 며칠 또는 몇 달 이내의 공지는 읽을 수 있지만, 3년 전 공지사항은 (거의) 아무도 읽지 않는다. 최근 몇 달 이내의 공지사항만 표시해도 문제가 되지 않는 경우가 많다. 최신 데이터만 보여주는 것이 가능하다면, 제품 담당자와 협의해보자. 기능을 줄이고 구현을 단순화할 수 있을 것이다.

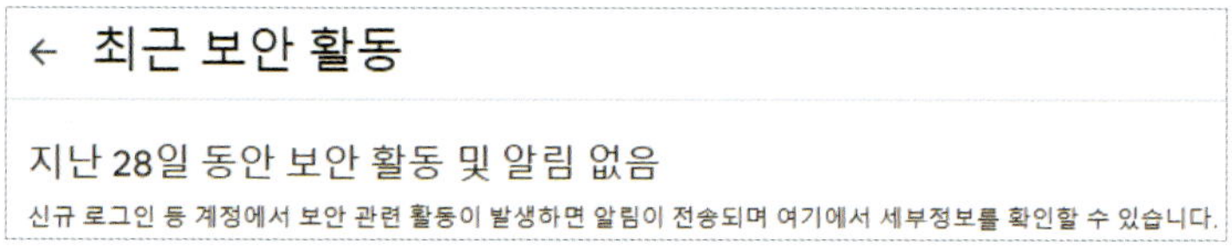

← 최근 보안 활동

지난 28일 동안 보안 활동 및 알림 없음
신규 로그인 등 계정에서 보안 관련 활동이 발생하면 알림이 전송되며 여기에서 세부정보를 확인할 수 있습니다.

그림 3.7 구글의 최근 보안 활동 화면은 최근 28일 데이터만 보여준다.

최신 데이터 위주로 조회하게 기능을 변경하면 DB 성능 또한 향상된다. DB는 성능을 높이기 위해 메모리 캐시를 사용한다. 데이터 조회가 발생하면 이를 메모리에 캐시해, 다음에 동일한 요청이 들어올 때 더 빠르게 응답할 수 있다. 일반적으로 최신 데이터가 더 많이 조회되기 때문에, 캐시에 최신 데이터가 적재될 확률이 높다. 따라서 조회 범위를 최신 데이터로 제한하면 캐시 효율을 높일 수 있다. 캐시 효율이 높아지면 응답 속도도 빨라진다.

전체 개수 세지 않기

목록을 표시하는 기능은 전체 개수를 함께 표시하는 경우가 많다. 조건에 해당하는 데이터 개수를 구하기 위해서는 count 함수를 사용해야 한다. 예를 들어, 이름에 특정 단어가 포함된 회원 목록을 조회하려면 다음 두 쿼리를 실행해야 한다.

```
select id, ...생략
from member
where name like '지은%'
order by id desc
limit 20;

select count(*)
from member
where name like '지은%';
```

데이터가 적을 때는 count 쿼리를 실행해도 큰 문제가 없다. 문제는 데이터가 급격히 증가하기 시작할 때 발생한다. 데이터가 많아질수록 count 실행 시간도 증가하는데, 그 이유는 조건에 해당하는 모든 데이터를 탐색해야 하기 때문이다. 커버링 인덱스를 사용하더라도 전체 인덱스를 스캔해야 하며, 커버링 인덱스가 아닌 경우에는 실제 데이터를 전부 읽어야 한다.

조회 속도가 조금씩 느려지고 있는데, 그 원인 중 하나가 전체 개수를 세는 쿼리에 있다면 해당 쿼리를 실행하지 않는 방법을 고려해야 한다. 서비스 담당자에게 앞으로 성능 문제가 발생할 수 있다는 점을 알리고, 전체 개수를 화면에 표시하지 않는 방향으로 협의할 필요가 있다.

평소 패턴을 숙지하고 이상 징후 찾기

필자는 APM^{Application Performance Monitoring} 프로그램을 항상 쉽게 볼 수 있는 곳에 띄워 둔다. APM은 응답 시간 분포를 시각적으로 표시해 주는데, 그래프 모양을 보면 서비스가 정상일 때 응답 시간 분포가 어떤 형태를 띠는지 감을 잡을 수 있다.

평소의 그래프 패턴을 익혀두면, 평소와 다른 미묘한 차이를 발견할 때 도움이 된다. 필자는 그래프 형태의 변화를 통해 문제를 사전에 찾아낸 경험이 있다. 해당 서비스는 평소 응답 시간이 약 0.5초였고, 응답 시간 히트맵 그래프는 0.5초에 띠를 형성하고 있었다.

그런데 어느 날부터 그래프 모양이 이전과 미묘하게 달라지기 시작했다. 0.5초 위치에 형성되어 있던 응답 시간 띠가 살짝 위로 올라간 것이었다. 실제로 응답 시간은 0.7초 정도로 증가해 있었다. 평소에 그래프를 눈여겨보지 않았다면 눈치채지 못했을 변화였다. 게다가 0.7초는 당장 문제 될 만큼 느린 속도는 아니어서, 그래프 변화에 주의를 기울이지 않았다면 그냥 지나쳤을 수도 있다.

응답 시간이 왜 증가했는지 확인해보니, 한 쿼리의 실행 시간이 약 0.2초 정도 늘어난 것이 원인이었다. 이 쿼리는 서브 쿼리에서 count 함수를 실행하고 있었고, 데이터가 증가하면서 count 실행 시간도 함께 늘어난 것이다. 매번 count를 실행하는 방식에서 미리 집계하는 방식으로 구현을 바꾸자, 응답 시간이 0.4초로 줄어드는 효과를 얻을 수 있었다.

평소 트래픽 패턴이나 응답 시간에 관심을 가지면, 향후 문제가 될 수 있는 징후를 조기에 발견하는 데 도움이 된다. 평소와 다른 성능 패턴이 보인다면 뭔가 안 좋은 조짐일 수 있다. 작은 변화에도 관심을 기울이면, 문제 발생의 징후를 미리 포착할 수 있을 것이다.

오래된 데이터 삭제 및 분리 보관하기

데이터 개수가 늘어나면 늘어날수록 쿼리 실행 시간은 증가한다. 즉, 데이터 개수가 증가하지 않으면 실행 시간을 일정 수준으로 유지할 수 있다. 또는 데이터 증가 속도를 늦추면, 실행 시간 증가 폭을 줄일 수 있다. 데이터 증가 폭을 낮추는 방법 중 하나는 과거 데이터를 삭제하는 것이다. 과거 데이터를 삭제하면 데이터 개수를 일정하게 유지할 수 있어, 성능 또한 일정 수준으로 유지된다.

과거 데이터를 삭제할 수 있는 예로 로그인 시도 내역을 들 수 있다. 보안이 강화되면서 로그인 시도 내역을 관리하는 서비스가 늘고 있다. 자주 접속하지 않는 새로운 지역에서 로그인 시도가 발생하면, 이를 사용자에게 알려 위험에 대비할 수 있도록 한다. 이 기능을 개발하려면 로그인 시도 내역을 일정 기간 보관해야 한다.

로그인 시도 내역은 장기간 보관할 필요가 없다. 이상 징후를 탐지하기 위한 목적이기 때문에, 최근 몇 달 치 내역만 있으면 충분하다. 몇 년 전의 패턴은 필요하지 않다. 예를 들어 필요한 데이터가 최근 180일치라면, 181일 이전 데이터는 삭제할 수 있다. 매일 181일 이전 데이터를 삭제하면 데이터 개수를 일정 수준으로 유지할 수 있어, 일관된 서비스 품질을 제공하는 데 도움이 된다.

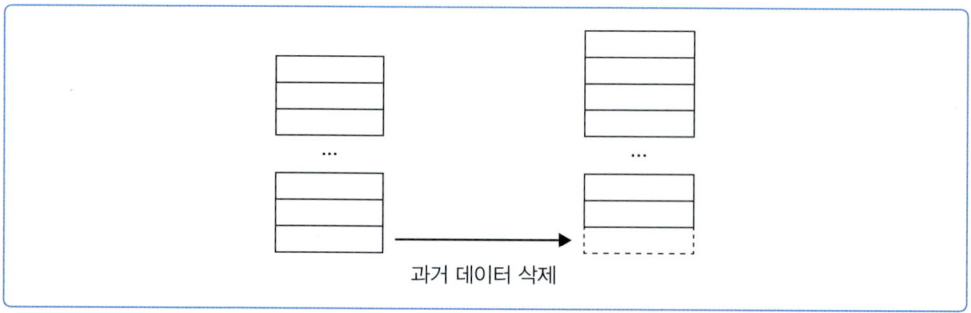

그림 3.8 과거 데이터를 삭제하면 데이터 개수를 일정 수준으로 유지할 수 있어, 서비스 품질을 일관되게 제공하는 데 도움이 된다.

사용자에게는 180일 이내의 로그인 내역만 제공하더라도, 내부 관리 시스템에서는 그 이전 데이터가 필요한 경우가 있다. 이럴 때는 서비스 DB에는 180일 이내 데이터만 유지하고 181일 이전 데이터는 별도의 저장소로 분리 보관하면 된다. 이렇게 하면 사용자 서비스는 적절한 성능을 유지할 수 있고 관리 시스템은 필요한 데이터를 조회할 수 있다.

> **알아두기 단편화와 최적화**
>
> DELETE 쿼리를 이용해 테이블에서 데이터를 삭제하면, 실제 사용하는 디스크 용량도 줄어들까?
>
> 일반적인 DB에서는 DELETE 쿼리를 실행하더라도 DB가 사용하는 디스크 용량은 줄어들지 않는다. DB는 해당 데이터가 삭제되었다는 표시만 남기고, 삭제된 공간은 향후 재사용한다.
>
> 하지만 데이터가 반복적으로 추가되고, 변경되고, 삭제되는 과정에서 데이터가 흩어져 저장되고 빈 공간이 생기는 단편화fragmentation 현상이 발생할 수 있다.
>
> 단편화가 심해지면 디스크 I/O가 증가하면서 쿼리 성능이 저하될 수 있다. 또한 테이블에 실제로 보관된 데이터 크기보다 더 많은 디스크 공간을 사용하게 되어, 디스크 낭비도 발생한다.
>
> 단편화로 인한 성능 저하를 해결하는 방법 중 하나는 최적화 작업이다. 최적화는 데이터를 재배치해 단편화를 줄이고, 물리적인 디스크 사용량까지 줄여주는 효과가 있다.

DB 장비 확장하기

DB에 부하가 증가해 성능 문제가 발생하고 있다면 어떻게 해야 할까? 성능 개선 방법을 찾지 못한 상태에서 헤매다 보면, 며칠 동안 장애 상황이 지속될 수 있다. 빠르게 성능을 개선할 방법을 찾지 못했거나, 개선에 시간이 필요한 경우라면 2장에서 언급한 것처럼 일단 DB 장비를 수직으로 확장해 서비스를 가능한 상태로 유지하고 개선할 시간을 벌어야 한다.

클라우드를 사용하면 DB 장비의 성능을 짧은 시간 안에 높일 수 있다. 더 빠른 CPU로 교체하고 더 많은 CPU를 사용하며 메모리를 증설할 수 있다. 이 조치만으로도 성능은 눈에 띄게 향상된다. 일단 DB가 버틸 수 있는 상태가 되면 그 다음엔 효과적인 개선 방안을 찾아 적용하면 된다.

물론 더 좋은 스펙으로 변경하면 청구되는 비용도 증가하지만 서비스를 제대로 제공하지 못하는 것보다는 비용을 들이더라도 서비스를 유지하는 편이 낫다.

> **Column** 장비발
>
> 필자가 사회 초년생이었을 때의 일이다. 회사는 오라클 DB를 사용하고 있었다. 서비스에 큰 이상은 없었지만 일부 쿼리의 실행 시간이 간헐적으로 5초 이상 걸리기 시작했다. 평소에도 해당 쿼리는 3~5초를 넘기는 경우가 많았다.
>
> 이 문제는 오래 지속되지 않았다. DB 장비 교체가 예정되어 있었기 때문이다. 실제로 DB 장비를 교체한 뒤, 같은 쿼리의 실행 시간은 0.5초 미만으로 줄었다. 장비발을 확실하게 느낄 수 있었던 순간이었다.

수평 확장도 고려해볼 수 있다. DB를 수평으로 확장하면 DB가 처리할 수 있는 트래픽을 늘릴 수 있다. 조회 트래픽 비중이 높은 서비스의 경우, 주 DB - 복제 DB$^{Primary - Replica}$ 구조를 사용해 처리량을 효과적으로 증가시킬 수 있다.

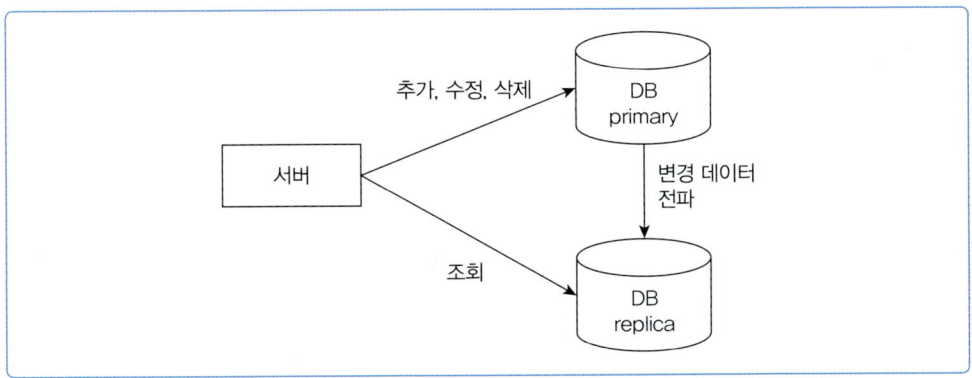

그림 3.9 읽기 전용 복제 DB를 추가해 처리량을 높일 수 있다.

서버는 데이터 변경 쿼리는 주 DB를 통해, 조회 쿼리는 복제 DB를 통해 실행한다. 조회 기능에 대한 트래픽이 증가하면, 복제 DB를 추가해 조회 처리량을 확장할 수 있다.

> **Memo**
>
> 보통 DB 서버는 API 서버에 비해 몇 배 이상 사양이 좋은 장비를 사용한다. 사양이 좋은 만큼 가격도 많이 비싸다. 일시적으로 급증하는 조회 트래픽에 대비해 DB 장비를 수평 확장하면 고정 비용도 함께 증가한다. 한 번 증가한 고정 비용은 지속적으로 부담이 되기 때문에 DB 서버를 확장할 때는 비용 대비 얻는 이점이 확실해야 한다.

> **Column 우리 회사에는 DBA가 없어요.**
>
> 복제 DB를 구성하는 작업은 일반 서버 개발자에게는 부담스러운 작업이다. 대부분 DB 운영에 익숙하지 않기 때문이다. 필자 역시 운영 중인 DB에 레플리카 DB를 직접 추가해본 경험은 없고 복제 DB 구성 작업은 DBA가 처리했었다.
>
> 규모가 작은 회사는 DBA를 채용하기가 쉽지 않다. 이럴 때는 DB 전문 회사와 컨설팅 계약을 맺는 것도 하나의 방법이다. 정기적인 DB 점검, 장애 대응, 운영 지원 등의 서비스를 받을 수 있다.

별도 캐시 서버 구성하기

서비스가 잘되어 트래픽이 급격히 증가하면, DB만으로 모든 트래픽을 처리하기 어려워질 수 있다. 다양한 성능 개선 방법을 적용해도 한계가 있고, 비용 문제로 인해 DB 장비를 더 이상 확장하지 못하는 상황도 발생할 수 있다. 여러 이유로 DB가 트래픽을 처리하는 데 어려움이 있다면, 별도의 캐시 서버를 구성하는 것을 고려해야 한다.

실제로 대규모 트래픽이 발생하는 많은 서비스는 캐시 서버를 기본적으로 사용하고 있다. DB만으로는 쏟아지는 모든 요청을 감당하는 데 한계가 있기 때문이다. 꼭 대규모 트래픽이 아니더라도, 캐시 서버를 잘 활용하면 DB 확장 대비 적은 비용으로 더 많은 트래픽을 처리할 수 있다. 서버 개발자나 인프라 엔지니어 입장에서도, DB를 확장하는 것보다 레디스와 같은 캐시 서버를 구성하는 것이 상대적으로 부담이 적다.

물론 캐시를 도입하면 코드를 수정해야 한다. 하지만 코드 수정에 드는 비용 대비 캐시로 증가시킬 수 있는 처리량이 크다면, 코드를 수정하는 것이 더 합리적인 선택이다.

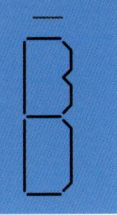
알아두면 좋을 몇 가지 주의 사항

쿼리 타임아웃

2장에서 살펴본 것처럼 응답 시간은 처리량에 큰 영향을 준다. 동시 사용자가 증가할 때 응답 시간이 길어지면 그에 반비례해 처리량은 감소한다. 하지만 단순히 처리량만 떨어지는 데서 끝나지 않는다.

예를 들어, 동시 접속이 증가하면서 특정 쿼리의 실행 시간이 15초 이상으로 늘어났다고 해보자. 사용자는 몇 초만 지나도 서비스가 느리다고 느끼고 다시 몇 초 후에 재시도를 하게 된다.

응답 지연으로 인한 재시도는 서버 부하를 더욱 가중시킨다. 앞선 요청을 아직 처리 중인 상황에서 새로운 요청이 유입되기 때문이다. 이런 식으로 재시도가 반복되면 동시에 처리해야 하는 요청 수가 기하급수적으로 늘어나고 서버 부하는 폭증하게 된다.

이런 상황을 방지하는 방법 중 하나는 쿼리 실행 시간을 제한(타임아웃 설정)하는 것이다. 예를 들어 쿼리 실행 시간을 5초로 제한했다고 하자. 트래픽이 증가해 쿼리 실행 시간이 5초를 넘기면 제한 시간 초과로 에러가 발생한다. 사용자는 에러 화면을 보게 되지만 서버 입장에서는 해당 요청을 정상적으로 종료(처리)한 셈이다. 사용자가 재시도를 하더라도 이전 요청이 여전히 처리 중인 상태가 아니므로 동시 요청 수의 폭증을 막을 수 있다.

쿼리 타임아웃은 서비스와 기능의 특성에 따라 다르게 설정해야 한다. 예를 들어 블로그 글을 조회하는 기능은 타임아웃을 몇 초 이내로 짧게 설정해도 되지만, 상품 결제 기능은 보다 긴 타임아웃이 필요하다. 결제 처리 중 타임아웃으로 에러가 발생하면 후속 처리와 데이터 정합성이 복잡해질 수 있기 때문이다.

상태 변경 기능은 복제 DB에서 조회하지 않기

주 DB - 복제 DB 구조를 사용할 때 변경은 주 DB를 사용하고 조회는 복제 DB를 사용한다. 그런데 이를 잘못 이해해 모든 SELECT 쿼리를 무조건 복제 DB에서 실행하는 경우가 있다.

이는 2가지 측면에서 문제를 일으킬 수 있다.

첫째, 주 DB와 복제 DB는 순간적으로 데이터가 일치하지 않을 수 있다. 주 DB에서 변경된 데이터는 다음 두 단계를 거쳐 복제 DB에 반영된다.

- 네트워크를 통해 복제 DB에 전달
- 복제 DB는 자체 데이터에 변경 내용을 반영

이 과정에는 시간이 걸린다. 주 DB에서 복제 DB로의 데이터 복제에는 지연이 발생한다. 이 지연 시간만큼 주 DB와 복제 DB는 일시적으로 서로 다른 값을 갖게 된다.

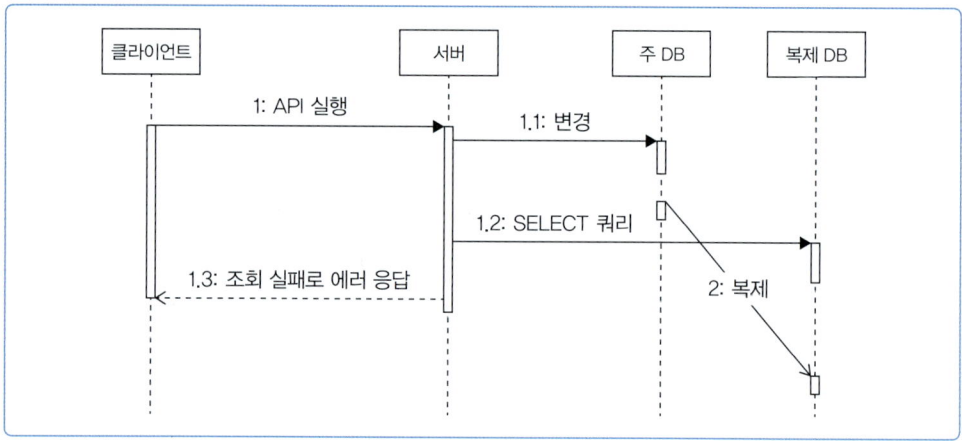

그림 3.10 SELECT 쿼리를 무조건 복제 DB에서 읽어오면 안 된다.

[그림 3.10]은 1.1에서 주 DB의 데이터를 변경하고, 1.2에서 변경된 데이터를 조회하는 상황이다. 복제 과정에서 지연이 발생할 수 있기 때문에, 주 DB에서 변경한 데이터가 복제 DB에 반영되기 전에 복제 DB에서 SELECT 쿼리가 실행될 수 있다. 이 경우 잘못된 데이터를 조회하게 되어 사용자의 요청을 제대로 처리할 수 없게 된다.

둘째, 트랜잭션 문제가 발생할 수 있다. 주 DB와 복제 DB 간 데이터 복제는 트랜잭션 커밋 시점에 이뤄진다. 주 DB의 트랜잭션 범위 내에서 데이터를 변경하고, 복제 DB에서 변경 대상이 될 수 있는 데이터를 조회하면 데이터 불일치로 인해 문제가 생긴다.

회원 가입, 변경, 등록, 삭제와 같이 INSERT, UPDATE, DELETE 쿼리를 실행하는 기능에서 변경 대상 데이터를 조회해야 한다면, 복제 DB가 아닌 INSERT, UPDATE, DELETE 쿼리를 실행하는 주 DB에서 SELECT 쿼리를 실행하자. 그래야 데이터 불일치로 인해 발생할 수 있는 오류를 방지할 수 있다.

배치 쿼리 실행 시간 증가

배치 프로그램은 데이터를 일괄로 조회하거나 집계하거나 생성하는 작업을 수행한다. 예를 들어 일별 회원 통계를 생성하거나 사용자의 사용 내역을 기준으로 요금을 계산하는 경우다. 이때 사용하는 쿼리는 group by로 데이터를 묶고 count, sum 등을 이용해 집계를 구한다. 조건을 충족하는 데이터의 칼럼값을 일괄로 변경하는 쿼리도 자주 사용된다.

한 번에 조회하고 집계하는 데이터가 많아질수록 일괄 처리용 쿼리의 실행 시간도 함께 증가한다. 처음에는 30초 만에 끝났던 쿼리가 데이터 증가에 따라 몇 분에서 몇 십 분이 걸리기도 한다.

문제는 몇 십 분 안에 끝나던 쿼리가 어느 순간 몇 시간이 지나도 끝나지 않는 상황이 발생할 수 있다는 점이다. 집계 쿼리는 그 특성상 많은 양의 메모리를 사용하게 되며, 특정 임계점을 넘기면 실행 시간이 예측할 수 없을 만큼 길어질 수 있다.

이런 문제를 예방하려면 배치에서 사용하는 쿼리의 실행 시간을 지속적으로 추적해야 한다. 추적을 통해 쿼리 실행 시간이 갑자기 큰 폭으로 증가했는지를 감지할 수 있고, 문제가 되는 쿼리를 발견하면 원인을 찾아 해결할 수 있다.

가장 빠른 해결책은 DB 장비의 사양을 높이는 것이다. 하지만 이 방법은 항상 가능한 것이 아니므로 다른 방법을 함께 고려해야 한다. 다음은 적용해 볼 수 있는 2가지 대안이다.

- 커버링 인덱스 활용
- 데이터를 일정 크기로 나눠 처리

집계 쿼리는 특성상 많은 데이터를 스캔한다. 이때 집계 대상 칼럼이 인덱스에 포함되어 있다면, 데이터를 직접 읽지 않고 인덱스만 스캔해 집계를 수행할 수 있다. 커버링 인덱스를 활용하면 처리 속도는 빨라지고 DB가 사용하는 메모리도 줄어든다.

데이터를 일정 크기로 나눠 처리하는 것도 해결책이다. 예를 들어 접속 로그를 이용해 한 달간의 다양한 통계 데이터를 추출해야 한다고 하자. 이를 위해 다음과 같은 쿼리를 사용할 수 있다.

```
select … 각종 집계
from accessLog al
where al.accessDatetime >= '2024-08-01 00:00:00'
  and al.accessDatetime < '2024-09-01 00:00:00'
group by …
```

이 쿼리는 특정 시간 구간에 포함된 모든 접속 로그 데이터를 대상으로 집계를 시도한다. accessDatetime 칼럼에 인덱스를 추가하더라도 데이터 개수가 많아지면 쿼리 실행에 시간이 오래 걸릴 수 있다. 특정 임계점을 넘어서면 체감상 아무리 기다려도 쿼리가 끝나지 않는 상황이 발생할 수 있다.

이럴 때는 쿼리를 시간 구간별로 나눠 실행하면 적어도 결과를 끊김 없이 구할 수 있다.

```
select … 각종 집계
from accessLog al
where al.accessDatetime >= '2024-08-01 00:00:00'
  and al.accessDatetime < '2024-08-02 00:00:00'
group by …
```

위 쿼리처럼 집계를 하루 단위로 나눠 1일부터 말일까지 실행하고 각 결과를 다시 합치면 한 달의 전체 결과를 만들 수 있다. 하루 단위도 길다고 판단되면 1시간이나 10분처럼 더 짧은 간격으로 나눠 실행하면 된다. 이렇게 하면 쿼리 실행 시간을 일정 수준으로 유지할 수 있다.

데이터를 나눠서 처리하면 짧은 간격으로 집계 쿼리를 실행할 수도 있다. 예를 들어 새벽 시간대에 배치 처리를 하지 않고 다음처럼 10분 간격으로 집계 작업을 실행할 수 있다.

1. 통계 테이블에 반영된 마지막 accessDatetime 시간을 구한다
2. [마지막 accessDatetime, 마지막 accessDatetime + 10분]에 속하는 accessLog 데이터를 집계한다
3. 2에서 구한 집계 데이터를 통계 테이블에 반영한다

이 방식을 사용하면 쿼리 실행 시간을 단축하면서도 필요한 집계 데이터를 안정적으로 생성할 수 있다.

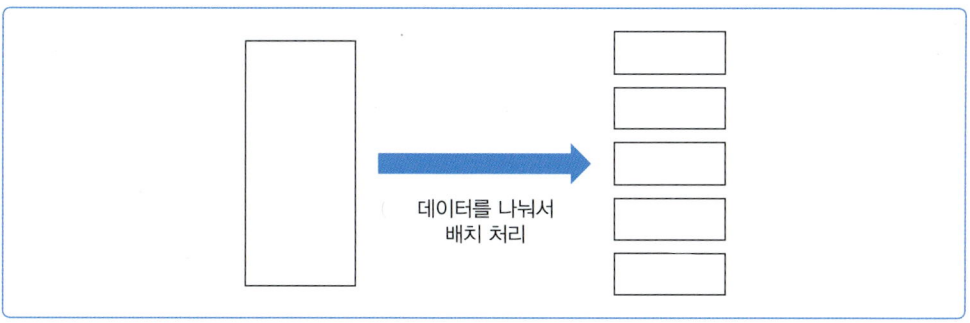

그림 3.11 DB 장비를 확장하기 어렵다면 데이터를 나눠서 처리하는 방식을 고려하자.

> **Column**
>
> ### 오늘 매출 집계 데이터가 없어요!
>
> I사에 다닐 때의 일이다. I사는 자체적으로 만든 매출 집계 시스템을 사용하고 있었다. 회계 부서는 이 시스템으로 일자별 매출 데이터를 분석했다. 그런데 어느 날 회계 부서에서 오늘 매출 집계 데이터가 없다며 오전부터 연락이 왔다. 마침 담당자가 해외 여행 중이라 직접 원인을 분석해야 했다. 실행 로그를 확인해 보니 특정 쿼리가 3시간 넘게 실행 중이었다. 앞으로 얼마나 더 걸릴지도 알 수 없는 상황이었다.
>
> 하필이면 담당자가 없을 때 이런 일이 생기다니 하늘이 원망스러웠지만 결국 해결은 내가 해야 했다. DB 장비를 확장할 수 없는 상황이라 프로그램을 수정하는 수밖에 없었다.
>
> 먼저 실행 시간이 긴 쿼리를 분석했다. 해당 쿼리는 group by, 집계 함수, 서브 쿼리를 복잡하게 사용하고 있었고 집계 대상 데이터도 많았다. 게다가 insert … select 형태로 조회와 수정을 동시에 수행하고 있었다. 쿼리 실행 시간 자체도 길었지만, 데이터 변경이 포함되어 있어 테이블 잠금 시간도 함께 길어지고 있었다.
>
> 가장 먼저 시도한 작업은 insert … select 쿼리를 select와 insert로 분리하는 것이었다. 먼저 select 쿼리만 실행해 봤고, 시간이 다소 걸리긴 했지만 정상적으로 실행됐다. 몇 시간째 끝나지 않던 상황을 생각하면 희망이 보였다.
>
> 다음으로 select 결과를 DB에 나눠서 반영했다. 하나의 트랜잭션으로 전체를 반영하지 않고 일정 개수씩 나눠서 반영했다. 이 역시 시간이 걸리긴 했지만 실행은 가능했다.
>
> 그 결과, 앞서 3시간 넘게 실행되던 쿼리의 시간을 약 30분 수준으로 줄일 수 있었다. 이어진 다른 쿼리도 마찬가지였다. 한 번에 처리하던 범위를 작게 나누는 방식으로 코드를 수정했다. 대량 변경 작업을 여러 개의 작은 작업으로 분할해 매출 집계를 무사히 마칠 수 있었다.

타입이 다른 칼럼 조인 주의

[그림 3.12]를 보면 user 테이블과 push 테이블이 정의되어 있다. push 테이블은 푸시 발송 내역을 저장한다. receiverType 칼럼은 푸시 수신 타입을 정의하며 receiverId 칼럼은 수신 타입 기준으로 식별값을 저장한다. 수신 타입에 따라 식별자 타입이 다르기 때문에 receiverId 칼럼은 varchar 타입으로 정의되어 있다. 수신 대상에 대한 푸시 목록을 자주 조회하기 때문에 receiverId 칼럼에 인덱스를 추가했다.

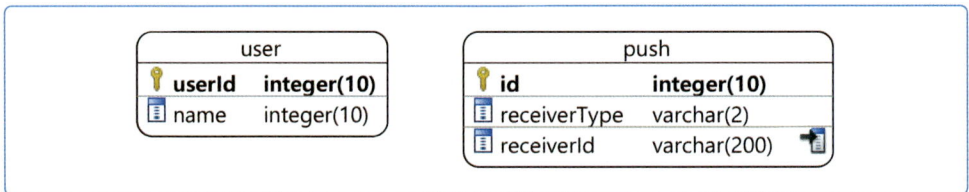

그림 3.12 다른 타입끼리 조인할 때 생기는 문제

이 상태에서 다음 쿼리를 실행하면 어떻게 될까?

```
select u.userId, u.name, p.*
from user u, push p
where u.userId = 145
  and u.userId = p.receiverId
  and p.receiverType = 'MEMBER'
order by p.id desc
limit 100;
```

이 쿼리는 먼저 user 테이블에서 주요 키인 userId 칼럼을 기준으로 비교하고, push 테이블의 인덱스가 설정된 receiverId 칼럼과 조인하기 때문에 인덱스를 사용할 것처럼 보인다. 하지만 실제로는 인덱스를 활용하지 못할 수도 있다. 그 이유는 두 칼럼의 타입이 서로 다르기 때문이다.

- user 테이블의 userId 칼럼은 integer 타입
- push 테이블의 receiverId 칼럼은 varchar 타입

두 칼럼의 값을 비교하는 과정에서 DB는 타입 변환을 수행한다. receiverId 칼럼은 varchar 타입이므로 userId와 비교하려면 DB는 receiverId 값을 integer 타입으로 변환해야 한다. 이 변환은 각 행마다 발생하며, 결과적으로 receiverId 인덱스를 온전히 활용하지 못하게 된다.

전체 데이터를 스캔하지 않고 인덱스만 스캔하는 경우에도 push 테이블의 데이터가 많다면 이 변환 작업으로 인해 쿼리 실행 시간이 길어질 수밖에 없다.

비교하는 칼럼의 타입이 달라서 인덱스를 활용하지 못하는 문제를 해결하려면 두 칼럼의 타입을 맞춰서 비교해야 한다. 다음은 MySQL에서 타입을 변환해 두 칼럼의 타입을 일치시킨 후 비교하는 예시다.

```
select u.userId, u.name, p.*
from user u, push p
where u.userId = 145
  and cast(u.userId as char character set utf8mb4) collate 'utf8mb4_unicode_ci' = p.receiverId
  and p.receiverType = 'MEMBER'
order by p.id desc
limit 100;
```

이처럼 비교 대상 칼럼의 타입을 맞추면 쿼리 실행 중 발생하는 불필요한 타입 변환을 줄일 수 있고 실행 시간이 길어지는 문제도 방지할 수 있다.

> **Memo**
> 문자열 타입을 비교할 때는 칼럼의 캐릭터셋이 같은지 확인해야 한다. 캐릭터셋이 다르면 그 자체로도 변환이 발생할 수 있기 때문이다.

테이블 변경은 신중하게

데이터가 많은 테이블에 새로운 칼럼을 추가하거나 기존 열거 타입 칼럼을 변경할 때는 매우 주의해야 한다. 다시 강조한다. 정말로 주의해야 한다. 무심코 칼럼을 변경했다가 서비스가 장시간 중단되는 상황이 발생할 수 있다.

테이블 변경 시 주의해야 하는 이유는 DB의 테이블 변경 방식 때문이다. 예를 들어 MySQL은 테이블을 변경할 때 새 테이블을 생성하고 원본 테이블의 데이터를 복사한 뒤, 복사가 완료되면 새 테이블로 대체한다. 이 복사 과정에서는 UPDATE, INSERT, DELETE 같은 DML 작업을 허용하지 않기 때문에 복사 시간만큼 서비스가 멈춘다.

DML을 허용하면서 테이블을 변경하는 기능도 있지만 항상 가능한 것은 아니다. 그래서 데이터가 많은 테이블은 점검 시간을 잡고 변경하는 경우가 많다. 서비스를 잠시 중단한 뒤 변경 작업을 수행하는 것이 가장 안정적이기 때문이다.

회사에 DBA가 있다면 점검을 잡아 변경할지 아니면 서비스 제공 중에도 가능한지 판단해줄 수 있다. 하지만 DBA가 없다면 스스로 판단해야 하므로 더욱 신중해야 한다. 함부로 변경했다가 재앙이 일어날 수 있다.

> **Column 서비스를 멈추게 한 테이블 변경**
>
> 테이블 변경으로 인해 장시간 서비스가 중단된 경험이 있다. 수천만 건의 데이터가 있는 테이블에서 열거 타입 칼럼을 변경하는 과정에서 문제가 발생했다. DB 담당자가 열거 타입 칼럼을 변경할 때 온라인 DDL을 사용하지 않았고, 테이블 변경을 위한 복사 과정이 시작됐다. 데이터가 많았기 때문에 십 분이 지나도 테이블 변경은 끝나지 않았다. 변경 대상 테이블은 여러 기능에서 사용되고 있었기에 이미 서비스를 정상적으로 제공할 수 없는 상태였다.
>
> 바로 점검 모드로 전환했다. 테이블 변경이 끝날 때까지 기다리는 것 외에는 방법이 없었다. 몇 시간이 지났을까. 마침내 테이블 변경이 완료됐다. 하지만 문제는 끝난 것이 아니었다. 주 DB의 변경만 끝났을 뿐이었다. 복제 DB의 변경은 여전히 진행 중이었고, 완료까지 추가 시간이 더 필요했다. 서비스 중단에 따른 후속 조치는 며칠간 이어졌다.
>
> 문제를 일으킨 원인은 단 한 줄의 간단한 테이블 변경 쿼리였다. 그 한 줄의 쿼리가 8시간 가까이 서비스를 중단시켰고, 며칠간 데이터 보정과 고객 보상 같은 후처리에 많은 시간을 들이게 만들었다.

DB 최대 연결 개수

다음과 같은 상황을 가정해보자.

- API 서버는 세 대다.
- 트래픽이 증가하고 있어 수평 확장이 필요하다.
- DB 서버의 CPU 사용률은 20% 수준으로 여유가 있다.

트래픽 증가를 감당하기 위해 API 서버를 추가할 수 있다. 그런데 새로 추가한 API 서버에서 DB 커넥션 생성에 실패한다면 무엇이 문제일까. DB 서버 자원에는 여유가 있지만 API 서버에서 DB에 연결되지 않는다면 DB에 설정된 최대 연결 개수를 확인해야 한다.

예를 들어 DB의 최대 연결 개수가 100개로 설정되어 있다고 하자. API 서버의 커넥션 풀 개수가 30개일 때 API 서버를 네 대로 늘리면 필요한 커넥션 수는 120개다. 하지만 DB는 100개까지만 연결을 허용하므로 20개의 커넥션을 얻지 못하고 연결 실패가 발생하게 된다. 이 경우에는 DB의 최대 연결 개수를 늘려주는 것만으로도 문제를 해결할 수 있다.

단 주의할 점이 있다. DB 서버의 CPU 사용률이 70% 이상으로 높다면 연결 개수를 늘리면 안 된다. 연결 수가 많아질수록 DB 부하는 증가하고 성능 저하가 발생할 수 있다. 이런 경우에는 먼저 캐시 서버 구성이나 쿼리 튜닝 같은 조치를 통해 DB 부하를 낮추고 필요할 때 연결 개수를 늘려야 한다.

B 실패와 트랜잭션 고려하기

서버 초심자가 자주 놓치는 것 중 하나는 DB 트랜잭션을 고려하지 않는 것이다. 모든 코드가 항상 정상적으로 동작하는 것은 아니기 때문에 비정상 상황에서의 트랜잭션 처리를 반드시 고민해야 한다. 트랜잭션을 고려하지 않고 코드를 작성하면 데이터 일관성에 문제가 생길 수 있다.

자주 발생하는 실수 중 하나는 트랜잭션 없이 여러 데이터를 수정하는 것이다. 데이터를 변경하는 코드는 트랜잭션 범위 안에서 실행하는 게 당연하다고 생각할 수 있지만, 실제로는 여러 회사에서 그렇지 않은 코드를 자주 보게 된다. 실수로 트랜잭션 처리를 빠뜨리는 경우도 있다. DB 관련 코드를 작성할 때는 트랜잭션의 시작과 종료 경계를 명확히 설정했는지 반드시 확인해야 한다.

[그림 3.13]은 트랜잭션 없이 DB를 변경하는 예시를 보여준다. 이 코드는 과정2에서 SELECT 쿼리로 contract 테이블에 계약 데이터가 존재하는지를 먼저 확인한다. 존재하지 않으면 과정3과 과정4를 실행한다. 과정3은 contract 테이블에 계약 데이터를 추가하고, 과정4는 userStatus 테이블의 상태 값을 변경한다. 하지만 이 전체 과정을 트랜잭션 없이 실행한다.

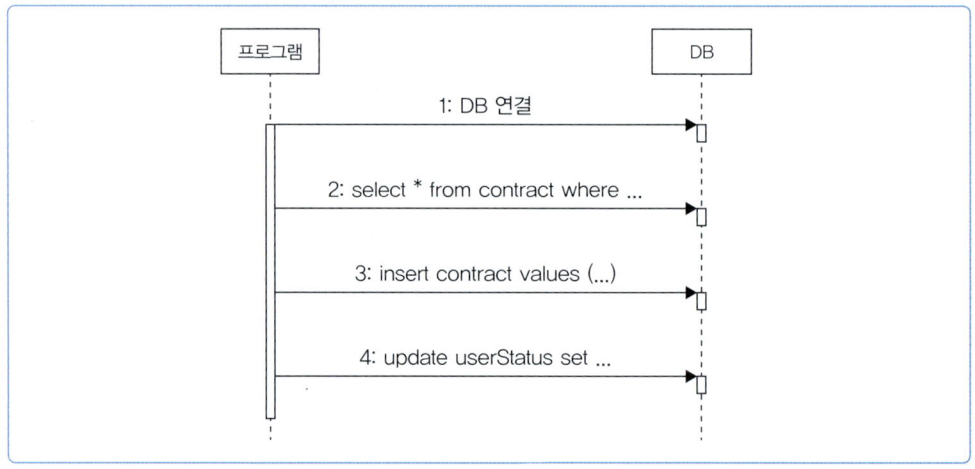

그림 3.13 과정4에서 실패하면 contract 데이터와 userStatus 데이터 사이에 일관성 문제가 생긴다. 이런 문제를 방지하려면 기능에 맞게 트랜잭션 경계를 정확히 설정해야 한다.

과정4에서 userStatus 테이블 변경이 실패하면 contract 테이블에는 이미 데이터가 추가된 상태지만, userStatus 테이블에는 상태가 반영되지 않는다. 사용자 입장에서는 계약 상태가 변경되지 않았으므로 다시 계약을 시도하게 된다. 그러나 이미 contract 테이블에는 데이터가 존재하므로 계약을 더 이상 진행할 수 없게 된다. 이 문제는 트랜잭션을 제대로 설정했으면 발생하지 않는다.

보통은 일부 기능에서 오류가 발생하면 전체 트랜잭션을 롤백한다. 하지만 경우에 따라 일부 기능에서 오류가 나도 트랜잭션을 커밋해야 할 상황도 있다.

회원 가입 기능을 예로 들어보자. 이 기능은 다음처럼 member 테이블에 회원 정보를 추가한 뒤, 가입 환영 메일을 전송한다. mailClient.sendMail( ) 메서드는 메일 발송 중 문제가 생기면 RuntimeException을 발생시키도록 구현되어 있다고 가정하자.

```
@Transactional // 트랜잭션 범위
public void join(JoinRequest join) {
    ...
    memberDao.insert(member); // DB에 데이터 추가
    mailClient.sendMail(...); // 메일 발송
}
```

메일 서버에 일시적인 문제가 있어 sendMail( )에서 RuntimeException이 발생하면 어떻게 될까. 스프링의 @Transactional은 런타임 예외가 발생하면 전체 트랜잭션을 롤백한다. 따라서 위 코드는 DB에 회원 데이터를 정상적으로 추가했더라도 메일 발송 중 예외가 발생하면 회원 가입 전체가 실패하게 된다.

정말 이것이 우리가 원하는 동작일까. 단지 환영 메일을 발송하지 못했다는 이유로 회원 가입 자체가 실패하는 것을 원하지는 않을 것이다.

만약 메일 발송에 실패하더라도 회원 가입은 정상 처리되길 원한다면, 메일 발송 오류는 다음과 같이 별도로 처리해서 무시해야 한다.

```
@Transactional // 트랜잭션 범위
public void join(JoinRequest join) {
    ...
    memberDao.insert(member); // DB에 데이터 추가
    try {
        mailClient.sendMail(...); // 메일 발송
    } catch (Exception ex) {
        // 메일 발송 오류 무시
        // 로그로 기록해 모니터링
    }
}
```

외부 API 연동과 DB 작업이 섞이면 트랜잭션 처리가 복잡해진다. 외부 API 호출은 성공했지만 DB 작업이 실패하는 상황이 대표적이다. 외부 연동은 상황에 따라 대응 방법이 달라지며 이에 대한 내용은 이어지는 4장에서 다룬다.

Chapter 04

4장

외부 연동이 문제일 때 살펴봐야 할 것들

이 장에서 다룰 내용
- 외부 연동 문제
- 타임아웃과 재시도
- 동시 요청 제한과 서킷 브레이커
- DB와 외부 연동
- HTTP 커넥션 풀
- 이중화

우리는 문제가 없는데

인터넷 초창기와 달리 이제 외부 연동은 서버 개발에서 없어서는 안 될 요소가 되었다. 마이크로서비스를 도입하는 기업이 늘면서 내부 서비스 간 연동도 복잡해지고 있다. 내부든 외부든 서비스 간 연동은 계속 증가하는 추세이며, 그만큼 신경 써야 할 품질 문제도 함께 늘고 있다. 연동에 주의를 기울이지 않으면 서비스는 심각한 장애를 겪을 수 있다.

외부 연동 품질에 신경 쓰지 않아 장애가 발생한 사례로 A은행을 들 수 있다. A은행은 새로운 서비스 오픈을 앞두고 사용자 기대감을 높이고 있었고, 대규모 서비스 경험이 있는 개발팀이 있어 오픈 시점에 몰릴 트래픽 처리에도 자신감이 있었다.

하지만 A은행은 오픈과 동시에 장애를 겪었다. 긴 시간 동안 회원 가입이 제대로 처리되지 않았다. A은행 시스템 자체는 부하를 감당할 수 있었지만 문제는 외부 연동에 있었다. A은행은 가입 과정에서 필요한 정보 인증을 위해 외부 서비스를 호출했는데, 이 외부 서비스가 몰려드는 트래픽을 감당하지 못하면서 장애가 발생한 것이다.

그림 4.1 장애는 연동된 서비스에도 영향을 준다.

연동하는 서비스에 장애가 발생하면 우리 서비스도 영향을 받는다. 서비스 간 연동이 많아질수록 연동 시스템의 품질도 함께 신경 써야 한다. 이를 소홀히 하면 A은행처럼 전체 서비스가 멈추는 장애로 이어질 수 있다.

연동 서비스의 문제를 완전히 차단하기는 어렵다. 연동 서비스가 필수인 경우도 있기 때문이다. 하지만 그 영향은 줄일 수 있다. 이 장에서는 연동 서비스의 문제로 인한 영향을 줄이는 몇 가지 방법을 살펴볼 것이다.

타임아웃

외부 연동에서 가장 중요한 설정 중 하나는 타임아웃이다. 2장에서 처리량에 영향을 주는 요소 중 하나로 응답 시간을 언급했는데, 타임아웃은 바로 이 응답 시간과 깊이 관련되어 있다. 연동 서비스를 호출할 때 타임아웃을 적절히 설정하지 않으면, 연동 서비스에 장애가 발생했을 때 전체 서비스의 품질이 급격히 나빠질 수 있다.

간단한 예를 통해 타임아웃을 설정하지 않았을 때 어떤 문제가 생길 수 있는지 살펴보자.

- A 서비스는 톰캣을 사용하고 있으며 스레드 풀 크기는 200이다. 즉, A 서비스는 동시에 200개의 요청을 처리할 수 있다.
- A 서비스는 B 서비스를 호출한다.
- B 서비스에 성능 문제가 생겨 응답 시간이 60초를 넘기기 시작했다.

이제 A 서비스에 아무 요청이 없는 상태에서 사용자 100명이 동시에 A 서비스에 요청을 보낸다고 가정하자. 톰캣은 200개의 요청을 처리할 수 있으므로 A 서비스는 100개 요청을 모두 처리하기 시작한다. 이 요청들은 모두 B 서비스를 호출한다. 그런데 B 서비스가 응답을 하지 못하고 있다. A 서비스의 100개 스레드는 응답을 기다리며 모두 대기 상태가 된다.

10초 후, 또 다른 100명이 A 서비스에 요청을 보낸다. 이로써 총 200개의 요청이 동시에 처리되고 있고 모두 B 서비스의 응답을 기다리고 있다.

또다시 10초 후, 새로운 100명이 요청을 보낸다. 하지만 A 서비스의 기존 200개 스레드는 아직 응답 대기 중이므로 새로 들어온 요청은 처리가 되지 않는다. A 서비스는 앞선 요청이 끝나야 새로운 요청을 처리할 수 있다. 그러나 B 서비스가 응답하지 않기 때문에 대기는 끝나지 않고 서비스는 마비된다.

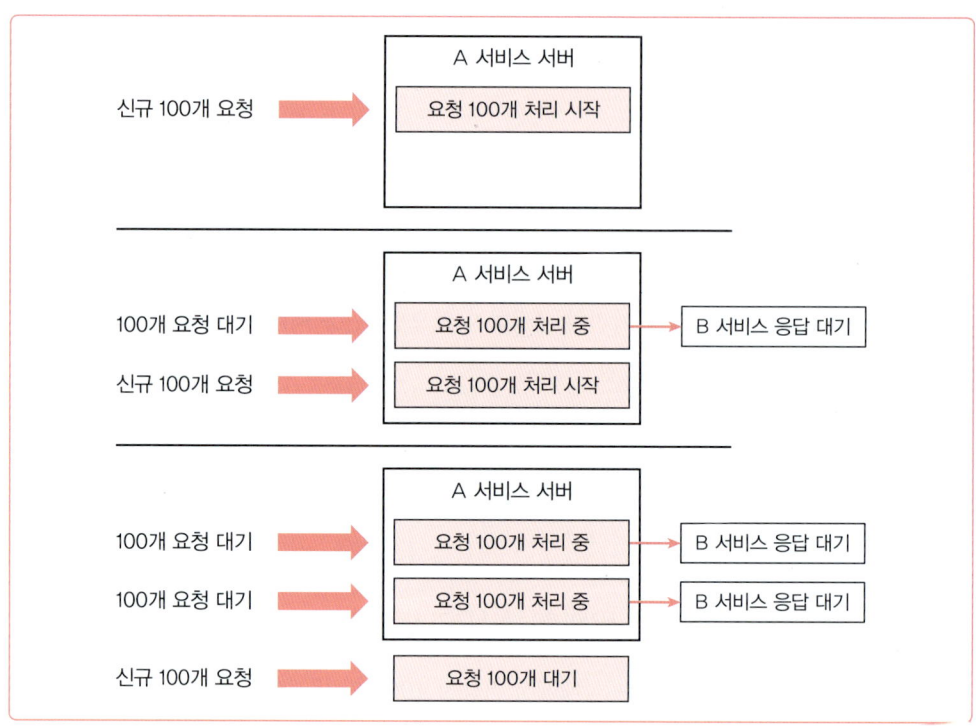

그림 4.2 연동 서비스에 타임아웃을 설정하지 않으면 연동 서비스의 응답이 느려질 때 전체 처리량이 급격히 떨어진다.

연동 서비스에 대한 타임아웃을 설정하지 않으면, 연동 서비스의 응답이 느릴 때 처리량이 급격히 떨어진다.

만약 세 번째 100개 요청이 B 서비스 연동이 필요 없는 기능이라면 어떻게 될까? B 서비스의 성능 문제가 다른 기능도 사용하지 못하게 만든다. 그야말로 최악의 상황이 벌어진다.

또한 사용자는 응답이 올 때까지 기다리지 않는다. 새로 고침과 같은 방법으로 새로운 요청을 보낸다. 이는 문제를 더 악화시킨다. 사용자 입장에서는 앞서 보낸 요청을 취소한 것이지만 A 서비스는 그 사실을 바로 인지하지 못한다. 앞서 사용자가 보낸 요청을 여전히 처리 중이다. 이 상태에서 새로운 요청이 하나 더 들어오게 된다. 즉, 서버가 받는 부하가 배가 되는 상황이 발생한다.

이런 문제를 완화할 수 있는 방법 중 하나는 연동에 대해 타임아웃을 지정하는 것이다. 타임아웃을 5초로 했을 때, 앞서 살펴본 상황이 어떻게 바뀌는지 보자. A 서비스에 요청이 없는 상태에서 사용자 100명이 A 서비스에 동시에 요청을 보냈다. A 서비스는 동시에 200개의 요청을 처리할 수 있으므로 100명의 요청을 처리하기 시작한다. A에 전달된 모든 요청이 B 서비스를 호출한다. B 서비스는 문제가 있어 빠르게 응답을 못 하고 100명의 사용자는 응답을 대기하게 된다.

10초 뒤에 새로운 100명이 A 서비스에 요청을 보냈다고 하자. 이때 톰캣이 처리 중인 요청은 없다. 왜냐하면 앞서 100개 요청은 5초 안에 B 서비스로부터 응답을 받지 못해 타임아웃 에러가 났기 때문이다. B 서비스는 여전히 100개의 요청을 처리 중이지만, A 서비스는 5초가 지난 뒤 사용자에게 시간 초과 에러를 응답한다.

다시 10초 뒤에 100명이 A 서비스에 요청을 보냈을 때, 톰캣이 처리 중인 요청은 없다. 두 번째 100개 요청도 타임아웃이 발생하면서 사용자에게 에러를 응답했기 때문이다. 처리 중인 요청이 없으므로 톰캣은 세 번째 100개 요청에 대한 처리를 바로 시작할 수 있다.

사용자는 타임아웃으로 지정한 시간 뒤에 에러 화면을 보게 된다. 에러 화면을 본 사용자는 화가 날 수도 있다. 하지만 반응 없는 무한 대기보다는 에러 화면이라도 보는 것이 더 낫다. 또한 서버는 사용자 요청에 대해 (스레드 풀 같은) 자원이 포화되기 전에 응답하게 되므로, 연동 서비스 문제가 다른 기능에 주는 영향을 줄일 수 있다.

2가지 타임아웃: 연결 타임아웃, 읽기 타임아웃

API 연동에서 통신 과정을 단순화해 표현하면 [그림4.3]처럼 연결, 요청, 응답, 종료의 4단계를 거친다.

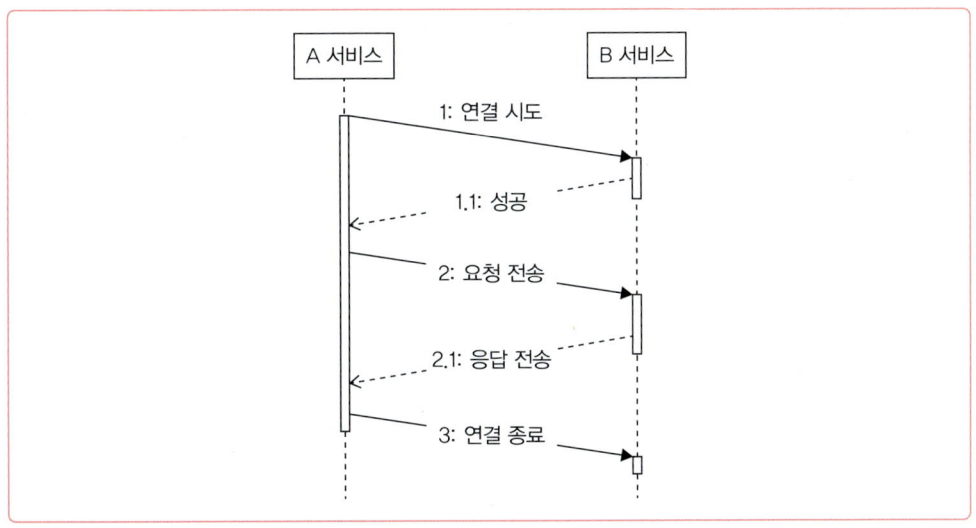

그림 4.3 간략하게 표시한 두 서비스 간 통신 과정

첫 번째 단계는 네트워크 연결 시도 단계다. 연결에는 시간이 걸린다. 초당 30만 km를 이동하는 빛의 속도로 가도 지구 반대편에 도달하는 데 0.067초가 걸린다. 실제 네트워크 전송 속도는 빛보다 느리기 때문에, 네트워크 상황이나 연결할 서버의 상태에 따라 연결에 오랜 시간이 걸릴 수 있다. 연결에 시간이 오래 걸리면 대기 시간도 함께 증가한다. 대기 시간이 무한정 길어지면 성능 문제가 발생하므로, 연결 타임아웃connection timeout을 설정해 연결 대기 시간을 제한해야 한다.

일단 연결이 되면 요청을 전송하고 응답을 기다리게 된다. 이때 응답을 받기까지 시간이 오래 걸리면 앞서 말한 대기 시간 문제가 다시 발생한다. 따라서 읽기 타임아웃read timeout을 설정해서 응답 대기 시간을 제한해야 한다.

처음 연동하는 서비스라면 타임아웃 시간을 아래와 같이 설정한 뒤, 추이를 보면서 조정하는 것이 좋다.

- 연결 타임아웃: 3초 ~ 5초
- 읽기 타임아웃: 5초 ~ 30초

읽기 타임아웃이 다소 길게 느껴질 수 있다. 하지만 처음부터 1~3초 정도로 짧게 설정하면 타임아웃 에러가 자주 발생할 수 있다. 게다가 타임아웃 시간이 너무 짧으면 연동 서비스가 정상 처리했음에도 불구하고 타임아웃 에러가 발생할 수 있다. [그림 4.4]는 이러한 상황을 나타낸다.

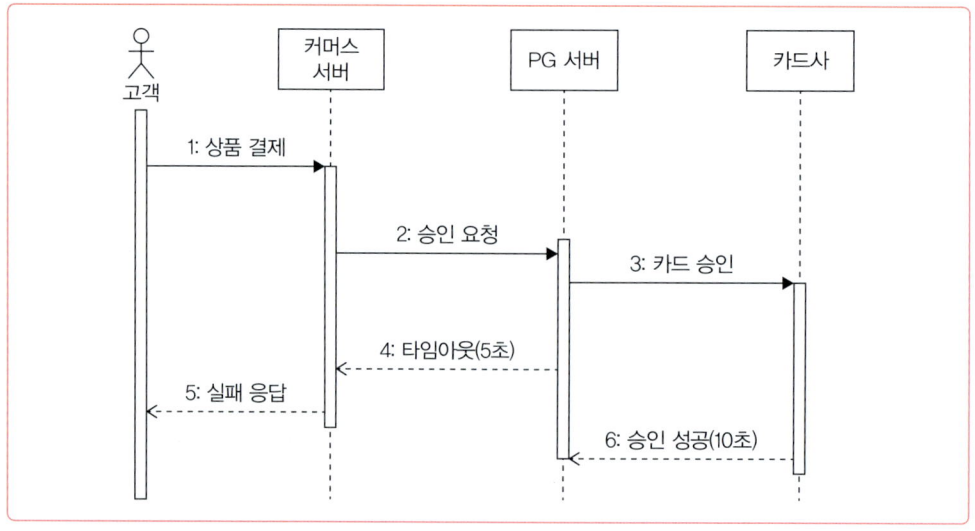

그림 4.4 타임아웃이 짧으면 정상 처리도 에러가 될 수 있다.

각 흐름은 다음과 같다.

1. 고객은 상품 결제를 커머스 서버에 요청한다.
2. 커머스 서버는 승인 처리를 위해 PG 서버 API를 호출한다. 이때 읽기 타임아웃을 5초로 지정한다.
3. PG 서버는 카드 결제를 위해 카드사 시스템과 통신을 시작한다. 카드사가 승인 처리하는 데 5초 이상 걸린다.
4. 커머스 서버는 PG 서버로부터 5초 동안 응답을 받지 못해 타임아웃 에러가 발생하며 상품 결제에 실패한다.
5. 커머스 서버는 고객에게 실패 응답을 전송한다.
6. 카드사 서버는 10초 만에 결제 승인에 성공하고 그 결과를 PG 서버에 응답한다.

이 과정이 끝나면 고객은 카드로는 결제했지만 상품은 구매하지 못하는 불쾌한 상황에 빠진다. 커머스 서버가 PG 서버와의 통신에서 타임아웃을 15초로 설정했다면 발생하지 않았을 문제다. 결제처럼 민감한 기능은 읽기 타임아웃 시간을 약간 길게 설정해서 간헐적으로 연동 시간이 길어지더라도 정상적으로 처리할 수 있어야 한다.

> **Column 소켓 타임아웃과 읽기 타임아웃**
>
> 읽기 타임아웃을 지정할 때는 실제로 설정하는 값이 무엇인지 확인해야 한다. 예를 들어 Apache HttpClient는 소켓 타임아웃을 설정한다. 소켓 타임아웃은 네트워크 패킷 단위를 기준으로 하므로, 전체 응답 시간에 대한 타임아웃을 의미하지는 않는다. 따라서 소켓 타임아웃을 5초로 지정해도 전체 응답 시간은 5초 이상 걸릴 수 있다.
>
> OkHttp는 읽기 타임아웃과는 별개로 호출 타임아웃$^{call\ timeout}$을 설정할 수 있다. 호출 타임아웃은 요청 시작부터 응답까지의 전체 시간 기준으로 설정된다. 소켓 타임아웃을 5초로, 호출 타임아웃을 10초로 설정하면 패킷은 계속 수신되지만 전체 처리 시간이 오래 걸리는 경우에 타임아웃을 발생시킬 수 있다.

재시도

외부 연동에 실패했을 때 처리 방법 중 하나는 재시도를 하는 것이다. 네트워크 통신 과정에서 간헐적으로 연결에 실패하거나 일시적으로 응답이 느려지는 경우가 있다. 이럴 때는 재시도를 통해 연동 실패를 성공으로 바꿀 수 있다.

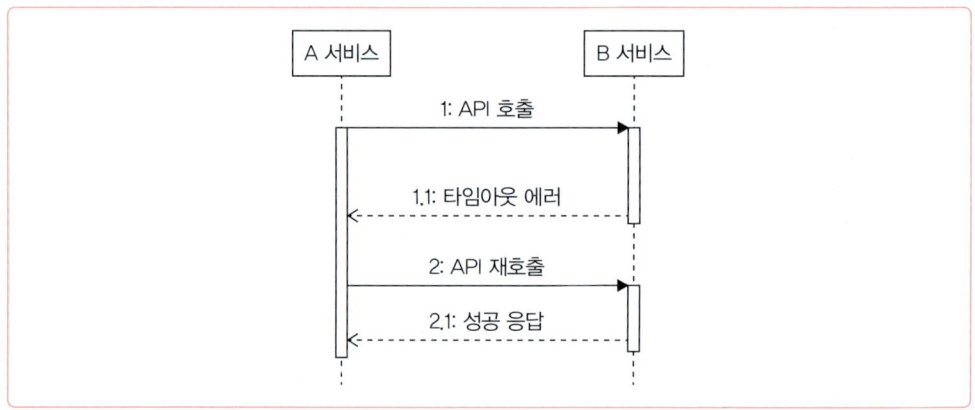

그림 4.5 재시도를 통한 오류 대응

재시도 가능 조건

재시도를 통해 연동 실패를 줄일 수 있지만, 항상 재시도를 할 수 있는 것은 아니다. 연동 API를 다시 호출해도 되는 조건인지 확인해야 한다.

예를 들어 포인트 서비스가 제공하는 API를 호출해 포인트를 차감하는 상황을 생각해보자. 포인트 서비스를 호출하는 과정에서 읽기 타임아웃이 발생했을 때 재시도를 하게 되면 포인트 차감이 두 번 발생할 수 있다.

[그림 4.6]처럼 읽기 타임아웃이 발생하더라도 포인트 서비스는 차감 처리를 계속 진행하기 때문이다.

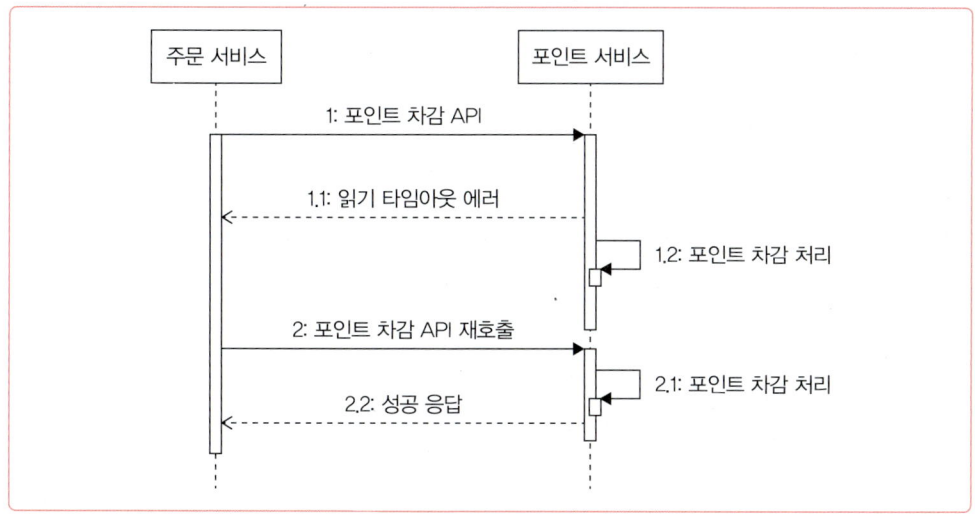

그림 4.6 재시도해도 문제가 없는 경우에만 재시도를 시도해야 한다.

재시도를 해도 되는 조건은 다음 3가지로 정리할 수 있다.

- 단순 조회 기능
- 연결 타임아웃
- 멱등성(idempotent)을 가진 변경 기능

단순 조회 기능은 재시도를 통해 성공 확률을 높일 수 있다. 포인트 내역 조회 같은 기능은 다시 호출해도 포인트 중복 차감 같은 데이터 문제가 생기지 않는다. 일시적인 문제였다면 다시 조회할 경우 정상적으로 처리될 가능성이 높다.

연결 타임아웃도 마찬가지다. 연결 타임아웃이 발생했다는 것은 연동 서비스에 아직 연결되지 않은 상태라는 뜻이다. 연동 서비스가 요청을 처리하고 있지 않은 상태이므로, 순간적인 네트워크 문제였다면 재시도를 통해 연결에 성공할 가능성이 있다.

읽기 타임아웃은 재시도할 때 주의해야 한다. 이 경우는 이미 연동 서비스가 요청을 처리하고 있는 중이기 때문이다. 읽기 타임아웃이 발생한 상황에서 [그림 4.6]처럼 재시도를 하면 포인트가 중복 차감되는 데이터 문제가 생길 수 있다.

상태를 변경하는 연동 API를 재시도할 때는 멱등성을 고려해야 한다. 멱등성이란 연산을 여러 번 적용해도 결과가 달라지지 않는 성질을 말한다. 예를 들어 좋아요 API처럼 특정 콘텐츠에 사용자가 좋아요를 눌렀을 때의 처리를 생각해보자.

아직 좋아요를 하기 전이면

- (콘텐츠, 사용자) 좋아요 정보를 추가한다.
- 콘텐츠의 좋아요 수를 증가시킨다.
- 200 상태 코드를 응답한다.

이미 좋아요를 했다면 아무 동작도 하지 않고 200 상태 코드를 응답한다.

한 사용자가 동일한 콘텐츠에 대해 여러 번 좋아요 API를 실행해도 좋아요는 한 번만 반영된다. 좋아요 API를 실행하는 동안 읽기 타임아웃이 발생해서 재시도해도 데이터는 이상 상태를 갖지 않는다.

같은 API라도 실패 원인에 따라 재시도 여부를 결정해야 한다. 검증 오류가 발생했다면 재시도를 해도 동일하게 실패할 가능성이 높다. 예를 들어, 좋아요 API를 호출할 때 콘텐츠 ID를 빈 값으로 전달했다고 하자. 이 경우 좋아요 API는 입력이 잘못 들어왔기 때문에 400 상태 코드를 응답할 것이다. 이때 콘텐츠 ID가 빈 값인 요청을 다시 보내도 같은 이유로 실패하게 된다.

재시도 횟수와 간격

재시도할 때는 다음 2가지를 결정해야 한다.

- 재시도 횟수
- 재시도 간격

먼저 재시도 횟수를 결정한다. 재시도를 무한정 할 수는 없다. 재시도 횟수만큼 응답 시간도 함께 증가하기 때문이다. 대부분의 경우 1~2번 정도의 재시도가 적당하다. 2번 재시도를 하면 총 3번 시도한 것이 되는데, 이 모두 실패했다면 간헐적인 오류보다는 다른 근본적인 문제일 가능성이 높다. 이 경우에는 다시 재시도해도 실패할 확률이 높다.

재시도 간격도 중요하다. 네트워크 연결 상태가 6초간 좋지 않은 상황을 가정해보자. [그림 4.7]처럼 연동 API를 호출했을 때 3초 후 연결 타임아웃이 발생하게 된다. 이때 바로 재시도하면 같은 네트워크 문제로 인해 다시 연결 타임아웃이 발생할 수 있다. 반면, 3초 간격을 두고 재시도하면 일시적인 네트워크 문제가 해소되면서 재시도가 성공할 가능성이 높아진다.

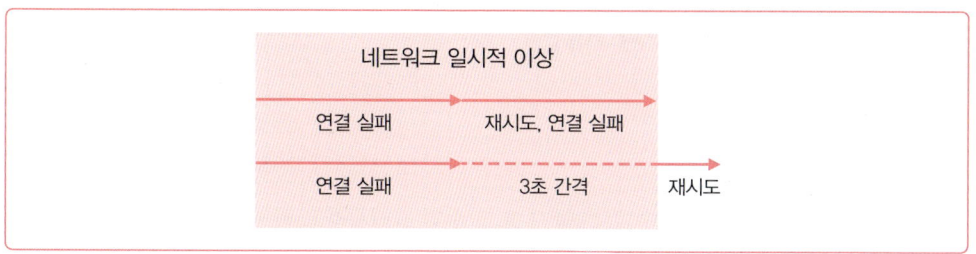

그림 4.7 재시도는 간격을 두고 재시도한다.

여러 차례 재시도할 때는 재시도 간격을 점진적으로 늘리기도 한다. 예를 들어 첫 번째 재시도는 1초 뒤에, 두 번째 재시도는 2초 뒤에 하는 식이다. 이를 통해 연동 서버에 가해지는 부하를 일부 완화할 수 있다.

재시도 폭풍(retry storm) 안티패턴

재시도를 통해 성공 가능성을 높일 수 있지만, 반대로 연동 서비스에는 더 큰 부하를 줄 수 있다. 예를 들어 연동 서비스의 성능이 느려져서 읽기 타임아웃이 발생한 상황을 생각해보자. 이때 재시도를 하면, 연동 서비스는 같은 요청을 두 배로 받게 된다. 이전 요청을 아직 처리 중인데, 같은 클라이언트가 재시도로 또다시 요청을 보내는 것이다.

엎친 데 덮친 격으로, 성능이 느려진 상태에서 새로운 요청까지 더해지면 연동 서비스의 성능은 더 나빠진다. 따라서 재시도를 검토할 때는 연동 서비스의 성능 상황도 함께 고려해야 한다.

동시 요청 제한

연동 서비스가 한 번에 처리할 수 있는 동시 요청 수가 100개라고 하자. 이때 연동 서비스로 동시에 300개의 요청이 들어오면 어떻게 될까? 연동 서비스의 최대 처리량을 초과했기 때문에 응답 시간이 느려지기 시작할 것이다. 연동 서비스가 느려지면 우리 서비스도 함께 느려진다.

이런 문제는 순간적으로 트래픽이 몰릴 때 발생할 수 있다. 예를 들어 선착순 이벤트를 시작하면 사용자 트래픽이 급격히 증가한다. 이 트래픽이 연동 서비스로 그대로 전달되면, 연쇄적으로 응답 시간이 느려지는 상황이 발생할 수 있다.

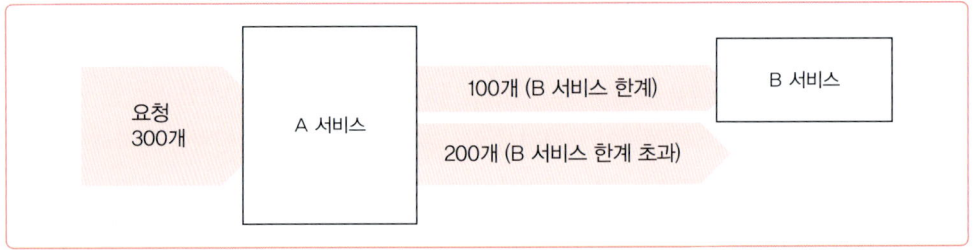

그림 4.8 연동 서비스의 한계를 초과해서 요청을 보내면, 연동 서비스의 응답 시간이 느려지면서 전반적인 성능이 저하될 수 있다.

연동 서비스에 임계치 이상의 요청을 보내면서 발생하는 성능 저하 문제를 완화하는 방법은, 연동 서비스에 요청을 일정 수준 이상으로 보내지 않는 것이다.

위 그림에서 B 서비스가 동시에 처리할 수 있는 요청 개수가 100개라고 할 때, A 서비스가 B 서비스로 보내는 동시 요청을 100개까지만 제한하면 B 서비스는 성능 저하 문제 없이 안정적으로 처리할 수 있다.

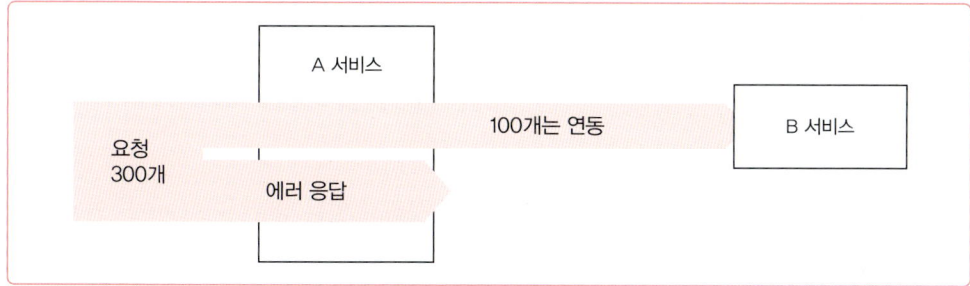

그림 4.9 연동 서비스의 성능 한계를 초과하지 않는 수준에서 요청을 보냄으로써 전체적으로 응답 시간이 느려지는 문제를 완화할 수 있다.

B 서비스로 보내지 않은 요청은 바로 에러를 응답한다. 503(Service Unavailable) HTTP 상태 코드를 사용하면 과부하 상황임을 클라이언트에 알려 알맞은 오류 메시지를 출력할 수 있다.

> **알아두기 벌크헤드(Bulkhead)**
>
> [그림 4.8]에서는 동시 요청 300개를 B 서비스로 전달하는데, B 서비스의 응답이 느려지면서 A 서비스의 응답도 함께 느려지고 A 서비스의 나머지 기능에도 영향을 주게 된다.
>
> 반면 [그림 4.9]에서는 B 서비스와 연동하는 요청이 동시에 300개 들어올 때, 100개는 처리되고 나머지 200개는 바로 에러 응답을 받는다. B 서비스와 연동하는 기능은 오류가 발생하지만, B 서비스를 연동하지 않는 나머지 기능은 정상 동작할 수 있다.
>
> 이렇게 동시 요청을 제한하는 방식은 벌크헤드 패턴을 활용한 것이다. 벌크헤드 패턴은 각 구성 요소를 격리함으로써 한 구성 요소의 장애가 다른 구성 요소에 영향을 주지 않도록 하는 설계 패턴이다.

> **Column 동시 처리 제한 사례**
>
> 필자는 다양한 외부 시스템과 연동하는 서비스를 경험했다. 이 서비스는 고객이 선택한 옵션에 따라 연동할 외부 서비스가 결정됐다. 외부 서비스의 성능에는 편차가 컸다.
>
> 예를 들어, S 서비스는 안정적으로 300 TPS를 처리했지만, Y 서비스는 50 TPS도 버거운 수준이었다. 동시에 80개의 요청을 Y 서비스에 보내면 Y 서비스 전체 시스템이 심각하게 느려지는 문제가 발생하기도 했다.
>
> 또한 Y 서비스의 응답이 느려지면서 우리 서비스 전체도 느려지는 문제가 발생했다. 이 문제를 해결하기 위해 Y 서비스에 대해서는 동시에 30개의 요청만 보내도록 제한을 걸었다. 이를 통해 Y 서비스에 과도한 부하가 걸리지 않도록 했고, Y 서비스에 성능 문제가 발생하더라도 우리 서비스 전체가 느려지는 문제를 방지할 수 있었다.

서킷 브레이커

연동 서비스에 과부하가 발생해 응답을 제대로 주지 못하고 있는 상황이라고 하자. 연동 서비스가 정상화되기 전까지는 요청을 보내도 계속 에러만 발생한다. 또한, 읽기 타임아웃이 발생할 때까지 대기하느라 응답 시간도 길어질 것이다.

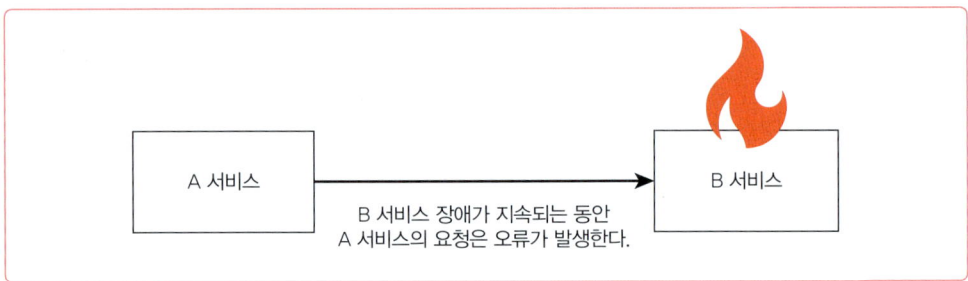

그림 4.10 연동 서비스가 장애일 때 요청을 보내면 에러만 발생한다.

[그림 4.10]에서처럼 B 서비스가 정상 상태가 아닐 때, A 서비스는 B 서비스에 요청을 보내지 않고 바로 에러를 응답하는 것이 낫다. 이렇게 하면 B 서비스의 문제가 A 서비스에 주는 영향(응답 시간 증가, 처리량 감소 등)을 줄일 수 있다.

또한 사용자 입장에서도 수 초를 대기하다가 에러 화면을 보는 것보다는, 빠르게 에러 화면을 보는 편이 낫다.

연동 서비스가 장애 상황일 때는 연동 대신 바로 에러를 응답하고, 정상화되었을 때 연동을 재개하면 연동 서비스의 장애가 주는 영향을 줄일 수 있다.

서킷 브레이커Circuit Breaker가 동작하는 방식이 바로 이와 같다.

서킷 브레이커는 누전 차단기와 비슷하게 동작한다. 과전류가 흐르면 차단기가 내려가 전기를 끊는 것처럼, 서킷 브레이커도 과도한 오류가 발생하면 연동을 중지시키고 바로 에러를 응답한다. 이렇게 하면 연동 서비스로의 요청 전달을 차단할 수 있다.

서킷 브레이커는 닫힘Closed, 열림Open, 반 열림Half-Open의 3가지 상태를 갖는다.

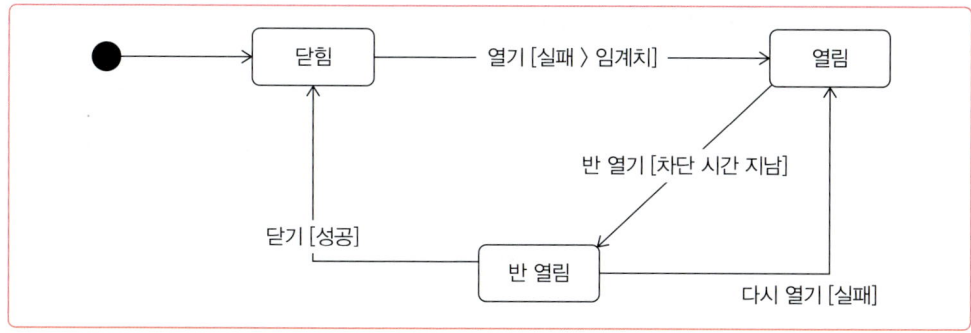

그림 4.11 서킷 브레이커의 3가지 상태

서킷 브레이커는 닫힘 상태로 시작한다. 닫힘 상태일 때는 모든 요청을 연동 서비스에 전달한다. 외부 연동 과정에서 오류가 발생하기 시작하면, 지정한 임계치를 초과했는지 확인한다. 실패 건수가 임계치를 초과하면 서킷 브레이커는 열림 상태가 된다. 보통 임계치는 다음 조건 중 하나를 사용한다.

- 시간 기준 오류 발생 비율: 예) 10초 동안 오류 비율이 50% 초과
- 개수 기준 오류 발생 비율: 예) 100개 요청 중 오류 비율이 50% 초과

열림 상태가 되면 연동 요청은 수행하지 않고, 바로 에러 응답을 리턴한다. 열림 상태는 지정된 시간 동안 유지된다. 이 시간이 지나면 반 열림 상태로 전환된다. 반 열림 상태가 되면 일부 요청에 한해 연동을 시도한다. 일정 개수 또는 일정 시간 동안 반 열림 상태를 유지하며, 이 기간 동안 연동에 성공하면 닫힘 상태로 복귀한다. 반대로 연동에 실패하면 다시 열림 상태로 전환되어 연동을 차단한다.

서킷 브레이커가 열려 있는 동안은 연동 서비스에 요청이 전달되지 않기 때문에 연동 서비스가 과부하 상황에서 벗어날 수 있는 기회도 생긴다.

> **알아두기 빠른 실패**
>
> 서킷 브레이커는 문제 상황이 감지되면 해당 기능을 더 이상 실행하지 않고 바로 실패로 처리한다. 이처럼 실패를 빠르게 감지하고, 문제가 있는 기능을 실행하지 않고 중단시키는 방식을 빠른 실패fail fast라고 한다.
>
> 빠른 실패는 장애가 발생한 기능에 부하가 더해지는 것을 방지할 뿐 아니라, 불필요한 자원 낭비를 줄여 전체 서비스의 안정성을 유지하는 데도 도움이 된다.

외부 연동과 DB 연동

회원 가입 요청을 처리할 때, 외부 서비스를 호출해 회원 정보를 전달하는 상황을 생각해보자. 모든 것이 정상이라면 DB에 회원 데이터가 저장되고, 외부 서비스의 저장소에도 정보가 잘 저장될 것이다. 하지만 모든 것이 항상 성공하는 것은 아니다. DB에 데이터를 저장하는 과정에서 실패할 수도 있고, 외부 서비스를 연동하는 도중에 에러가 발생할 수도 있다.

외부 연동과 트랜잭션 처리

DB 연동과 외부 연동을 함께 실행할 때는, 오류 발생 시 DB 트랜잭션을 어떻게 처리할지 알맞게 판단해야 한다. 다음은 흔히 발생할 수 있는 2가지 상황이다.

- 외부 연동에 실패했을 때 트랜잭션을 롤백
- 외부 연동은 성공했지만 DB 연동에 실패해 트랜잭션을 롤백

☑ 외부 연동에 실패했을 때 트랜잭션을 롤백

먼저, 트랜잭션 범위 안에서 외부 연동에 실패한 경우, 트랜잭션을 롤백할 수 있다.

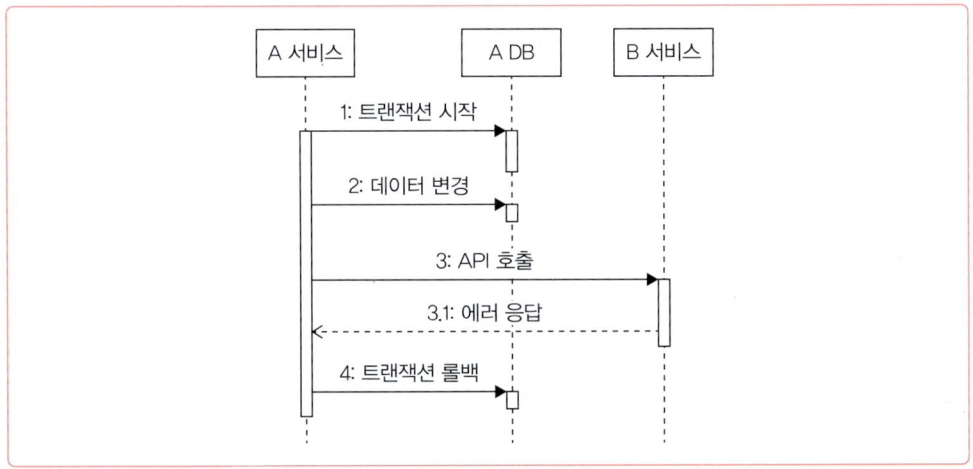

그림 4.12 외부 연동에 실패하면 트랜잭션을 롤백해 데이터 변경을 취소할 수 있다.

외부 연동에 실패했을 때 트랜잭션을 롤백하면, 변경한 데이터가 DB에 반영되지 않는다. 단순한 방식이지만, 롤백을 통해 DB 데이터에 이상이 생기는 것을 방지할 수 있다.

하지만 읽기 타임아웃이 발생해 트랜잭션을 롤백할 때는, 외부 서비스가 실제로는 성공적으로 처리했을 가능성을 염두에 두어야 한다. [그림 4.13]은 이러한 상황을 보여준다.

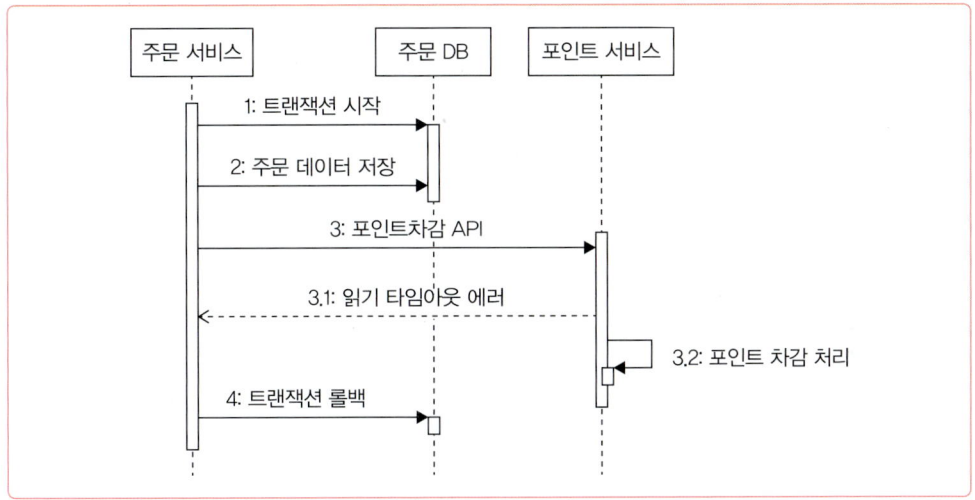

그림 4.13 읽기 타임아웃 에러가 발생할 때는 외부 연동이 성공했을 가능성도 고려해야 한다.

트랜잭션을 롤백했는데 외부 서비스가 실제로는 성공했을 경우, 2가지 방법 중 하나를 검토해야 한다. 첫 번째는 일정 주기로 두 시스템의 데이터가 일치하는지 확인하고 보정하는 방법이다. 예를 들어, 주문 서비스와 포인트 서비스가 하루에 한 번씩 전날 포인트 사용 내역을 비교해 불일치 건이 있는지 확인하는 식이다. 불일치 건이 발견되면 수동으로 또는 자동으로 보정한다.

두 번째는 성공 확인 API를 호출하는 방식이다. 읽기 타임아웃이 발생한 경우, 일정 시간 후에 이전 호출이 실제로 성공했는지 확인하는 API를 호출한다. 이때 성공 응답이 오면 트랜잭션을 지속하고, 실패 응답이 오면 트랜잭션을 롤백한다. 이 방식은 연동 서비스가 성공 여부를 알려주는 API를 제공할 때만 사용할 수 있다.

이 방식의 변형으로 취소 API를 호출하는 방법도 있다. 읽기 타임아웃이 발생한 뒤 일정 시간 후에 취소 API를 호출하는 것이다. 연동 서비스는 취소할 대상이 있으면 취소 처리를 수행한 뒤 성공 응답을 주고, 취소할 게 없다면 아무 동작 없이 성공 응답만 반환한다. 이 경우에는 연동 처리를 취소했으므로 트랜잭션을 롤백하면 된다.

단, 성공 확인 API나 취소 API를 호출하는 방식은 연동 서비스가 지원할 때만 사용할 수 있다. 또한, 이 API들을 호출하는 과정에서도 읽기 타임아웃이 발생할 수 있다.

따라서 두 시스템 간 데이터 일관성이 중요한 기능이라면 정기적으로 데이터 일치를 확인하는 프로세스를 갖추는 것이 바람직하다.

☑ 외부 연동은 성공했는데 DB 연동에 실패해서 트랜잭션을 롤백

외부 연동은 성공했지만, DB 연동에 실패해 트랜잭션을 롤백한 경우에는 취소 API를 호출해 외부 연동을 이전 상태로 되돌리는 것이 필요하다. DB 연동에 실패했기 때문에 이 경우에는 성공 확인 API를 호출해도 의미가 없다.

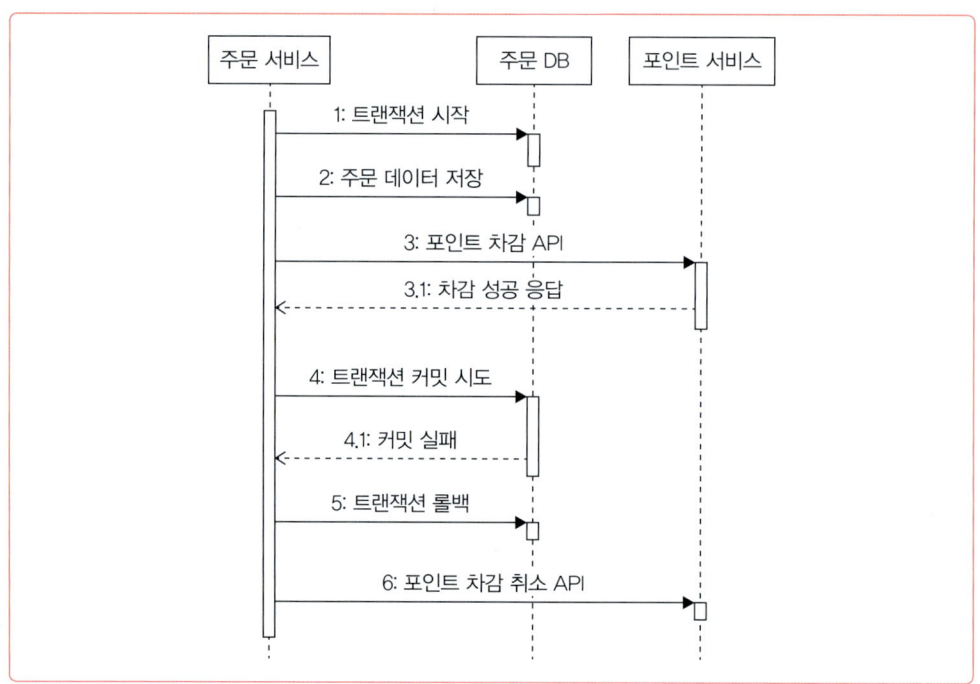

그림 4.14 외부 연동에 성공했는데 DB 처리에 실패했다면 트랜잭션을 롤백한 뒤 취소 API를 호출한다.

취소 API가 없거나 취소에 실패할 수도 있기 때문에 데이터 일관성이 중요한 서비스라면 일정 주기로 데이터가 맞는지 비교하는 프로세스를 갖추는 것이 좋다.

외부 연동이 느려질 때 DB 커넥션 풀 문제

DB 트랜잭션 범위 안에서 외부 연동을 수행할 때, 트랜잭션 처리 외에도 주의해야 할 점이 하나 더 있다. 바로, 외부 연동이 느려지면서 발생하는 커넥션 풀 부족 현상이다. 예를 들어, 기능 실행에 5초가 걸리는 상황을 생각해보자.

1. 커넥션 풀에서 커넥션을 가져온다.
2. 0.1초 걸리는 DB 쿼리를 실행한다.
3. 외부 연동 API를 호출(API 실행에 4.8초 소요)한다.
4. 0.1초 걸리는 DB 쿼리를 실행한다.
5. 커넥션을 풀에 반환한다.

이 시나리오에서 외부 연동을 제외하면, 실제 DB 커넥션이 사용되는 시간은 0.2초에 불과하다. 하지만 외부 연동에 4.8초가 걸리면서 커넥션은 총 5초 동안 사용 상태로 있게 된다. 즉, DB 쿼리를 실행하지 않아도 커넥션이 점유된 상태가 지속되는 것이다.

외부 연동을 포함한 전체 처리 시간이 5초 걸리는 서비스에서, 커넥션 풀 크기가 5라고 가정해보자. 평소에 초당 1건의 요청이 발생하면 커넥션 부족 현상은 발생하지 않는다.

[그림 4.15]를 보자. 요청이 1초 간격으로 1개씩 들어오면 4초 시점에는 요청 1부터 요청 5까지 총 5개의 요청이 실행 중이 된다. 이때 커넥션 풀에는 남은 커넥션이 0개다.

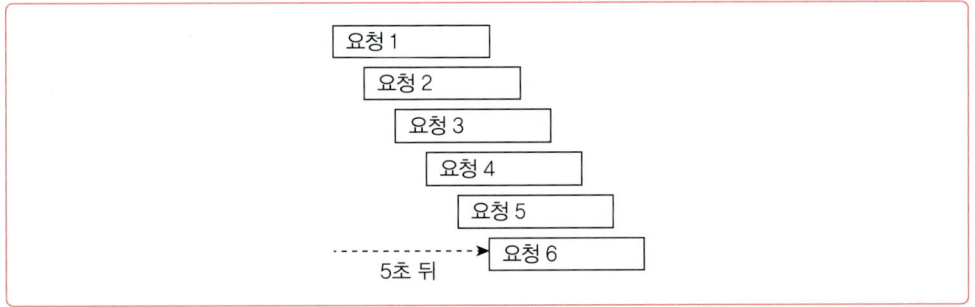

그림 4.15 외부 연동 지연으로 커넥션 풀이 부족해지는 상황이 발생한다.

5초 시점이 되면 요청 1이 종료되면서 커넥션이 반환된다. 이후 요청 6이 해당 커넥션을 풀에서 가져와 바로 사용한다. 요청 6은 대기 시간 없이 커넥션을 확보할 수 있는 상황이다.

그런데, 외부 연동 시간이 4.8초에서 6.8초로 늘어나면 어떻게 될까? [그림 4.16]처럼 요청 6은 커넥션을 얻기 위해 2초를 대기해야 한다. 즉, DB 처리 시간은 동일한데 단지 외부 연동 시간이 길어졌다는 이유만으로 커넥션 풀이 포화되는 문제가 발생한 것이다.

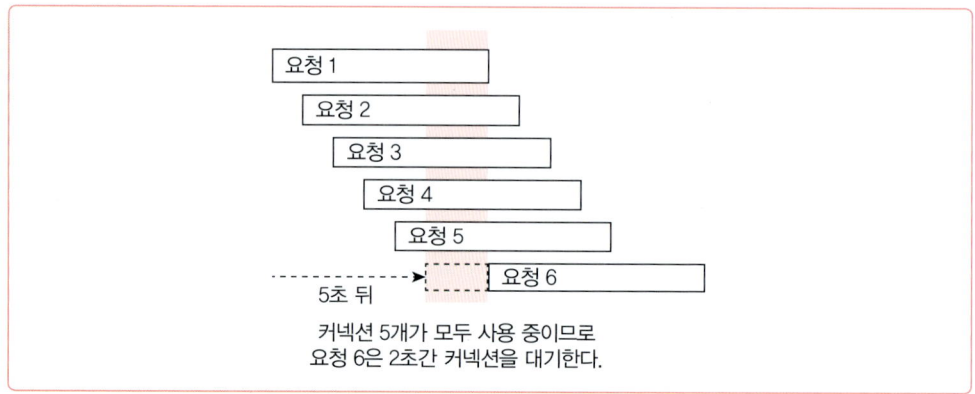

그림 4.16 외부 연동 시간이 늘어나면서 커넥션 풀이 가득 차 요청이 대기 상태가 된다.

DB 연동과 무관하게 외부 연동을 실행할 수 있다면, DB 커넥션을 사용하기 전이나 후에 외부 연동을 시도하는 방안도 고려해볼 수 있다. 이렇게 하면 외부 연동 시간이 길어지더라도 DB 커넥션 풀이 포화되는 상황을 방지할 수 있다.

단, 이 방식은 외부 연동이 트랜잭션 범위 밖에서 실행되기 때문에 트랜잭션 커밋 이후 외부 연동이 실패하면 롤백이 불가능하다는 점을 고려해야 한다. 이 경우에는 실패한 외부 연동에 대한 후처리를 반드시 고민해야 한다.

후처리 방법으로는 트랜잭션으로 반영된 데이터를 되돌리는 보상 트랜잭션을 사용하는 방법 또는 기능 특성에 따라 데이터를 후보정하는 방법 등이 있다.

HTTP 커넥션 풀

[그림 4.17]은 크롬 브라우저의 개발자 도구를 활용해 인터넷 URL의 처리 시간을 분석한 결과다. 콘텐츠 다운로드에 걸린 전체 시간은 약 0.1초인데, 이 중 서버에 연결하는 데 걸린 시간은 0.047초로 약 47%를 차지하고 있다.

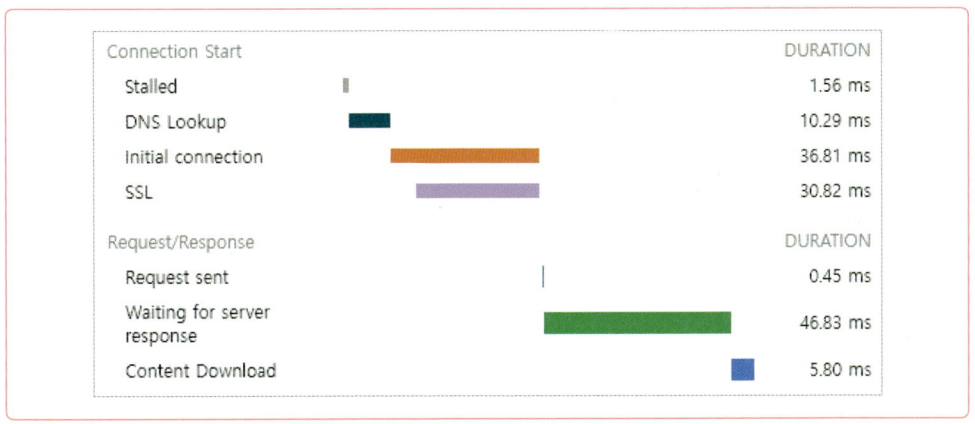

그림 4.17 전체 처리 시간에서 연결 시간이 차지하는 비중이 크다.

DB 커넥션 풀이 DB 연결에 걸리는 시간을 줄여 성능을 높이는 것처럼 HTTP 연결도 커넥션 풀을 사용하면 연결 시간을 줄일 수 있어 응답 속도 향상에 도움이 된다.

HTTP 커넥션 풀을 사용할 때는 다음 3가지를 고려해야 한다.

- HTTP 커넥션 풀의 크기
- 풀에서 HTTP 커넥션을 가져올 때까지 대기하는 시간
- HTTP 커넥션을 유지할 시간(keep alive)

HTTP 커넥션 풀을 사용할 때 가장 먼저 고려해야 할 값은 풀의 크기다. 풀의 크기는 연동할 서비스의 성능에 따라 결정해야 한다. 연동 서비스의 성능을 고려하지 않고 무턱대고 커넥션 풀 크기를 늘리면 순간적으로 트래픽이 몰릴 때 연동 서비스의 응답 시간이 급격히 느려질 수 있다. 그 결과, 연동 서비스의 성능 저하가 우리 서비스 전체의 응답 시간까지 느리게 만들

수 있다. 따라서 커넥션 풀의 크기를 설정할 때는 반드시 연동 서비스의 처리 능력을 고려해야 한다.

두 번째 고려 사항은 대기 시간이다. 예를 들어, HTTP 커넥션 풀의 크기가 10이라면 동시에 11개의 외부 연동 요청이 들어올 경우 10개는 커넥션을 확보해 실행되고, 남은 1개는 커넥션이 반환될 때까지 대기하게 된다. 대기 시간이 길어지면 전체 응답 시간도 함께 늘어나므로 대기 시간은 수 초 이내의 짧은 시간으로 설정하는 것이 좋다.

필자의 경험으로는 1~5초 사이가 적당했다. 너무 짧게(예: 0.1초) 설정하면 일시적인 트래픽 증가에도 커넥션을 구하지 못해 에러가 발생할 수 있다. 반대로 너무 길게(예: 10초) 설정하면 연동 서버가 느려졌을 때 전체 응답 시간이 늘어나는 문제가 발생할 수 있다.

세 번째 고려 사항은 커넥션 유지 시간이다. 커넥션은 무한정 유지되지 않는다. 연동 서비스가 일정 시간 동안만 커넥션을 유지한 뒤 연결을 끊는 경우도 있다. 끊어진 커넥션을 사용하면 에러가 발생하므로 연동 서비스에 맞춰 유지 시간을 적절히 설정해야 한다. 예를 들어, HTTP/1.1에서는 서버가 Keep-Alive 헤더로 연결 유지 시간을 지정한다. 이 시간이 지나면 서버는 연결을 끊기 때문에, 클라이언트의 커넥션 풀도 이 값보다 더 오래 커넥션을 유지하면 안 된다.

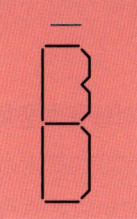

연동 서비스 이중화

서비스가 대량 트래픽을 처리할 만큼 성장했다면 연동 서비스의 이중화를 고려해야 한다.

예를 들어 결제 서비스를 생각해보자. 쇼핑 서비스에서 결제는 핵심 기능이다. 결제가 되지 않으면 상품을 구매할 수 없기 때문이다. 이때 연동된 외부 결제 서비스에 장애가 발생하면, 장애가 발생한 시간 동안 쇼핑 서비스의 매출은 0원이 된다.

하지만 결제 서비스를 이중화해두면 한 곳에 장애가 발생해도 다른 결제 서비스를 이용해 결제를 계속 진행할 수 있다.

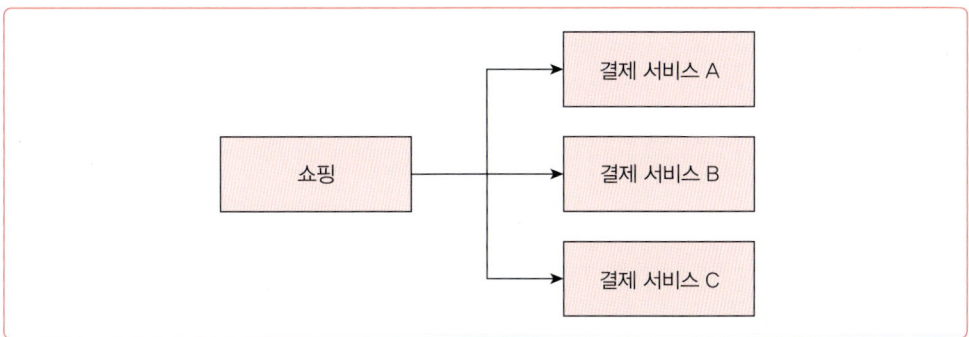

그림 4.18 여력이 된다면 핵심 연동 서비스를 이중화해서 장애에 대응한다.

물론 연동 기능을 이중화하면 연동할 서비스가 늘어나고 그만큼 개발과 유지에 드는 비용도 증가한다. 즉, 비용이 배로 들 수 있다는 의미다. 그래서 연동 서비스를 이중화할지 여부를 결정할 때는 다음 2가지를 반드시 따져봐야 한다.

- 해당 기능이 서비스의 핵심인지 여부
- 이중화 비용이 감당 가능한 수준인지

핵심이 아닌 기능에 예산을 쓰는 건 쉽지 않다. 예를 들어, 쇼핑 서비스에서 결제는 핵심 기능이므로 이중화의 필요성을 설득할 수 있다. 반면에 로그 유실 방지를 위해 로그 수집 연동을 이중화하자고 설득하는 건 어렵다.

또한 재정적으로 이중화를 감당할 수 있어야 한다. 연동 서비스 장애로 인한 손실보다 이중화에 드는 비용이 더 크다면 이중화를 결정하기는 쉽지 않을 것이다.

> **Column**
>
> **문자가 안 와요!**
>
> A 서비스에서 있었던 일이다. 어느 날 가입이 안 된다는 고객 민원이 빗발쳤다. A 서비스는 회원 가입 과정에서 정상 사용자 여부를 확인하기 위해 인증번호 문자를 발송했는데 문자 발송 기능에 문제가 생겨 문자가 전송되지 않았던 것이다.
>
> 문자를 받지 못한 사용자는 결국 가입을 완료할 수 없었다. 다행히 문자 발송 서비스는 몇 시간 내에 정상화됐지만 그 시간 동안 영업팀은 고객 응대에 진땀을 흘려야 했다. 만약 문자 발송 서비스가 이중화되어 있었다면 고객도 영업팀도 큰 불편 없이 상황을 넘길 수 있었을 것이다.

Chapter 05

5장

비동기 연동, 언제 어떻게 써야 할까

이 장에서 다룰 내용
- 비동기 연동
- 별도 스레드를 이용한 비동기 연동
- 메시징을 이용한 비동기 연동
- 트랜잭션 아웃박스 패턴
- 배치 전송
- CDC

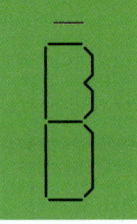

동기 연동과 비동기 연동

필자는 기능을 개발할 때, 실행되는 순서를 먼저 떠올리곤 한다. 예를 들어, 로그인에 성공하면 포인트를 지급하는 기능을 개발해야 할 경우 자연스럽게 다음과 같은 형태의 코드를 떠올린다.

```java
public boolean login(String id, String password) {
    Opional<User> opt = findUser(id); // 1. User 찾기
    if (opt.isEmpty()) { // 2. User가 없으면 false 리턴
        return false;
    }
    User u = opt.get();
    if (!u.matchPassword(password)) { // 3. 암호가 일치하지 않으면 false 리턴
        return false;
    }
    PointResult result = pointClient.giveLoginPoint(id); // 4. 포인트 지급 서비스 호출
    if (result.isFailed()) { // 5. 포인트 지급에 실패하면 익셉션 발생
        throw new PointException();
    }
    appendLoginHistory(id); // 6. 로그인 내역 추가
    return true;
}
```

이 코드의 실행 순서는 다음과 같다.

1. User 정보를 찾는다.
2. User가 없으면 false를 리턴한다.
3. 암호가 일치하지 않으면 false를 리턴한다.
4. 로그인 포인트 지급 서비스를 호출한다.
5. 포인트 지급에 실패하면 익셉션을 발생시킨다.
6. 로그인 내역을 기록한다.
7. true를 리턴한다.

이 코드는 전형적인 동기 방식을 따른다. 동기synchronous 방식은 순차적으로 실행된다. 동기 방식은 한 작업이 끝날 때까지 다음 작업이 진행되지 않는다. 동기 방식에서는 코드의 순서가 곧 실행 순서가 된다. 앞서 코드는 사용자를 찾고, 암호를 비교하고, 포인트를 지급하고, 로그인 내역을 추가하는 순서로 실행된다. 포인트를 지급하기 전에 로그인 내역을 추가하는 일은 벌어지지 않는다.

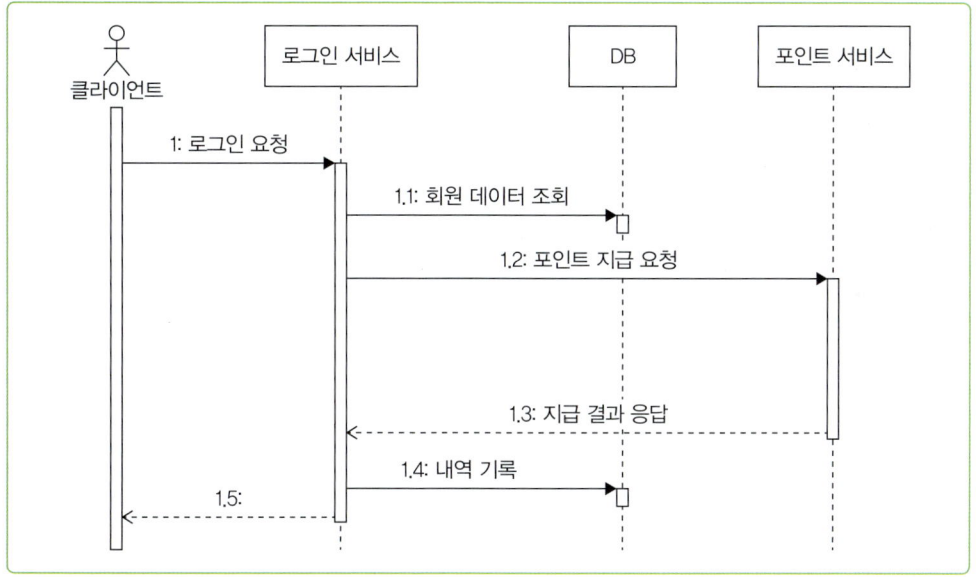

그림 5.1 포인트 지급을 실행한 뒤에 로그인 내역을 기록하는 동기 방식

동기 방식은 프로그램의 흐름을 직관적으로 이해할 수 있다. 디버깅도 용이하다. 툴을 사용하면 코드를 그대로 쫓아가면서 분석할 수 있다.

하지만 동기 방식이 외부 연동을 만나면 고려할 게 있다. 먼저 외부 연동 실패가 전체 기능의 실패인지 확인해야 한다. 앞선 예에서는 포인트 지급 서비스 연동에 실패하면 로그인에도 실패한다고 가정했다. 만약 포인트 지급 서비스에 장애가 발생하면 그 시간 동안 로그인도 못해서 전체 기능을 사용할 수 없게 된다. 이게 맞는 걸까? 아마도 그렇지 않을 것이다. 포인트 지급에 실패하더라도 로그인 자체는 정상적으로 동작해야 하고 나머지 기능을 사용할 수 있기를 원할 것이다. 이를 위해, 포인트 지급에 실패하면 나중에 후처리할 수 있도록 지급 실패 내역을 따로 남기는 방식으로 코드를 작성할 수 있다.

```java
public boolean login(String id, String password) {
    Optional<User> opt = findUser(id); // 1. User 찾기
    if (opt.isEmpty()) { // 2. User가 없으면 false 리턴
        return false;
    }
    User u = opt.get();
    if (!u.matchPassword(password)) { // 3. 암호가 일치하지 않으면 false 리턴
        return false;
    }
    PointResult result = pointClient.giveLoginPoint(id); // 4. 포인트 지급 서비스 호출
    if (result.isFailed()) { // 5. 포인트 지급에 실패하면 후처리 위해 내역 남김
        recordPointFailure(id, result);
    }
    appendLoginHistory(id); // 6. 로그인 내역 추가
    return true;
}
```

연동하는 외부 서비스의 응답 시간도 고려해야 한다. 연동 서비스의 응답 시간이 길어질수록 전체 응답 시간이 느려지게 된다. 사실 이런 일은 비일비재하다. 심한 경우 외부 연동 서비스로 인해 전체 서비스가 먹통이 되기도 한다. 이에 대해서는 4장에서 언급한 바 있다.

다음 작업을 진행하기 위해 반드시 외부 연동 결과가 필요한 게 아니라면, 동기 방식 대신 비동기 방식으로 연동하는 것을 고민해 볼 필요가 있다. 비동기Asynchronous 방식은 한 작업이 끝날 때까지 기다리지 않고 바로 다음 작업을 처리한다. 즉, 비동기 방식을 사용하면 외부 연동이 끝날 때까지 기다리지 않고 바로 다음 작업을 진행할 수 있다. 예를 들어 로그인 예시에서는 포인트 지급이 끝날 때까지 기다리지 않고 바로 로그인 성공을 사용자에게 응답할 수 있다. 포인트 지급 처리에 소요되는 연동 시간만큼 사용자는 더 빠르게 응답을 받을 수 있게 된다.

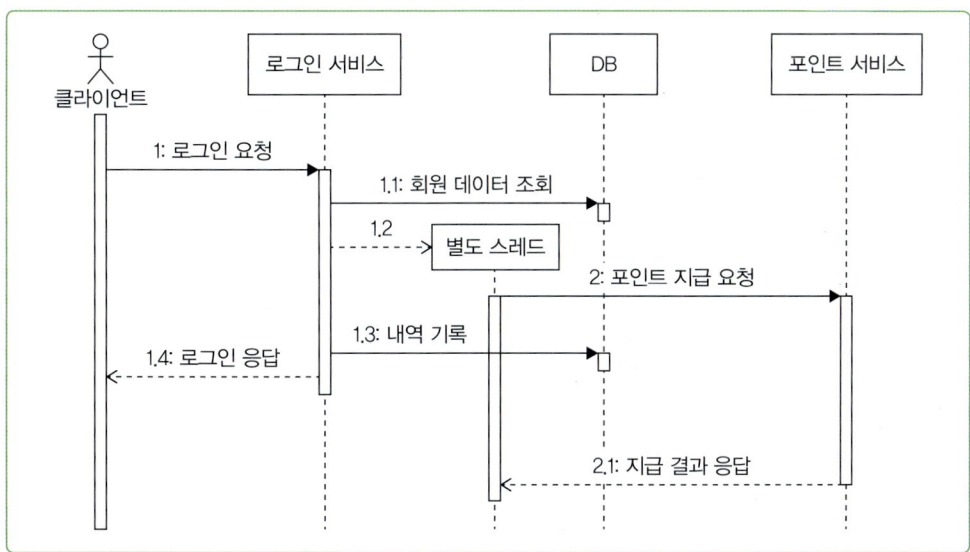

그림 5.2 비동기로 외부 연동을 하면 사용자는 빠르게 응답을 받을 수 있다.

[그림 5.2]는 별도의 스레드를 이용하여 포인트 지급 연동을 비동기로 처리하는 과정을 보여준다. 사용자가 로그인 응답을 받은 시점에 포인트는 아직 지급 중이다. 로그인에 성공한 시점에 바로 포인트가 쌓이지 않으면 문제가 될 것 같지만, 사실 많은 경우 그렇지 않다. 로그인에 성공하고 수 초 이내에 포인트가 쌓이면 문제가 되지 않을 때가 많다. 설사 수 분 뒤에 포인트가 적립되더라도 크게 문제되지 않는다. 사용자 입장에서는 포인트가 쌓이면 되기 때문이다.

포인트 서비스에 일시적으로 문제가 생겨 포인트 지급 처리에 시간이 오래 걸려도 로그인 서비스의 응답 시간은 증가하지 않는다. 사용자는 평소처럼 로그인에 성공하고 서비스를 사용할 수 있다. 단지 포인트가 평소보다 조금 늦게 지급될 뿐이다. 사용자는 로그인 시간이 느린 것보다는 로그인을 빨리 하고 서비스를 사용하는 것을 원한다.

생각보다 많은 연동에서 비동기 방식을 사용해도 된다. 다음은 비동기 방식으로 연동해도 크게 문제가 되지 않는 몇 가지 예다.

- 쇼핑몰에서 주문이 들어오면 판매자에게 푸시 보내기(푸시 서비스 연동)
- 학습을 완료하면 학생에게 포인트 지급(포인트 서비스 연동)
- 컨텐츠를 등록할 때 검색 서비스에도 등록(검색 서비스 연동)
- 인증 번호를 요청하면 SMS로 인증 메시지 발송(SMS 발송 서비스 연동)

이 예시들에는 몇 가지 공통적인 특징이 있다. 첫째, 연동에 약간의 시차가 생겨도 문제가 되지 않는다. 예를 들어, 쇼핑몰에서 주문이 완료된 후 1분 뒤에 판매자에게 푸시가 나가도 판매에 지장이 없다. 등록된 컨텐츠가 검색 결과에 10초 뒤에 나타나도 컨텐츠 등록에 문제가 되지 않는다.

둘째, 일부 기능은 실패했을 때 재시도가 가능하다. 예를 들어, 푸시 발송에 실패했을 경우 재시도를 통해 푸시가 발송될 수 있다. 학습 완료 후 포인트 지급에 실패했을 때, 몇 초 뒤에 다시 시도하여 포인트 지급에 성공하면 문제가 되지 않는다. 인증 번호가 SMS로 오지 않으면 "다시 받기" 기능을 통해 인증 번호를 받을 수 있다.

셋째, 연동에 실패했을 때 나중에 수동으로 처리할 수 있는 기능도 있다. 예를 들어, 검색 서비스 연동에 실패해 컨텐츠가 검색에 노출되지 않는 경우, 컨텐츠 작성자가 검색에 노출되지 않는다고 문의할 때 관리 툴을 사용하여 수동으로 컨텐츠를 검색 서비스에 연동할 수 있다.

넷째, 연동에 실패했을 때 무시해도 되는 기능도 있다. 예를 들어, 주문 알림 푸시가 그렇다. 주문이 들어왔을 때 판매자에게 푸시가 발송되지 않더라도 판매에는 문제가 생기지 않는다. 단지 주문 확인이 늦어질 뿐이다. 검색이 안 되는 경우도 비슷하다. 컨텐츠 등록, 조회, 변경과 같은 기능이 정상적으로 동작하면 일부 컨텐츠가 검색되지 않더라도 서비스를 계속할 수 있다. 이후 검색되지 않은 컨텐츠를 수동으로 재처리하면 된다.

필자는 외부 연동이 4가지 특징 중 일부에 해당하면 비동기로 처리할 수 있는지 검토한다. 실제로 포인트 지급이나 결제 결과 반영 등 여러 기능에 비동기 연동을 적용하여 성능을 개선했다. 또한 연동 서비스에 장애가 발생했을 때 후처리를 용이하게 할 수 있었다. 다음은 필자가 실제로 비동기로 외부 연동을 처리한 사례 중 일부이다.

- 포인트 지급: 사용자가 미션을 달성하면 포인트를 지급하는데 포인트 서비스와의 연동을 비동기로 처리했다.
- 주문 정보 동기화: 주문 시스템에 생성된 주문 정보를 회원 관리 시스템에 반영할 때 비동기로 동기화했다.
- 택배사에 집하 요청: 회원이 쇼핑몰에서 물건을 주문하면 택배사에 집하 요청을 하는데 비동기로 집하 요청 데이터를 전송했다.

비동기 연동은 다양한 방식으로 구현할 수 있다. 이 책에서는 다음의 5가지 방식에 대해 살펴볼 것이다.

1. 별도 스레드로 실행하기
2. 메시징 시스템 이용하기
3. 트랜잭션 아웃박스 패턴 사용하기
4. 배치로 연동하기
5. CDC 이용하기

이 외에도 다양한 방식이 존재하겠지만 초보 서버 개발자라면 이 정도만 알아도 다양한 상황에 맞는 비동기 연동 방식을 선택할 수 있을 것이다.

별도 스레드로 실행하기

비동기 연동을 하는 가장 쉬운 방법은 별도 스레드로 실행하는 것이다. 예를 들어, 푸시 서비스를 비동기로 연동하고 싶다면 새로운 스레드를 생성하여 연동하는 코드를 실행할 수 있다.

```java
public OrderResult placeOrder(OrderRequest req) {
    … // 주문 생성 처리

    // 별도 스레드를 이용해서 푸시를 비동기로 발송
    new Thread(() -> pushClient.sendPush(pushData)).start();

    return successResult(…); // 푸시 발송을 기다리지 않고 리턴
}
```

매번 스레드를 생성하는 대신 스레드 풀을 사용하는 방법도 있다.

```java
ExecutorService executor = Executors.newFixedThreadPool(50);
…
public OrderResult placeOrder(OrderRequest req) {
    … // 주문 생성 처리

    // 스레드 풀을 이용해서 푸시를 비동기로 발송
    executor.submit(() -> pushClient.sendPush(pushData));

    return successResult(…); // 푸시 발송을 기다리지 않고 리턴
}
```

프레임워크가 제공하는 비동기 기능을 사용하는 방법도 있다. 예를 들어, 스프링 프레임워크는 @Async 애노테이션을 이용한 비동기 실행 기능을 제공한다. 이 기능을 이용하여 특정 메서드를 비동기로 실행할 수 있다.

```java
public class PushService {

    @Async
    public void sendPushAsync(PushData pushData) {
        pushClient.sendPush(pushData);
        // ... 기타 코드
    }
}
```

@Async 애노테이션을 사용할 때는 메서드 이름에 비동기 실행과 관련된 단어를 추가하는 것이 좋다. 예를 들어, @Async 애노테이션이 붙은 메서드 이름이 sendPush()라고 가정해보자. 그럼 sendPush()를 호출하는 코드는 다음과 같은 형태로 작성될 것이다.

```java
public OrderResult placeOrder(OrderRequest req) {
    // 주문 생성 처리

    pushService.sendPush(pushData);

    return successResult(...); // 푸시 발송을 기다리지 않고 리턴
}
```

이 코드를 읽는 사람은 sendPush() 메서드가 비동기로 실행된다는 사실을 알아채기 힘들다. sendPush() 메서드 코드에 @Async 애노테이션이 붙어 있어야만 비동기로 실행된다는 걸 알 수 있다. 비동기로 실행된다는 사실을 모른 채 try-catch로 익셉션 처리 코드를 추가할 수도 있다. 그러나 비동기로 실행되기 때문에 익셉션이 발생해도 catch 블록은 실행되지 않는다.

```java
public OrderResult placeOrder(OrderRequest req) {
    // 주문 생성 처리
    try {
        pushService.sendPush(pushData);
    } catch(Exception ex) {
        // sendPush()가 비동기로 실행되므로 catch 블록은 동작하지 않는다.
        // 에러 처리 코드
    }
    return successResult(...); // 푸시 발송을 기다리지 않고 리턴
}
```

> **Column 롤백이 안 돼요**
>
> 익셉션이 발생하는데도 이상하게 롤백이 안 된다고 도와달라는 요청을 받은 적이 있었다. 코드에서는 @Transactional을 이용해 트랜잭션 처리를 했고, 코드 중간에 실행되는 메서드에서 익셉션이 발생했지만 트랜잭션이 롤백되지 않고 커밋된 문제였다. 코드를 살펴본 결과, 코드 중간에 실행한 메서드가 비동기로 실행되어 익셉션이 전파되지 않았던 것이다. 이로 인해 해당 코드는 정상적으로 실행되었고 트랜잭션이 커밋된 것이다.
>
> 문제를 해결하려면 먼저 별도 스레드로 실행되는 메서드를 같은 스레드에서 실행되도록 수정해야 했다. 그 후 다시 비동기로 실행할 수 있는 방법을 찾아 적용했다. 이 사례처럼 트랜잭션 범위 안에서 비동기 코드를 실행할 때는 트랜잭션 연동 여부에 주의해야 한다.

별도 스레드로 실행하면 연동 과정에서 발생한 오류 처리에 더 신경 써야 한다. 익셉션을 전파해도 소용없기 때문이다. 별도 스레드로 실행되는 코드는 내부에서 연동 과정에서 발생한 오류를 직접 처리해야 한다.

```java
// 비동기로 실행되는 코드는
// 연동 과정에서 발생하는 오류를 직접 치리해야 한다.
@Async
public void sendPushAsync(PushData pushData) {
    try {
        pushClient.sendPush(pushData);
    } catch(Exception e) {
        try {
            Thread.sleep(500);
        } catch(Exception ex) {}
        try {
            pushClient.sendPush(pushData); // 재시도를 하거나
        } catch(Exception e1) {
            // 실패를 로그로 남기거나
            ...
        }
    }
}
```

> **알아두기** **스레드와 메모리**
>
> 스레드는 자체적으로 일정 크기의 메모리를 사용한다. 예를 들어, 10만 개의 푸시 메시지를 비동기로 발송하기 위해 순간적으로 10만 개의 스레드를 생성한다고 하자. 운영체제, 프로그래밍 언어, 버전에 따라 스레드 1개가 점유하는 메모리 크기는 다를 수 있지만, 최소 수 백 KB의 메모리를 사용한다. 만약 스레드 1개가 사용하는 메모리가 256KB라면, 10만 개 스레드를 생성하는 데만 약 24GB의 메모리가 필요하다(실제 차지하는 메모리는 OS나 프로그래밍 언어에 따라 다를 수 있다).
>
> 10만 개의 스레드를 생성하려면 시간도 오래 걸린다. 게다가 스레드 스케줄링에 많은 CPU 시간을 사용해서 실행 시간이 매우 느려질 수 있다.
>
> 스레드 풀을 사용하면 스레드를 일정 개수로 유지할 수 있어 메모리 사용량도 일정하게 유지된다. 미리 스레드를 생성하므로 스레드를 생성하는 시간도 단축된다. 하지만 풀에 생성한 스레드 개수보다 더 많은 작업을 동시에 실행하려면 일부 작업은 다른 작업이 끝날 때까지 대기해야 한다.
>
> 비동기로 실행할 코드가 외부 API 호출이나 DB 연동과 같은 네트워크 IO 작업이라면 자바 언어의 가상 스레드나 Go 언어의 고루틴을 사용하는 것도 방법이다. 가상 스레드나 고루틴은 실제 네이티브 스레드(OS 스레드)가 아닌 런타임에서 관리하는 경량 스레드로 적은 메모리를 사용한다. 사용하는 메모리가 적은 만큼 한 번에 만들 수 있는 스레드 개수도 많다. 예를 들어, 필자의 노트북(32GB 램)에서 100만 개의 가상 스레드를 생성해 실행하는 것이 가능했지만, 100만 개의 네이티브 스레드를 생성하고 실행하는 데는 실패했다. 이에 대해서는 7장에서 다시 살펴본다.

B 메시징

서로 다른 시스템 간에 비동기로 연동할 때 주로 사용하는 방식은 메시징 시스템을 사용하는 것이다. 메시징 시스템은 [그림 5.3]과 같이 데이터 연동이 필요한 두 시스템 사이에 위치한다.

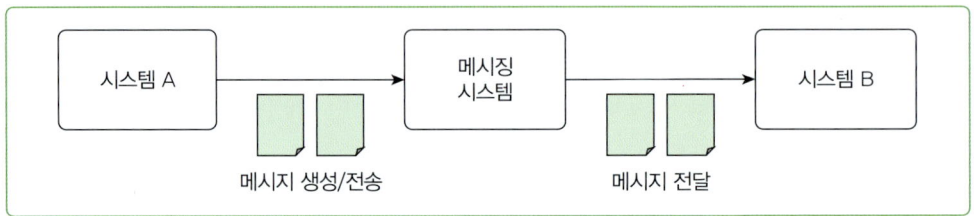

그림 5.3 메시징 시스템을 이용한 비동기 연동 처리

시스템 A가 시스템 B에 데이터를 전달하고 싶다고 하자. 이때 시스템 A는 전달할 데이터를 가진 메시지를 생성해서 메시징 시스템에 전송한다. 메시징 시스템은 메시지를 다시 시스템 B에 전달하고, 시스템 B는 전달받은 데이터를 이용해서 필요한 작업을 처리한다.

시스템 A에서 시스템 B를 직접 호출하는 것과 비교하면 메시징 시스템을 사용하면서 구조가 더 복잡해졌지만, 구조가 복잡해지는 대신 다른 이점을 얻을 수 있다.

첫 번째 이점은 두 시스템이 서로 영향을 주지 않는다는 점이다. 시스템 A의 트래픽이 갑자기 증가하면서 전달할 데이터가 시스템 B의 처리량을 초과하는 상황을 생각해보자. 시스템 A에서 시스템 B를 직접 연동했다면 시스템 B에 성능 저하가 발생하고, 그 성능 저하는 다시 시스템 A에까지 영향을 미친다. 그러나 메시징 시스템을 사용하면 시스템 B가 느려지더라도 시스템 A는 영향을 받지 않는다. 메시징 시스템은 시스템 A가 보낸 메시지를 일단 저장하고, 시스템 B의 성능에 맞게 메시지를 전달한다. 즉, 메시징 시스템은 중간에서 메시지를 보관하는 버퍼 역할을 한다. 시스템 A의 트래픽이 급증하더라도 시스템 B는 자신의 용량에 맞게 메시지를 처리할 수 있다. 또한 시스템 B의 성능이 저하되더라도 시스템 A는 영향을 받지 않고 메시지는 메시징 시스템을 통해 전송된다.

메시징 시스템을 사용해 얻을 수 있는 두 번째 이점은 확장이 용이하다는 점이다. 예를 들어, 시스템 A가 시스템 C에도 데이터를 전송해야 한다고 가정하자. 만약 시스템 A가 시스템 C에 직접 데이터를 전송했다면 시스템 A에 새로운 코드를 추가해야 한다. 그러나 메시징 시스템을 사용하면 시스템 C를 메시징 시스템에 연결하기만 하면 된다. 이렇게 되면 시스템 C를 추가하기 위해 시스템 A의 코드를 수정할 필요가 없다.

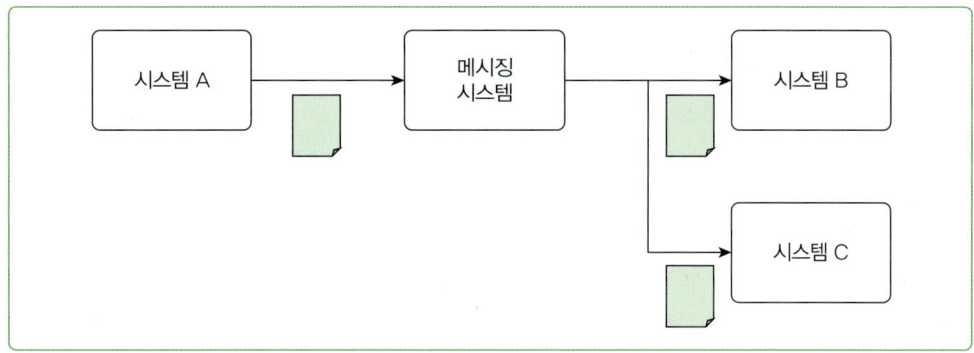

그림 5.4 메시징 시스템을 이용하면 확장이 용이하다.

> **알아두기**   **생산자/소비자, 게시자/구독자**
>
> 메시징 시스템에서 사용하는 용어로 생산자Producer와 소비자Consumer가 있다. 메시지를 생성해서 메시징 시스템에 보내는 측을 생산자라고 한다. 반대로 메시징 시스템으로부터 메시지를 받아 처리하는 측을 소비자라고 한다.
>
> 메시징 시스템을 사용하는 구조는 게시/구독(pub/sub) 구조라고도 표현된다. 이 구조에서 메시지를 생성하고 보내는 쪽을 게시자Publisher라고 부르며, 메시지를 수신하여 사용하는 쪽을 구독자Subscriber라고 부른다.

이 책을 쓰는 시점을 기준으로 메시징 시스템 용도로 많이 사용되는 기술은 카프카, 래빗MQ, 레디스 pub/sub 등이 있다. 각 기술은 각기 다른 특징을 가지고 있으므로, 사용 목적에 맞는 기술을 선택해야 한다. 카프카를 고를 때 고려할 만한 몇 가지 특징은 다음과 같다.

- 높은 처리량을 자랑한다. 초당 백 만 개 이상의 메시지를 처리할 수 있다.
- 수평 확장이 용이하다. 서버(브로커), 파티션, 소비자를 늘리면 된다.
- 카프카는 메시지를 파일에 보관해서 메시지가 유실되지 않는다.
- 1개의 토픽이 여러 파티션을 가질 수 있는데, 파티션 단위로 순서를 보장한다. 하지만 토픽 수준에서는 순서를 보장할 수 없다.
- 소비자는 메시지를 언제든지 재처리할 수 있다.
- 풀(pull) 모델을 사용한다. 소비자가 카프카 브로커에서 메시지를 읽어 가는 방식이다.

다음은 래빗MQ의 주요 특징이다.

- 클러스터를 통해 처리량을 높일 수 있다. 단, 카프카보다 더 많은 자원을 필요로 한다.
- 메모리에만 메시지를 보관하는 큐 설정을 사용하면 장애 상황 시 메시지가 유실될 수 있다.
- 메시지는 큐에 등록된 순서대로 소비자에 전송된다.
- 메시지가 소비자에 전달됐는지 확인하는 기능을 제공한다.
- 푸시push 모델을 사용한다. 래빗MQ 브로커가 소비자에 메시지를 전송한다. 소비자의 성능이 느려지면 큐에 과부하가 걸려 전반적으로 성능 저하가 발생할 수 있다.
- 다재 다능하다. AMQP, STOMP 등 여러 프로토콜을 지원하고, 게시/구독 패턴뿐만 아니라 요청/응답, 점대점point-to-point 패턴을 지원한다. 또한 우선순위를 지정해서 처리 순서를 변경할 수도 있다.

마지막으로 레디스 pub/sub의 주요 특징은 다음과 같다.

- 메모리를 사용하므로 지연 시간이 짧고, 래빗MQ 대비 처리량이 높다.
- 구독자가 없으면 메시지가 유실된다.
- 기본적으로 영구 메시지를 지원하지 않는다.
- 모델이 단순해서 사용하기 쉽다.

메시지가 유실되어도 상관없다면 레디스 pub/sub 기능을 고려해보자. 카프카나 래빗MQ에 비해 사용법이 간단하고, 적은 장비로 높은 성능을 낼 수 있다. 트래픽이 대량으로 발생한다면 카프카를 고려하자. 참고로 여기서 말하는 대량 트래픽은 초당 수 십만에서 수 백만 이상의 메시지를 말한다. 트래픽 규모가 크지 않고 메시지를 정확하게 순서대로 소비자에 전달해야 하거나 AMQP나 STOMP 프로토콜로 연동해야 한다면 래빗MQ를 고려한다.

이 외에 NATS, 액티브MQ, 로켓MQ, 펄사 등을 메시징 시스템으로 사용할 수 있다. 클라우드가 제공하는 메시징 시스템도 좋은 선택이 될 수 있다. 예를 들어 AWS가 제공하는 SQS를 메시징 용도로 사용할 수 있다.

> **알아두기 경험과 유행**
>
> 메시징 시스템을 고를 때 사용할 수 있는 또 다른 기준은 조직의 경험이다. 이미 레디스를 운영한 경험이 있는 조직에서 유실이 허용되는 메시징 시스템이 필요하다면 레디스를 사용하면 된다. 카프카 운영 경험이 있다면 초당 수백 개의 메시지를 처리할 때에도 카프카를 선택할 수 있다.

> 경험은 없지만 유행이나 호기심에 따라 기술을 선택할 때도 있다. 기술에 호기심을 느끼는 개발자일수록 이런 선택을 하기 쉽다. 하지만 기술을 선택할 때는 개인의 호기심이나 취향보다는 조직의 역량과 지속 가능성을 고려해야 한다. 타당한 이유 없이 단순히 유행한다는 이유로 특정 기술을 선택했다가 두고두고 유지보수에 어려움을 겪는 일이 발생할 수 있기 때문이다.

메시지 생성 측 고려 사항

메시지를 생성할 때 고려할 점은 메시지 유실에 대한 것이다. 예를 들어 메시지 전송 과정에서 타임아웃이 발생할 수 있다. 타임아웃 문제는 생산자와 메시징 시스템 간의 네트워크 연결이 불안정하면 언제든지 발생할 수 있다. 이때 오류 처리를 위해 선택할 수 있는 방법에는 다음 3가지가 있다.

- 무시한다.
- 재시도한다.
- 실패 로그를 남긴다.

가장 쉬운 방법은 오류를 무시하는 것이다. 이 경우 메시지는 유실된다. 메시지의 용도에 따라 유실이 일부 허용될 수 있다. 예를 들어 단순 로그 메시지는 유실되어도 괜찮다. 나중에 로그를 조회할 때 로그가 없으면 아쉬울 수 있지만 기능 동작에 문제는 없다. 또한 로그인 실패 메시지도 유실이 허용될 수 있다. 로그인 실패 메시지를 사용해 로그인 차단 기능을 구현한 소비자 서비스를 생각해보자. 로그인 실패 메시지 전달에 실패하면 로그인 차단 기능은 동작하지 않게 된다. 하지만 나머지 다른 기능은 정상 동작하므로 치명적인 오류는 아니다.

메시지 전송 실패에 대응하는 두 번째 방법은 재시도하는 것이다. 일시적인 네트워크 불안정과 같은 오류는 재시도를 통해 해결될 수 있다. 하지만 메시지 전송을 재시도하는 과정에서 중복된 메시지가 전송될 수 있다. 실제로는 전송에 성공했는데 일시적인 네트워크 오류로 전송에 실패한 것으로 인지하고 재시도할 수 있기 때문이다. 메시징 시스템이 중복 수신을 방지하는 기능을 제공하지 않으면 메시지 소비자가 중복 메시지를 알맞게 처리해야 한다.

메시지마다 고유 식별자를 사용하면 메시지 소비자가 중복 메시지 여부를 판단하는 데 도움이 된다.

메시지 전송 실패에 대응하는 세 번째 방법은 단순히 실패 로그를 남기는 것이다. 로그는 나중에 후처리를 하는 데 사용된다. 실패 로그는 DB에 저장할 수도 있고 파일에 남길 수도 있다. 실패 로그는 후처리에 필요한 데이터를 담고 있어야 한다.

메시지 생산자는 DB 트랜잭션과의 연동도 고려해야 한다. DB 트랜잭션에 실패했는데 메시지가 발송되면 잘못된 데이터가 전달될 수 있기 때문이다.

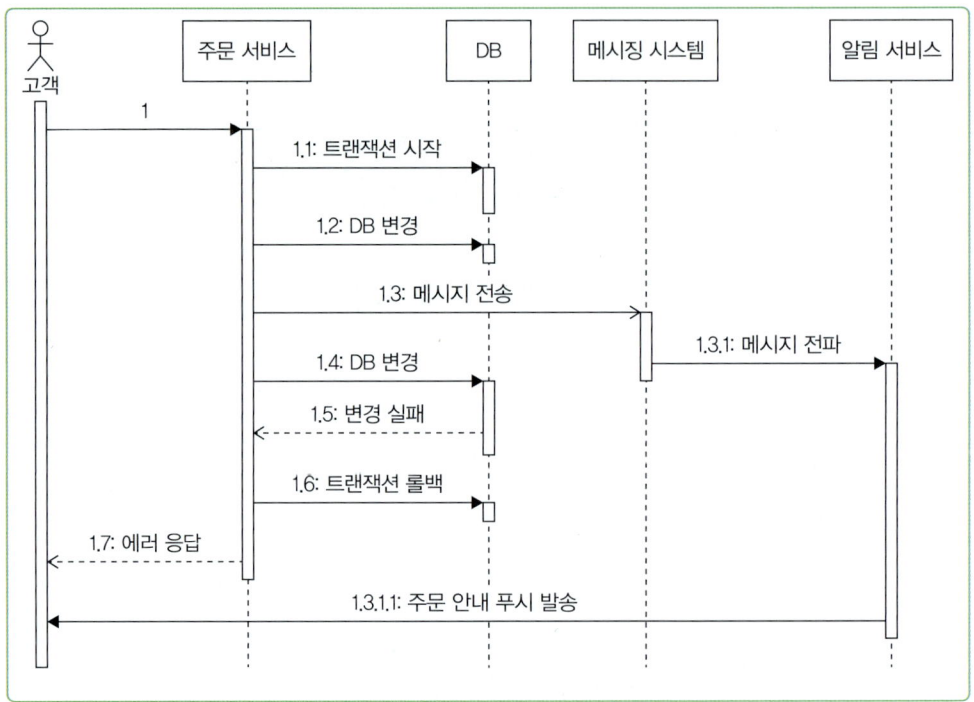

그림 5.5 메시지를 전송한 뒤 DB 트랜잭션이 롤백되면 잘못된 메시지가 전송될 수 있다.

[그림 5.5]는 이런 상황을 보여준다. 주문 서비스는 1.4 단계에서 DB 변경에 실패해서 트랜잭션을 롤백했지만 메시지는 트랜잭션 롤백 전인 1.3 단계에서 메시징 시스템으로 전송됐다. 이 메시지는 알림 서비스에 전달되고, 알림 서비스는 고객에게 주문이 완료됐다는 푸시를 보낸다. 고객은 주문에 실패했다는 에러 화면을 봤지만 잠시 뒤에 주문이 완료됐다는 푸시를 받게 된다.

잘못된 메시지가 전송되는 문제를 방지하려면 트랜잭션이 끝난 뒤에 메시지를 전송해야 한다. 이렇게 하면 메시지가 유효한 데이터를 포함할 수 있게 된다.

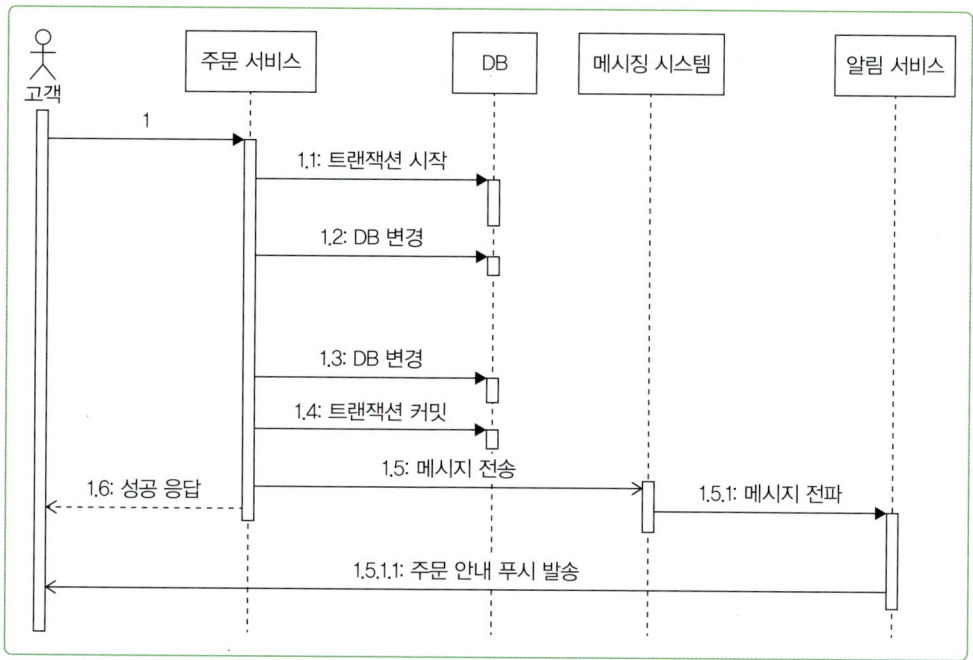

그림 5.6 트랜잭션이 완료(커밋/롤백)된 뒤에 메시지를 전송한다.

> **알아두기** **글로벌 트랜잭션과 메시지 연동**
>
> 필자는 트랜잭션이 DB의 중요한 장점 중 하나라고 생각한다. 처리 과정에서 문제가 생겼을 때 변경 내용을 모두 롤백할 수 있어 개발자를 편하게 만들어준다. 여러 DB를 하나의 트랜잭션으로 묶어서 처리할 수도 있다. 글로벌 트랜잭션global transaction이 이에 해당한다.
>
> 글로벌 트랜잭션을 사용하면 여러 자원(여러 DB)에 대한 변경을 한 트랜잭션으로 묶어서 처리할 수 있다. 예를 들어 A DB는 성공적으로 처리했는데 B DB를 처리할 때 오류가 발생하면 A와 B를 모두 롤백할 수 있다. 글로벌 트랜잭션을 구현하는 알고리즘으로 2단계 커밋2-Phase Commit을 사용하는데, 그래서 글로벌 트랜잭션을 2PC라고 표현하기도 한다.
>
> 글로벌 트랜잭션을 지원하는 메시징 시스템도 있다. 액티브MQ가 이에 해당한다. 액티브MQ를 사용하면 DB 수정과 메시지 전송/처리를 한 트랜잭션으로 묶을 수 있다. 즉 메시지 전송에 실패하면 DB를 롤백하거나 DB가 롤백되면 메시지 전송을 취소할 수 있다. 글로벌 트랜잭션을 지원하는 메시징 시스템을 사용하면 실패에 대한 대응 처리를 단순화할 수 있다.
>
> 하지만 모든 메시징 시스템이 글로벌 트랜잭션을 지원하는 것은 아니다. 게다가 글로벌 트랜잭션을 사용하면 성능에 영향을 준다. 2단계 커밋을 처리하는 과정이 추가되면서 처리 속도가 느려지기 때문이다. 커밋 과정이 길어지는 만큼 동시에 처리할 수 있는 요청이 줄어들게 된다.

> 글로벌 트랜잭션이 반드시 필요한 상황이 아니라면 DB 처리와 메시지 연동을 묶지 말자. DB에 데이터를 반영한 뒤에 메시지를 최대한 유실 없이 보내고 싶다면 뒤에서 살펴볼 트랜잭션 아웃박스 패턴을 검토해보자.

메시지 소비 측 고려 사항

메시지 소비자는 다음 2가지 이유로 동일 메시지를 중복해서 처리할 수 있다.

- 메시지 생산자가 같은 데이터를 가진 메시지를 메시징 시스템에 두 번 전송
- 소비자가 메시지를 처리하는 과정에서 오류가 발생해서 메시지 재수신

메시지 생산자가 동일한 데이터를 가진 메시지를 두 번 이상 메시징 시스템에 전송하면 메시지 수신자는 중복해서 메시지를 처리하는 것과 같다. 수신자 입장에서 동일 데이터를 가진 중복 메시지를 처리하는 방법은 메시지에 고유한 ID를 부여해서 이미 처리했는지 여부를 추적하는 것이다. 이를 통해 이미 처리한 메시지는 다시 처리하지 않고 무시할 수 있다.

```
// 고유의 메시지 ID를 사용했을 때의 카프카 소비자 코드 구조 예
while(true) {
    ConsumerRecords<String,String> records = consumer.poll(Duration.ofMillis(100));
    for(ConsumerRecord<String,String> record: records){
        Message m = messageConverter.convert(record.value());
        if (checkAlreadyHandled(m.getId())) { // 이미 처리했는지 확인
            continue; // 처리하지 않고 무시함
        }
        handle(m);
        recordHandledLog(m.getId()); // 처리 여부 기록
    }
    ...
}
```

이 방식을 사용하려면 메시지 생산자는 메시지마다 고유의 ID를 부여해야 한다. 그래야 같은 메시지를 중복해서 발송할 때 동일한 메시지ID를 유지할 수 있기 때문이다.

메시지를 처리했는지 여부는 DB 테이블에 기록하거나 메모리에 집합^{Set}으로 관리하면 된다. 메모리로 관리할 때는 메모리 부족 에러가 발생하는 것을 막기 위해 일정 개수의 메시지 ID만

유지한다.

메시지 재수신이 가능한 경우 소비자가 메시지를 처리하는 과정에서 오류가 발생하면 재처리를 위해 메시지를 다시 수신할 수 있다. 예를 들어 메시지 처리를 위해 외부 API를 호출했는데 읽기 타임아웃이 발생할 수 있다. 이때 소비자는 메시지 처리에 실패했다고 생각하고 메시징 시스템으로부터 같은 메시지를 다시 수신해서 재시도할 수 있다. 하지만 외부 API를 호출했을 때 읽기 타임아웃이 발생하면 성공했을 가능성이 있다. 실제로 성공했다면 수신자는 외부 API를 중복해서 두 번 호출하게 된다.

메시지 재수신에 따른 중복 처리를 대응하는 방법은 4장에서 언급한 멱등성을 갖도록 API를 구현하는 것이다. API가 멱등성을 가지면 동일 요청을 여러 번 해도 결과가 바뀌지 않는다.

중복 메시지 처리와 함께 메시지 소비자를 구현할 때 고려할 점은 메시지를 잘 소비하고 있는지 모니터링하는 것이다. 메시지 소비자의 처리 속도가 갑자기 느려지면 큐에 메시지가 계속 쌓이게 된다. 메시징 시스템에 따라 큐가 가득 차면 생산자가 메시지를 큐에 넣지 못하게 막는 상황도 발생할 수 있다. 소비자의 성능 저하가 생산자까지 영향을 줄 수 있는 것이다. 또한 생산자에 영향은 주지 않더라도 메시지 처리가 늦어지면서 사용자는 원하는 기능이 동작하지 않아 불편을 겪게 된다.

메시지 종류: 이벤트와 커맨드

메시지에는 크게 2가지 종류가 있다. 하나는 이벤트event이고, 다른 하나는 커맨드command이다. 아래는 이벤트 메시지와 커맨드 메시지의 예시다.

표 5.1 이벤트 메시지와 커맨드 메시지

이벤트	커맨드
• 주문함 • 로그인에 실패함 • 상품 정보를 조회함 • 배송을 완료함	• 포인트 지급하기 • 로그인 차단하기 • 배송 완료 문자 발송하기

이벤트는 어떤 일이 발생했음을 알려주는 메시지다. '주문함' 이벤트는 주문이 생성됐다는 사실을 의미하고, '배송을 완료함' 이벤트는 물건이 고객에게 전달됐다는 사실을 의미한다. 이 두 이

벤트는 상태(데이터) 변경과 관련이 있다. '주문함' 이벤트는 새로운 주문이 생성됐을 때 발생하고, '배송을 완료함' 이벤트는 물건 상태가 '배송 중'에서 '배송 완료'로 바뀌었을 때 발생한다.

'로그인에 실패함' 이벤트나 '상품 정보를 조회함' 이벤트처럼 어떤 활동이 일어났다는 사실을 나타내는 경우도 있다. 예를 들어 사용자가 로그인에 실패했을 때 사용자 데이터는 변경되지 않을 수 있다. 즉 사용자의 상태는 그대로일 수 있다. 하지만 사용자의 활동 결과로 '로그인에 실패함' 이벤트는 발생한다.

커맨드는 무언가를 요청하는 메시지다. 커맨드 메시지를 수신하는 소비자는 메시지로 요구한 기능을 실행한다. 예를 들어 '포인트 지급하기' 메시지를 받은 소비자는 포인트를 지급한다. '배송 완료 문자 발송하기' 메시지를 받은 소비자는 대상자에게 배송이 완료됐다는 문자를 발송한다.

커맨드 메시지는 메시지를 수신할 측의 기능 실행에 초점이 맞춰져 있다. 즉 수신자가 정해져 있다. '포인트 지급하기' 메시지를 포인트 서비스가 아닌 게시글 서비스가 받는다고 해보자. 게시글 서비스는 해당 메시지를 수신해도 의미 있는 기능을 수행할 수 없다.

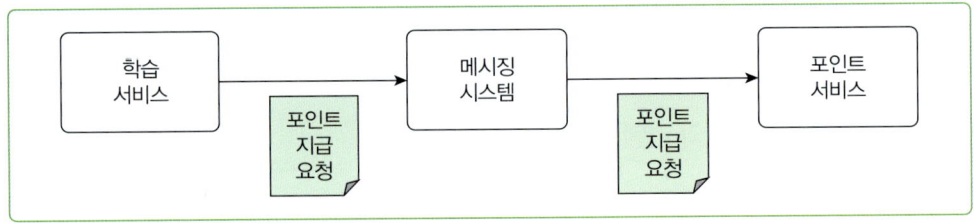

그림 5.7 커맨드 메시지는 메시지를 처리할 수신자가 정해져 있다.

반면에 이벤트 메시지는 정해진 수신자가 없다. 발생한 사건에 관심이 있는 소비자가 메시지를 수신하는 방식이다. 예를 들어 '배송을 완료함' 이벤트 메시지를 생각해보자. 이 메시지는 문자를 보내라는 명령을 담고 있는 것이 아니라, 배송이 완료됐다는 사실만을 담고 있다. 따라서 배송 완료 문자를 보낼지 여부는 메시지를 수신한 소비자 쪽에서 결정한다.

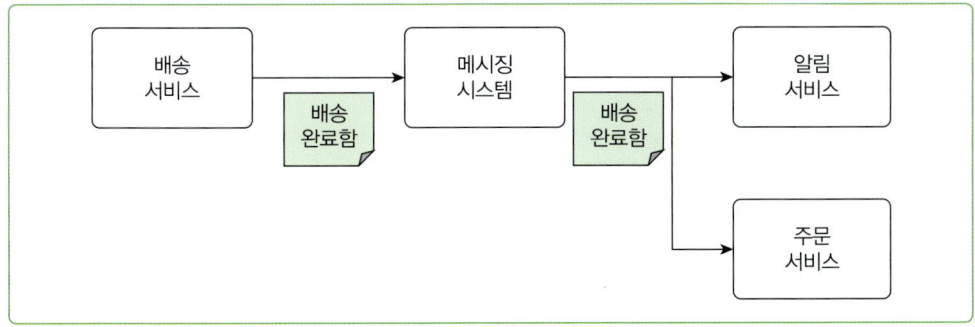

그림 5.8 이벤트 메시지는 메시지를 수신하는 소비자가 정해져 있지 않다. 해당 이벤트에 관심 있는 소비자가 수신해서 알맞게 처리한다.

이벤트 메시지는 소비자 확장에 적합하다. 예를 들어 배송을 완료했을 때 문자를 발송하고, 추가로 주문 상태도 변경하고 싶다면, [그림 5.8]처럼 '배송 완료함' 메시지를 주문 서비스가 수신하도록 구성하면 된다. 주문 서비스는 '배송 완료함' 메시지를 수신하면 해당 주문의 상태를 변경하면 된다. 또, 주문부터 배송 완료까지의 과정을 분석하는 서비스를 만든다고 하면, 이 서비스 역시 '배송 완료함' 메시지를 수신해서 배송 완료 시점을 기록하고 분석에 사용할 수 있다.

> **알아두기** **궁극적 일관성(eventual consistency)**
>
> 비동기 연동을 설명할 때 자주 등장하는 용어 중 하나가 궁극적 일관성eventual consistency이다. 문서에 따라 최종적 일관성이나 결과적 일관성이라고 표현하기도 한다. 궁극적 일관성은 일관성 모델 중 하나로, 주로 분산 시스템에서 데이터 복제를 다룰 때 사용된다. 이 모델은 두 데이터 저장소 간의 일관성을 보장하긴 하지만, 즉시가 아닌 일정 시간이 지난 후에야 일관성이 맞춰진다는 특징을 가진다. 즉, 일시적으로는 두 저장소 간에 데이터 불일치가 발생할 수 있다는 뜻이다.
>
> 비동기 메시징 방식도 이 궁극적 일관성과 유사한 특성을 갖는다. 예를 들어 [그림 5.8]처럼 배송 서비스에서 배송 상태를 완료로 변경하더라도, 해당 변경 내용이 메시지를 통해 주문 서비스로 전달되기 전까지는 주문 서비스의 상태는 여전히 배송 중일 수 있다. 이처럼 배송 완료 메시지가 전파되기 전까지는 두 시스템 간의 상태가 서로 불일치할 수 있다.

트랜잭션 아웃박스 패턴

메시지 생성 시 고려 사항에서, 잘못된 메시지 발송을 막기 위해 DB 트랜잭션이 완료된 후 메시지를 전송하자는 내용을 언급했었다. 그런데 이렇게 해도 완벽하지는 않다. 메시지를 전송하기 위한 코드에 재시도나 예외 처리를 넣더라도 메시징 시스템 연동이 실패할 수 있기 때문이다.

메시지 데이터 자체가 유실되지 않도록 보장하는 방법은 먼저 해당 데이터를 DB에 안전하게 저장해두는 것이다. 그 뒤, 저장된 메시지를 읽어 메시징 시스템에 전송하면 된다. 이처럼 메시지 데이터를 DB에 보관하는 방식이 바로 트랜잭션 아웃박스 패턴Transactional Outbox Pattern의 핵심이다.

트랜잭션 아웃박스 패턴은 하나의 DB 트랜잭션 내에서 다음 2가지 작업을 수행한다.

- 실제 업무 로직에 필요한 DB 변경 작업을 수행한다.
- 메시지 데이터를 아웃박스 테이블에 추가한다.

아웃박스 테이블에 쌓인 메시지 데이터는 별도의 메시지 중계 프로세스가 주기적으로 읽어서 메시징 시스템에 전송한다. 전체 흐름은 [그림 5.9]에 잘 나타나 있다.

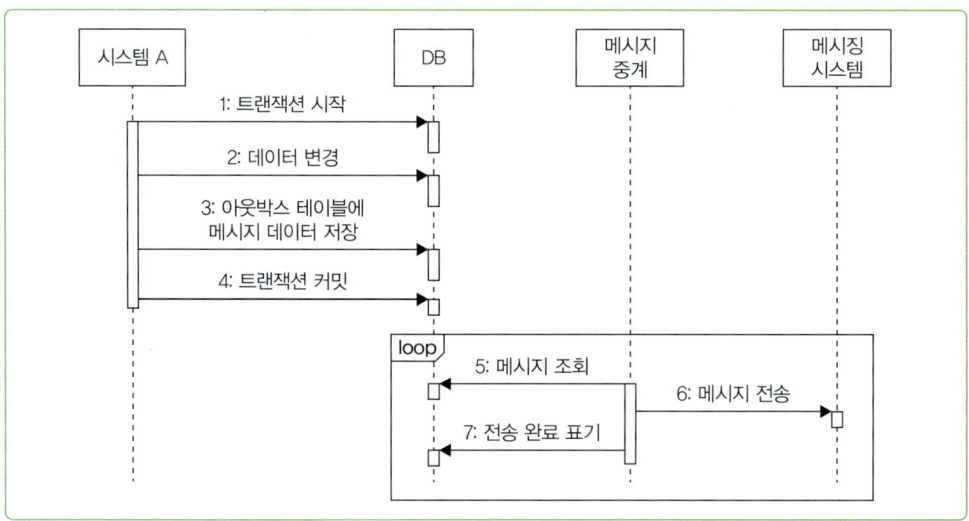

그림 5.9 트랜잭션 아웃박스 패턴의 동작 과정

DB 트랜잭션 범위에서 아웃박스 테이블에 메시지 데이터를 추가하므로 메시지 데이터가 유실되지 않는다. 트랜잭션을 롤백하면 메시지 데이터도 함께 롤백되므로 잘못된 메시지 데이터가 전송될 일도 없다.

메시지 중계 서비스는 [그림 5.9]의 과정5~과정7을 반복한다. 발송하지 않은 메시지 데이터를 조회해서 메시징 시스템에 전송하고, 전송에 성공하면 전송 완료 처리를 한다. 이렇게 하면 같은 메시지가 두 번 이상 전송되는 일을 최대한 막을 수 있다.

코드는 다음과 같은 형태를 갖는다.

```java
// 이 메서드를 주기적으로 호출해서 메시지를 전송
public void processMessages() {
    // 아웃박스 테이블에서 대기 메시지 데이터를 순서대로 조회함
    List<MessageData> waitingMessages = selectWaitingMessages();

    for (MessageData m : waitingMessages) {
        try {
            sendMessage(m); // 메시지를 전송함
            markDone(m.getId()); // 발송 완료 표시함
        } catch (Exception ex) {
            handleError(ex); // 메시지 발송에 실패한 경우 후속 처리함
            break; // 에러가 났을 때 멈춤. 이유는 순서대로 발송하기 위함
        }
    }
}
```

위 코드에서 특정 메시지를 전송하는 데 실패하면 루프를 멈춘다. 루프를 멈추는 이유는 메시지를 순서대로 발송하기 위함이다. 대기 메시지를 10개 읽어왔는데 중간에 5번째 메시지를 전송할 때 에러가 발생했다고 하자. 이때 중단하지 않고 6번째 이후 메시지를 발송하면 메시지 생성 순서와 다르게 메시지가 발송된다. 메시지 전송 순서가 중요하다면 이 점에 유의해야 한다.

발송 완료를 표시하는 방법은 2가지가 있다. 하나는 아웃박스 테이블에 발송 상태 칼럼을 두는 것이다. 이 칼럼은 3가지 상태(발송 대기, 발송 완료, 발송 실패)를 갖는다. 발송 대기 상태를 갖는 데이터를 조회하고 발송에 성공하면 발송 완료로 변경하는 식이다.

```sql
// 발송 대기 목록을 조회
select * from outbox
where status = 'WAITING'
order by id asc
limit 100;

// 발송에 성공하면 상태를 완료로 변경
update outbox
set status = 'DONE'
where id = ?;
```

발송 완료를 표기하는 또 다른 방법은 메시지 중계 서비스가 성공적으로 전송한 마지막 메시지 ID를 별도로 기록하는 방식이다. 예를 들어 파일이나 별도의 테이블에 메시지 ID를 저장해두고, 다음번 대기 메시지를 조회할 때 이 ID 이후의 메시지만 선택하는 것이다.

필자는 개인적으로 아웃박스 테이블에 발송 상태 칼럼을 두는 방식을 선호한다. 이 방식은 어디까지 메시지가 처리됐는지 쉽게 모니터링할 수 있기 때문이다. 하지만 2개 이상의 메시지 중계 서비스가 하나의 아웃박스 테이블을 함께 사용하는 환경이라면 각 중계 서비스가 고유하게 마지막 메시지 ID를 관리해야 하므로, 이 경우에는 마지막 메시지 ID를 기록하는 방식이 더 적합할 수 있다.

아웃박스 테이블 구조

아웃박스 테이블의 구조는 [표 5.2]를 참고한다. 각자 상황에 맞게 변형해서 사용하면 된다.

표 5.2 아웃박스 테이블 구조

칼럼	타입	설명
Id	big int	단순 증가 값(PK). 저장된 순서대로 증가하는 값을 사용한다.
messageId	varchar	메시지 고유 ID(고유키)
messageType	varchar	메시지 타입
payload	clob	메시지 데이터
status	varchar	이벤트 처리 상태로 다음 세 값을 가진다. – WAITING(대기) – DONE(완료) – FAILED(실패함)

failCount	int	실패 횟수
occuredAt	timestamp	메시지 발생 시간
processedAt	timestamp	메시지 처리 시간
failedAt	timestamp	마지막 실패 시간

messageType은 메시지의 종류를 구분하기 위한 식별자이다. 'LoginFailed', 'Order Placed'와 같은 이름을 메시지 타입으로 사용한다. 메시지 소비자는 이 메시지 타입을 이용해 알맞은 처리를 수행한다. payload는 메시지의 데이터를 저장한다. JSON이나 XML과 같은 형식을 사용해서 데이터를 담는다.

status 칼럼은 '대기', '완료', '실패함'의 3가지 상태를 갖는다. 대기 상태인 메시지 데이터만 조회하기 때문에, 어떤 조건에서 '실패함' 상태로 바꿀지 결정해야 한다. 실패 횟수를 기준으로 자동으로 상태를 변경할 수도 있고, 상태를 모니터링하다가 수동으로 변경할 수도 있다. 예를 들어 메시지 발송에 5회 실패하면 실패함 상태로 바꾸고 다음 메시지를 처리할 수 있다. 또는 실패 횟수가 10회를 넘어가면, 모니터링 시스템을 통해 메시지 발송이 지연되고 있다는 사실을 운영팀에 알리고, 운영팀이 수동으로 실패함 상태로 바꾸도록 할 수도 있다.

'실패함' 상태로 바뀐 메시지는 알맞은 후속 조치를 해야 한다. 후속 조치를 하지 않으면 시스템 간 데이터 일관성이 깨질 수 있기 때문이다. memo나 remark와 같은 칼럼을 추가해서 실패 메시지를 아웃박스 테이블에 기록하면, 실패 이유를 파악하는 데 도움이 된다.

status의 값으로 '제외함(EXCLUDED)'을 추가할 수도 있다. 이는 실패가 아니라 수동으로 특정 메시지를 전송하고 싶지 않을 때 사용할 수 있다.

> **Memo**
> 메시지 발송에 실패했다고 해서 바로 '실패함' 상태로 바꾸지는 말자. 일시적으로 문제가 발생한 것이라면 한두 차례 재시도를 통해 성공적으로 메시지를 발송할 수 있기 때문이다.

배치 전송

배치 전송은 데이터를 비동기로 연동하는 가장 전통적인 방법이라고 할 수 있다. 메시징 시스템이 거의 실시간으로 데이터를 연동한다면, 배치는 일정 간격으로 데이터를 전송한다. 예를 들어 결제 승인 데이터를 모아서 다음 날 보내거나, 택배 발송 요청 데이터를 1시간 간격으로 보내는 식이다.

배치로 전송하는 전형적인 실행 과정은 다음과 같다.

1. DB에서 전송할 데이터를 조회한다.
2. 조회한 결과를 파일로 기록한다.
3. 파일을 연동 시스템에 전송한다.

파일 전송은 FTP나 SFTP 같은 파일 전송 프로토콜 혹은 SCP와 같은 명령어를 이용해 수행한다. 주로 사용하는 파일 형식은 다음과 같다.

- 값1 (구분자)값2 (구분자)값3 (구분자)값4
- 이름1=값1 이름2=값2 이름3=값3 이름4=값4
- JSON 문자열

첫 번째 형식은 각 값을 특정 문자를 이용해 구분하는 방식이다. 값의 위치에 따라 의미가 결정된다. 예를 들어 첫 번째 값은 아이디, 두 번째 값은 이름과 같은 식이다. 구분자는 ^ 문자나 탭 문자처럼 값에 포함되지 않는 특수문자를 주로 사용한다. 형식이 단순한 만큼 구현이 간단하고 파싱 속도도 빨라서 널리 사용된다.

두 번째 형식은 이름과 값을 한 쌍으로 묶는다. 각 쌍은 공백 문자로 구분하며, 값에 공백이 포함될 수 있다면 탭이나 ^ 같은 문자를 구분자로 사용하기도 한다. 이름이 포함되어 있어 위치에 관계없이 어떤 값인지 알 수 있다는 장점이 있지만, 이름까지 포함되므로 첫 번째 형식에 비해 데이터 크기는 더 커진다.

세 번째 형식은 각 줄마다 JSON 형식으로 데이터를 전달하는 방식이다. 대부분의 프로그래밍 언어는 JSON 변환 기능을 제공하므로 쉽게 구현할 수 있다. 단, JSON 형식은 값 외에도 프로퍼티 이름, 형식을 지키기 위한 콤마, 큰따옴표, 콜론 등의 문자를 포함하므로 데이터 크기가 커진다.

파일로 데이터를 주고받는 시스템은 형식 외에도 다음 항목들을 함께 정해야 한다.

- 송수신 주체
- 시간
- 경로

파일 생산자와 파일 소비자 중 누가 전송을 담당할지는 미리 협의해야 한다. 정해진 규칙은 없고, 두 시스템을 운영하는 조직이 상황에 맞게 조율하면 된다.

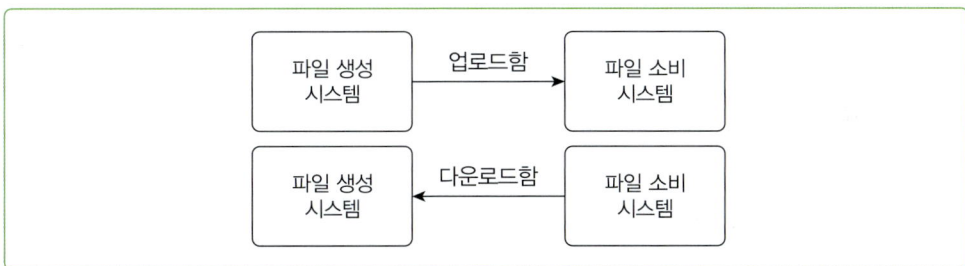

그림 5.10 파일로 데이터를 전송할 때는 누가 전송의 주체가 될지를 먼저 결정해야 한다.

> **Memo**
>
> 공격적으로 확장하는 서비스는 소비자에 맞춰서 업로드해 주는 경우가 많다. 예를 들어, 필자가 경험한 여러 결제 서비스 업체는 익일에 결제 내역 데이터를 파일로 생성해서 고객 시스템에 업로드해 준다. 자체 개발 조직이 없는 큰 손 고객에게는 DB에 직접 데이터를 넣어주는 개발까지 해주는 업체도 있었다.
>
> 반대로 다운로드 방식을 선호하는 소비자도 있다. 주요 이유 중 하나는 보안이다. 생산자가 파일을 업로드하려면 소비자 시스템을 외부에 노출해야 하는데, 이런 외부 노출은 특별한 사유가 있을 때에만 허용하는 조직이 있다. 그런 특별한 사유를 만들고 내부 설득 과정을 거치는 일이 복잡하고 귀찮다면, 소비자가 직접 내려받는 쪽을 선택하고 싶어지기 마련이다. 물론 VPN이나 전용선과 같은 네트워크를 구성할 수도 있지만 그것조차 불가능할 때도 있다.

시간도 중요한 요소다. 소비자 시스템은 특정 시점에 데이터를 필요로 한다. 예를 들어, 업무일 기준으로 매월 5일까지 정산을 마쳐야 하는 조직이라면, 그 전에 월 단위 데이터를 받아야 한다. 정해진 시점까지 데이터를 받지 못해 업무가 지연되면 결국 개발팀에 불만이 쏟아지게 된다.

배치 파일은 데이터 누락 등 오류에 대응할 수 있는 시간을 벌기 위해 근무가 시작되는 오전 시간대에 전송을 처리할 때가 많다. 하지만 생산자 시스템이 글로벌 서비스라면 국내 시간대가 아닌 다른 시간대를 기준으로 파일을 받아야 할 때도 있다. 이 경우 생산자 시스템이 보내줄 수 있는 시간에 맞춰 소비자 시스템의 처리 시간을 변경해야 한다. 경로와 파일 이름 규칙도 맞춘다. 한 시스템이 여러 서비스로부터 파일을 받을 수 있는데, 이 경우 파일이 저장될 경로나 이름이 충돌하지 않도록 규칙을 정한다.

생산자가 소비자로 파일을 업로드할 경우 소비자는 다음과 같은 방식으로 동작한다.

1. 지정한 경로에 파일이 존재하는지 확인한다.
2. 파일이 존재하면 파일로부터 데이터를 읽어온다.
3. 파일이 없으면 알맞게 후처리한다.
4. 읽어온 데이터를 시스템에 반영한다.
5. 처리를 완료한 파일은 다른 폴더로 옮긴다.

파일을 업로드하는 시간을 기준으로 위 동작을 실행한다. 예를 들어 오전 8시에 생산자 시스템이 파일을 업로드한다면 소비자 시스템은 오전 8시 30분에 파일을 처리하는 식이다.

소비자는 처리가 끝나면 파일을 다른 폴더로 이동시킨다. 이렇게 해야 같은 파일이 중복 처리되는 것을 막을 수 있다. 바로 삭제하지 않고 다른 폴더로 백업해 두면 재처리가 필요할 때 활용할 수 있다.

지금까지 파일을 얘기했는데, 파일 대신 API를 이용해서 데이터를 일괄로 전송할 때도 있다. API를 사용하면 파일 생성, 파일 전송, 파일 처리 과정이 없으므로 구현이 더 단순해지는 장점이 있다. 데이터 크기가 작거나 처리 항목이 적을 때 API를 이용한 데이터 전송 방식을 고려할 수 있다.

배치 전송의 또 다른 방식은 읽기 전용으로 DB를 열어주는 것이다. 같은 조직 내에서 데이터를 전달할 때 이 방식을 사용할 수 있다. 한 조직 내에서의 데이터 전송은 외부에 데이터를 전송하는 것과 비교하면 상대적으로 보안에 덜 엄격하다. 이때는 읽기 전용으로 권한을 주어 DB에 직접 접근하게 할 수도 있다. 개발 시간이 부족할 때 선택할 수 있는 방법이다.

> **Column**
> ### DB로 연동하기
>
> 한 10년 전 일이다. 쇼핑 서비스와 택배 시스템을 연동하는 업무를 담당한 적이 있다. 배송 요청 데이터를 택배 시스템에 전송하기 위해 연동 문서를 요청했다. API 같은 문서를 기대했는데, DB IP, 계정, 테이블 명세서를 담은 문서가 왔다. 배송 요청 데이터를 해당 테이블에 추가하는 방식이었다. 배송 변경 내역을 담은 테이블도 있었다. 배송 상태가 바뀔 때마다 해당 테이블에 데이터가 추가되는 형태였다.
>
> 이렇게 레거시 시스템과 연동하다 보면 외부 시스템임에도 불구하고 DB로 연동해야 할 때가 있다. DB로 연동하는 게 어색할 수 있지만, DB 테이블을 API 명세라고 생각하면 된다. 연동 구현 방식이 다를 뿐이다. 필자는 HTTP 기반의 API를 선호하지만 각자 사정이 있다 생각한다.

재처리 기능 만들기

파일을 지정한 시간에 전송하지 못할 때가 있다. 파일을 생성하는 과정에서 오류가 발생하거나, 네트워크 상태가 좋지 않아 전송하지 못하는 경우도 있다. 어떤 이유에서든 전송에 실패하면 일정 시간 후에 재전송하는 기능을 구현해 두자. 예를 들어 7시에 배치가 실행되고 평균 실행 시간이 20분 정도 걸린다고 하면, 7시 40분쯤 배치가 성공했는지 확인하고 실패했다면 재실행하는 방식이다. 이렇게 한두 번 정도만 재시도해도 수작업으로 재처리하는 번거로움을 상당히 줄일 수 있다.

재시도를 했음에도 실패하는 경우도 있다. 소비자 시스템이 오전 9시 30분과 10시 30분에 파일 처리를 시도하도록 구현되어 있는데, 생산자 시스템이 오후 2시에 파일을 전송하면 처리는 실패하게 된다. 이럴 때를 대비해서 수동으로 배치를 쉽게 실행할 수 있도록 명령이나 API를 만들어 두자. 문제가 생겼을 때 빠르고 편하게 배치를 재실행할 수 있다.

> **Column**
> ### 파일이 없는 게 정상일까?
>
> 고객사로부터 파일이 누락됐다는 연락을 받은 적이 있다. 확인해보니 배치는 정상적으로 실행됐다. 문제는 구현에 있었다. 전송할 데이터가 없으면 파일을 생성하지 않도록 구현되어 있던 것이다. 즉, 데이터가 없어서 파일이 만들어지지 않았고, 파일이 없으니 당연히 전송도 되지 않았다. 고객사 입장에서는 데이터가 없어서 파일이 없는 건지, 오류 때문에 파일이 없는 건지 알 수 없었다. 결국 고객사가 혼란 없이 판단할 수 있도록, 데이터가 없는 경우에도 빈 파일을 전송하도록 수정했다.

CDC(Change Data Capture)

마지막으로 살펴볼 비동기 연동 방법은 CDC^{Change Data Capture}다. CDC는 위키피디아에서 다음과 같이 정의하고 있다.

- 변경된 데이터를 추적하고 판별해서 변경된 데이터로 작업을 수행할 수 있도록 하는 소프트웨어 설계 패턴

오라클이나 MySQL 같은 DBMS는 데이터가 변경되면 그 변경 내용을 통지하는 기능을 제공한다. CDC는 이 기능을 활용해서 구현한다. CDC 패턴에서는 [그림 5.11]처럼 3개의 구성 요소가 등장한다.

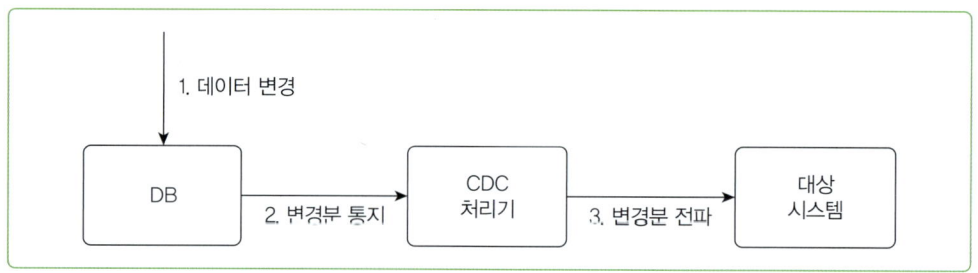

그림 5.11 CDC 패턴의 처리 흐름

INSERT, UPDATE, DELETE 쿼리를 실행하면 DB의 데이터가 변경된다. DB는 변경된 데이터를 CDC 처리기에 전송한다. DB는 커밋된 데이터만 변경된 순서에 맞게 전달한다. CDC 처리기에는 롤백된 데이터가 전달되지 않는다. 또한 잘못된 순서로 데이터가 전달되는 일도 없다.

변경 데이터는 레코드 단위로 전달된다. 예를 들어 1개 레코드를 추가하고 2개 레코드를 수정한 다음 3개 레코드를 삭제했다면 총 6개 레코드에 대한 변경분이 CDC 처리기에 전달된다. 이 변경분 데이터는 추가인지 수정인지 삭제인지를 구분할 수 있는 플래그를 갖는다. 수정인 경우에는 변경된 칼럼의 이전 값과 이후 값이 포함되어 어떤 칼럼이 어떻게 변경됐는지 확인할 수 있다.

CDC 처리기는 전달받은 변경 데이터를 확인하고 가공한 뒤에 대상 시스템에 전파한다. 이 CDC 처리기는 크게 2가지 형태로 대상 시스템에 변경 데이터를 전파한다.

1. 변경 데이터를 그대로 대상 시스템에 전파
2. 변경 데이터를 가공/변환해서 대상 시스템에 전파

변경 데이터를 그대로 대상 시스템에 전파하는 방법은 두 시스템의 데이터가 (거의) 1대 1의 관계를 가질 때 적합하다. 예를 들어, 회원 시스템의 회원 데이터를 컨텐츠 시스템의 회원 테이블에 동기화하는 상황을 생각해보자. 이때 두 시스템의 회원 데이터는 거의 1대 1의 관계를 갖는다.

회원 시스템에서 회원 테이블의 이름 칼럼을 변경하면 컨텐츠 시스템의 회원 테이블에도 이름 칼럼이 동일하게 변경되는 식이다.

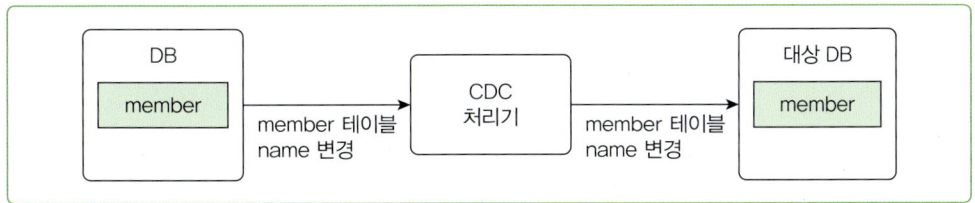

그림 5.12 변경 데이터를 그대로 대상 시스템에 전파하는 CDC 처리기

변경 데이터를 그대로 전파하지 않고 변환해서 전파해야 할 때도 있다. 예를 들어 주문 시스템과 통지 시스템을 연동한다고 해 보자. 이때 CDC 처리기는 새로운 주문 데이터가 생성되거나 주문 상태가 '배송 중'으로 변경되면 통지 시스템에 주문 데이터를 모두 전송할 필요는 없다. 단지 주문 ID와 변경된 주문 상태만 보내면 된다.

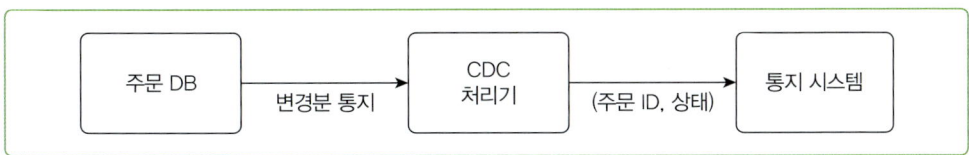

그림 5.13 데이터를 변환해서 전파하는 CDC 처리기

목적에 따라 CDC 처리기는 DB, 메시징 시스템, API 등 다양한 대상에 데이터를 전파할 수 있다. 두 시스템 간 데이터 동기화가 목적이라면 단순히 DB와 DB 사이에 CDC를 두어 데이터를 복제할 수 있다.

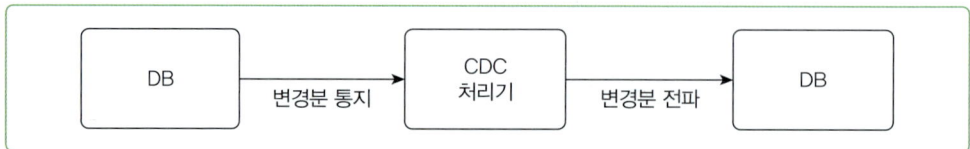

그림 5.14 단순히 DB 간에 데이터를 복제할 목적으로 사용하는 CDC

메시징 시스템에 데이터를 전파하면 여러 시스템에 변경된 데이터를 전달할 수 있어 확장에 유리하다.

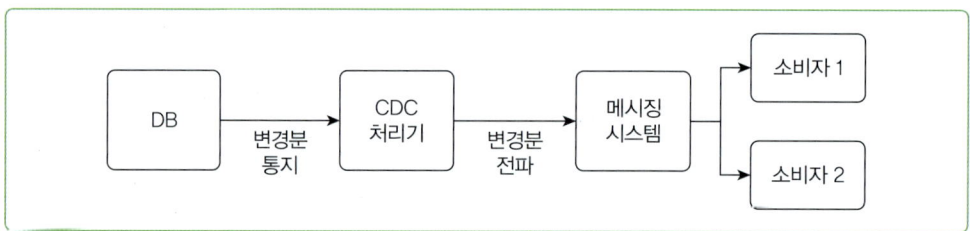

그림 5.15 메시징 시스템에 변경 데이터를 전파하면 확장에 유리하다.

> **알아두기 CDC와 이벤트**
>
> CDC는 데이터의 변경 분을 전달한다. 이는 어떤 일이 발생했음을 알려주는 이벤트 메시지에 가깝다. 하지만 이벤트처럼 정확하게 의미를 전달하지는 못한다. 데이터의 변경 분을 통해서 의미를 도출할 수 있을 뿐이다. 예를 들어 '회원 암호 초기화함' 이벤트는 암호를 초기화했다는 것을 분명하게 나타내지만 '회원 테이블 데이터 변경: 이전 암호, 이후 암호'는 암호가 초기화됐다는 사실을 드러내지 않는다. 단지 암호 칼럼 값이 변경됐다는 것만 알 수 있다. 암호를 변경한 주체를 표기하는 칼럼이 있다면, 그 칼럼을 조합해서 암호를 회원이 변경했는지 시스템이 초기화했는지 간접적으로 알 수 있다.

CDC와 데이터 위치

CDC 처리기는 변경 데이터를 어디까지 처리했는지 기록해야 한다. 예를 들어 MySQL은 바이너리 로그를 이용해서 CDC를 구현하는데, 각 로그 항목은 변경된 데이터와 로그 파일에서의 위치(포지션) 값을 갖는다. 이 위치를 기록해야 CDC 처리기를 재시작할 때 마지막으로 조회한 로그부터 읽어올 수 있다. 이 위치를 기록하지 않으면 마지막 로그 데이터부터 읽어와야 하는데, 이 경우 CDC 처리기를 재시작하는 시간 동안 발생한 변경 데이터를 놓치게 된다.

CDC가 유용할 때

필자는 시스템이 복잡해서 연동 코드를 넣기 부담스러울 때 CDC를 유용하게 활용할 수 있었다. 예전에 I사에서 근무할 때 주문 시스템을 새로 구축한 적이 있다. 이때 신규 주문 시스템에서 발생한 주문 데이터를 기존 주문 시스템에 반영해야 하는 요구가 있었다. 이를 위해 신규 주문 시스템에서 주문이 생성되거나 변경되면 그 데이터를 기존 주문 시스템에 전달해야 했다.

하지만 신규 주문 시스템 개발 조직은 연동 코드를 추가하는 것에 난색을 표했다. 일정에 여유가 없기도 했지만, 이미 코드가 복잡해져서 연동 코드를 추가하기가 부담됐기 때문이다. 이때 선택한 방법이 CDC를 활용하는 것이었다.

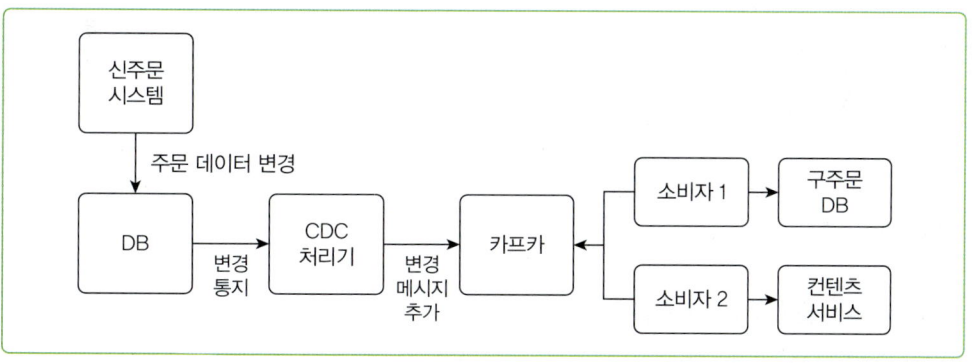

그림 5.16 신주문 시스템의 코드를 수정하지 않고 CDC를 사용해서 변경 데이터를 관련 시스템에 전파했다.

[그림 5.16]처럼 신규 주문 시스템의 코드를 수정하지 않고도 CDC를 사용해 타 시스템에 관련 데이터를 전파할 수 있었다. 연동 대상 시스템이 2개였고, 서로 데이터를 처리하는 속도가 달라 중간에 메시징 시스템으로 카프카를 두었다. CDC로 연동 기능을 구현한 덕분에 신규 주문 시스템 개발 일정에 주는 영향을 최소화할 수 있었다.

> **Column**
>
> **비동기로 돌아가는 세상**
>
> 우리가 사는 세상은 동기보다는 비동기에 가깝게 돌아간다. 이메일을 받자마자 바로 답장 이메일을 전송해야 하는 것은 아니다. 슬랙 메시지로 업무 지시를 받았다고 해도 잠시 화장실에 갔다면 바로 처리할 수 없다. 커피 주문을 여러 개 받은 뒤에 한 번에 여러 잔을 만들기도 한다.
>
> 시스템 간 연동도 비슷하다. 생각보다 많은 연동이 동기가 아닌 비동기로 구현해도 문제가 없을 때가 많다. 물론 비동기로 구현하면 구조가 더 복잡해지고, 두 시스템 간에 데이터가 일시적으로 불일치하는 시기가 발생하므로 신경 써야 할 게 많아진다. 하지만 성능, 안정성, 자율성 측면에서 유리할 때도 있다.
>
> 모든 연동을 비동기로 구현할 필요는 없지만, 비동기로 구현했을 때 발생하는 복잡도 증가보다 얻는 이점이 더 크다면 비동기 연동을 고려해보자.

Chapter 06

6장

동시성, 데이터가 꼬이기 전에 잡아야 한다

이 장에서 다룰 내용
- 동시성 문제
- 잠금을 이용한 동시 접근 제어
- 원자적 타입과 동시성 지원 컬렉션
- DB와 동시성: 선점 잠금과 비선점 잠금
- 잠금 주의 사항

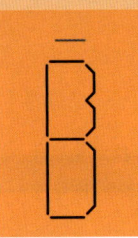

서버와 동시 실행

트래픽이 많지 않은 서비스라도 초당 100개 이상의 요청이 들어올 수 있다. 1개의 요청을 처리하는 데 0.1초가 걸린다고 가정하면, 100개의 요청을 1초 안에 처리하려면 0.1초마다 10개의 요청을 동시에 처리해야 한다. 단순히 계산하면 0.1초 사이에 동시에 10개의 클라이언트가 요청을 보내고 응답을 받는 셈이다.

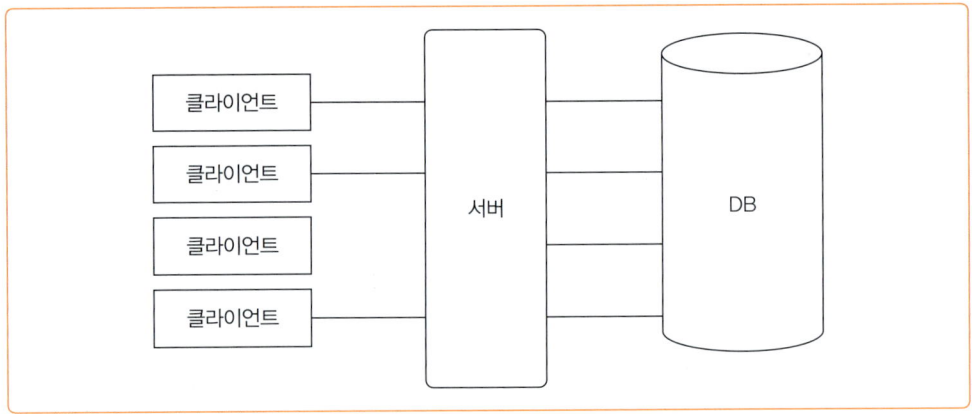

그림 6.1 서버는 동시에 여러 클라이언트의 요청을 처리하며 DB도 동시에 여러 쿼리를 실행한다.

서버는 클라이언트의 요청을 처리하기 위해 DB에 쿼리를 보내고 그 결과를 받는다. 동시에 여러 클라이언트가 서버에 연결하는 만큼, 서버도 동시에 여러 쿼리를 DB에 보낸다.

동시에 여러 클라이언트가 요청을 보내기 때문에, 서버는 각 요청을 동시에 처리해야 한다. 만약 동시에 처리하지 못하고 각 요청을 순차적으로 처리한다면 서버의 전체적인 성능, 즉 처리량과 응답 시간이 나빠진다.

단순히 100개의 요청을 차례대로 처리한다고 생각해보자. 1개 요청을 처리하는 데 0.1초가 걸린다면, 총 10초가 소요된다. 반면 동시에 10개씩 처리하면 1초면 된다. 동시에 처리하지 않고 차례대로 처리할 경우 초당 처리량은 100에서 10으로 크게 떨어진다.

서버가 동시에 여러 클라이언트의 요청을 처리하는 방식은 크게 다음 2가지가 있다.

- 클라이언트 요청마다 스레드를 할당해서 처리
- 비동기 IO(또는 논블로킹 IO)를 사용해서 처리

요청마다 스레드를 할당하는 방식은 여러 스레드가 동시에 코드를 실행한다. 클라이언트 요청이 동시에 10개 들어오면 10개 스레드가 실행하고, 50개 요청이 들어오면 50개 스레드가 실행하는 식이다. 서버에 따라 클라이언트 요청을 처리할 때 사용할 스레드 개수에 제한을 두기도 하지만, 동시 요청 개수만큼 스레드가 동시에 실행된다.

비동기 IO/논블로킹 IO 방식을 사용할 때에도 단일 스레드만 사용하는 경우는 드물다. IO 요청을 처리하기 위해 여러 스레드를 사용하는 경우가 많다.

어떤 방식을 사용하든 서버는 동시 실행이 기본이다. 서로 다른 두 스레드가 동시에 같은 데이터를 조회하고 수정하는 일이 발생할 수 있다. 동시 실행을 고려하지 않고 코드를 만들면 찾기 어려운 버그가 발생할 수 있다. 다음 코드를 보자.

```java
public class Increaser {
    private int count = 0;

    public void inc() {
        count = count + 1;
    }

    public int getCount() {
        return count;
    }
}
```

Increaser 클래스는 간단하다. count 필드가 있고 inc() 메서드는 count 필드를 1 증가시킨다. 그런데 이 간단한 코드를 다중 스레드 환경에서 실행하면 count 값이 비정상적으로 바뀌는 문제가 발생할 수 있다. 다음은 문제가 발생하는 예를 보여준다.

```java
Increaser increaser = new Increaser();
Thread[] threads = new Thread[100];

for (int i = 0; i < 100; i++) {
    Thread t = new Thread(() -> {
        for (int j = 0; j < 100; j++) {
            increaser.inc();
        }
    });
    threads[i] = t;
    t.start();
}

for (Thread t : threads) {
    t.join();
}

System.out.println(increaser.getCount());
```

이 코드는 동시에 100개의 스레드를 생성한다. 각 스레드는 100번 반복해서 동일한 increaser 객체의 inc() 메서드를 실행한다. 모든 스레드의 실행이 끝난 뒤 getCount()로 count 값을 출력한다. 문제가 없다면 10000을 출력해야 한다. 하지만 여러 번 실행해 보면 9982, 9973처럼 잘못된 값을 출력할 때가 있다.

이런 문제가 발생하는 이유는 여러 스레드가 동시에 count = count + 1 코드를 실행하기 때문이다. 이 코드는 실제로 다음 두 단계로 실행된다.

1. count 값을 읽는다.
2. 읽은 값에 1을 더한 결과를 count에 저장한다.

예를 들어 count가 5일 때 2개의 스레드가 [그림 6.2]처럼 동시에 실행되면 count는 7이 아니라 6이 된다. 만약 4개 스레드가 동시에 이런 식으로 실행된다면 count는 9가 아닌 6이 될 수 있다. 이 경우 3이 사라진 것이다.

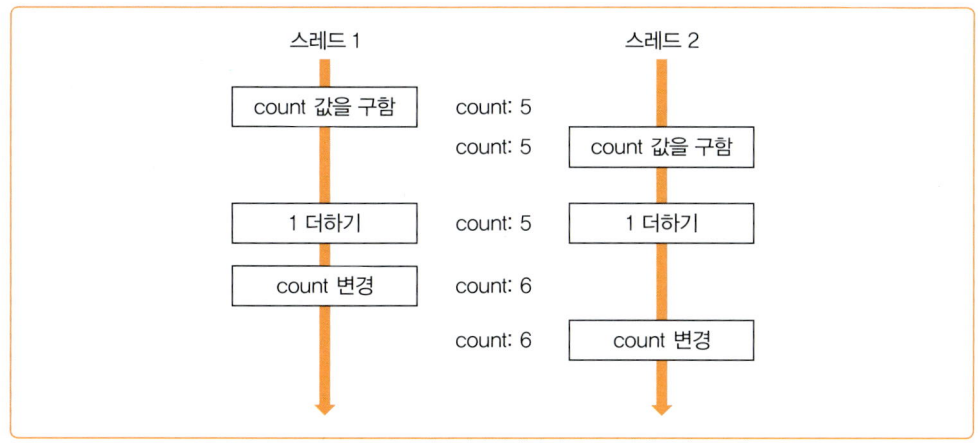

그림 6.2 동시성을 고려하지 않으면 데이터에 오류가 발생할 수 있다.

초보 개발자는 이런 동시성 문제를 쉽게 놓치곤 한다. 문제는, 동시성 문제가 항상 바로 드러나는 게 아니라는 점이다. 꼭꼭 숨어 있다가 예상치 못한 순간에 나타나기도 한다. 경험이 많은 개발자는 이런 문제의 원인을 빨리 찾아내기도 하지만, 언제나 그런 것은 아니다. 동시성 문제는 미묘해서 재현이 잘 되지 않는 경우가 많기 때문이다. 그래서 처음부터 동시성 문제를 염두에 두고 개발하는 것이 중요하다.

이 책에서는 동시성과 관련해 초보 서버 개발자가 꼭 알아둬야 할 몇 가지 내용을 살펴볼 것이다. 여기서 다루는 내용은 서버 프로그래밍을 할 때 최소한 이 정도는 고려해야 한다는 수준으로 이해하면 된다. 참고로 동시성 프로그래밍은 책 한 권 분량으로 다뤄야 할 만큼 방대한 주제다. 서버 개발자로서 더 깊이 있는 실력을 쌓고 싶다면, 동시성 프로그래밍에 대한 책을 따로 학습해보길 바란다.

> **알아두기** **경쟁 상태**
>
> 여러 스레드가 동시에 공유 자원에 접근할 때, 접근 순서에 따라 결과가 달라지는 상황을 경쟁 상태race condition라고 한다. 경쟁 상태가 발생하면 예상하지 못한 결과가 나오거나 오류가 발생할 수 있다. 앞서 살펴본 count 증가 예제가 전형적인 경쟁 상태의 예다. 여기서 공유 자원은 count 필드이며, 여러 스레드가 count 필드에 접근하는 코드를 어떤 순서로 실행하느냐에 따라 결과가 달라지고 오류가 생긴다.

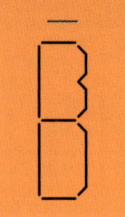

잘못된 데이터 공유로 인한 문제 예시

다음 코드를 보자.

```java
public class PayService {
    private Long payId;

    public PayResp pay(PayRequest req) {
        …
        this.payId = genPayId(); // 단계 1
        saveTemp(this.payId, req); // 단계 2
        PayResp resp = sendPayData(this.payId, …); // 단계 3
        applyResponse(resp); // 단계 4
        return resp;
    }

    private void applyResponse(PayResp resp) {
        PayData payData = createPayDataFromResp(resp); // 단계 4-1
        updatePayData(this.payId, payData); // 단계 4-2
        …
    }
}
```

이 코드에서 문제가 되는 것은 payId 필드다. 위 코드의 전체 흐름은 다음과 같다.

- 단계 1: genPayId( )로 생성한 값을 payId 필드에 할당한다.
- 단계 2: payId 필드를 이용해서 임시 저장한다.
- 단계 3: sendPayData( )를 호출하고 리턴 결과를 resp 변수에 저장한다.
- 단계 4: applyResponse( )를 호출한다.
    - 단계 4-1: 파라미터로 받은 resp를 이용해서 PayData를 생성한다.
    - 단계 4-2: updatePayData( ) 메서드에 payId 필드를 전달한다.

PayService 인스턴스가 하나뿐인 싱글톤 객체(예: 스프링 컨테이너의 싱글톤 빈)라고 가정해보자. 이때 다중 스레드 환경에서 PayService 객체가 동시에 사용되면, 1단계에서 생성한 payId 값과 4-2단계에서 사용하는 payId 값이 서로 다를 수 있다. [그림 6.3]은 실제로 2개의 스레드가 위 코드를 동시에 실행했을 때 payId 필드가 어떻게 변경되는지를 보여준다.

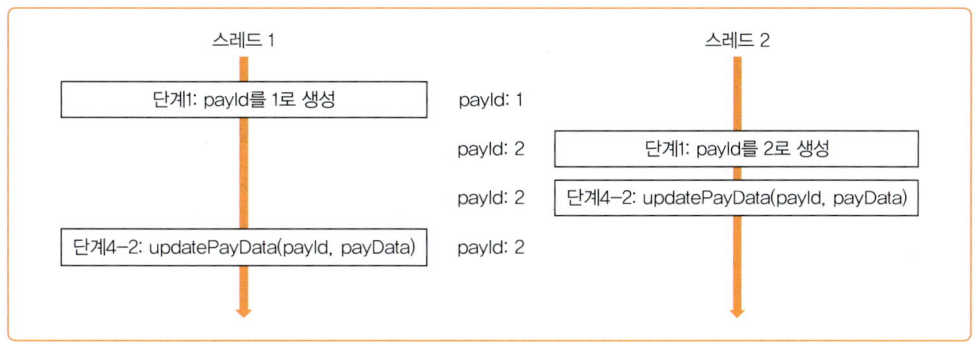

그림 6.3 잘못된 데이터 공유로 인해 발생하는 동시성 문제

[그림 6.3]에서 스레드 1이 단계 4-2를 실행할 때 기대하는 payId 값은 1이다. 자신이 단계 1에서 payId 필드에 1을 설정했기 때문이다. 하지만 단계 1과 단계 4-2 사이에 스레드 2가 먼저 단계 1을 실행해 payId 값을 2로 바꾸게 되면, 스레드 1의 단계 4-2에서는 payId 값으로 1이 아닌 2를 사용하게 된다. 즉, 스레드 1이 호출하는 updatePayData()는 자신이 생성한 결제 ID(1)에 대한 데이터가 아니라, 스레드 2의 결제 ID(2)에 해당하는 데이터를 변경하게 된다. 결국 엉뚱한 데이터를 수정하는 것이다.

만약 스레드 1과 스레드 2가 각각 고객 A와 고객 B의 요청을 처리하고 있었다면, 고객 A의 결제 결과는 사라진다. 스레드 1이 마지막 단계에서 payId가 2인 데이터를 덮어썼기 때문이다. 반면, 고객 B의 결제 결과에는 고객 A의 응답 결과가 저장되는 문제가 발생한다. 스레드 2가 결제 결과를 정상적으로 처리한 후에, 스레드 1이 payId가 2인 데이터를 다시 덮어쓴 것이다. 그 결과, 한 고객의 결제 결과는 사라지고 다른 고객의 결제에는 잘못된 값이 반영되는 매우 심각한 문제가 생긴다.

> **Column: 빨리 고쳐주세요!**
>
> 앞서 예로 든 결제 데이터가 꼬이는 문제는 필자가 실제로 경험한 사례를 간략히 변형해 설명한 것이다. 필자가 팀장으로 입사한 지 얼마 되지 않았을 때 CS 부서로부터 "빨리 고쳐달라"는 요청이 들어왔다. CS 부서는 결제 문제로 인해 발생하는 강성 민원에 시달리고 있었고 빠른 해결을 원했다.
>
> 하지만 동시성 문제의 특성상 데이터 이상은 간헐적으로 발생했고, 재현이 어려워 원인을 찾는 데 어려움이 있었다. 코드를 한 줄 한 줄 분석하면서 데이터가 어떻게 변경되는지를 추적했고 이 과정에서 필드에 데이터를 저장하고 있다는 사실을 확인했다. 해당 필드가 다중 스레드 환경에서 동시에 접근된다는 점을 인지한 뒤 여러 스레드가 동시에 실행되는 상황을 시뮬레이션했고 결국 동시성과 관련된 의심스러운 상황을 찾아냈다.
>
> 의심되는 코드를 수정하고 여러 차례 검증한 후에 실제 시스템에 적용했다. 다행히 문제가 해결됐다. 하지만 그 과정에서 민원은 계속됐고 결제 승인 취소와 데이터 보정 같은 후처리도 해야 했다. CS와 개발 담당자가 받는 스트레스는 상당했다. 이 모든 게 동시성을 제대로 처리하지 않은 결과였다. 동시성은 분명 유용한 기능이지만 잘못 사용하면 정말 많은 사람을 힘들게 만들 수 있다는 걸 다시 한 번 절감한 경험이었다.

DB도 동시성 문제에서 자유롭지 않다. 동시성을 고려하지 않으면 데이터 일관성에 문제가 생길 수 있다. [그림 6.4]는 DB 데이터를 동시에 변경할 때 발생할 수 있는 문제의 예를 보여준다.

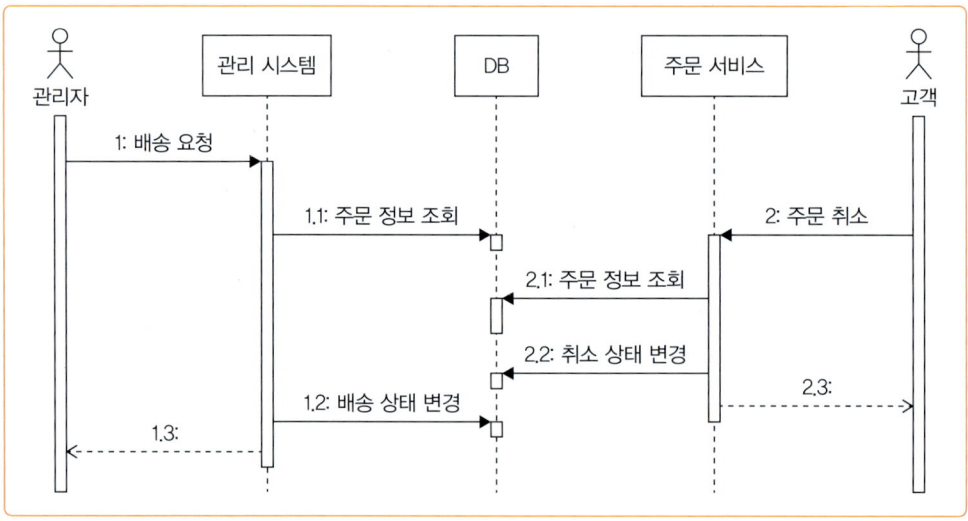

그림 6.4 DB 데이터를 변경할 때도 동시성에 주의해야 한다.

[그림 6.4]는 관리자와 고객이 동시에 주문 정보를 변경할 때 발생할 수 있는 상황을 보여준다. 관리자는 주문 상태를 배송으로 변경하고, 고객은 동시에 같은 주문을 취소하고 있다. DB 관점에서 보면 주문 서비스가 주문을 취소 상태로 변경한 다음(과정 2.2) 관리 시스템이 이어서 해당 주문을 다시 배송 상태로 변경하는 상황이 발생한다(과정 1.2). 고객은 주문을 취소했는데 시스템상으로는 배송이 시작되는 문제가 생기는 것이다.

[그림 6.3]과 [그림 6.4]에서처럼 여러 스레드나 프로세스가 동시에 같은 데이터를 수정할 때 발생하는 동시성 문제는 전형적인 실수다. 단순한 실수처럼 보일 수 있지만 동시성에 대한 학습과 경험이 부족하면 이런 문제를 쉽게 놓칠 수 있다. 실제로 오래전 국내의 대형 서비스에서도 [그림 6.3]과 유사한 실수로 인해 심각한 보안 사고가 발생한 적이 있다. 다른 사용자의 메일 목록과 내용을 볼 수 있는 상황이 벌어진 것이다.

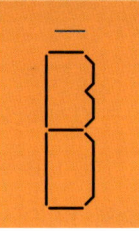

프로세스 수준에서의 동시 접근 제어

앞서 살펴본 두 사례에서 보듯이 동시성 문제는 프로세스 수준과 DB 수준 모두에서 검토해야 한다. 먼저 단일 프로세스 내에서 동시성을 다룰 때 필요한 기초적인 개념부터 알아보자.

잠금(lock)을 이용한 접근 제어

프로세스 수준에서 데이터를 동시에 수정하는 것을 막기 위한 일반적인 방법은 잠금lock 을 사용하는 것이다. 잠금을 사용하면 공유 자원에 접근하는 스레드를 한 번에 하나로 제한할 수 있다. 잠금을 사용하는 일반적인 흐름은 다음과 같다.

1. 잠금을 획득함
2. 공유 자원에 접근(임계 영역)
3. 잠금을 해제함

> **알아두기** **임계 영역(Critical Section)**
>
> 임계 영역은 동시에 둘 이상의 스레드나 프로세스가 접근하면 안 되는 공유 자원에 접근하는 코드 영역을 말한다. 공유 자원의 예로는 메모리나 파일이 있다.

잠금은 한 번에 한 스레드만 획득할 수 있다. 여러 스레드가 동시에 잠금 획득을 시도하면 그중 하나만 획득하고 나머지 스레드는 잠금이 해제될 때까지 대기하게 된다. 잠금을 획득한 스레드는 공유 자원에 접근한 뒤 사용을 마치면 잠금을 해제한다. 잠금이 해제되면 대기 중이던 스레드 중 하나가 잠금을 획득해 자원에 접근한다.

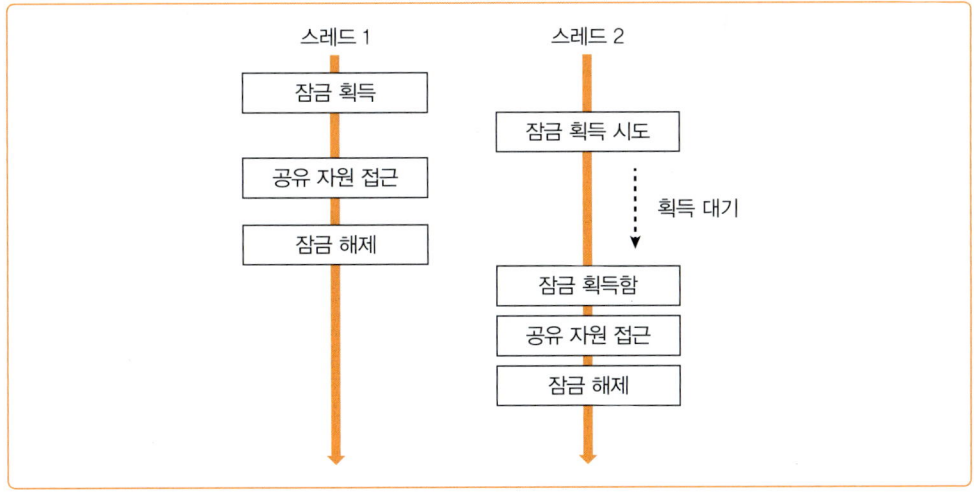

그림 6.5 잠금은 한 번에 한 스레드만 획득할 수 있다.

다음은 잠금을 사용해 동시에 HashMap을 수정할 때 발생할 수 있는 문제를 방지하는 간단한 자바 코드이다.

리스트 6.1 ReentrantLock을 사용해 동시에 HashMap을 수정하는 것을 막는 코드

```
01  public class UserSessions {
02      private Lock lock = new ReentrantLock();
03      private Map<String, UserSession> sessions = new HashMap<>();
04
05      public void addUserSession(UserSession session) {
06          lock.lock(); // 잠금 획득할 때까지 대기
07          try {
08              sessions.put(session.getSessionId(), session); // 공유 자원 접근
09          } finally {
10              lock.unlock(); // 잠금 해제
11          }
12      }
13
14      public UserSession getUserSession(String sessionId) {
15          lock.lock();
16          try {
17              return sessions.get(sessionId);
18          } finally {
```

```
19                lock.unlock();
20            }
21        }
22  }
```

이 코드는 ReentrantLock을 사용해서 sessions 필드에 대한 동시 접근을 제한한다. Hash Map은 다중 스레드 환경에서 안전하지 않다. 동시에 여러 스레드가 HashMap의 put( ) 메서드를 호출하면 데이터가 유실되거나 값이 잘못 저장되는 문제가 발생할 수 있다. 이런 문제를 방지하기 위해 잠금(ReentrantLock)을 사용해서 sessions 필드에 한 번에 한 스레드만 접근할 수 있도록 제한한 것이다.

> **알아두기 synchronized와 ReentrantLock**
>
> 자바 언어를 공부했다면 synchronized 키워드를 알 것이다. synchronized 키워드를 사용하면 더 간단하게 스레드의 동시 접근을 제어할 수 있다. 코드 블록이 끝나면 자동으로 잠금을 풀어주기 때문에 unlock()과 같은 메서드를 호출할 필요도 없다.
>
> 반면에 ReentrantLock은 synchronized에는 없는 기능을 제공한다. 대표적인 예가 잠금 획득 대기 시간을 지정하는 기능이다. 그리고 자바 21 버전에 추가된 가상 스레드가 아직은 ReentrantLock만 지원하고 synchronized는 자바 24 버전부터 지원하고 있다.
>
> 필자는 개인적으로 ReentrantLock을 선호하는 편이지만, synchronized와 ReentrantLock 중에서 무엇을 사용해도 문제는 없다. 원하는 기능을 구현하는 데 적당한 잠금 구현을 사용하면 된다. 단, 두 방식을 섞어서 사용하지는 말자. 가능하면 한 가지 방식으로 통일한다.

실제로 잠금이 제대로 동작하는지 확인하기 위해 [리스트 6.2]의 테스트를 만들었다.

리스트 6.2 UserSessions가 동시성 문제가 없는지 확인하기 위한 테스트

```
01  class UserSessionsTest {
02      @Test
03      void concurrentTest() {
04          ExecutorService executor = Executors.newFixedThreadPool(500);
05          UserSessions userSessions = new UserSessions();
06
07          List<Future<?>> futures = new ArrayList<>();
```

```
08          int sessionCount = 1_000;
09          for (int i = 1; i <= sessionCount; i++) {
10              String sessionId = "session-" + i;
11              Future<?> future = executor.submit(() -> {
12                  UserSession userSession = new UserSession(sessionId);
13                  userSessions.addUserSession(userSession);
14              });
15              futures.add(future);
16          }
17          futures.forEach(f -> {
18              try {
19                  f.get();
20              } catch (Exception e) {
21                  log.error("error", e);
22              }
23          });
24
25          executor.shutdown();
26
27          for (int i = 1; i <= sessionCount; i++) {
28              String sessionId = "session-" + i;
29              UserSession userSession = userSessions.getUserSession(sessionId);
30              assertThat(userSession)
31                  .describedAs("session %s", sessionId)
32                  .isNotNull();
33          }
34      }
35  }
```

04행은 ExecutorService를 생성한다. 이 ExecutorService는 동시에 500개 작업을 실행할 수 있다. 05행은 동시성 문제가 없는지 검증할 UserSessions 객체를 생성한다.

07행부터 16행까지는 1000개의 UserSession 객체를 UserSessions에 추가한다. 11행에서 executor.submit( )로 실행할 코드를 전달하는데, executor는 500개 스레드를 이용해서 동시에 실행하므로 거의 동시에 500개의 UserSession 객체를 UserSessions에 추가한다.

17행부터 23행은 앞서 실행한 1000개의 작업이 끝날 때까지 기다린다. 27행부터 33행 코드는 UserSessions 객체에 UserSession 객체가 정상적으로 추가됐는지 검증한다. 실제로 이 테스트를 실행하면 테스트가 통과된다.

잠금을 사용하지 않으면 어떻게 되는지 확인해보고 싶다면 UserSessions의 addUserSession( ) 메서드를 다음과 같이 바꿔보자.

```java
public void addUserSession(UserSession session) {
    sessions.put(session.getSessionId(), session); // 잠금 없이 HashMap.put 실행
}
```

이 코드는 잠금 없이 HashMap의 put( )을 실행한다. 테스트를 실행하면 다음과 같이 테스트가 실패하는 것을 확인할 수 있다.

```
java.lang.AssertionError: [session session-769]
    Expecting actual not to be null
```

위 실패 메시지는 session-769번 UserSession 객체가 없어서 검증에 실패했다고 알려주는데, 실행할 때마다 누락되는 UserSession 객체가 바뀐다. 이는 동시성 문제의 결과가 매번 다르다는 것을 뜻한다.

> **알아두기** **뮤텍스(mutex)**
>
> 뮤텍스(mutex)는 mutual exclusion의 줄임말인데 뮤텍스를 다른 말로 잠금(lock)이라고도 한다. 프로그래밍 언어에 따라 뮤텍스를 사용하기도 하고 잠금을 사용하기도 한다. 예를 들어 자바 언어는 이름이 Lock인 타입을 사용하고 Go 언어는 이름이 Mutex인 타입을 사용하고 있다.

동시 접근 제어를 위한 구성 요소

앞서 언급한 자바의 ReentrantLock은 한 번에 1개 스레드만 잠금을 구할 수 있다. 즉, 한 번에 한 스레드만 공유 자원에 접근할 수 있다. 나머지 스레드는 잠금이 해제될 때까지 대기해야 한다.

잠금 외에도 동시 접근을 제어하기 위한 구성 요소로 세마포어와 읽기 쓰기 잠금이 있는데 둘에 대해 차례대로 알아보자.

세마포어

세마포어^{Semaphore}는 동시에 실행할 수 있는 스레드 수를 제한한다. 자원에 대한 접근을 일정 수준으로 제한하고 싶을 때 세마포어를 사용할 수 있다. 예를 들면, 외부 서비스에 대한 동시 요청을 최대 5개로 제한하고 싶을 때 세마포어를 사용할 수 있다.

세마포어는 허용 가능한 숫자를 이용해서 생성한다. 이 숫자를 자바 세마포어 구현체는 퍼밋^{permit}이라고 표현하며, Go 언어의 세마포어 구현체는 weight라고 표현한다. 이 장에서는 퍼밋이라는 용어를 사용할 것이다.

> **Memo**
> 세마포어에는 이진binary 세마포어와 계수counting 세마포어가 있다. 이진 세마포어는 동시에 접근할 수 있는 스레드가 1개인 반면 계수 세마포어는 지정한 수만큼 동시 접근이 가능하다.

세마포어를 사용하는 전형적인 순서는 다음과 같다.

1. 세마포어에서 퍼밋 획득(허용 가능 숫자 1 감소)
2. 코드 실행
3. 세마포어에 퍼밋 반환(허용 가능 숫자 1 증가)

각 스레드는 세마포어에서 퍼밋을 획득한 뒤에 코드를 실행할 수 있다. 퍼밋 획득에 성공하면 세마포어의 남아 있는 퍼밋 개수가 1 감소한다. 남아 있는 퍼밋 개수가 0인 상태에서 퍼밋을 획득하려는 스레드는 다른 스레드가 퍼밋을 반환할 때까지 대기하게 된다.

> **Memo**
> 세마포어에서 퍼밋을 구하고 반환하는 연산을 각각 P 연산(또는 wait 연산), V 연산(또는 signal 연산)이라고 한다.

[리스트 6.3]은 세마포어를 사용해서 동시 실행 스레드를 제한하는 코드 예를 보여준다.

리스트 6.3 세마포어를 사용한 동시 실행 스레드 제한

```
01  import java.util.concurrent.Semaphore;
02
03  public class MyClient {
04      private Semaphore semaphore = new Semaphore(5);
05
06      public String getData() {
07          try {
08              semaphore.acquire(); // 퍼밋 획득 시도
09          } catch (InterruptedException e) {
10              throw new RuntimeException(e);
11          }
12          try {
13              String data = … // 외부 연동 코드
14              return data;
15          } finally {
16              semaphore.release(); // 퍼밋 반환
17          }
18      }
19  }
```

04행에서 허용 개수를 5로 지정한 세마포어를 생성했기 때문에, 13~14행의 코드는 동시에 최대 5개 스레드까지만 실행할 수 있다.

☑ 읽기 쓰기 잠금

[리스트 6.1]의 코드를 다시 보자.

```
public void addUserSession(UserSession session) {
    lock.lock();
    try {
        sessions.put(session.getSessionId(), session);
    } finally {
        lock.unlock();
    }
}

public UserSession getUserSession(String sessionId) {
```

```
        lock.lock();
        try {
            return sessions.get(sessionId); // 한 번에 한 스레드만 읽기 가능
        } finally {
            lock.unlock();
        }
    }
```

이 코드에서 addUserSession( )과 getUserSession( )은 동일한 잠금을 사용한다. 따라서 session에 동시에 put( )하거나 get( )을 할 수 없다. 오직 한 스레드만 put( )을 하거나 get( )을 할 수 있다.

그런데 HashMap이 바뀌지만 않는다면 get( ) 메서드는 여러 스레드가 동시에 실행해도 문제되지 않는다. get( ) 메서드를 실행하는 동안 put( ) 메서드를 사용해서 변경할 때가 문제가 된다. 즉 get( )과 put( )을 동시에 실행하지 않고 get( )만 동시 실행하는 것은 문제가 되지 않는다.

잠금을 사용하면 데이터를 변경하지 않더라도 동시에 읽기가 안 된다. 한 번에 1개 스레드만 읽기 기능을 실행할 수 있기 때문이다. 한 번에 한 스레드만 읽기가 가능하므로 쓰기 빈도 대비 읽기 빈도가 높을 때에는 읽기 성능이 떨어지는 문제가 발생할 수 있다.

읽기 쓰기 잠금을 사용하면 이런 성능상 단점을 없애면서 잠금을 통해 데이터 동시 접근 문제를 없앨 수 있다. 읽기 쓰기 잠금은 다음 특징을 갖는다.

- 쓰기 잠금은 한 번에 한 스레드만 구할 수 있다.
- 읽기 잠금은 한 번에 여러 스레드가 구할 수 있다.
- 한 스레드가 쓰기 잠금을 획득했다면 쓰기 잠금이 해제될 때까지 읽기 잠금을 구할 수 없다.
- 읽기 잠금을 획득한 모든 스레드가 읽기 잠금을 해제할 때까지 쓰기 잠금을 구할 수 없다.

위 특징에 따라 읽기 쓰기 잠금을 사용하면 쓰는 동안 읽기를 할 수 없고 읽는 동안 쓰기를 할 수 없다. 또한 동시에 여러 스레드가 읽기를 실행할 수 있다. 따라서 읽기 쓰기 잠금을 사용하면 잠금을 사용했을 때 발생하는 읽기 성능 문제를 완화할 수 있다.

[리스트 6.4]는 [리스트 6.1] 코드를 읽기 쓰기 잠금을 이용해서 구현한 코드이다.

리스트 6.4 읽기 쓰기 잠금을 이용한 동시 접근 제거

```java
01  import java.util.HashMap;
02  import java.util.Map;
03  import java.util.concurrent.locks.Lock;
04  import java.util.concurrent.locks.ReadWriteLock;
05  import java.util.concurrent.locks.ReentrantReadWriteLock;
06
07  public class UserSessionsRW {
08      private ReadWriteLock lock = new ReentrantReadWriteLock();
09      private Lock writeLock = lock.writeLock();
10      private Lock readLock = lock.readLock();
11      private Map<String, UserSession> sessions = new HashMap<>();
12
13      public void addUserSession(UserSession session) {
14          writeLock.lock();
15          try {
16              sessions.put(session.getSessionId(), session);
17          } finally {
18              writeLock.unlock();
19          }
20      }
21
22      public UserSession getUserSession(String sessionId) {
23          readLock.lock();
24          try {
25              return sessions.get(sessionId);
26          } finally {
27              readLock.unlock();
28          }
29      }
30  }
```

08행에서 ReadWriteLock을 생성하고 09행과 10행에서는 각각 쓰기용 잠금과 읽기용 잠금을 얻는다. addUserSession() 메서드는 데이터를 변경하므로 쓰기 잠금을 사용해 동시 접근을 제어한다. 반면 getUserSession() 메서드는 데이터를 조회하므로 읽기 잠금을 사용해 여러 스레드가 동시에 읽기를 수행할 수 있도록 했다.

원자적 타입(Atomic Type)

다음 코드를 다시 보자. 이 코드는 스레드가 동시에 데이터를 변경할 때 발생하는 문제를 설명할 때 사용한 코드이다.

```java
public class Increaser {
    private int count = 0;

    public void inc() {
        count = count + 1;
    }
}
```

다음 코드처럼 잠금을 사용하면 동시성 문제를 해결할 수 있다.

```java
public class Increaser {
    private Lock lock = new ReentrantLock();
    private int count = 0;

    public void inc() {
        lock.lock();
        try {
            count = count + 1;
        } finally {
            lock.unlock();
        }
    }
}
```

잠금을 사용하면 카운터 증가에 대한 동시성 문제를 간단하게 해결할 수 있다. 하지만 이 방식을 사용하면 CPU 효율이 떨어지는 단점이 있다. 여러 스레드가 동시에 실행할 때 잠금을 확보한 스레드를 제외한 나머지 스레드는 대기하기 때문이다.

잠금을 사용하지 않으면서 동시성 문제없이 카운터를 구현하는 다른 방법이 존재하는데, 그 방법은 바로 원자적 타입을 사용하는 것이다. 자바 언어를 예로 들면 AtomicInteger,

AtomicLong, AtomicBoolean과 같은 타입이 존재한다. 이 타입을 사용하면 다중 스레드 환경에서 동시성 문제없이 여러 스레드가 공유하는 데이터를 변경할 수 있다.

[리스트 6.5]는 AtomicInteger를 이용해서 Increaser 클래스를 구현한 예를 보여준다.

리스트 6.5 AtomicInteger를 이용한 숫자 증가 처리

```
01  import java.util.concurrent.atomic.AtomicInteger;
02
03  public class Increaser {
04      private AtomicInteger count = new AtomicInteger(0);
05
06      public void inc() {
07          count.incrementAndGet(); // 다중 스레드 문제없이 값을 1 증가시킴
08      }
09
10      public int getCount() {
11          return count.get();
12      }
13  }
```

AtomicInteger는 내부적으로 CAS 연산을 사용한다. 이를 통해 스레드를 멈추지 않고도 다중 스레드 환경에서 안전하게 값을 변경할 수 있다. 07행에서 여러 스레드가 동시에 count.incrementAndGet( )을 실행해도 모든 스레드가 멈추지 않고 실행되므로 CPU 효율을 높일 수 있다.

> **Memo**
> CAS는 Compare And Swap의 약자로 이름 그대로 비교 후에 교체하는 연산을 말한다.

AtomicInteger 클래스의 내부 구현은 잠금을 사용하는 것보다 복잡하지만, 사용하는 입장에서는 Lock을 사용하는 것보다 간단하게 동시성 문제를 해결할 수 있다. 동시에 여러 스레드가 int, long, boolean 타입의 공유 데이터를 변경한다면, 잠금 대신 원자적 타입을 사용해서 동시 접근 문제를 간단하게 처리할 수 있다.

동시성 지원 컬렉션

스레드에 안전하지 않은 컬렉션을 여러 스레드가 공유하면 동시성 문제가 발생할 수 있다. 예를 들어 자바에서 HashMap이나 HashSet을 여러 스레드가 동시에 변경하면 데이터가 깨진다.

이런 문제를 해결하는 방법 중 하나는 동기화된 컬렉션을 사용하는 것이다. 즉, 데이터를 변경하는 모든 연산에 잠금을 적용해서 한 번에 한 스레드만 접근할 수 있도록 제한하는 것이다. 자바의 Collections 클래스는 동기화된 컬렉션을 생성하는 메서드를 제공한다. 이 메서드를 사용하면 기존 컬렉션 객체를 쉽게 동기화된 컬렉션 객체로 변환할 수 있다.

```
Map<String, String> map = new HashMap<>();
// 동기화된 컬렉션 객체 생성
Map<String, String> syncMap = Collections.synchronizedMap(map);
syncMap.put("key1", "value1"); // put 메서드는 내부적으로 synchronized로 처리됨
```

동기화된 컬렉션 객체는 변경이나 조회와 관련된 메서드가 모두 동기화된 블록에서 실행되어 동시성 문제를 해결한다.

> **Memo**
>
> 자바 23 또는 이전 버전 기준으로 가상 스레드를 사용한다면 Collections.synchronizedMap()을 포함한 동기화 컬렉션 객체로 변환해주는 메서드를 사용하면 안 된다. 내부적으로 synchronized를 사용해서 동시 접근을 동기화하기 때문이다. 자바 23 또는 이전 버전 기준으로 가상 스레드는 아직 synchronized를 지원하지 않기에 가상 스레드 환경에서 Collections.synchronized() 메서드로 생성한 동기화된 컬렉션을 사용하면 성능에 문제가 생길 수 있다.

동시성 문제를 해결하는 또 다른 방법은 동시성 자체를 지원하는 컬렉션 타입을 사용하는 것이다. 예를 들어 HashMap 대신 ConcurrentHashMap을 사용할 수 있다.

```
ConcurrentMap<String,String> map = new ConcurrentHashMap<>();
map.put("key1", "value1"); // 동시성 지원 컬렉션은 잠금 범위를 최소화한다.
```

ConcurrentHashMap 타입은 데이터를 변경할 때 잠금 범위를 최소화한다. 따라서 키의 해시 분포가 고르고 동시 수정이 많으면, 동기화된 맵을 사용하는 것보다 더 나은 성능을 제공한다.

> **알아두기** **불변(Immutable) 값**
>
> 동시성 문제를 피하기 위한 방법 중 하나는 불변^{Immutable} 값을 사용하는 것이다. 함수형 프로그래밍을 학습하면 초반에 불변에 대해 배우게 되는데, 불변 값은 말 그대로 바뀌지 않는 값을 의미한다. 값이 바뀌지 않기 때문에 동시에 여러 스레드가 접근해도 문제가 발생하지 않는다. 불변 값은 데이터 변경이 필요할 경우, 기존 값을 수정하는 대신 새로운 값을 생성해서 사용한다. 예를 들어 자바의 CopyOnWriteArrayList는 요소를 추가하거나 삭제할 때마다 매번 새로운 리스트를 생성해서 반환한다.

DB와 동시성

개발자 입장에서 DB는 축복과도 같은 존재이다. 데이터 처리와 관련된 많은 고민을 DB가 대신 해결해주기 때문이다. 특히 DB가 제공하는 트랜잭션은 데이터를 다루는 과정에서 발생할 수 있는 다양한 동시성 문제를 처리해준다. 덕분에 개발자가 직접 고민해야 할 데이터 관련 동시성 문제의 범위가 줄어든다.

DB 트랜잭션은 여러 개의 조회나 쓰기를 논리적으로 하나의 연산으로 묶는다. 하나의 트랜잭션에 포함된 모든 쓰기는 모두 적용되거나(커밋) 모두 취소된다(롤백). 트랜잭션 안의 쿼리 중 하나라도 실패하면 전체 트랜잭션을 롤백함으로써 데이터가 깨지는 것을 방지할 수 있다. 하지만 DB 트랜잭션만으로는 모든 동시성 문제를 해결할 수는 없다. 앞서 [그림 6.4]에서 본 것처럼 DB 데이터를 동시에 수정할 때 발생하는 문제도 있다. 이런 문제를 해결하려면 프로세스 수준에서 잠금을 사용한 것처럼, DB에 맞는 잠금 기능을 활용해야 한다.

(DB마다 차이는 있지만) 대부분의 DB는 명시적인 잠금 기법을 제공한다. 이런 방식은 선점 잠금, 또는 비관적 잠금이라 불린다. 선점 잠금을 사용하면 동일한 레코드에 대해 한 번에 하나의 트랜잭션만 접근할 수 있도록 제어할 수 있다. 반면 값을 비교해서 수정하는 방식은 비선점 잠금, 또는 낙관적 잠금이라고 하며, 쿼리 실행 자체는 막지 않으면서도 데이터가 잘못 변경되는 것을 막을 수 있다.

이번 절에서는 DB에서 발생하는 동시성 문제를 해결하기 위해 이 2가지 잠금 기법을 어떻게 사용하는지 살펴보자.

> **알아두기** **비관적, 낙관적**
>
> 필자가 처음 비관적pessimistic 잠금과 낙관적optimistic 잠금이라는 용어를 접했을 때는 단어의 뉘앙스를 잘 몰라 비관적은 잠금을 먼저 하는 방식이고 낙관적 잠금은 실제 잠금 없이 비교를 통해 수정하는 방식이라고 기계적으로 외웠다.
>
> 그런데 왜 비관적이고 낙관적일까? 여기서 '비관적'은 실패할 가능성이 높아서 비관적이다. 다수가 데이터 변경을 시도하면 데이터를 정상적으로 변경할 가능성이 떨어질 테니 이를 비관적이라고 표현한 것이다. '낙관적'은 반대로 성공할 가능성이 높아서 낙관적이다.

> 실패 가능성이 높은 비관적인 상황에서는 동시성 문제를 해결하기 위해 한 번에 1개 클라이언트만 접근할 수 있는 배타적 잠금을 사용하며, 이게 바로 비관적 잠금이다. 반대로 성공 가능성이 높은 낙관적인 상황에서는 동시성 문제를 해결하기 위해 배타적 잠금까지는 사용하지 않는다. 대신 값을 비교하는 방식으로 동시성 문제에 대응한다. 이는 실제로 잠금을 사용하는 것은 아니지만 비관적 잠금에 대응하는 용어로 낙관적 잠금이라는 용어를 사용한다.

선점(비관적) 잠금

선점 잠금은 데이터에 먼저 접근한 트랜잭션이 잠금을 획득하는 방식이다. 선점 잠금을 획득하기 위한 쿼리는 다음 형식을 갖는다(오라클과 MySQL 기준이며 DB에 따라 쿼리 방식은 다를 수 있다).

```
select * from 테이블 where 조건
  for update
```

이 쿼리는 조건에 해당하는 레코드를 조회하면서 동시에 잠금을 획득한다. 한 트랜잭션이 특정 레코드에 대한 잠금을 획득한 경우, 잠금을 해제할 때까지 다른 트랜잭션은 동일 레코드에 대한 잠금을 획득하지 못하고 대기해야 한다. 레코드에 대한 잠금은 트랜잭션이 종료될 때(커밋이나 롤백) 반환된다.

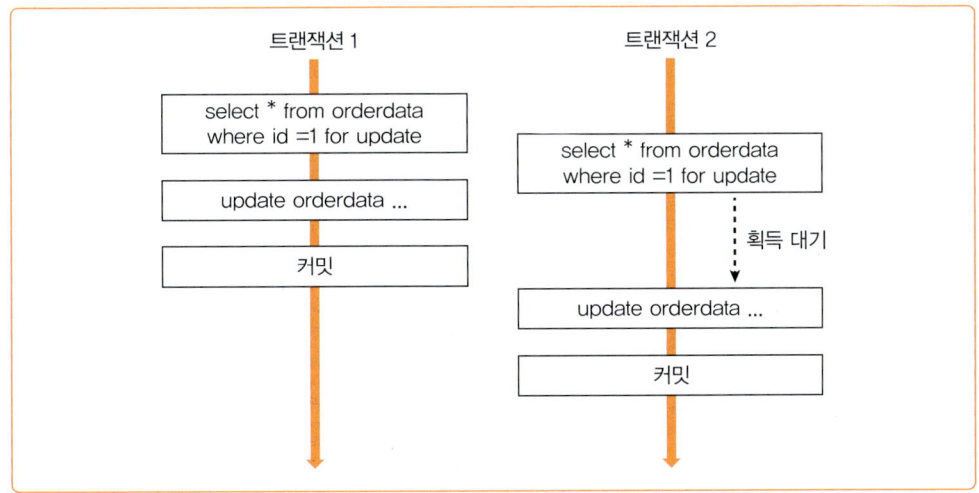

그림 6.6 선점 잠금을 사용하면 동일 레코드에 대한 동시 수정을 막을 수 있다.

[그림 6.6]에서 트랜잭션 1이 먼저 데이터에 대한 잠금을 구했다. 트랜잭션 2는 트랜잭션 1이 트랜잭션을 완료해서 잠금을 반환할 때까지 대기하게 된다. 트랜잭션 1이 끝난 뒤에 트랜잭션 2가 잠금을 구하게 되면, 트랜잭션 2는 트랜잭션 1이 변경한 데이터를 조회한다. 이는 두 트랜잭션이 동시에 같은 데이터를 수정하면서 데이터 일관성이 깨지는 문제를 방지해준다.

주문 배송 처리 기능과 주문 취소 기능을 동시에 실행했을 때 선점 잠금이 어떻게 동시 접근 문제를 해결하는지 살펴보자. 만약 주문 배송 처리 기능이 먼저 잠금을 획득했을 때의 실행 흐름은 [그림 6.7]과 같다.

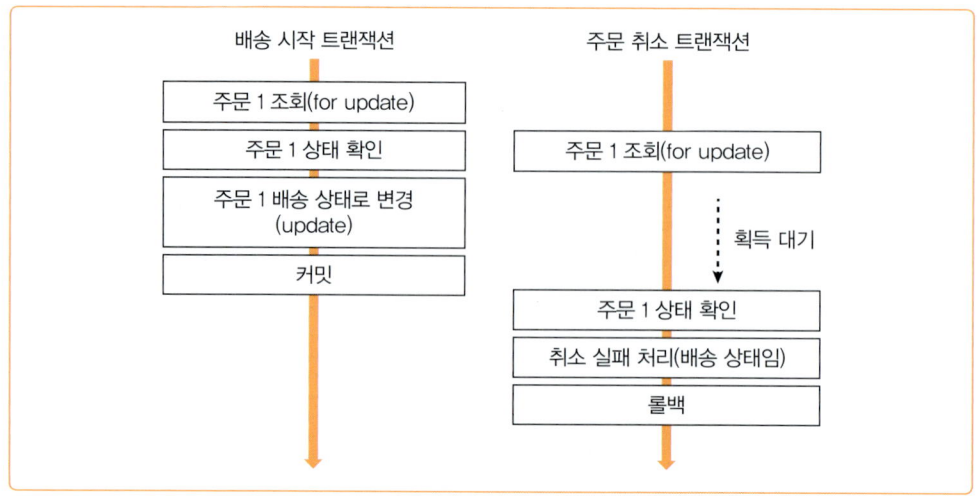

그림 6.7 배송이 먼저 시작된 경우 취소는 실패한다.

[그림 6.7]은 배송 시작 트랜잭션이 먼저 주문 상태를 배송 중으로 변경하고 커밋에 성공한다. 주문 취소 트랜잭션이 잠금을 획득하고 조회할 시점에 주문 상태는 배송 중이므로 취소 처리에 실패한다. 고객은 이미 배송 중이어서 취소가 안 된다는 메시지를 보게 된다.

반대로 주문 취소 트랜잭션이 먼저 잠금을 획득하며 실행 흐름은 [그림 6.8]과 같다.

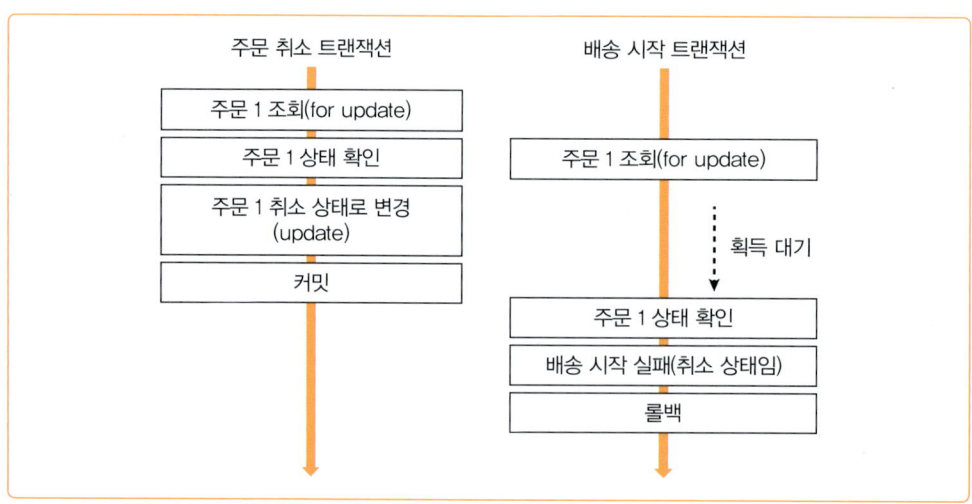

그림 6.8 취소가 먼저 처리된 경우 배송은 실패한다.

이번에는 주문이 취소 상태로 바뀐 다음에 배송 시작 트랜잭션이 잠금을 획득한다. 이때 배송 시작 트랜잭션이 주문 데이터를 조회하면 이미 주문이 취소된 상태다. 따라서 주문이 취소되었기 때문에 관리자는 배송 시작에 실패했다는 메시지를 보게 된다.

> **알아두기 　 분산 잠금**
>
> 분산 잠금distributed lock은 여러 프로세스가 동시에 동일한 자원에 접근하지 못하도록 막는 방법이다. 앞에서 설명한 잠금과 큰 차이는 없지만, 분산 잠금은 여러 프로세스 간에 잠금 처리를 한다는 점에서 차이가 있다.
>
> 간단한 분산 잠금이 필요할 때 필자는 DB에서 제공하는 선점 잠금을 사용해 구현하는 편이다. 비교적 단순한 코드로 목적에 맞는 분산 잠금을 만들 수 있고, 대부분의 시스템이 DB를 필수로 사용하므로 별도의 도구 없이도 구성할 수 있다는 장점이 있다.
>
> 트래픽이 많다면 레디스를 이용해 분산 잠금을 구현하는 것을 고려한다. 레디스를 기반으로 한 분산 잠금 도구들이 잘 만들어져 있기 때문이다. 레디스를 추가로 도입해야 한다는 점은 단점이지만, 이미 레디스를 사용하고 있다면 빠르게 적용할 수 있다.

비선점(낙관적) 잠금

비선점 잠금은 명시적으로 잠금을 사용하지 않는다. 대신 데이터를 조회한 시점의 값과 수정하려는 시점의 값이 같은지 비교하는 방식으로 동시성 문제를 처리한다. 보통 비선점 잠금을 구현할 때는 정수 타입의 버전 칼럼을 사용한다.

버전 칼럼을 이용해서 비선점 잠금을 구현하는 방식은 다음과 같다.

1. SELECT 쿼리를 실행할 때 version 칼럼을 함께 조회한다.

   ```
   select …, version from 테이블 where id = 아이디
   ```

2. 로직을 수행한다.
3. UPDATE 쿼리를 실행할 때 version 칼럼을 1 증가시킨다. 이때 version 칼럼 값이 1에서 조회한 값과 같은지 비교하는 조건을 where 절에 추가한다.

   ```
   UPDATE 테이블 SET …, version = version + 1
   WHERE id = 아이디 AND version = [1에서 조회한 version 값]
   ```

4. UPDATE 결과로 변경된 행 개수가 0이면, 이미 다른 트랜잭션이 version 값을 증가시킨 것이므로 데이터 변경에 실패한 것이다. 이 경우 트랜잭션을 롤백한다.

5. UPDATE 결과로 변경된 행 개수가 0보다 크면, 다른 트랜잭션보다 먼저 데이터 변경에 성공한 것이므로 트랜잭션을 커밋한다.

다음은 위 과정을 단순한 코드로 표현한 것이다. (실제 구현에서는 DB 연동을 DAO나 리포지토리 클래스로 분리하지만 여기서는 설명을 위해 쿼리를 직접 표시했다.)

```java
@Transactional
public void startShipping(String orderId) {
    OrderData order = getOrder(orderId);
    // …order 유효한지 검사
    order.startShipping(); // state를 'SHIPPING'으로 변경

    // UPDATE 쿼리 실행 시 다른 트랜잭션과의 충돌을 막기 위해
    // 조회한 version을 비교하고 version을 1 증가시킴.
    int updatedCount = jdbcTemplate.update(
        "update orders set version=version+1, state = 'SHIPPING' " +
        "where id = ? and version=?",
        order.getId(), order.getVersion());

    if (updatedCount == 0) {
        // 변경에 실패
        throw new RuntimeException("비선점 잠금 오류 발생 및 트랜잭션 롤백");
    }
}

private Order getOrder(String orderId) {
    return jdbcTemplate.queryForObject("select * from orders where id = ?",
        (rs, rowNum) -> {
            return Order.builder()
                .id(rs.getString("id"))
                .state(rs.getString("state"))
                .version(rs.getLong("version")) // version 조회
                .build();
        }, orderId);
}
```

비선점 잠금은 낙관적인 방식이기 때문에 일단 데이터 변경을 시도한다. 이때 조회한 버전 값을 함께 비교해서 데이터가 변경되지 않았는지를 확인한다. 만약 다른 트랜잭션이 먼저 데이터

를 변경했다면 버전 값이 달라지기 때문에 UPDATE 결과는 0건이 된다. 이 경우에는 데이터 변경에 실패한 것이므로 적절한 오류 처리를 하고 트랜잭션을 롤백한다. 반면 UPDATE 결과가 0보다 크다면 조회한 이후로 버전 값이 바뀌지 않았다는 뜻이므로 데이터 변경에 성공한 것이다. 이 경우에는 트랜잭션을 커밋해서 변경 내용을 반영한다.

배송 시작과 주문 취소를 동시에 시도할 때, 비선점 잠금을 사용하면 실행 흐름은 [그림 6.9]와 같다.

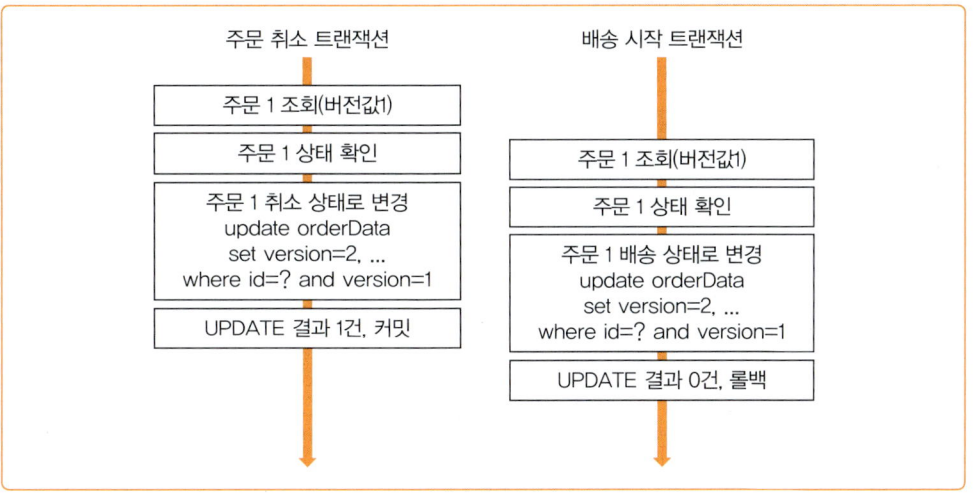

그림 6.9 비선점 잠금을 사용하면 잠금 획득을 위한 대기 시간이 필요 없다.

[그림 6.8]에서 사용한 선점 잠금과 비교해 보면 비선점 잠금은 잠금을 구하기 위한 대기 과정이 없기 때문에 실패할 경우 사용자에게 더 빠르게 결과를 응답할 수 있다는 장점이 있다.

외부 연동과 잠금

트랜잭션 범위 내에서 외부 시스템과 연동해야 한다면, 비선점 잠금보다는 선점 잠금을 고려하는 것이 좋다. 예를 들어 주문 취소 과정에서 외부 PG 시스템을 호출해서 결제까지 함께 취소해야 하는 상황을 생각해보자. 이때 비선점 잠금을 사용하면 [그림 6.10]과 같이 결제는 이미 취소됐는데, 데이터 변경에 실패해서 트랜잭션이 롤백되는 문제가 발생할 수 있다.

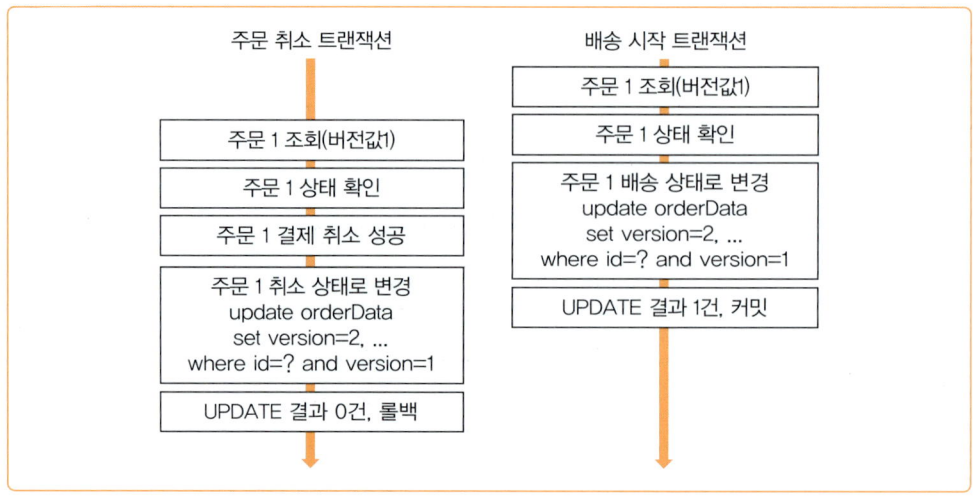

그림 6.10 트랜잭션 중간에 외부 연동이 포함되어 있다면 비선점 잠금이 아닌 선점 잠금 사용을 고려하자.

비선점 잠금을 사용하고 싶다면 5장에서 살펴본 트랜잭션 아웃박스 패턴을 적용해서 외부 연동을 처리하는 방법도 있다. 이는 실제로 필자가 자주 애용하는 방식이기도 하다.

증분 쿼리

예전에 참여자 수가 가끔씩 틀어지는데 어떤 문제인지 봐 달라는 요청을 받은 적이 있다. 문제가 된 코드는 다음과 같은 형태로 쿼리를 실행하고 있었다.

```
// 주제 조회
Subject subject = jdbcTemplate.queryForObject(
    "select id, joinCount, … from SUBJECT where id = ?", 매퍼코드, id
);

// 참여 데이터 추가
joinToSubject(joinData, subject); // SUBJECT_JOIN 테이블에 추가

// 주제 데이터의 참여자 수 증가
jdbcTemplate.update(
    "update SUBJECT set joinCount = ? where id = ?",
    subject.getJoinCount() + 1, subject.getId()
);
```

위 코드는 참여자 수를 1 증가시키기 위해 SUBJECT 테이블에서 joinCount 값을 조회하고, 그 값에 1을 더해서 다시 joinCount를 갱신한다. 논리적으로는 문제가 없어 보인다. 하지만 동시에 두 명이 이 코드를 실행하면 joinCount는 2가 아니라 1만 증가하는 문제가 발생할 수 있다.

이 문제를 해결하기 위해 선점 잠금을 사용할 수도 있다. 하지만 선점 잠금을 사용하면 잠금 대기 시간만큼 응답 시간이 길어진다. 비선점 잠금을 사용하면 대기 시간은 없지만 변경 실패 에러가 자주 발생할 수 있다.

잠금을 사용하지 않으면서도 참여자 수를 증가시키는 방법이 있다. 바로 증분 쿼리를 사용하는 것이다. 예를 들어 참여자 수를 1 증가시키려면 다음과 같은 쿼리를 사용하면 된다.

```
update SUBJECT set joinCount = joinCount + 1 where id = ?
```

DB는 joinCount = joinCount + 1을 원자적 연산으로 처리한다. DB는 동일 데이터에 대한 원자적 연산이 동시에 실행될 경우 이를 순차적으로 실행한다. 따라서 데이터가 누락되는 문제가 발생하지 않는다.

> **Memo**
> 증분 쿼리는 DB에 따라 원자적 연산이 아닐 수도 있다. 따라서 증분 쿼리를 사용할 때는 사용하는 DB에서 원자적으로 처리되는지 반드시 검증해야 한다.

잠금 사용 시 주의 사항

잠금 해제하기

잠금을 획득한 뒤에는 반드시 잠금을 해제해야 한다. 그렇지 않으면 잠금을 시도하는 스레드가 무한정 대기하게 된다. 세마포어도 마찬가지다. 퍼밋을 획득했다면 반드시 퍼밋을 반환해야 한다. 반환하지 않으면 퍼밋을 얻으려는 스레드는 끝없이 대기하게 된다.

이런 이유로 예제 코드에서는 try-finally 형태의 코드 구조를 사용했다.

```
lock.lock();
try {
    // 코드
} finally {
    lock.unlock(); // finally는 항상 실행되므로 잠금을 무조건 해제함
}
```

잠금을 사용할 때는 습관적으로 finally 블록에서 잠금을 해제하는 코드를 작성하자. 좋은 습관 하나가 나중에 여러분을 구할 것이다.

대기 시간 지정하기

잠금 획득을 시도하는 코드는 잠금을 구할 수 있을 때까지 계속 대기하는데, 동시 접근이 많아지면 대기 시간이 길어지는 문제가 발생할 수 있다. 예를 들어 임계 영역의 코드 실행에 0.5초가 걸리고 동시에 1000개의 스레드가 잠금을 시도하는 상황을 생각해보자. 처음으로 잠금을 획득한 스레드는 0.5초 만에 코드를 실행할 수 있지만 마지막으로 잠금을 획득한 스레드는 499.5초를 기다려야 실행할 수 있다.

이처럼 대기 시간이 길어지는 문제를 막기 위한 방법 중 하나는 대기 시간을 지정하는 것이다. 다음은 잠금 획득 제한 시간을 5초로 설정한 예를 보여준다.

```java
boolean acquired = lock.tryLock(5, TimeUnit.SECONDS);
if (!acquired) {
    // 잠금 획득 실패
    throw new RuntimeException("Failed to acquire lock");
}
// 잠금 획득 성공
try {
    // 자원 접근 코드 실행
} finally {
    lock.unlock();
}
```

이 코드에서 tryLock() 메서드는 5초 동안 잠금 획득을 시도한다. 5초 이내에 잠금을 획득하면 true를 반환하고, 실패하면 false를 반환한다. 잠금을 획득하지 못하면 자원 접근 코드를 실행하지 않고 실패에 대한 처리를 수행한다.

대기 시간 없이 바로 결과를 반환하는 tryLock() 메서드도 사용할 수 있다.

```java
boolean acquired = lock.tryLock();
if (!acquired) {
    // 잠금 획득 실패
    throw new RuntimeException("Failed to acquire lock");
}
```

사용자는 결과를 모른 채 긴 시간 동안 응답을 기다리게 되면 불안감을 느낄 수 있다(계좌 이체를 하는데 몇 분 동안 응답이 없으면 많이 불안할 것이다). 일정 시간 내에 또는 바로 잠금 획득에 실패하면 사용자에게 빠르게 실패 응답을 줄 수 있다. 이는 긴 대기가 초래하는 불안감을 줄여주어 사용자를 안심시키는 데 도움이 된다.

교착 상태(deadlock) 피하기

한 자원에서 다른 자원으로 용량을 전송하는 기능을 구현한다고 가정해보자. 이 기능을 구현하려면 다음과 같이 두 자원에 대한 잠금이 필요하다.

- 자원 A 잠금 획득
- 자원 B 잠금 획득
- 자원 A 용량 감소
- 자원 B 용량 증가
- 자원 B 잠금 해제
- 자원 A 잠금 해제

이 작업은 두 자원에 대한 잠금을 필요로 한다. 이렇게 한 작업에서 2개 이상의 자원의 잠금을 획득하는 코드 구조는 교착 상태deadlock에 빠지기 쉬운 전형적인 패턴이다. 교착 상태는 2개 이상의 스레드가 서로가 획득한 잠금을 대기하면서 무한히 기다리는 상황을 말한다. [그림 6.11]은 교착 상태가 발생하는 상황을 표현한 것이다.

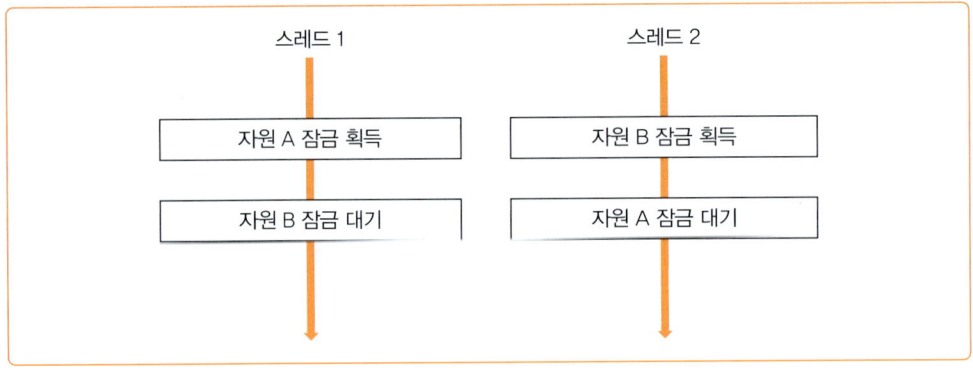

그림 6.11 교착 상태

[그림 6.11]에서 스레드 1은 자원 A에 대한 잠금을 획득한다. 이때 스레드 2는 자원 B에 잠금을 획득한다. 이어서 스레드 2는 자원 A에 대한 잠금 획득을 시도한다. 하지만 스레드 1이 자원 A에 대한 잠금을 획득했으므로 스레드 2는 스레드 1이 자원 A의 잠금을 해제할 때까지 대기한다. 하지만 스레드 1은 자원 A에 대한 잠금을 해제할 수 없다. 왜냐하면 자원 B에 대한 잠금 획득을 시도하기 때문이다. 스레드 1과 스레드 2가 서로 상대방이 획득한 잠금을 무한히 대기하는 상황이 벌어지는 것이다.

교착 상태가 발생하지 않도록 신경 써야 하지만, 복잡한 코드 구조에서 잠금을 사용하면 개발자 자신도 모르게 교착 상태 상황이 발생할 수 있다. 교착 상태를 해소할 수 있는 방법 중 하나는 잠금 대기 시간을 제한하는 것이다. 예를 들어 잠금 대기 시간을 5초로 제한하면 교착 상태가 발생하더라도 5초 뒤에 잠금 획득에 실패하면서 교착 상태가 풀리게 된다.

교착 상태 발생을 줄이는 다른 방법은 지정한 순서대로 잠금을 획득하는 것이다. 예를 들어 정렬 순서 기준으로 잠금을 시도한다. 이 방식을 [그림 6.11]에 적용하면 [그림 6.12]와 같이 두 스레드 모두 자원 A에 대한 잠금을 먼저 시도하고 그 다음에 자원 B에 잠금을 시도한다.

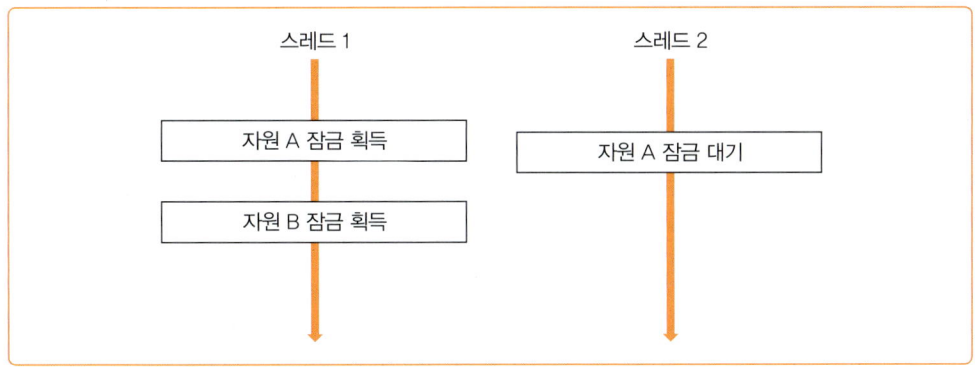

그림 6.12 정해진 순서대로 잠금을 획득하면 교착 상태 발생을 줄일 수 있다.

두 스레드 모두 자원 A에 대한 잠금을 먼저 시도하므로 둘 중 한 스레드만 자원 A에 대한 잠금을 획득하고 다른 스레드는 대기하게 된다. 스레드 1이 잠금에 성공했다면 이어서 자원 B에 대한 잠금도 획득한다. 스레드 1은 자원 A와 자원 B에 대한 잠금을 획득하고, 스레드 2는 자원 A에 대한 잠금을 대기하므로 서로 대기하는 교착 상태는 발생하지 않는다.

> **알아두기   라이브락(livelock)**
>
> 2명이 지나갈 수 있는 길에서 두 사람이 마주 보며 걸어오다 마주쳤다. 길을 피하려고 둘 다 옆으로 이동했다. 아직 둘 다 마주 보고 있다. 그래서 다시 둘 다 옆으로 이동했다. 하지만 여전히 둘 다 마주 보고 있다. 그래서 또 둘 다 옆으로 이동했다. 두 사람이 이 과정을 무한히 반복하면 열심히 옆으로만 이동하고, 둘은 앞으로 나아가지 못한다. 이렇게 활동을 하는 것 같지만 실제로는 아무것도 하지 않는 상태를 라이브락livelock이라고 한다. 철학자의 만찬 문제가 대표적인 라이브락 문제이다. 라이브락에 빠진 스레드나 프로세스는 뭔가 동작을 한다는 점에서, 아무것도 하지 않고 대기하는 교착 상태와는 다르다.
>
> 우선 순위를 두는 방식으로 라이브락을 해소할 수 있다. 예를 들어 두 사람이 마주쳤을 때 우선 순위가 낮은 사람이 옆으로 이동하도록 구현할 수 있다. 중재자를 둘 수도 있다. 누가 옆으로 갈지를 중재자가 결정하는 것이다. 임의성을 주는 방법도 있다. 옆으로 이동할 때 임의의 시간만큼 기다렸다가 이동하게 구현하는 것이다. 이렇게 함으로써 라이브락이 발생하는 것을 방지할 수 있다.

> **알아두기**   **기아(starvation) 상태**
>
> 우선 순위가 높은 작업이 많아 우선 순위가 낮은 작업이 실행이 안 될 수 있다. 또는 특정 자원을 한 프로세스가 긴 시간 동안 독점하고 있어 다른 프로세스가 자원에 접근하지 못해 이후 작업을 실행하지 못할 수도 있다. 이렇게 프로세스나 스레드가 자원을 할당받지 못해 실행되지 못하는 상태를 기아 상태라고 부른다. 기아 상태에 빠지지 않도록 하려면 실행이 안 되고 있는 작업의 우선순위를 높이거나, 여러 프로세스나 스레드가 공유하는 자원을 독점하는 시간에 제한을 두어 가능한 작업을 실행할 수 있도록 해야 한다.

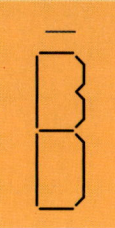

단일 스레드로 처리하기

동시성 문제가 발생하는 주된 이유는 여러 스레드가 동시에 동일 자원에 접근하기 때문이다. 이를 방지하기 위해 잠금과 같은 수단을 사용한다. 하지만 잠금을 잘못 사용하면 교착상태 같은 상황이 발생할 수 있기 때문에 잠금을 다룰 때는 정신을 차리고 구현에 집중해야 한다.

동시성은 개발자한테 골치 아픈 문제인데, 골치를 앓지 않으면서 동시성 문제를 피하는 방법이 없진 않다. 바로 한 스레드만 자원에 접근하는 방식을 쓰면 된다. 여러 스레드가 동시에 접근하지 않고 한 스레드만 접근하므로 애초에 동시성 문제가 발생하지 않게 된다.

한 스레드만 상태를 관리하는 방식으로 구현하려면 프로그램이 [그림 6.13]과 같은 구조를 갖는다.

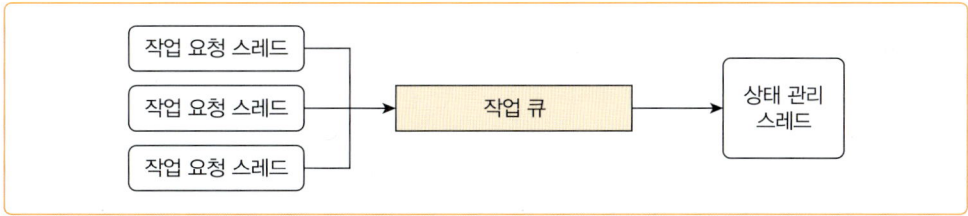

그림 6.13 한 스레드만 상태에 접근하기 위한 구조

[그림 6.13]에서 상태 관리 스레드만 데이터를 조작한다. 데이터 변경이나 접근이 필요한 스레드는 작업 큐에 필요한 작업을 추가할 뿐 직접 상태에 접근하지 못한다. 상태 관리 스레드는 다음 코드처럼 작업 큐에서 작업을 꺼내어 필요한 데이터 처리를 수행한다.

```
while (running) {
    // 한 스레드만 큐에서 작업을 꺼내서 실행한다.
    Job job = jobQueue.poll(1, TimeUnit.SECONDS);
    if (job == null) {
        continue;
    }
```

```
        // job 종류에 따라 상태 처리
        switch (job.getType()) {
            case INC:
                // modifyState()는 한 스레드만 접근하므로 동시성 문제가 없다
                obj.modifyState();
                break;
            // … 다른 작업
        }
        // …
    }
```

이 코드에서 obj.modifyState() 메서드는 한 스레드만 접근하기 때문에 잠금과 같은 수단이 필요 없어 코드가 단순해진다.

두 스레드가 데이터 공유가 필요하면 콜백이나 큐와 같은 수단을 사용해서 데이터 복제본을 공유한다. 복제본 대신 불변immutable 값을 공유하기도 한다. 복제본이나 불변 값을 공유하는 이유는 다른 스레드에서 데이터를 수정하지 못하게 해서 동시성 문제가 발생하는 것을 막기 위함이다.

Go 언어에는 "메모리를 공유하는 방식으로 (고루틴 간에) 소통하지 말고 통신을 통해 메모리를 공유하라"는 말이 있다. Go 언어는 여러 고루틴이 동시에 접근하는 것을 제어하기 위한 잠금 수단을 제공하고 있지만, 그보다는 채널을 통해 고루틴 간에 데이터를 공유하는 방식으로 동시성을 구현하는 것을 권장한다. 이는 동시성 문제를 줄여주는 데 도움이 된다.

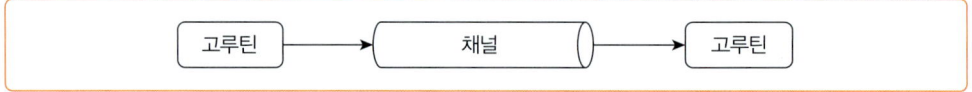

그림 6.14 Go 언어는 채널을 통해 데이터를 공유하는 방식으로 동시성을 구현할 수 있다.

단일 스레드로 처리하면 동시성 문제에서 자유로울 수 있다. 하지만 반대로 구조는 복잡해지는 단점이 있다. 이 점을 고려해서 단일 스레드 방식을 검토해야 한다. 참고로 논블로킹이나 비동기 IO를 사용하는 경우에는 블로킹 연산을 최소화해야 하므로 단일 스레드 처리 방식이 적합하다.

---

1 https://go.dev/blog/codelab-share

> **알아두기** **성능은?**
>
> 단일 스레드를 사용하면 교착 상태와 같은 동시성 문제가 발생하지 않는다는 이점이 있다. 그런데 다중 스레드가 동시에 처리하던 것을 단일 스레드로 처리하게 되면 성능은 어떻게 될까? 동시에 실행하던 여러 작업을 순차적으로 처리하게 되니까 성능이 나빠지지 않을까?
>
> 성능은 동시에 실행할 작업 개수와 임계 영역의 실행 시간에 따라 달라진다. 임계 영역의 실행 시간이 짧고 동시 접근하는 스레드 수가 적을수록 잠금을 사용하는 구현의 성능이 좋을 가능성이 높다. 이 경우에는 큐나 채널을 처리하는 데 드는 시간보다 잠금 획득과 해제에 드는 시간이 더 짧기 때문이다. 반면에 동시에 실행되는 작업이 많고 임계 영역의 실행 시간이 길어진다면 큐나 채널을 이용한 방식이 비슷하거나 더 나은 성능을 낼 가능성도 있다.

Chapter 07

7장

IO 병목, 어떻게 해결하지

이 장에서 다룰 내용
- 네트워크 IO와 CPU
- 가상 스레드
- 논블로킹 IO

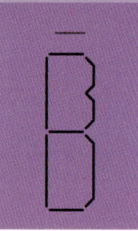

네트워크 IO와 자원 효율

서버 프로그램은 기본적으로 네트워크 프로그램이다. 서버는 [그림 7.1]처럼 다양한 구성 요소와 네트워크를 통해 데이터를 주고받는다.

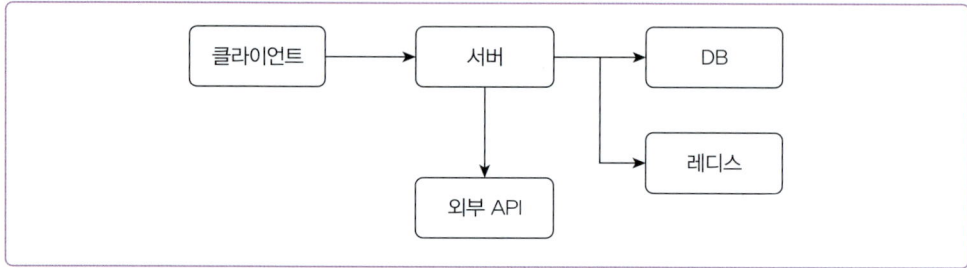

그림 7.1 서버는 다양한 구성 요소와 네트워크로 데이터를 주고받는다.

많은 서버는 HTTP 프로토콜을 이용해서 클라이언트와 데이터를 주고받는다. 데이터 처리를 위해 DB를 사용하는데 DB는 TCP에 기반한 프로토콜을 사용해서 데이터를 주고받는다. 레디스를 메모리 캐시로 사용할 때도 네트워크를 통해 데이터를 주고받는다. 서버 API를 만들 때 개발자가 직접 네트워크 프로그램을 작성하지는 않지만, 서버는 네트워크 통신을 기반으로 동작한다.

네트워크를 통해 데이터를 주고받는 과정은 간단하게 다음 두 줄로 정리할 수 있다.

```
outputStream.write(…); // 출력 스트림으로 데이터 보내기
inputStream.read(…);   // 입력 스트림으로 데이터 받기
```

예를 들어 SELECT 쿼리를 실행한다고 해보자. 서버는 DB와 연결된 출력 스트림을 이용해서 DB에 SELECT 쿼리를 전송한다. 그리고 DB가 보내는 데이터를 입력 스트림을 통해서 받는다.

이때 데이터를 보내고 받는 동안 코드를 실행하는 스레드는 [그림 7.2]처럼 데이터 전송이 완료될 때까지 대기하게 된다.

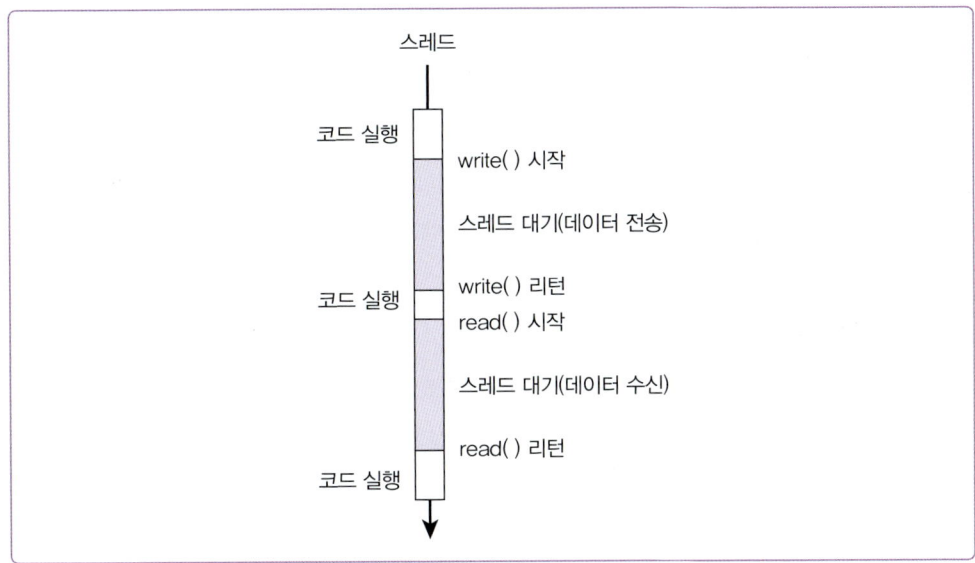

그림 7.2 입출력(IO)을 진행하는 동안 스레드는 대기한다.

데이터 입출력이 완료될 때까지 스레드는 아무 작업도 하지 않고 입출력이 끝나기를 기다린다. 즉 입출력이 끝날 때까지 스레드가 블로킹^{blocking}된다. 보통 입출력에 소요되는 시간은 코드를 실행하는 시간보다 훨씬 길다. 서버처럼 네트워크 연동이 많은 프로그램은 전체 실행 시간의 90% 이상을 입출력 대기에 사용하는 경우도 있다.

> **Memo**
> 참고로 필자가 실행 시간을 측정한 API 중 하나는 전체 실행 시간이 800ms였는데, 이 중 CPU 사용 시간은 4ms에 불과했다. 전체 실행 시간의 99.5%가 쿼리 실행이나 외부 API 호출 같은 IO 처리에 사용된 것이다. 3초 가까이 실행되는데 CPU 사용 시간이 고작 5ms였던 경우도 있었다.

> **알아두기 블로킹(blocking)**
> 작업이 완료될 때까지 스레드가 대기하는 것을 블로킹이라고 한다. 주로 데이터 입출력 과정에서 블로킹이 발생한다. 입출력 과정에서 블로킹이 발생하기 때문에 이런 방식을 블로킹 IO라고도 한다.

스레드가 대기하는 데 시간을 소요한다는 것은, 그 스레드를 실행하는 CPU도 아무것도 하지 않는 시간이 생긴다는 의미이다. CPU 사용률을 높이려면 CPU가 실행할 스레드를 많이 만들면 된다. 요청당 스레드thread per request 방식으로 구현한 서버가 이에 해당한다. 동시에 실행되는 스레드 개수를 늘려 IO 대기에 따른 CPU 낭비를 줄일 수 있다.

하지만 스레드를 생성하는 데는 한계가 있다. 스레드는 수백 KB에서 수 MB의 메모리를 사용한다. 커넥션당 스레드 방식으로 구현한 웹소켓 서버에 1만 명의 사용자가 동시에 연결했다고 하면, 스레드 1만 개를 생성하는 것만으로 사용하는 메모리는 10G에 육박한다. 사용자가 증가하면 메모리가 병목이 되는 것이다.

메모리를 늘려 스레드를 많이 만들 수 있게 되더라도 여전히 문제는 남는다. 바로 컨텍스트 스위칭이다. 동시에 실행되는 스레드가 증가하면 컨텍스트 스위칭에 사용되는 시간도 증가한다. 컨텍스트 스위칭에 들어가는 시간은 짧지만, 동시 실행되는 스레드가 많아지면 CPU 효율에 영향을 준다.

> **알아두기 · 컨텍스트 스위칭**
>
> 운영 체제는 여러 스레드를 번갈아 가면서 CPU에 할당한다. 한 스레드를 짧은 시간 동안 실행하고 다음 스레드를 짧은 시간 실행하는 식이다. CPU가 스레드를 전환하려면 현재 실행 중인 스레드의 상태를 기록하고 다음에 실행할 스레드의 상태 정보를 불러와야 한다. 이렇게 상태 정보를 변경하고 스레드를 전환하는 과정을 컨텍스트 스위칭context switching이라고 한다.
>
> 컨텍스트 스위칭은 마이크로초 단위로 실행되지만 컨텍스트 스위칭을 하는 동안 CPU는 실질적인 작업을 하지 않는다. 그래서 동시에 실행되는 프로세스와 스레드가 많으면 컨텍스트 스위칭에 소요되는 시간도 무시하기 힘들 만큼 커질 수 있다.

정리하면 트래픽이 증가하면 다음 2가지 이유로 자원 효율이 떨어지게 된다.

- IO 대기와 컨텍스트 스위칭에 따른 CPU 낭비
- 요청마다 스레드를 할당함으로써 메모리 사용량이 높음

여기까지 보면 왜 톰캣처럼 요청마다 스레드를 할당하는 서버를 사용하는지 궁금한 독자도 있을 것이다. 서버는 DB나 API 호출 같은 입출력 처리가 많고, 이는 톰캣 같은 서버를 사용하면 CPU와 메모리 낭비가 많다는 것을 뜻하기 때문이다.

그런데 다수의 서비스는 서버의 자원 낭비를 걱정할 필요가 없다. CPU와 메모리 사용에 영향을 줄 만큼 트래픽이 발생하지 않기 때문이다. 수백만 또는 수천만 이상의 고객이 사용할 정도

로 인기 있는 서비스가 아니면 CPU와 메모리 자원 부족보다는 다른 이유로 성능 문제가 발생할 때가 많다.

서비스가 인기를 끌기 시작하면 트래픽이 증가하고 이때부터 처리량을 더 높이기 위한 방법을 고민하면 된다. 가장 쉬운 방법은 2장에서 살펴본 것처럼 서버를 수평 확장하거나 수직 확장해서 자원을 더 확보하는 것이다. 이 방법은 비교적 쉽게 달성할 수 있다. 기존 프로그램을 수정하지 않아도 되기 때문이다. 하지만 서버를 확장하는 것은 비용과 직결된다. 클라우드 환경에서 가상화 서버를 2개에서 4개로 늘리면 비용도 두 배가 된다.

서버 성능을 높이는 또 다른 방법은 자원 효율을 높이는 것이다. IO 대기로 인한 CPU 낭비를 줄이고 요청을 처리하는 데 필요한 메모리를 줄이는 것이다. 이를 위한 방법으로는 다음 2가지를 꼽을 수 있다.

- 가상 스레드나 고루틴 같은 경량 스레드 사용
- 논블로킹 또는 비동기 IO 사용

두 방식을 적절히 사용하면 CPU와 메모리 자원을 늘리지 않고도 더 많은 트래픽을 처리할 수 있다. 이 장에서는 이 2가지 방식에 대해 차례대로 살펴볼 것이다.

> **Memo**
> 성능을 높이겠다고 처음부터 비동기 IO로 개발하거나 가상 스레드를 적용하지는 말자. 실제로 IO 성능을 높여야 할 만큼 트래픽이 증가하고 있거나 예상되는 트래픽이 높은 경우에만 적용 여부를 고민하자.

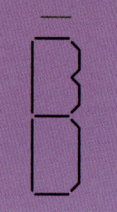

가상 스레드로 자원 효율 높이기

코드를 블로킹 IO로 작성했는데, 입출력 동안 스레드가 대기하지 않고 다른 일을 할 수 있다면 얼마나 좋을까? 만약 이게 가능하다면 CPU의 유휴 시간이 줄어들고, 더 많은 작업을 처리할 수 있게 된다. 게다가 개발자는 성능을 높이기 위해 별도의 기술을 쓰지 않아도 된다. 이렇게 특별한 노력 없이 CPU 효율을 높일 수 있는 방법이 있다. 바로 자바의 가상 스레드나 Go 언어의 고루틴을 사용하는 것이다. 이 둘을 사용하면 앞에서 말한 효과를 얻을 수 있다.

언어는 다르지만, 가상 스레드와 고루틴은 경량lightweight 스레드라는 공통점을 갖는다. 경량 스레드는 OS가 관리하는 스레드가 아니라 JVM(자바 가상 머신) 같은 언어의 런타임이 관리하는 스레드다. 마치 OS가 CPU로 실행할 스레드를 스케줄링하듯, 언어 런타임이 OS 스레드로 실행할 경량 스레드를 스케줄링한다.

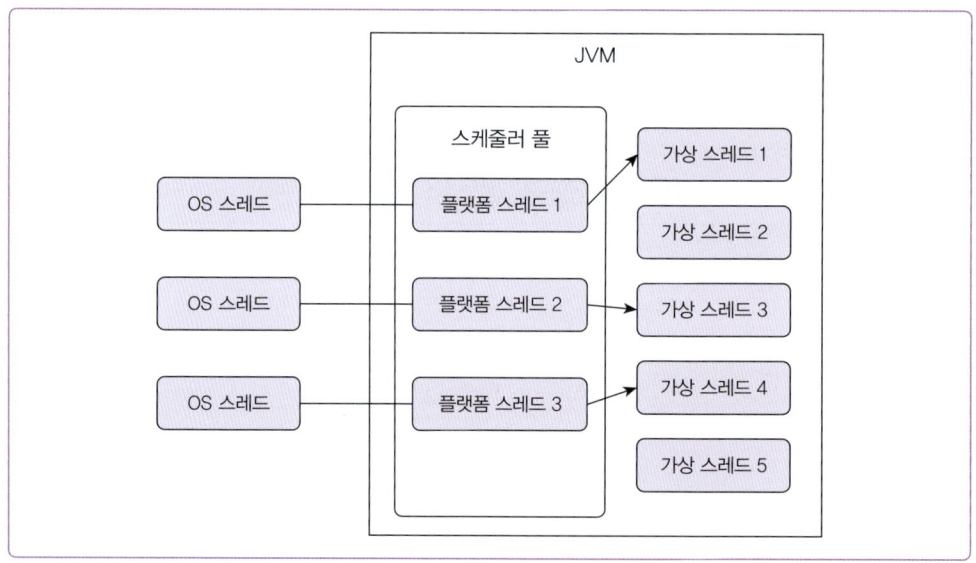

그림 7.3 JVM은 가상 스레드를 스케줄링한다.

이 책에서는 필자가 익숙한 자바를 기준으로 설명하겠다. [그림 7.3]에서 보는 것처럼 JVM은 플랫폼 스레드(OS 스레드에 1-1로 대응하는 래퍼wrapper)로 구성된 풀을 유지한다. CPU가

OS 스케줄러에 의해 여러 스레드를 번갈아 실행하는 것처럼 플랫폼 스레드도 JVM 스케줄러에 의해 여러 가상 스레드를 번갈아 실행한다. JVM은 기본적으로 풀에 CPU 코어 개수만큼 플랫폼 스레드를 생성하고 필요에 따라 플랫폼 스레드를 증가시킨다. 이 책을 쓰는 시점에서 풀에 최대로 생성할 수 있는 플랫폼 스레드 개수의 기본값은 256이다.

가상 스레드를 경량 스레드라고 부르는 이유는 플랫폼 스레드보다 더 적은 자원을 사용하기 때문이다. 우선 가상 스레드는 플랫폼 스레드(즉 OS 스레드)보다 더 적은 메모리를 사용한다. 1만 개의 플랫폼 스레드를 생성해야 한다고 가정해보자. 스레드의 기본 스택 크기가 1MB일 때 10,000MB(약 9.8GB)의 메모리를 사용한다. 물론 이는 예약한reserved 메모리 기준이며 실제 사용하는committed 메모리는 이보다 작다. 하지만 예약한 메모리라고 하더라도 상당량이 필요한 것을 알 수 있다.

가상 스레드는 훨씬 적은 메모리를 사용한다. 가상 스레드 1개가 평균적으로 2KB의 메모리를 사용한다고 했을 때, 1만 개 가상 스레드가 사용하는 힙 메모리는 약 20MB 정도이다. 여기에 스케줄링을 위한 플랫폼 스레드가 8개라고 하면 추가로 8MB의 스택 메모리를 사용한다. 즉 1만 개 가상 스레드를 실행하기 위해 28MB의 메모리(힙 메모리 20MB와 스택 메모리 8MB)를 사용하는 것이다. 앞서 플랫폼 스레드 1만 개를 만들기 위해 사용된 메모리 크기(9.8GB)와 비교하면 300배 넘게 차이가 난다.

> **알아두기** **가상 스레드와 메모리**
>
> 가상 스레드는 수백 바이트에서 수 KB~수십 KB의 힙 메모리를 사용한다. 호출 스택의 깊이에 따라 사용하는 메모리를 동적으로 늘렸다가 줄인다. Go 언어의 고루틴도 동일한 방식으로 동작한다.

스레드를 생성하는 시간도 차이가 많이 난다. 얼마나 차이가 나는지 궁금해서 다음 코드를 만들어서 측정해봤다.

```
Thread[] threads = new Thread[100_000]; // 10만 개
long start = System.currentTimeMillis();
for (int i = 0 ; i < threads.length ; i++) {
    // 가상 스레드는 Thread.ofVirtual()로 생성
    Thread thread = Thread.ofPlatform().start(() -> {
```

```
            try {
                Thread.sleep(1000);
            } catch (InterruptedException e) {
                e.printStackTrace();
            }
        });
        threads[i] = thread;
    }
    long end = System.currentTimeMillis();
```

필자가 사용하는 노트북 기준으로 10만 개의 스레드를 생성하고 시작하는 데 걸린 시간은 평균적으로 다음과 같았는데 거의 100배 이상 차이가 나는 것을 확인할 수 있었다.

- 플랫폼 스레드 : 21,467ms
- 가상 스레드 : 196ms

이처럼 가상 스레드는 플랫폼 스레드에 비해 훨씬 적은 비용(자원, 시간)이 들기 때문에 한 장비에서 수십만에서 백만 개에 이르는 가상 스레드를 생성할 수 있다.

> **Memo**
> 5장에서도 언급했듯이 필자가 사용하는 노트북에서 가상 스레드 100만 개는 생성할 수 있었지만 플랫폼 스레드 100만 개를 생성하는 데는 실패했다.

이는 톰캣처럼 요청별 스레드^{thread per request}를 생성하는 서버에서 가상 스레드를 사용하면 더 적은 메모리로 더 많은 요청을 처리할 수 있다는 것을 뜻한다.

> **알아두기** **캐리어(carrier) 스레드**
>
> 가상 스레드를 실행하는 플랫폼 스레드를 캐리어 스레드라고 표현한다. CPU가 여러 스레드를 실행하는 것처럼, 한 개의 캐리어 스레드도 여러 가상 스레드를 실행하게 된다. 특정 가상 스레드가 특정 캐리어 스레드에 연결되는 것을 마운트^{mount}되었다고 표현한다. 가상 스레드가 캐리어 스레드에 마운트되면 가상 스레드가 실행된다. 반대로 가상 스레드가 캐리어 스레드로부터 언마운트^{unmount}되면 가상 스레드는 실행을 멈춘다.

네트워크 IO와 가상 스레드

가상 스레드는 실행하는 과정에서 블로킹되면 플랫폼 스레드와 언마운트되고 실행이 멈춘다. 이때 언마운트된 플랫폼 스레드는 실행 대기 중인 다른 가상 스레드와 연결된 뒤 실행을 재개한다. [그림 7.4]는 이 스케줄링 과정을 간단하게 표현한 것이다.

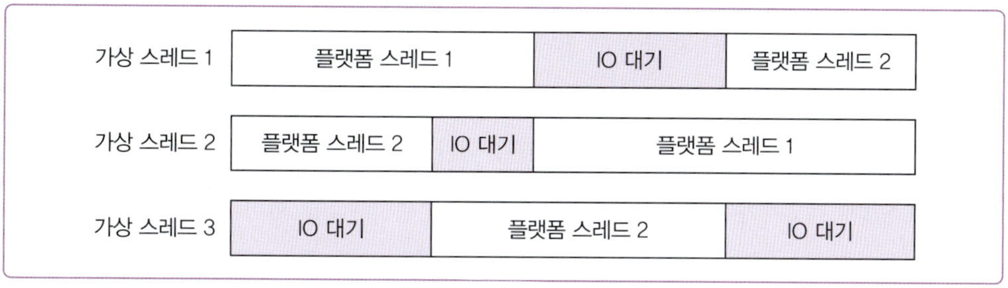

가상 스레드 1	플랫폼 스레드 1	IO 대기	플랫폼 스레드 2
가상 스레드 2	플랫폼 스레드 2	IO 대기	플랫폼 스레드 1
가상 스레드 3	IO 대기	플랫폼 스레드 2	IO 대기

그림 7.4 가상 스레드가 블로킹되면 플랫폼 스레드는 실행할 가상 스레드를 변경한다.

[그림 7.4]에서 플랫폼 스레드 1은 먼저 가상 스레드 1을 실행한다. 가상 스레드 1이 IO 대기와 같은 블로킹 연산을 만나면, 플랫폼 스레드 1은 가상 스레드 1의 블로킹이 끝날 때까지 기다리지 않고 실행 가능한 다른 가상 스레드를 찾아서 연결한다. 이런 방식으로 플랫폼 스레드 2는 가상 스레드 2를 실행했다가, 가상 스레드 3을 실행하고 다시 가상 스레드 1을 실행하게 된다.

> **알아두기 | 블로킹 연산과 synchronized**
>
> 블로킹 연산에는 IO 기능, ReentrantLock, Thread.sleep() 등이 포함된다. 이들 연산을 사용해서 가상 스레드가 블로킹되면, 플랫폼 스레드는 대기 중인 다른 가상 스레드를 실행한다. 반면에 자바 23 또는 이전 버전에서 synchronized로 인해 블로킹되면, 가상 스레드는 플랫폼 스레드로부터 언마운트되지 않는다. 즉, 플랫폼 스레드도 같이 블로킹된다. 이렇게 가상 스레드가 플랫폼 스레드까지 블로킹할 때 이를 가상 스레드가 플랫폼 스레드에 고정됐다[pinned]고 한다.
>
> 자바 21 기준으로 synchronized 외에도 JNI 호출 등 가상 스레드가 플랫폼 스레드에 고정되는 경우가 있는데, 가상 스레드가 고정되면 CPU 효율을 높일 수 없다. 가상 스레드를 사용할 때는 이 점에 유의하자.

가상 스레드와 성능

우리가 작성하는 코드는 크게 IO 중심^{IO-bound} 작업과 CPU 중심^{CPU-bound} 작업으로 나눌 수 있다. 네트워크 프로그래밍처럼 입출력이 주를 이루는 작업은 IO 중심 작업에 해당한다. 반대로 정렬처럼 계산이 주를 이루는 작업은 CPU 중심 작업에 해당한다.

이 두 작업 중 가상 스레드는 IO 중심 작업일 때 효과가 있다. IO는 가상 스레드가 지원하는 블로킹 연산이므로, IO 중심 작업일 때 플랫폼 스레드가 CPU 낭비 없이 효율적으로 여러 가상 스레드를 실행할 수 있다.

CPU 중심 작업에 가상 스레드를 사용하면 성능 개선 효과를 얻을 수 없다. 오히려 성능이 나빠질 수도 있다. 사용자가 업로드한 이미지의 썸네일을 생성해주는 서버를 생각해보자. 이미지 연산은 전형적인 CPU 중심 작업이다. 이미지를 처리하는 코드에는 블로킹 연산이 없다. 블로킹 연산이 없으므로 이미지 연산을 실행하는 동안 플랫폼 스레드는 계속 1개의 가상 스레드만 실행하게 된다. 가상 스레드를 많이 생성하더라도 동시 실행 효과를 얻을 수 없는 것이다.

또한 IO 중심 작업이라고 해서 무조건 가상 스레드의 이점을 얻는 것은 아니다. 스케줄링에 사용되는 플랫폼 스레드 개수보다 가상 스레드의 개수가 많아야 효과를 기대할 수 있다. 예를 들어 다음과 같은 상황을 가정해보자.

- 장비 CPU 코어는 16개다.
- 서버의 평소 TPS는 500이다.
- 1개 요청을 처리하는 데 소요되는 시간은 20밀리초이다.
- 모든 요청은 IO 중심 작업이다.

단순 계산하면 1개의 스레드는 1초 동안 약 50개의 요청을 처리할 수 있으므로 1초에 500개 요청을 처리하려면 10개의 스레드가 필요하다. 즉, 동시에 10개 요청을 처리할 수 있으면 된다.

이 서버에 가상 스레드를 사용하면 다음과 같이 오히려 플랫폼 스레드가 더 많이 생기는 상황이 벌어진다.

- 플랫폼 스레드는 기본으로 16개가 생긴다(CPU 코어 개수가 16개).
- 동시 요청은 10개이므로 동시에 생성되는 가상 스레드는 10개다.

동시에 10개의 가상 스레드가 실행되지만 IO 중심 작업이기 때문에 대부분 시간이 IO 대기 상태에 있다. 플랫폼 스레드는 실행 중인 가상 스레드가 IO 대기로 블로킹되면 실행할 수 있는 다른 가상 스레드를 찾는다. 그런데 대부분의 가상 스레드가 IO 대기 중이라 실행할 수 있는 가상 스레드가 많지 않다. 결과적으로 플랫폼 스레드 16개 중 실제로 사용되는 스레드는 10개도 안 된다. 이렇게 되면 가상 스레드의 이점을 얻을 수 없다. 가상 스레드는 플랫폼 스레드보다 개수가 많을 때 효과가 있기 때문이다.

가상 스레드의 이점을 얻으려면 CPU 코어 수를 줄이거나 트래픽이 더 많아져야 한다. 클라우드 환경을 사용한다면 CPU 코어를 16개에서 4개로 줄이고 메모리도 줄여서 더 적은 비용으로 같은 트래픽을 처리할 수 있다. 동시에 필요한 스레드가 100개에서 1000개 이상이 될 정도로 트래픽이 증가해도 가상 스레드의 이점을 얻을 수 있다. 같은 CPU와 메모리로 처리량을 10배 늘릴 수 있는 것이다.

가상 스레드를 사용해서 높일 수 있는 것은 처리량이다. 가상 스레드를 사용한다고 해서 실행 속도가 플랫폼 스레드보다 더 빨라지지는 않는다. 이는 당연한 일이다. 플랫폼 스레드나 가상 스레드나 결국 실행하는 것은 같은 CPU이기 때문이다.

> **알아두기** **가상 스레드와 스레드 풀**
>
> 요청별 스레드 방식을 사용하는 서버는 스레드 풀을 사용할 때가 많다. 미리 스레드를 생성해서 요청이 들어왔을 때 스레드 생성 부하를 줄이기 위함이다. 또한 스레드 풀 크기에 최대치를 설정해서 요청이 급격히 늘어나도 스레드가 무한정 생성되는 것을 막는다. CPU와 메모리 같은 자원을 일정 수준으로 제한해서 서버 자원이 포화되는 것을 방지하려는 목적이다.
>
> 가상 스레드는 플랫폼 스레드보다 생성 비용이 적기 때문에 스레드 풀을 미리 구성할 필요가 없다. 필요한 시점에 가상 스레드를 생성하고 필요 없으면 제거하면 된다.

가상 스레드의 중요한 장점

가상 스레드의 중요한 장점은 기존 코드를 크게 수정할 필요가 없다는 것이다. 스프링 프레임워크나 MySQL JDBC 드라이버 같은 많이 사용하는 프레임워크와 라이브러리도 이미 가상 스레드를 지원하고 있다. 따라서 조금만 신경 쓰면 기존 코드를 그대로 유지하면서도 가상 스레드를 이용해 서버의 성능을 높일 수 있다.

> **Column** 날로 먹지 못한 아쉬움
>
> 예전에 서버의 성능을 높이기 위해 구현 방식을 완전히 바꾼 적이 있다. 이 서버는 클라이언트별 스레드 방식으로 구현된 간단한 소켓 서버였다. 이 소켓 서버는 클라이언트에 푸시를 보내기 위해 연결을 유지했다. 사용자가 적을 때는 문제가 안 됐는데 연결된 클라이언트가 증가하면서 일부 클라이언트와의 연결이 비정상으로 동작하는 문제가 발생했다.
>
> 문제를 해결하기 위해 논블로킹 IO를 사용해서 다시 구현했다. 성능이 수십 배 좋아졌고 문제가 해결됐다. 하지만 좋아진 성능을 제대로 쓰지는 못했다. 왜냐면 조금만 성능을 높이면 됐기 때문이다. 만약 이때 가상 스레드가 있었다면 재구현할 생각은 하지 않았을 것이다. 플랫폼 스레드를 생성하는 대신 가상 스레드를 생성하도록 기존 코드를 변경만 하면 성능 문제를 해결할 수 있었기 때문이다. 지금 생각해도 이 점이 많이 아쉽다.

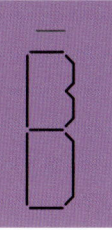

논블로킹 IO로 성능 더 높이기

가상 스레드와 고루틴과 같은 경량 스레드를 사용하면 IO 중심 작업을 하는 서버의 처리량을 높일 수 있다고 설명했다. 하지만 경량 스레드 자체도 메모리를 사용하고 스케줄링이 필요하다. 경량 스레드가 많아질수록 더 많은 메모리를 사용하고 스케줄링에 더 많은 시간을 사용하게 된다.

사용자가 폭발적으로 증가하면 어느 순간 경량 스레드로도 한계가 온다. 이때는 서버의 IO 구현 방식을 구조적으로 변경해야 한다. 바로 논블로킹 IO를 사용해야 하는 것이다.

논블로킹 IO는 새로운 것이 아니다. 오래 전부터 네트워크 서버의 성능을 높이기 위해 사용한 방식이다. 여기에 비동기 API를 곁들이면 덜 복잡한 코드로 높은 성능을 낼 수 있다. 실제로 Nginx, Netty, Node.js 등 서버에서 많이 사용하는 기술은 성능을 위해 논블로킹 IO를 사용한다.

논블로킹 IO 동작 개요

논블로킹 IO는 입출력이 끝날 때까지 스레드가 대기하지 않는다. 예를 들어 다음 코드에서 channel.read() 코드는 데이터를 읽을 때까지 대기하지 않는다. channel.read() 코드는 읽을 데이터가 없으면 바로 0을 리턴한다. 이는 데이터를 읽을 때까지 대기하는 블로킹 IO와는 동작 방식이 다르다.

```
// channel: SocketChannel, buffer: ByteBuffer
int byteReads = channel.read(buffer); // 데이터를 읽을 때까지 대기하지 않음
... // 읽은 데이터가 없어도 다음 코드 계속 실행
```

데이터를 조회했는지 여부에 상관없이 대기하지 않고 바로 다음 코드를 실행하므로 블로킹 IO 처럼 데이터를 조회했다는 가정하에 코드를 작성할 수 없다. 대신 루프 안에서 조회를 반복해서 호출한 뒤 데이터를 읽었을 때만 처리하는 방식으로 구현할 수 있다.

```java
// CPU 낭비가 심한 방식
while (true) {
    int byteReads = channel.read(buffer);
    if (byteReads > 0) {
        handleData(channel, buffer);
    }
}
```

하지만 위 코드처럼 작성하면 CPU 낭비가 심하다. 읽은 데이터가 없어도 while 루프가 무한히 실행되기 때문이다. 실제로 논블로킹 IO를 사용할 때는 데이터 읽기를 바로 시도하기보다는 어떤 연산을 수행할 수 있는지 확인하고 해당 연산을 실행하는 방식으로 구현한다. 실행 흐름은 대략 다음과 같다.

1. 실행 가능한 IO 연산 목록을 구한다(실행 가능한 연산을 구할 때까지 대기).
2. 1에서 구한 IO 연산 목록을 차례대로 순회한다.
    A. 각 IO 연산을 처리한다.
3. 이 과정을 반복한다.

다음은 이 방식으로 구현한 간단한 예제 코드다.

```java
Selector selector = Selector.open();

ServerSocketChannel serverSocket = ServerSocketChannel.open();
serverSocket.bind(new InetSocketAddress(7031));
serverSocket.configureBlocking(false); // 서버 소켓 비동기 설정

serverSocket.register(selector, SelectionKey.OP_ACCEPT); // 연결 연산 등록

while (true) {
    selector.select(); // 가능한 IO 연산이 있을 때까지 대기
    Set<SelectionKey> selectedKeys = selector.selectedKeys();
    Iterator<SelectionKey> iterator = selectedKeys.iterator();
    while (iterator.hasNext()) { // IO 연산 순회
        SelectionKey key = iterator.next();
        iterator.remove();
        if (key.isAcceptable()) { // 클라이언트 연결 처리 가능하면
```

```
                SocketChannel client = serverSocket.accept(); // 클라이언트 연결 처리
                client.configureBlocking(false); // 소켓 비동기 설정
                client.register(selector, SelectionKey.OP_READ); // 읽기 연산 등록
            } else if (key.isReadable()) { // 읽기 연산 가능하면
                SocketChannel channel = (SocketChannel) key.channel(); // 채널 구함
                int readBytes = channel.read(inBuffer); // 채널에 읽기 연산 실행
                if (readBytes == -1) {
                    channel.close();
                } else {
                    inBuffer.flip();
                    outBuffer.put(inBuffer); // 출력 버퍼에 복사
                    inBuffer.clear();
                    outBuffer.flip();
                    channel.write(outBuffer); // 채널에 쓰기 연산 실행
                    outBuffer.clear();
                }
            }
        }
    }
}
```

이 코드에서 핵심은 Selector다. Selector#select( ) 메서드는 IO 처리가 가능한 연산이 존재할 때까지 대기한다. 이 메서드가 리턴하면 수행할 수 있는 연산이 존재하는 것이다. 실행 가능한 연산 목록은 Selector#selectedKeys( )로 조회하는데 이렇게 구한 SelectionKey를 이용해서 어떤 연산이 가능한지 확인하고 해당 연산을 수행한다.

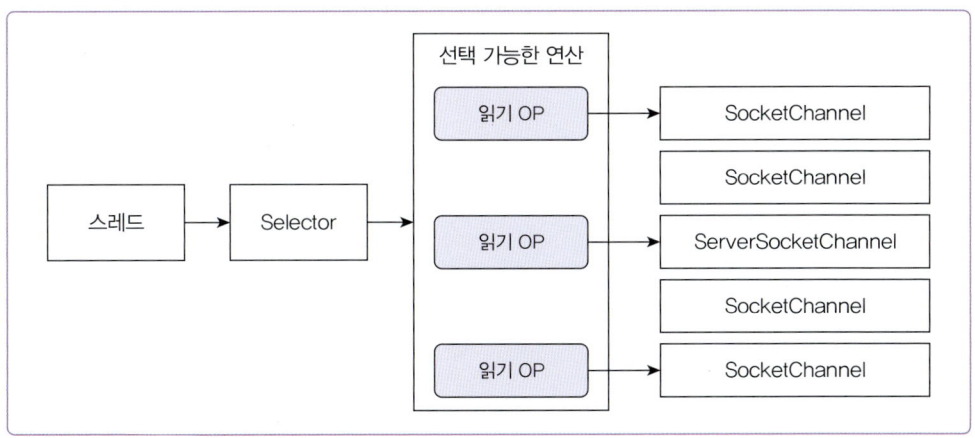

그림 7.5 자바 논블로킹 IO의 동작 방식

논블로킹 IO를 이용해서 구현한 서버는 블로킹 IO를 이용한 구현과 차이가 난다. 일반적으로 블로킹 IO로 구현한 서버는 커넥션별로(또는 요청별로) 스레드를 할당한다. 동시 연결 클라이언트가 1,000개면 클라이언트를 처리할 스레드를 1,000개 생성한다. 반면에 논블로킹 IO는 클라이언트 수에 상관없이 소수의 스레드를 사용한다. 위 예제 코드에서는 스레드 1개를 이용해서 여러 클라이언트의 요청을 처리한다. 논블로킹 IO는 동시 접속하는 클라이언트가 증가해도 스레드 개수는 일정하게 유지되므로 같은 메모리로 더 많은 클라이언트 연결을 처리할 수 있다.

> **알아두기** **IO 멀티플렉싱(multiplexing)**
>
> IO 멀티플렉싱, 우리말로 IO 다중화는 단일 이벤트 루프에서 여러 IO 작업을 처리하는 개념을 표현할 때 사용한다. 앞서 살펴본 논블로킹 IO와 Selector를 이용한 입출력 처리가 IO 멀티플렉싱에 해당한다. OS에 따라 epoll(리눅스), IOCP(윈도우) 등을 사용해서 구현한다. IO 멀티플렉싱을 사용함으로써 더 적은 자원(메모리와 CPU)으로 더 많은 클라이언트를 처리할 수 있어 대규모 트래픽을 처리해야 하는 서버를 구현할 때 IO 멀티플렉싱을 사용한다.

논블로킹 IO를 1개 스레드로 구현하면 동시성이 떨어진다. 앞서 예제 코드를 기준으로 설명하면 1개 채널에 대한 읽기 처리가 끝나야 다음 채널에 대한 읽기 처리를 실행한다. 즉 두 채널에 대한 읽기 연산이 가능해도 한 번에 1개 채널에 대해서만 처리가 가능하다.

논블로킹 IO에서 동시성을 높이기 위해서 사용하는 방법은 채널들을 N개 그룹으로 나누고, 각 그룹마다 스레드를 생성하는 것이다. 보통 CPU 개수만큼 그룹을 나누고 각 그룹마다 입출력을 처리할 스레드를 할당한다. 이를 통해 IO 처리에 대한 동시성을 높일 수 있다.

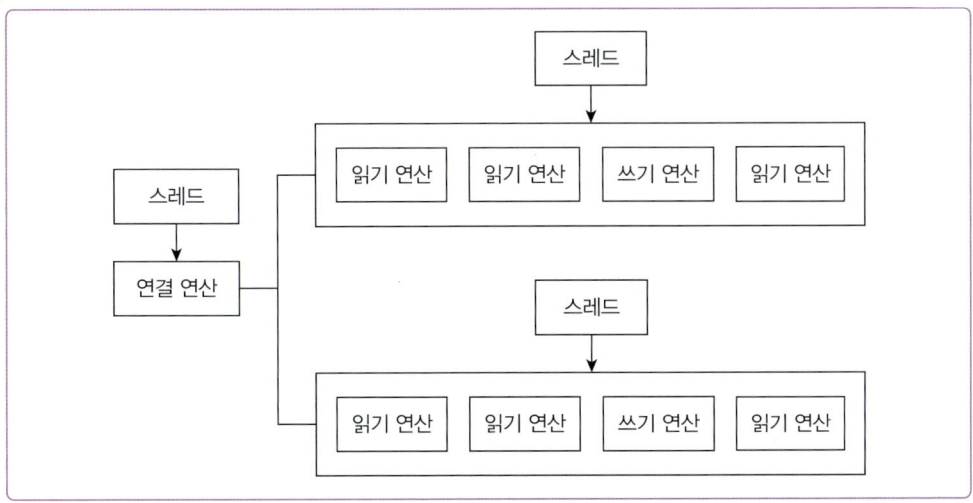

그림 7.6 논블로킹 IO에서 동시성을 높이기 위해 N개의 스레드를 사용할 수 있다.

리액터 패턴

리액터reactor 패턴은 논블로킹 IO를 이용해서 구현할 때 사용하는 패턴 중 하나이다. 논블로킹 IO로 구현된 네트워크 프레임워크의 문서를 읽다 보면 보이는 '리액터'라는 단어가 이 패턴에서 말하는 리액터에 해당한다.

리액터 패턴은 동시에 들어오는 여러 이벤트를 처리하기 위한 이벤트 처리 방법이다. 리액터 패턴은 크게 리액터와 핸들러 두 요소로 구성된다. 먼저 리액터는 이벤트가 발생할 때까지 대기하다가 이벤트가 발생하면 알맞은 핸들러에 이벤트를 전달한다. 이벤트를 받은 핸들러는 필요한 로직을 수행한다.

리액터는 다음과 유사한 형태를 갖는다.

```
while (isRunning) {
    List<Event> events = getEvents(); // 이벤트가 발생할 때까지 대기
    for (Event event : events) {
        Handler handler = getHandler(event); // 이벤트를 처리할 핸들러 구함
        handler.handle(event); // 이벤트를 처리함
    }
}
```

이 코드를 보면 리액터는 이벤트를 대기하고 핸들러에 전달하는 과정을 반복하는데, 그래서 리액터를 이벤트 루프event loop라고도 한다.

앞서 봤던 논블로킹 IO 예제 코드의 구조만 다시 보자.

```java
Selector selector = Selector.open();
...생략
while (true) {
    selector.select(); // 가능한 IO 연산이 있을 때까지 대기
    Set<SelectionKey> selectedKeys = selector.selectedKeys();
    Iterator<SelectionKey> iterator = selectedKeys.iterator();
    while (iterator.hasNext()) {
        SelectionKey key = iterator.next();
        ... key 타입에 따라 알맞은 처리
    }
}
```

이 코드에서 SelectionKey를 이벤트에 대응하면 리액터 패턴과 완전히 처리 방식이 동일한 것을 알 수 있다. 실제로 논블로킹 IO에 기반한 Netty, Nginx, Node.js 등의 프레임워크나 서버는 리액터 패턴을 적용하고 있다.

리액터 패턴에서 이벤트 루프는 단일 스레드로 실행된다. 멀티 코어를 가진 서버에서 단일 스레드만 사용하면 처리량을 최대한 낼 수 없다. 또 핸들러에서 CPU 연산이나 블로킹을 유발하는 연산을 수행하면 그 시간만큼 전체 이벤트 처리 시간이 지연된다. 이런 한계를 보완하기 위해 핸들러나 블로킹 연산을 별도 스레드 풀에서 실행하기도 한다. 예를 들어 Netty는 여러 개의 이벤트 루프를 생성해서 멀티 코어를 활용한다. Node.js는 이벤트 루프 외에 별도의 스레드 풀을 사용해서 CPU 중심 작업이나 블로킹 연산을 동시에 처리한다.

프레임워크 사용하기

줄 단위로 데이터를 수신하는 서버를 구현해야 한다고 생각해보자. 블로킹 IO일 경우 BufferedReader를 사용해서 쉽게 줄 단위로 데이터를 읽을 수 있다.

```java
BufferedReader br = new BufferedReader(
    new InputStreamReader(socket.getInputStream(), "UTF-8")
);
...
String line;
while ((line = br.readLine()) != null) { // 줄 단위로 쉽게 읽을 수 있음
    // line 처리
}
```

논블로킹 IO를 사용하면 처리가 복잡해진다. 데이터를 읽은 뒤 \n 문자가 있는지 확인하는 코드를 구현해야 한다. \n 문자가 없는 경우 읽은 데이터를 별도 버퍼에 계속 누적하는 처리도 해야 한다. 또한 \n 문자가 여러 개 존재하는 경우도 처리해야 한다. 채널마다 누적 처리를 위한 버퍼도 관리해야 한다.

이런 로직을 직접 구현하면 재미야 있겠지만 주고받는 데이터 형식이 조금만 바뀌어도 저수준의 IO 처리 코드를 변경해야 한다. 필자는 이런 데이터 처리 로직을 직접 구현하는 것보다는 더 상위 수준의 로직을 처리하길 원한다. 그래서 논블로킹 IO API를 직접 사용하기보다는 논블로킹 IO를 보다 쉽게 구현할 수 있도록 도와주는 프레임워크를 사용하는 것을 선호한다.

예를 들어 리액터 네티를 사용하면 아래 코드를 이용해서 줄 단위로 데이터를 주고받는 에코 서버를 구현할 수 있다.

```java
DisposableServer server = TcpServer.create()
    .port(7031)
    .doOnConnection(conn ->
        conn.addHandlerFirst(new LineBasedFrameDecoder(1024)) // 줄 단위 읽기 처리
    )
    .handle((in, out) -> {
        return in.receive()
                .asString() // byte를 문자열로 변환
                .doOnNext(line -> {
                    log.info("received: {}", line);
                })
                .flatMap(line ->
                    out.sendString(Mono.just(line + "\n"))) // 문자열 쓰기
```

```
            );
        })
        .bindNow();
```

리액터 네티가 줄 단위 읽기와 문자열 변환 처리 기능을 제공하므로 저수준의 IO 처리를 직접 구현하지 않아도 된다. 개발자는 처리할 로직에 집중할 수 있다. 물론 리액터 네티가 기반으로 하는 리액티브 API(스프링 리액터)를 익혀야 하지만, 일단 익숙해지면 논블로킹 IO API를 직접 사용하는 것보다 간단한 코드로 논블로킹/비동기 IO 방식으로 구현할 수 있게 된다.

논블로킹/비동기 IO와 성능

실제로 논블로킹 IO를 사용하면 성능이 좋아질까? 검색해보면 성능이 더 잘 나온다는 글을 다수 찾을 수 있을 것이다. 필자도 몇 해 전에 자바로 구현된 간단한 푸시 서버를 블로킹 IO 방식에서 논블로킹 IO 방식으로 변경한 적이 있다. 그때 측정한 결과는 [그림 7.7]과 같다.

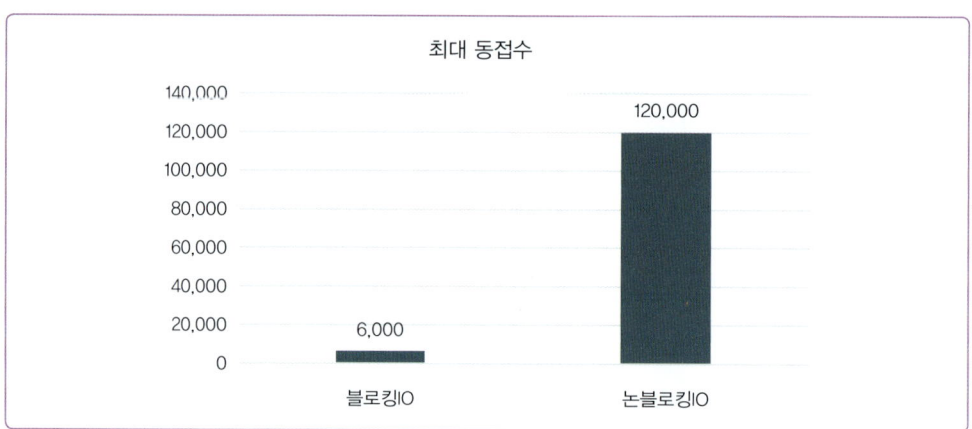

그림 7.7 블로킹 IO와 논블로킹 IO로 구현한 서버의 최대 동접수 차이

[그림 7.7]의 수치는 JVM에 힙 메모리를 1.5G 할당했을 때 측정한 것으로 블로킹 IO 방식으로 구현된 서버의 최대 동접수는 6천 정도가 나왔다. 반면 논블로킹 IO 방식으로 구현한 서버는 동일한 조건에서 12만 정도가 나왔다. 약 20배 정도 성능이 향상된 것을 확인할 수 있었다.

유사한 성능 테스트를 고언어로도 해봤다. 고루틴을 사용해서 구현한 서버와 gnet 프레임워크(논블로킹/비동기 IO)를 이용한 서버의 최대 동접수를 비교했다. 결과는 [그림 7.8]과 같다.

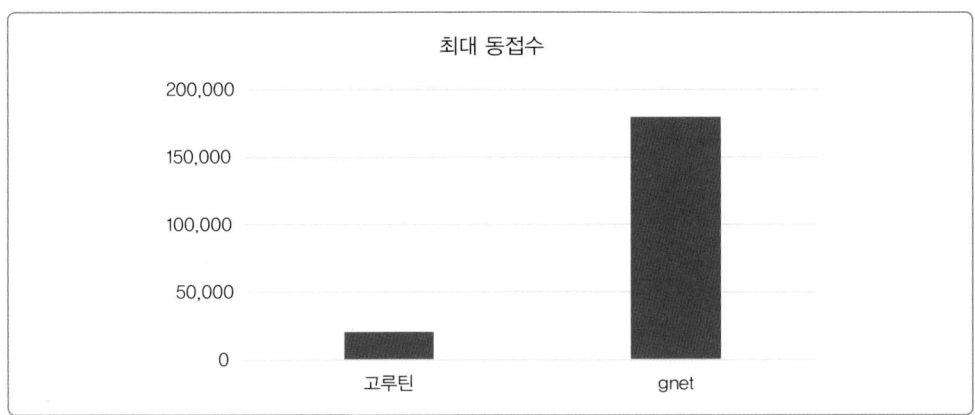

그림 7.8 클라이언트별 고루틴 방식 서버와 gnet(논블로킹 IO)으로 구현한 서버의 성능 차이

[그림 7.8]은 메모리 사용량이 500MB일 때 최대 동접수를 비교한 것이다. 고루틴 버전은 최대 동접수가 2만이었고 gnet 버전은 18만이었다. 대략 9배 정도의 성능 차이를 보였다.

언제 어떤 방법을 택할까

성능만큼 개발자를 자극하는 단어도 없는 것 같다. 특정 기술을 사용했더니 성능이 좋아졌다는 글이나 영상을 보면 눈길이 간다. 더 높은 성능을 낼 수 있다는 기술을 사용해보고 싶기도 하다. 하지만 논블로킹 IO나 가상 스레드를 적용할 때는 먼저 다음을 검토해야 한다.

- 문제가 있는가?
- 문제가 있다면 네트워크 IO 관련 성능 문제인가?
- 구현 변경이 가능한가?

가장 먼저 검토해야 할 점은 성능 문제가 있는지 여부다. 성능 문제가 없다면 또는 당분간 트래픽 증가 가능성이 없다면 논블로킹 IO나 가상 스레드를 검토할 필요가 없다. 문제가 없는데 구현을 변경하는 것은 시간을 낭비하는 것에 불과하다.

게다가 논블로킹/비동기 IO 방식으로 구현하면 코드가 복잡해지고 유지보수 난이도도 올라간다. 그러니 단순한 호기심으로 안 해도 되는 구현 변경을 시도하지는 말자. 다시 한 번 강조하지만 성능 문제가 전혀 없는데 성능을 높이겠다며 복잡하게 구현하지 말자.

성능 문제가 있다면 그 문제가 네트워크 IO와 관련된 자원 문제인지 확인해야 한다. 예를 들어 트래픽은 그대로인데 DB 쿼리 시간이 느려지면서 서버 응답 시간이 길어지는 문제가 발생했다면 가상 스레드나 논블로킹 IO를 적용해도 응답 시간을 줄일 수는 없다. 이 경우에는 DB 쿼리를 최적화하거나 캐시를 사용하는 것이 응답 시간을 줄이는 방법이다. 썸네일 생성처럼 CPU 중심 작업도 마찬가지다. 이미지를 처리하는 과정에는 블로킹 IO가 없으므로 가상 스레드나 논블로킹 IO를 적용해도 처리 시간이 줄어들지 않는다.

문제가 IO 관련이라면 그때는 구현 변경이 가능한지를 따져봐야 한다. 예를 들어 동시에 요청하는 클라이언트 수가 늘어나면서 실행되는 스레드 수도 많아졌고, 그 결과 메모리 사용률이 98%까지 올라갔다고 하자. 이 상황이 지속되면 서비스에 장애가 발생할 수 있다. 가상 스레드를 적용할 수 있다면 이를 사용하는 것만으로 메모리 사용률을 줄일 수 있다. 만약 가상 스레드를 적용할 수 없다면 일단 메모리를 늘리거나 서버를 수평 확장해서 문제를 완화하는 수밖에 없다.

우선 순위에 밀려 구현 변경이 불가능한 상황도 있다. 신기능 개발에 많은 인력이 투입된 상황이라면 성능 개선에 쓸 인력이 없을 수도 있다. 이럴 때는 구현 방식을 바꾸는 대신 서버 확장을 통해 문제를 해결해야 한다. 이후 여유가 생기면 성능 개선 작업을 진행하면 된다.

우선 순위뿐만 아니라 기술에 대한 익숙함도 구현 변경 여부에 영향을 준다. 예를 들어 웹소켓 서버의 동시 접속자가 증가해서 성능 문제가 발생했다고 하자. 이때 논블로킹 IO를 적용하면 효과를 볼 수 있지만, 개발자가 관련 기술을 모르면 성능 개선은 어렵다.

정리하자면 문제가 있고, 그 문제가 네트워크 IO와 관련되어 있으며, 구현 변경이 가능한 상황이라면 변경을 시도하자. 그렇게 하면 성능 개선이라는 결과와 새로운 기술을 적용하는 재미를 모두 얻을 수 있을 것이다.

> **Column 기술 탐구 시간 갖기**
>
> 이상적인 이야기일 수 있지만, 팀에 기술 탐구를 위한 시간을 마련해서 필요한 역량을 미리 익혀두면 좋다. 그래야 문제가 생기기 전에 기술을 도입할 수 있는 여유가 생긴다. 사전에 문제를 완전히 예방하지 못하더라도, 문제가 발생한 뒤에 신속하게 대응하고 기술을 적용할 수 있다. 예전에 소켓 서버를 재구현한 사례도 비슷하다. 만약 미리 비동기 IO 관련 기술을 익혀두지 않았다면 빠르게 문제를 해결하지 못했을 것이다. 팀이나 개인이 문제 해결에 도움이 될 기술을 여유 있게 학습해두자. 그런 준비가 중요한 순간에 큰 힘이 된다.

Chapter 08

8장

실무에서 꼭 필요한 보안 지식

이 장에서 다룰 내용
- 인증과 인가
- 암호화
- 방화벽으로 트래픽 제한
- 감사 로그, 비정상 접근 처리
- 시큐어 코딩
- 개인 보안

중요한 보안

고객 정보가 유출된 K사의 보안 사고 사례로 시작해보자. K사는 홈페이지를 통해 1천만 건 이상의 고객 정보가 유출되는 해킹 사고를 당했다. 해킹을 당한 기능은 '요금 정보' 페이지였다. 홈페이지에 로그인한 고객은 '요금 정보' 페이지에 접근해서 개인의 요금 관련 정보를 조회할 수 있었다. 요금 정보를 조회하기 위해 사용한 API는 다음과 유사하게 고객에 해당하는 코드 값을 파라미터로 받았다.

```
https://주소/...?cd=고객 코드
```

웹 페이지는 '고객 코드' 값으로 로그인한 사용자의 코드를 사용하도록 구현되어 있었다. 여기서부터 문제가 시작됐다. 서버는 고객코드가 로그인한 사용자의 고객코드인지 검증하지 않고, 고객코드에 해당하는 고객 정보를 응답했다. 즉, 로그인만 하면 다른 고객의 정보를 조회할 수 있었던 것이다.

해커는 이 점을 노렸다. 먼저 자신의 계정으로 홈페이지에 로그인한 뒤, 임의의 코드를 만들어 정보 조회 API를 호출했다. 무작위로 만든 코드가 실제 고객코드와 일치하면 해당 고객의 정보를 취득할 수 있었다. 이렇게 취득한 고객 정보가 1천만 건이 넘었다.

또 다른 사례도 있다. 다행히 이 사례는 공격을 당하기 전에 문제를 해결했다. H서비스도 K사와 비슷하게 API를 호출할 때 회원 식별자를 전달했다. 이 API는 암호 변경 API로, 회원 식별자와 변경할 암호의 두 파라미터를 전달받았다. 그런데 이 API에는 다음 3가지 문제가 있었다.

- 현재 요청이 로그인한 회원의 요청인지 확인하지 않음
- 회원 식별자가 로그인한 회원의 식별자인지 검증하지 않음
- 변경하기 전 암호를 검증하지 않음

이 문제로 인해, API의 구조만 알면 누구나 다른 회원의 암호를 변경할 수 있었다. 다행히 해커가 관심을 갖기 전에 문제를 제거했지만, 만약 해커가 먼저 발견했다면 서비스는 고객의 신뢰를 잃고 복구하기 어려운 심각한 타격을 입었을지도 모른다.

이 외에도 보안 관련 사례는 무수히 많다. 해외 SNS 서비스 T는 2022년에 540만 건에 달하는 계정 정보가 유출됐다. 강의 플랫폼 서비스 C도 100만 명의 회원 정보가 유출되는 보안 사고가 발생했다.

보안 사고가 발생할 가능성을 낮추려면 서버 개발자는 기본적인 보안에 신경 써야 한다. 앞서 언급한 K사와 H서비스 사례는, 서버 개발 조직이 보안에 주의를 기울였다면 발생하지 않았을 문제다. 보안은 조직 차원에서 대응해야 할 만큼 범위가 넓지만, 개발자 개인이 보안에 신경 써도 많은 취약점을 없앨 수 있다.

인증과 인가

서버 개발에서 가장 기본적인 보안은 인증과 인가이다. 인증authentication은 사용자가 누구인지 확인하는 과정이고, 인가authorization는 사용자에게 자원에 접근할 수 있는 권한을 부여하는 것이다. 이 둘만 잘 지켜도 기본적인 취약점은 막을 수 있다.

인증과 토큰

아이디와 암호를 입력하는 로그인은 인증의 한 형태이다. 보안을 강화하기 위해 2단계 인증Two-Factor Authentication, 2FA을 사용하기도 한다. 지문 같은 생체 정보를 이용하는 방식도 인증의 한 형태다.

사용자가 누구인지 확인하는 데 성공하면 서버는 클라이언트에 문자열로 된 토큰을 제공한다. 클라이언트는 이후 각 요청마다 이 토큰을 함께 보내 자신이 누구인지 증명한다. 서버는 사용자 인증이 필요한 기능에 대해 매번 아이디와 암호를 입력받지 않고, 토큰을 사용해서 사용자를 식별한다.

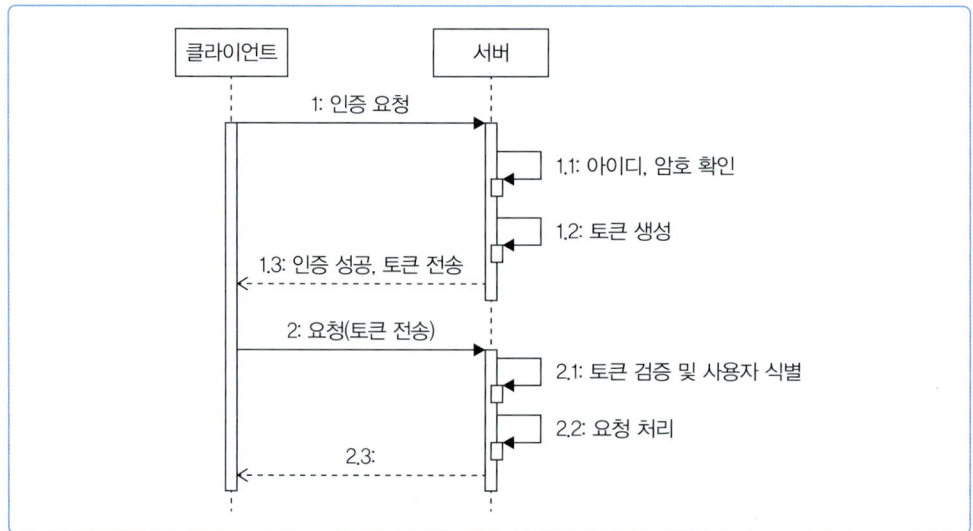

그림 8.1 서버는 인증에 성공하면 고유한 토큰을 응답에 전송한다.

토큰을 이용해서 사용자를 식별하려면 토큰과 사용자 간의 매핑 정보를 어딘가에 저장해야 한다. 이 매핑 정보를 저장할 위치로는 크게 다음 2가지를 사용한다.

- 서버의 별도 저장소: 별도 저장소에 토큰과 사용자 식별 정보를 저장한다.
- 토큰: 토큰 자체에 사용자 식별자 정보를 저장한다.

각 방식에 대해 차례대로 살펴보자.

☑ 별도 저장소에 토큰과 사용자 식별자 정보 저장하기

서버는 토큰과 사용자 식별 정보를 DB나 레디스와 같은 별도 저장소에 보관할 수 있다. 로그인에 성공할 경우 서버는 임의의 토큰 문자열을 만든 뒤 외부 저장소에 매핑 정보를 보관한다. 토큰 문자열을 생성할 때는 고유한 값을 생성해서 토큰 중복으로 인해 사용자 정보가 잘못 매칭되지 않도록 해야 한다.

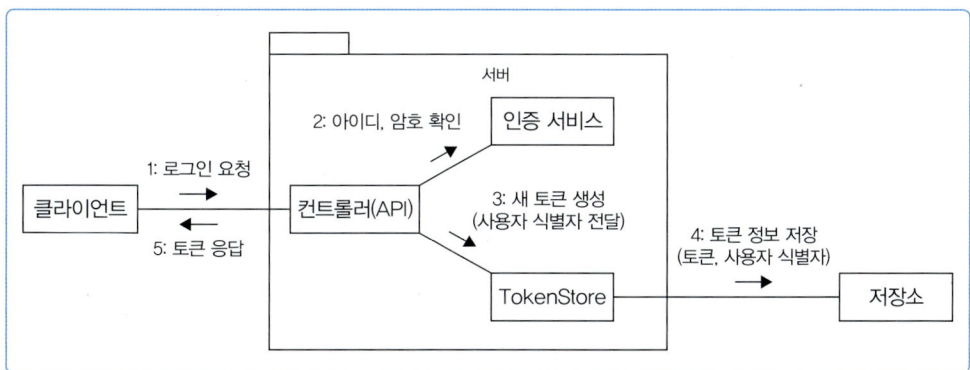

그림 8.2 서버는 토큰과 사용자 식별자 매핑 정보를 별도 저장소에 보관할 수 있다.

외부 저장소에 보관되는 정보는 다음 데이터를 갖는다.

- 토큰
- 사용자 식별자
- 생성 시간
- 최근 사용 시간
- 그 외 유효 시간, 클라이언트 버전 등 추가 데이터

서버는 클라이언트가 전송한 토큰을 이용해서 저장소에서 사용자 식별자를 구한다.

```
String token = ... // 클라이언트가 전송한 토큰을 구한다
// 저장소에서 토큰 데이터를 구한다
Optional<TokenData> tokenDataOpt = tokenStore.getTokenData(token);
// 토큰 저장소에 토큰이 없으면 에러를 발생시킨다
TokenData tokenData = tokenDataOpt.orElseThrow(() -> new InvalidTokenException());
```

토큰 데이터는 크기가 크지 않기 때문에 수백만 개의 토큰을 저장해도 DB 용량에 큰 부담은 없다. 예를 들어 G 서비스는 340만 개의 토큰 데이터를 저장하고 있는데, 토큰 테이블 크기가 2.4G 정도 된다. 레디스 같은 메모리 캐시를 사용해도 충분히 저장할 수 있는 크기다.

서비스 규모가 100배로 커져서 토큰이 3억 4천만 개가 생성되면 토큰 저장소 용량이 240G가 되는데, 이때는 비용이나 구조를 고려해 토큰 데이터를 메모리 캐시가 아닌 DB 같은 저장소에 저장해야 한다.

> **Memo**
> 사용자와 관련된 토큰이 3억 개 이상 생겼다면 서비스가 잘 된다는 뜻이니 저장소 비용이 아깝지 않을 것이다.

외부 저장소가 아닌 서버 메모리에 토큰 데이터를 저장할 수도 있다. 서블릿 세션이 이에 해당한다. 톰캣과 같은 서블릿 컨테이너는 메모리에 세션 객체를 저장한다. 서블릿 세션은 고유의 세션 ID를 생성하는데 이 세션 ID가 토큰에 해당한다.

```
HttpSession session = request.getSession(false); // 세션을 구한다
if (session == null) { // 세션이 없으면 에러 처리
    throw new AuthenticationException();
}
// 세션에서 로그인한 사용자 데이터를 구한다
UserSessionData data = (UserSessionData) session.getAttribute("userSessionData");
if (data == null) {
    throw new AuthenticationException();
}
```

메모리에 토큰 데이터를 저장하는 방식을 사용할 때는 고정 세션sticky session이 필요하다. 서버마다 서로 다른 토큰 집합을 저장하고 있기 때문이다. 클라이언트가 A 서버에 저장된 토큰을 갖

고 있는데 요청을 B 서버로 보낸다고 하자. B 서버는 해당 토큰 데이터를 갖고 있지 않으므로 클라이언트 요청을 제대로 처리할 수 없다.

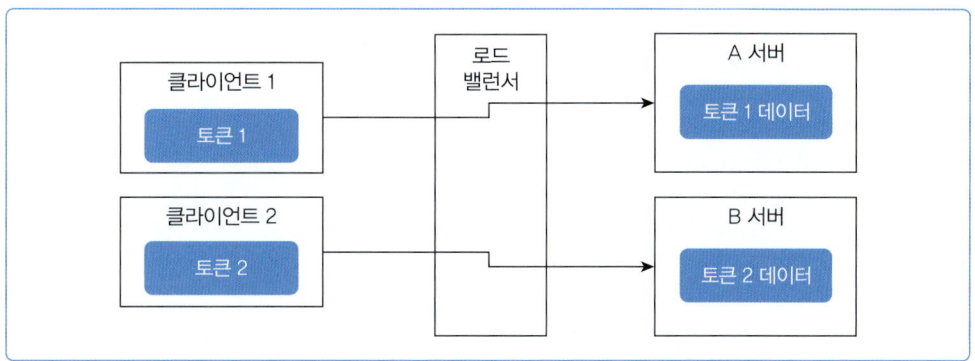

그림 8.3 메모리에 세션 데이터를 저장하면 고정 세션 방식으로 로드 밸런서를 설정해야 한다.

토큰 데이터를 메모리에 저장하는 방식에는 2가지 단점이 있다. 하나는 서버를 재시작하면 토큰 데이터가 사라진다는 것이고, 또 하나는 생성할 수 있는 세션 개수가 메모리 크기에 제한을 받는다는 것이다. 이런 단점을 해소하기 위해 세션 데이터를 별도 저장소에 보관하기도 한다. 예를 들어 스프링 세션은 메모리 대신 DB나 레디스에 세션 데이터를 저장해서 서버 재시작 시에도 세션을 유지할 수 있게 해준다. 이 방법은 외부 저장소에 토큰을 저장하면서도 서블릿의 HttpSession을 그대로 사용할 수 있다는 장점이 있다.

☑ 토큰 자체에 사용자 식별자 정보 저장하기

토큰 자체에 사용자 식별 정보를 저장할 수도 있다. 대표적인 방식이 JWT$^{\text{JSON Web Token}}$를 이용하는 것이다. 사용자가 로그인에 성공하면 사용자 식별자를 값으로 갖는 JWT를 생성해서 클라이언트에 토큰으로 응답한다.

```
// 사용자 식별자를 담은 JWT 문자열을 클라이언트에 응답한다
String token = Jwts.builder()
        .subject("userid") // 사용자 식별자
        .signWith(key)
        .compact();
// 로그인 결과로 토큰 응답
return LoginResponse.of(token);
```

서버는 클라이언트가 전송한 토큰으로부터 사용자 식별자를 구한다.

```
try {
    // 토큰 문자열을 파싱한다
    Jws<Claims> jwt = Jwts.parser().verifyWith(key).build().parseSignedClaims(jws);
    // 토큰에서 사용자 식별자를 구한다
    String userId = jwt.getPayload().getSubject();
} catch (JwtException e) {
    // 유효하지 않은 토큰이면 에러 처리
    throw new AuthenticationException(e);
}
```

이 방식의 장점은 토큰만 있으면 사용자가 누구인지 확인할 수 있다는 점이다. 별도의 외부 DB에 토큰 데이터를 저장할 필요가 없으므로 서버 구조가 간단하다. 또한 메모리에 토큰 데이터를 저장하지 않기 때문에 서버를 수평 확장하기도 쉽다.

단점은 네트워크 트래픽이 증가한다는 것이다. 토큰 안에 데이터가 추가되므로 서버와 클라이언트가 주고받는 데이터의 크기가 증가한다. 트래픽 규모가 크면 데이터가 조금만 커져도 증가하는 데이터 양이 무시하기 힘들 정도로 커질 수 있다. 트래픽 양이 증가하면 비용도 같이 증가하므로 토큰에는 최소한의 필요한 데이터만 넣어야 한다.

토큰 데이터를 서버에서 제어할 수 없다는 것도 단점이다. 서버에 토큰 데이터가 저장되면 쉽게 토큰 데이터를 삭제할 수 있다. 반면에 클라이언트에 전송된 토큰 데이터는 클라이언트에 저장되므로 서버에서 삭제하거나 변경할 수 없다. 이런 이유로 토큰을 클라이언트에 보관할 때는 토큰에 유효 시간을 설정하기도 하는데 이에 대해서는 뒤에서 다시 살펴보도록 하자.

☑ 토큰 송수신

클라이언트는 서버에 토큰을 전송할 때 주로 다음 2가지 방식 중 하나를 사용한다.

- 쿠키: 쿠키를 사용해서 토큰 전송
- 헤더: 특정 이름을 갖는 헤더를 사용해서 토큰 전송

> **Memo**
> 정확하게 말하면 URL 뒤에 토큰을 붙이는 방식도 있다. 하지만 이 방식은 거의 사용되지 않으므로 이 책에서는 쿠키와 헤더 방식만 언급했다.

웹 사이트는 주로 쿠키 방식을 사용한다. 서버 세션도 쿠키를 사용해서 세션ID를 주고받는다. 서버는 사용자가 로그인에 성공하면 토큰 문자열을 값으로 갖는 쿠키를 웹 브라우저에 응답한다. 웹 브라우저는 서버가 전송한 쿠키를 모든 요청에 함께 전송하므로 토큰을 서버에 전송하기 위해 별도의 자바스크립트 코드를 작성할 필요가 없다.

헤더를 사용할 수도 있다. 쿠키도 헤더를 통해 전송되지만 여기서는 쿠키를 제외한 다른 헤더를 의미한다. 많은 앱이 서버와 통신할 때 헤더를 통해 토큰을 전송한다. 헤더 이름은 Token, X-token, Auth 등 알맞게 정하면 된다. OAuth 2.0처럼 Authorization 헤더를 사용하기도 한다. 클라이언트는 토큰을 로컬에 저장했다가 서버 API 요청을 호출할 때 헤더를 이용해서 토큰을 전송한다.

☑ 토큰 보안

보안을 위해서 토큰을 사용하는 만큼 토큰 자체의 보안에도 신경 써야 한다. 서버 보안을 철저히 해도 클라이언트가 보안에 취약하면 토큰이 탈취될 수 있기 때문이다. 토큰을 탈취한 클라이언트는 원래 토큰 소유자처럼 행세할 수 있다.

토큰 탈취에 따른 보안 문제를 완화하는 방법은 토큰 유효 시간에 제한을 두는 것이다. 예를 들어 최초에 토큰을 생성할 때 토큰 유효 시간을 1시간으로 주고 1시간이 지나면 사용자에 대한 접근을 거부하는 식이다.

토큰 유효 시간에는 2가지 방식이 존재한다. 첫 번째는 토큰 생성 시점을 기준으로 제한 시간을 두는 방식이다. 즉 유효 시간을 지정한다. 예를 들어 9시에 유효 시간이 1시간인 토큰을 생성하면 이 토큰은 10시에 만료된다. 10시가 지나면 토큰이 유효하지 않은 것으로 판단해서 사용자의 접근을 차단한다.

두 번째는 마지막 접근 시간을 기준으로 토큰 유효 시간을 정하는 것이다. 유효 시간이 10분일 때 마지막 접근 시간이 11시면 만료 시간은 11시 10분이 된다. 다시 11시 5분에 접근하면 만료 시간이 11시 15분으로 바뀐다. 서블릿 세션이 이 방식을 사용한다.

토큰 유효 시간은 어플리케이션 성격에 따라 알맞게 정한다. 일반적인 서비스는 토큰 유효 시간이 너무 짧으면 사용하기 불편하다. 토큰 유효 시간이 10분이면 조금만 사용하지 않아도 로그인이 풀려 다시 로그인해야 한다. 반대로 관리자 사이트처럼 민감 정보를 조회할 수 있는 서비스는 유효 시간을 길게 잡으면 안 된다. 깜빡하고 브라우저를 켜 놓은 사이 자리를 비우면 누군가가 민감한 고객 정보를 조회할 수 있고 탈취한 토큰을 이용해 고객 정보를 긴 시간 유출할 수도 있다.

유효 시간과 함께 클라이언트 IP를 비교하면 토큰 보안이 향상된다. 토큰을 생성할 때 접근한 클라이언트 IP와 실제 토큰을 전송한 클라이언트 IP가 같은지 비교한다. IP가 다르면 비정상 접근으로 간주하고 요청 처리를 거부한다.

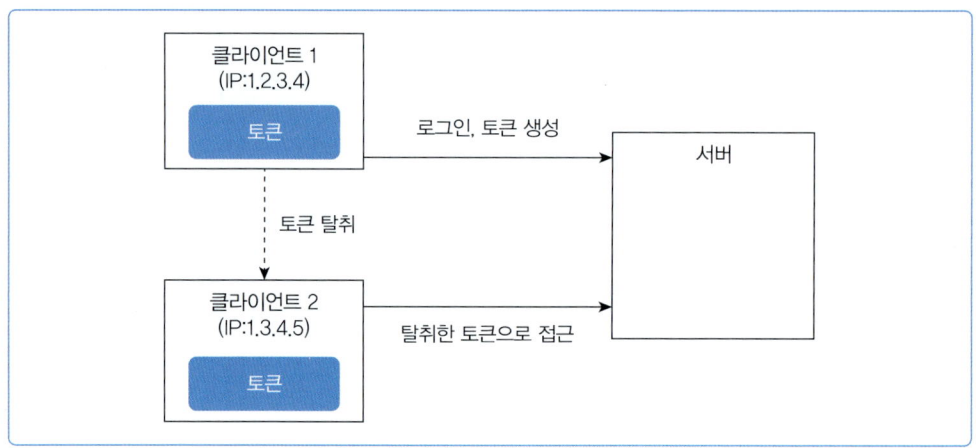

그림 8.4 클라이언트IP를 확인하면 토큰 보안을 높일 수 있다.

보안 사고 영향을 줄이고 싶다면 토큰을 무효화해서 강제로 로그아웃시키는 기능도 필요하다. 토큰 데이터를 DB나 레디스와 같은 외부 저장소에 보관하면 토큰 데이터를 삭제하거나 유효하지 않은 상태로 변경해서 토큰을 무효화할 수 있다. 토큰 자체에 데이터를 저장하는 방식을 사용하면 클라이언트에 토큰 데이터가 저장되므로 서버에서 토큰을 무효화하기가 쉽지 않다. 이를 위해서는 추가 개발이 필요하다. 예를 들면 사용자마다 유효한 토큰 생성 시간 제한을 두고 이 시간 이전에 생성된 토큰은 유효하지 않은 것으로 판단하는 방식으로 토큰을 무효화할 수 있다.

> **알아두기** **토큰 재발급**
>
> 인증과 인가에서 사용하는 토큰으로 액세스 토큰^{access token}과 리프레시 토큰^{refresh token}이 있다. 액세스 토큰은 앞서 살펴본 토큰으로 인증된 사용자임을 확인하기 위한 목적으로 사용된다. 보통 액세스 토큰의 만료 시간은 비교적 짧게 지정하는데(몇 분에서 몇 시간 내외), 만료 시간이 짧으면 사용자의 로그인이 풀려 불편을 줄 수 있다. 이때 다시 액세스 토큰을 발급받아 로그인을 다시 하지 않아도 인증 상태를 유지할 수 있게 해주는 토큰이 리프레시 토큰이다.
>
> 액세스 토큰과 리프레시 토큰을 지원하는 시스템은 사용자가 로그인에 성공하면 만료 시간이 짧은 액세스 토큰과 함께 만료 시간이 상대적으로 긴 리프레시 토큰을 함께 발급한다. 이후 액세스 토큰이 만료되면 리프레시 토큰을 이용해서 새로운 액세스 토큰을 발급해 준다. 이를 통해 사용자는 리프레시 토큰이 만료될 때까지 재로그인 없이 인증 상태를 유지할 수 있다.

인가와 접근 제어 모델

인증과 토큰은 사용자가 누구인지 그리고 정상적으로 접근하는지 확인하는 역할을 한다면, 인가는 사용자가 요청한 기능을 실행할 권한이 있는지 확인하는 역할을 한다. 앞서 언급했던 K사의 개인정보 유출 사례는 권한 검사를 제대로 하지 않아 발생한 보안 사고였다. 본인만 자신의 정보를 조회할 수 있도록 제한했어야 하는데, 로그인 여부만 확인해서 보안에 구멍이 생겼다.

접근 제어의 기본은 접근한 사용자를 토큰이나 세션으로 식별하는 것이다. API 요청 파라미터로 로그인한 사용자의 식별자를 받으면 안 된다. K사와 H 서비스는 API 요청 파라미터로 사용자 식별자를 받아서 보안에 문제가 생겼다.

```java
@GetMapping("/myinfo")
public ResponseEntity<?> getMyInfo(@RequestHeader("token") String token) {
    String userId = getUserIdByToken(token); // 토큰으로 사용자 식별값 구함
    MyInfoResponse info = myInfoService.getMyInfo(userId);
    return ResponseEntity.ok(info);
}
```

서비스에 따라 사용자마다 실행할 수 있는 기능에 차이를 두기도 한다. 많은 고객 관리자 사이트는 운영자에 따라 접근 가능한 메뉴에 차이가 있고, 중고 거래 사이트는 유료 고객에게만 특별 노출 기능을 제공하기도 한다.

사용자가 접근할 수 있는 기능(또는 자원)을 관리하기 위한 모델을 접근 제어$^{\text{Access Control}}$ 모델이라고 한다. 대표적인 접근 제어 모델로는 역할 기반 접근 제어$^{\text{Role-Based Access Control, RBAC}}$ 모델이 있다. RBAC는 역할별로 실행 가능한 기능 집합을 할당하고, 사용자에게는 역할을 부여한다.

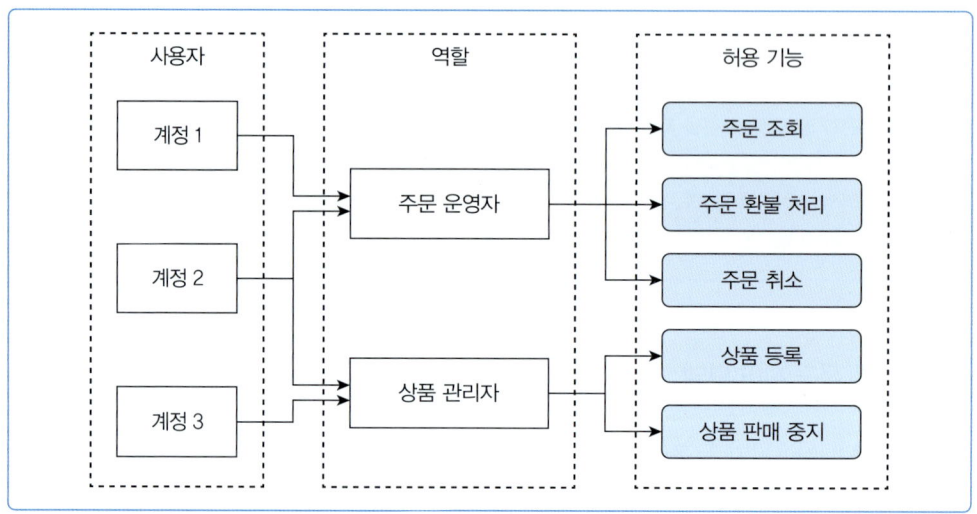

그림 8.5 RBAC의 구조

역할은 허용된 기능 집합을 갖는다. [그림 8.5]에는 주문 운영자와 상품 관리자의 두 역할이 있다. 주문 운영자에는 주문 조회, 주문 환불처리, 주문 취소 기능을 허용했고, 상품 관리자에는 상품 등록과 상품 판매 중지 기능을 허용했다.

사용자에게는 역할을 부여한다. 사용자는 역할에 허용된 기능을 실행할 수 있는 권한을 가진다. 위 그림에서 계정 1은 주문 운영자 역할을 가지므로, 계정 1이 실행할 수 있는 기능은 주문 조회, 주문 환불처리, 주문 취소이다. 반면에 계정 2는 주문 운영자와 상품 관리자의 두 역할을 가지므로 주문 조회뿐만 아니라 상품 등록까지 5개 기능에 대한 실행 권한을 갖는다. 마지막으로 계정 3은 상품 관리자 역할만을 가지므로 상품 등록과 상품 판매 중지 기능만 실행할 수 있다.

역할을 두지 않고 [그림 8.6]과 같이 사용자마다 개별적으로 권한을 부여할 수도 있다.

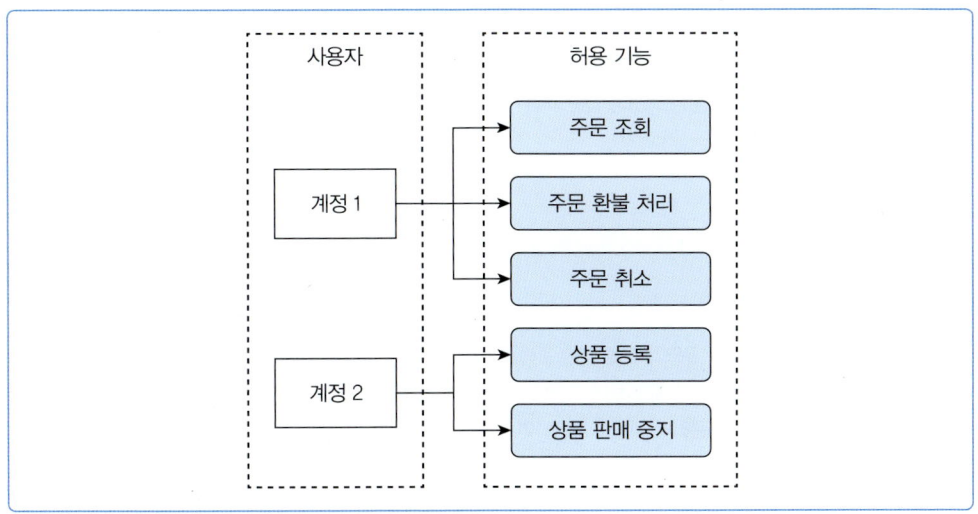

그림 8.6 사용자마다 개별적으로 기능 실행 권한을 부여할 수도 있다.

역할별 권한 부여 방식과 사용자별 권한 부여 방식은 각각 장단점이 있기 때문에 단독으로 사용하기보다는 함께 사용하는 경우가 많다. 역할별 권한 부여 방식을 사용하면 권한을 체계적으로 관리할 수 있다. 사용자에게 권한을 일일이 부여할 필요 없이 역할만 부여하면 되므로 권한 관리가 쉬워진다. 예를 들어 새로운 직원이 입사해서 관리자 시스템에 권한을 부여해야 한다고 하자. 이때 역할별 권한 관리 방식을 사용하면 알맞은 역할 몇 개만 계정에 부여하면 된다.

RBAC를 사용할 때는 역할의 설계와 관리에 신경 써야 한다. 역할을 무분별하게 정의하면 중복된 기능을 가진 유사한 역할이 계속 생기기 쉽다. 필자의 경험상 역할을 꾸준히 관리하지 않으면 비슷한 역할이 반복해서 생성되고, 사용하지 않는 역할도 계속 남게 되어 역할 개수가 불필요하게 늘어나고 관리가 복잡해지는 문제가 발생했다.

사용자별 권한 부여 방식은 시스템 규모가 작거나 역할을 나누기 애매할 때 적합하다. 또한 역할별 권한 부여보다 구현이 단순하기 때문에 개발 시간이나 우선 순위 등을 고려해 사용자별 권한 방식을 선택하기도 한다.

사용자의 속성을 이용해서 접근을 제어하는 속성 기반 접근 제어^{Attribute-Based Access Control, ABAC} 모델도 있다. 예를 들어 사용자의 IP 주소에 따라 특정 기능의 접근을 허용하거나 제한할 수 있다. 속성을 활용하면 보다 정교한 접근 제어가 가능하지만, 그만큼 구현이 복잡해지고, 사용할 속성과 규칙을 정의하는 데도 많은 시간이 소요된다.

> **Memo**
>
> 시스템의 접근 제어 요구 수준에 따라 단순히 로그인 여부만 확인하는 방식부터 RBAC, ABAC, 사용자별 권한 부여 방식을 조합해서 사용하는 경우도 있다. 접근 제어가 정교해질수록 복잡해지므로, 실제로 필요한 수준까지만 접근 제어 모델을 설계하자.

Column

운영 계정 공유하지 않기

직원이 몇 명 안 되고 서비스 규모가 작을 때는 관리자 계정을 여러 명이 공유해서 사용하기도 한다. 하지만 이는 보안 측면에서 매우 위험하다. 예를 들어 고객에게 현금처럼 사용할 수 있는 포인트를 지급하는 기능이 있다고 하자. 모든 운영자가 같은 관리자 계정을 사용하면, 누가 포인트를 지급했는지 식별할 수 없다. 누군가 악의적인 의도로 지인에게 포인트를 무단 지급하더라도 책임 소재를 파악할 수 없는 것이다. 이런 상황을 방지하려면 최소한 운영자마다 별도의 계정을 발급해서, 누가 어떤 기능을 실행했는지 추적할 수 있어야 한다.

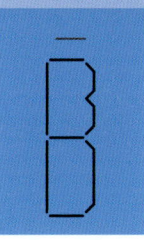

데이터 암호화

유출되면 가장 큰 피해로 이어질 수 있는 데이터 중 하나가 로그인 아이디와 비밀번호다. 비밀번호가 유출되면 그 계정으로 쉽게 로그인할 수 있고, 일단 로그인에 성공하면 비밀번호 변경은 물론 다양한 기능을 실행할 수 있기 때문이다. 더욱이 많은 사용자가 여러 서비스에서 동일한 비밀번호를 사용하는 경향이 있어, 한 서비스의 비밀번호가 유출되면 다른 서비스까지 위험해진다.

로그인 비밀번호는 외부 유출뿐 아니라 내부에서도 문제가 될 수 있다. 예를 들어 DB에 접근할 수 있는 엔지니어가 회원 테이블을 조회해서 비밀번호를 볼 수 있다면, 그 자체로 보안 위협이 될 수 있다. 대부분의 엔지니어는 이를 악용하지 않지만, 사람을 100% 신뢰할 수는 없다. 또한 엔지니어의 PC가 해킹을 당해서 비밀번호가 유출될 가능성도 있다.

이런 위험을 줄이기 위해서는 로그인 비밀번호를 암호화해서 저장해야 한다. 암호화된 상태로 저장된 비밀번호는 설령 유출되더라도 원래 값을 알아내기 어렵고, 알아내더라도 상당한 시간이 소요된다. 이를 통해 실제 피해가 발생하기 전까지 비밀번호를 변경하는 등 사후 대응할 수 있는 시간을 벌 수 있다.

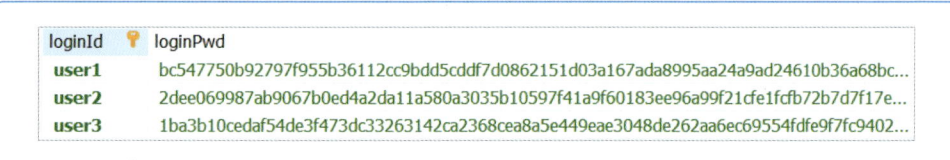

그림 8.7 로그인 비밀번호처럼 유출 시 심각한 문제가 발생할 수 있는 데이터는 반드시 암호화해서 저장해야 한다.

데이터를 암호화하는 방식에는 크게 단방향 암호화와 양방향 암호화가 있다. 각 방식에 대해 차례대로 알아보자.

단방향 암호화

단방향 암호화는 암호화한 데이터를 복호화할 수 없는 암호화 방식이다. 단방향 암호화는 해시 함수를 사용해서 데이터를 해시 값으로 변환한다. 해시 함수 알고리즘에는 SHA-256, MD5, BCrypt 등이 있다.

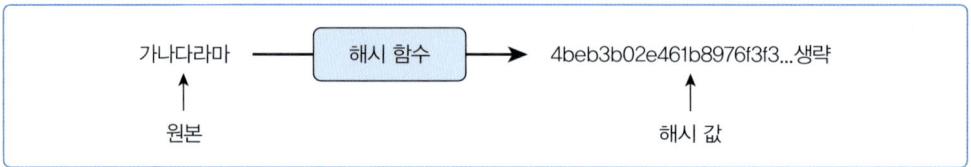

그림 8.8 단방향 암호화는 해시 함수를 이용해서 원본 데이터를 암호화한다.

SHA-256과 같은 해시 함수 알고리즘은 원본 데이터를 유추하기 어렵게 하기 위해 원본 데이터가 조금만 달라도 완전히 다른 해시 값을 생성한다. 예를 들어 '가나다라'를 암호화하면 해시 값이 'df2ef824'로 시작하는데 '가나다마'를 암호화하면 해시 값이 'fa262235'로 시작하는 식이다.

단방향 암호화는 로그인 비밀번호 같은 문자열을 암호화하는 데 주로 사용되지만, 실제 암호화는 바이트 데이터를 기준으로 동작한다. 예를 들어 SHA-256 알고리즘을 이용해서 단방향 암호화하는 자바 코드는 다음과 같은데, 암호화 메서드(digest)의 입력 파라미터와 리턴 타입이 모두 바이트 배열이다.

```
byte[] origin = input.getBytes("UTF-8");
MessageDigest digest = MessageDigest.getInstance("SHA-256");
byte[] hash = digest.digest(origin); // byte 배열을 암호화
```

입력 파라미터가 바이트 배열이므로 문자열을 암호화할 때는 바이트 배열로 변환해서 전달한다. 바이트 배열로 변환할 때는 문자열에 알맞은 캐릭터셋을 이용한다.

암호화한 결과를 DB와 같은 저장소에 읽을 수 있는 형태로 저장하려면 바이트 배열을 문자열로 표현해야 한다. 이를 위해 바이트 배열을 16진수 표기법이나 Base64 표기법을 사용해서 문자열로 표현한다. 다음은 문자열을 암호화해서 16진수 문자열로 변환하는 기능을 구현한 예제 코드이다.

```java
public static String encrypt(String input) {
    StringBuilder hexString = new StringBuilder();
    try {
        MessageDigest digest = MessageDigest.getInstance("SHA-256");
        byte[] hash = digest.digest(input.getBytes("UTF-8"));
        for (byte b : hash) {
            String hex = Integer.toHexString(0xff & b);
            if (hex.length() == 1) hexString.append('0');
            hexString.append(hex);
        }
    } catch (Exception e) {
        throw new RuntimeException(e);
    }
    return hexString.toString();
}
```

> **알아두기 충돌 저항성(collision resistance)**
>
> 해시 함수는 원본 데이터에 상관없이 일정한 길이의 해시 값을 생성한다. 길이가 제한되기 때문에 서로 다른 데이터가 동일한 해시 값을 가질 수 있다. 서로 다른 데이터에 대해 최대한 다른 해시 값을 생성하는 해시 알고리즘이 좋다고 할 수 있다. 동일한 해시 값을 갖는 서로 다른 데이터를 찾기 어려울 때 해시 함수는 충돌 저항성을 갖는다.
>
> 해시 함수의 생성 결과가 길수록 충돌 날 가능성이 줄어든다. 예를 들어 SHA-256과 SHA-512의 해시 값은 각각 256비트(32바이트)와 512비트(64바이트)이므로 SHA-256 대비 SHA-512가 충돌 가능성이 더 낮다.

☑ 값의 비교

단방향 암호화는 해시 함수로 생성한 해시 값이 같다면 두 데이터가 같다고 간주한다.

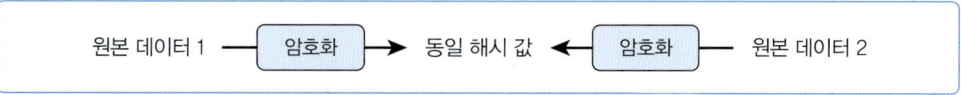

그림 8.9 암호화한 해시 값이 같으면 원본 데이터가 동일하다고 판단한다.

로그인할 때 비밀번호가 일치하는지 여부도 해시 값을 이용해서 비교한다. 회원 가입할 때 입력한 비밀번호를 암호화한 해시 값을 DB에 저장하고, 로그인 시에는 입력한 비밀번호를 암호화해서 DB에 저장된 값과 비교한다. 두 값이 일치하면 비밀번호를 올바르게 입력한 것으로 판단한다.

```
// 사용자가 입력한 비밀번호를 암호화한 해시 값을 구함
String inputPwdHash = encodePassword(inputPwd);
// DB에 저장된 비밀번호 해시 값을 조회함
String dbPwdHash = selectDbPwd(userId);
if (inputPwdHash.equals(dbPwdHash)) {
    // 두 값이 같으면 비밀번호를 올바르게 입력함
}
```

단방향 암호화는 원본 데이터로 복호화할 수 없기 때문에, 사용자가 비밀번호를 잊었을 때 기존 비밀번호를 알려주는 기능은 구현할 수 없다. 대신 시스템은 임의의 문자열로 비밀번호를 초기화하고, 사용자는 등록된 이메일이나 문자 메시지를 통해 초기화된 비밀번호를 받아 로그인하도록 한다.

☑ Salt로 보안 강화하기

같은 해시 알고리즘을 사용하면 동일한 원본 데이터에 대해 항상 동일한 해시 값이 생성된다. 이 특성은 해시 값이 유출됐을 때 원본을 유추하기 쉽게 만든다. 예를 들어 해커가 다양한 문자열과 해시 값을 미리 계산해서 만든 표를 갖고 있다고 하자. 이런 표를 레인보우 테이블^{rainbow table}이라고 부른다.

원본	해시 값
pwd1	hash123
pawdd	as12sh3
...	...

그림 8.10 특정 알고리즘으로 미리 계산해둔 해시 표

해커가 탈취한 해시 값이 "hash123"이라면, 레인보우 테이블을 참고해서 해당 값이 "pwd1"의 해시 값이라는 것을 알 수 있고, 이를 이용해 로그인을 시도한다. 로그인에 성공한다면 해커

가 사용한 해시 알고리즘과 시스템이 사용한 알고리즘이 같다는 뜻이다. 즉, 해시 값이 유출되었을 때 레인보우 테이블을 통해 일부 원본 값을 유추할 수 있는 것이다.

이렇게 같은 원본 데이터에 대해 항상 동일한 해시 값을 생성하는 것은 보안에 취약하다. 해시 알고리즘은 이 취약점을 보완하기 위해 솔트salt를 사용한다. 솔트는 임의의 값이며, 암호화할 때 솔트를 함께 사용하면 솔트 값에 따라 결과 해시 값이 달라진다.

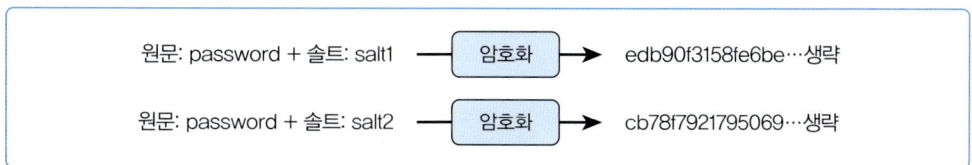

그림 8.11 솔트를 사용하면 같은 원본에 대해서 다른 해시 값을 생성한다.

다음은 솔트를 사용해서 암호화하는 예제 코드이다.

```java
public static String encryptWithSalt(String input, String salt) {
    StringBuilder hexString = new StringBuilder();
    try {
        MessageDigest digest = MessageDigest.getInstance("SHA-256");
        digest.update(salt.getBytes());  // salt 추가
        byte[] hash = digest.digest(input.getBytes("UTF-8"));
        for (byte b : hash) {
            String hex = Integer.toHexString(0xff & b);
            if (hex.length() == 1) hexString.append('0');
            hexString.append(hex);
        }
    } catch (Exception e) {
        throw new RuntimeException(e);
    }
    return hexString.toString();
}
```

솔트를 사용해서 암호화한 해시 값은 유출되더라도, 미리 계산해둔 해시 표에서 일치하는 값을 찾기 어렵다. 동일한 솔트와 동일한 알고리즘을 사용해서 표를 만들지 않는 한, 원본을 추측하기 어렵기 때문이다. 사용자마다 서로 다른 솔트를 사용하면 보안 강도를 더욱 높일 수 있다. 예를 들어 사용자마다 고유한 값을 생성해서 솔트로 사용하면 된다.

양방향 암호화

양방향 암호화는 암호화와 복호화가 모두 가능한 방식이다. 서버에 접속할 때 사용하는 SSH 프로토콜이나, API 호출 시 사용하는 HTTPS처럼 보안이 중요한 데이터 송수신 과정에서 주로 사용된다. 대표적인 양방향 암호화 알고리즘으로는 AES와 RSA가 있다.

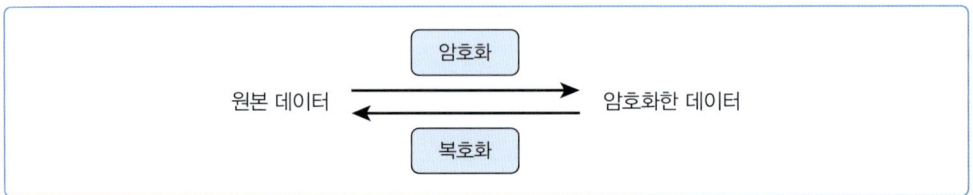

그림 8.12 양방향 암호화는 암호화와 복호화가 가능하다.

양방향 암호화는 암호화와 복호화할 때 키^{key}를 사용한다. 같은 알고리즘, 같은 원본 데이터라도 어떤 키를 사용하느냐에 따라 결과는 달라진다.

양방향 암호화는 대칭 키 방식과 비대칭 키 방식으로 나뉜다.

먼저 대칭 키 암호화는 암호화와 복호화할 때 동일한 키를 사용한다. 즉, 암호화와 복호화를 수행하는 쌍이 같은 키를 공유해야 한다. 이 방식에서는 키가 유출되면 누구나 암호화된 데이터를 복호화할 수 있기 때문에 키의 보안이 매우 중요하다.

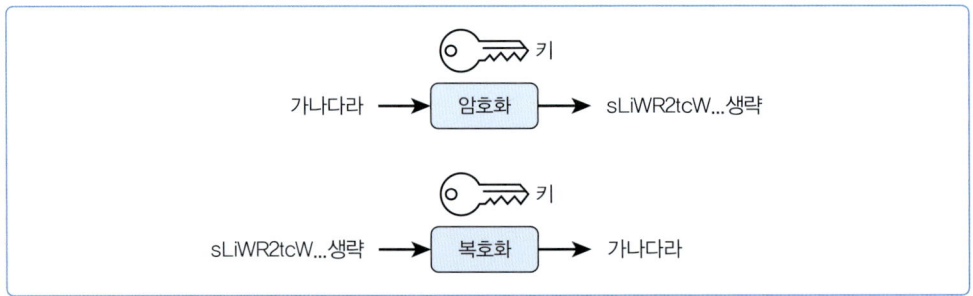

그림 8.13 대칭 키 암호화는 암호화와 복호화에 같은 키를 사용한다.

비대칭 키 암호화는 암호화할 때와 복호화할 때 서로 다른 키를 사용한다. 비대칭키 암호화에서는 공개 키$^{public\ key}$와 개인 키$^{private\ key}$를 생성한다. 이름에서 알 수 있듯이, 공개 키는 누구에게나 공개할 수 있는 키이다. 반대로 개인 키는 키 소유자만 접근할 수 있어야 한다.

공개 키는 데이터를 암호화할 때 사용되며, 개인 키는 암호화된 데이터를 복호화할 때 사용된다.

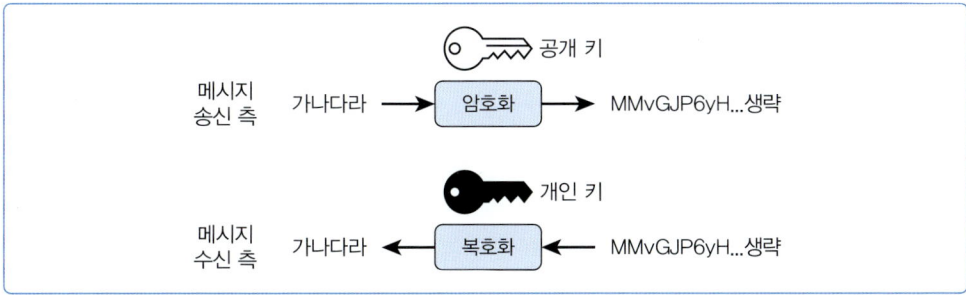

그림 8.14 비대칭 키 암호화는 암호화와 복호화 때 다른 키를 사용한다.

키 소유자는 공개 키와 개인 키 쌍을 생성한 뒤, 데이터 송신자에게 공개 키를 제공한다. 공개 키로 암호화한 데이터는 개인 키로만 복호화할 수 있기 때문에, 공개 키가 유출되더라도 암호화한 데이터를 복호화할 수 없다. 따라서 같은 키를 공유해야 하는 대칭 키 방식과 비교하면 비대칭 키 방식이 보안에 좀 더 안전하다.

개인 키로 암호화하고 공개 키로 복호화할 수도 있다. 보통 개인 키로 데이터를 암호화하는 것은 신원 확인이나 서명과 같은 인증 목적으로 사용된다. 개인 키를 사용해서 인증을 수행하는 예로 SSH를 들 수 있다. SSH 서버는 개인 키를 이용한 인증 수단을 제공한다. SSH 서버에 공개 키를 등록하고, 클라이언트는 서버에 접속할 때 개인 키를 이용해서 인증한다.

> **알아두기** **SSH의 키 쌍을 이용한 사용자 인증 과정**
>
> SSH에서 키 쌍을 이용한 사용자 인증 과정은 다음과 같다.
>
> 1. 클라이언트는 인증에 사용할 키 쌍의 ID를 서버에 전송한다.
> 2. 서버는 키 ID에 해당하는 공개 키를 authorized_keys 파일에서 찾는다.
> 3. 공개 키가 존재하면 임의의 숫자를 생성해서 공개 키로 암호화한다.
> 4. 암호화한 숫자를 클라이언트에 전송한다.
> 5. 클라이언트는 개인 키로 암호화된 숫자를 복호화한다.
> 6. 클라이언트는 복호화한 숫자와 공유 세션 키를 결합한 값의 해시를 구한다.
> 7. 클라이언트는 해시 값을 서버에 전송한다.
> 8. 서버는 클라이언트가 전송한 해시 값과 서버가 임의 숫자와 공유 세션 키로 생성한 해시 값이 같은지 비교한다.
> 9. 두 값이 일치하면 클라이언트를 인증한다.

☑ AES 대칭 키 암호화 예

대표적인 대칭 키 암호화 알고리즘에는 AES가 있다. AES 알고리즘을 사용할 때는 다음의 두 값을 생성해서 공유한다.

- 키(Key)
- IV(Initialization Vector, 초기화 벡터)

AES는 키 값으로 128비트, 192비트, 256비트 중 하나를 사용한다. 바이트로는 각각 16바이트, 24바이트, 32바이트가 된다. 키는 무작위로 생성해서 유추가 어려워야 한다. 예를 들어 256비트 키를 생성할 때는 무작위로 32바이트 배열을 생성하고 이를 보관한다.

다음은 임의의 키를 생성하는 코드 예이다.

```java
public static byte[] generateSecretKey() throws Exception {
    KeyGenerator keyGenerator = KeyGenerator.getInstance("AES");
    keyGenerator.init(256); // 256비트 키 생성
    SecretKey secretKey = keyGenerator.generateKey();
    return secretKey.getEncoded(); // 길이 32 바이트의 배열 반환
}
```

생성한 키는 바이너리 파일이나 문자열 형식으로 변환해서 보관하고 공유한다. 보관된 키를 이용해 암호화를 하려면, 해당 키 데이터로부터 SecretKey 객체를 만들어야 한다. 다음은 바이트 배열로부터 SecretKey를 생성하는 코드다.

```java
SecretKey key = new SecretKeySpec(bytes, "AES");
```

같은 키를 사용해서 같은 데이터를 암호화하면 항상 같은 결과가 생성된다. 이처럼 반복되는 패턴은 공격자가 암호화된 데이터를 분석할 수 있는 단서를 줄 수 있다. 이런 패턴 노출을 막기 위해 IV(초기화 벡터)를 사용한다.

IV는 임의의 바이트 배열로서, 암호화할 때 함께 사용되면 같은 키를 쓰더라도 결과값이 매번 달라져 패턴이 드러나는 것을 방지할 수 있다. 복호화할 때는 키와 함께 IV도 필요하기 때문에 IV 역시 안전하게 전달하거나 저장해야 한다.

AES 알고리즘은 길이가 16인 바이트 배열을 IV로 사용한다. 다음은 임의의 IV를 생성하는 예제다.

```java
public static byte[] genIv() {
    byte[] iv = new byte[16];
    new SecureRandom().nextBytes(iv);
    return iv;
}
```

키와 IV를 이용해서 암호화하고 복호화하는 코드는 다음과 같다. 이 코드는 문자열을 암호화하고 복호화하는 예를 보여준다.

```java
public static String encrypt(String plain, SecretKey key, byte[] iv) throws Exception {
    Cipher cipher = Cipher.getInstance("AES/CBC/PKCS5Padding"); // 알고리즘
    IvParameterSpec parameterSpec = new IvParameterSpec(iv);
    cipher.init(Cipher.ENCRYPT_MODE, key, parameterSpec);
    byte[] encrypted = cipher.doFinal(plain.getBytes("UTF-8")); // 암호화 실행
    return Base64.getEncoder().encodeToString(encrypted);
}
public static String decrypt(String encrypted, SecretKey key, byte[] iv) throws Exception {
    Cipher cipher = Cipher.getInstance("AES/CBC/PKCS5Padding"); // 알고리즘
    IvParameterSpec parameterSpec = new IvParameterSpec(iv);
    cipher.init(Cipher.DECRYPT_MODE, key, parameterSpec);
    byte[] decoded = Base64.getDecoder().decode(encrypted);
    byte[] decrypted = cipher.doFinal(decoded); // 복호화 실행
    return new String(decrypted, "UTF-8");
}
```

단방향 암호화와 마찬가지로 암복호화도 바이트 데이터를 대상으로 한다. 그래서 문자열을 암호화할 때는 바이트 배열로 변환한 뒤에 암호화를 한다. 위 예제 코드는 암호화한 결과로 생성한 바이트 배열을 Base64를 이용해서 인코딩했다. 16진수 표기법을 사용해서 문자열로 표시해도 된다. 바이트 배열 자체를 송신해야 한다면 배열 자체를 리턴한다.

암복호화할 때 "AES/CBC/PKCS5Padding"을 사용해서 Cipher 객체를 구했는데, 이때 각 단어는 각각 암호화 알고리즘, 암호화 모드, 패딩 방식을 뜻한다. AES는 정해진 길이의 블록 단위로 암호화를 수행하기 때문에 마지막 블록은 길이가 맞지 않을 때가 많다. 길이가 부족한 마지막 블록을 규칙에 따라 값을 채우고 암호화를 진행하는데, 이때 값을 채우는 규칙이 패딩 방식이다.

암호화 모드에 따라 패딩이 필요 없기도 하다. 예를 들어 GCM 암호화 모드를 사용하면 패딩이 필요 없으므로 패딩 규칙으로 "NoPadding"을 사용한다.

 비대칭 키 암호화 예

비대칭 키 암호화는 공개 키/개인 키 쌍을 생성한 뒤에 공개 키를 공유한다. 다음은 RSA 알고리즘을 위한 키 쌍을 생성하는 코드 예이다.

```java
KeyPairGenerator keyGen = KeyPairGenerator.getInstance("RSA");
keyGen.initialize(2048); // 키 길이 2048비트로 설정
KeyPair keyPair = keyGen.generateKeyPair();
PublicKey publicKey = keyPair.getPublic(); // 공개 키
PrivateKey privateKey = keyPair.getPrivate(); // 개인 키
byte[] publicKeyBytes = publicKey.getEncoded(); // 공개 키 바이트 배열
byte[] privateKeyBytes = privateKey.getEncoded(); // 개인 키 바이트 배열
```

공개 키는 바이트 배열을 Base64 형식으로 인코딩해서 문자열로 공유하거나, 바이트 배열 자체를 파일로 저장해서 공유한다. 개인 키도 유사하게 Base64로 인코딩한 문자열을 저장하거나 바이트 배열 자체를 바이너리 형식으로 저장한다.

문자열이나 바이너리 형태로 저장한 공개 키와 개인 키는 다시 코드에서 사용할 수 있는 형태로 변환해야 한다. 다음 코드는 바이트 배열을 PublicKey 타입과 PrivateKey 타입으로 변환하는 예제 코드를 보여준다.

```java
public static KeyPair getKeyPairFromBytes(
    byte[] publicKeyBytes, byte[] privateKeyBytes)
        throws NoSuchAlgorithmException, InvalidKeySpecException {
```

```java
    KeyFactory keyFactory = KeyFactory.getInstance("RSA");
    PublicKey publicKey = keyFactory.generatePublic(
            new X509EncodedKeySpec(publicKeyBytes)
    );
    PrivateKey privateKey = keyFactory.generatePrivate(
            new PKCS8EncodedKeySpec(privateKeyBytes)
    );
    return new KeyPair(publicKey, privateKey);
}
```

다음은 공개 키와 개인 키로 암호화/복호화하는 예제 코드이다.

```java
public static String encrypt(String plain, PublicKey publicKey) {
    Cipher cipher = Cipher.getInstance("RSA");
    cipher.init(Cipher.ENCRYPT_MODE, publicKey);
    byte[] encryptedBytes = cipher.doFinal(plain.getBytes("UTF-8"));
    return Base64.getEncoder().encodeToString(encryptedBytes);
}
public static String decrypt(String encrypted, PrivateKey privateKey) {
    Cipher cipher = Cipher.getInstance("RSA");
    cipher.init(Cipher.DECRYPT_MODE, privateKey);
    byte[] decodedBytes = Base64.getDecoder().decode(encrypted);
    byte[] decryptedBytes = cipher.doFinal(decodedBytes);
    return new String(decryptedBytes, "UTF-8");
}
```

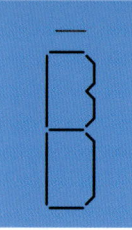
HMAC을 이용한 데이터 검증

API 통신을 할 때 클라이언트는 데이터를 알맞게 생성해서 서버에 전송한다. 예를 들어 게임이 끝난 뒤에 결과에 따른 포인트를 지급하기 위해, 클라이언트는 서버에 다음 메시지를 담은 요청을 보낼 수 있다.

```
{
    "result": "A",
    "bonus": 10
}
```

서버는 메시지에 포함된 bonus와 result 값이 유효한 클라이언트가 생성해서 보낸 값인지 확인해야 한다. 중간에 누군가가 데이터를 위변조해서 보내면 실제 지급해야 하는 포인트보다 더 많은 포인트를 지급해야 하기 때문이다.

공격에 대응하려면 메시지가 위변소되지 않았다는 것을 확인할 수단이 필요하며, 이때 HMAC을 주로 사용한다. HMAC은 Hash-based Message Authentication Code의 약자로, 메시지의 무결성과 인증을 보장하기 위해 사용하는 암호화 기술이다. HMAC은 해시 함수와 비밀 키를 이용해서 다음 2가지를 보장한다.

- 메시지 무결성: 메시지가 중간에 위변조되지 않았음
- 인증: 메시지 발신자를 인증할 수 있음(발신자만 비밀 키 접근)

메시지의 발신자와 수신자는 둘만 알고 있는 비밀 키$^{\text{secret key}}$를 공유한다. 이 비밀 키는 외부에 노출되면 안 된다.

메시지 발신자는 [그림 8.15]처럼 메시지를 비밀 키로 해싱해서 생성한 MAC(메시지 인증 코드)를 원본 메시지와 함께 수신자에게 전송한다. 수신자는 수신한 메시지와 비밀 키를 이용해 MAC을 다시 생성한 뒤, 발신자가 보낸 MAC과 비교한다. 두 값이 같으면 메시지가 변경되지 않았음을 보장할 수 있다. 반대로 두 값이 다르면, 메시지는 유효하지 않은 것으로 판단한다.

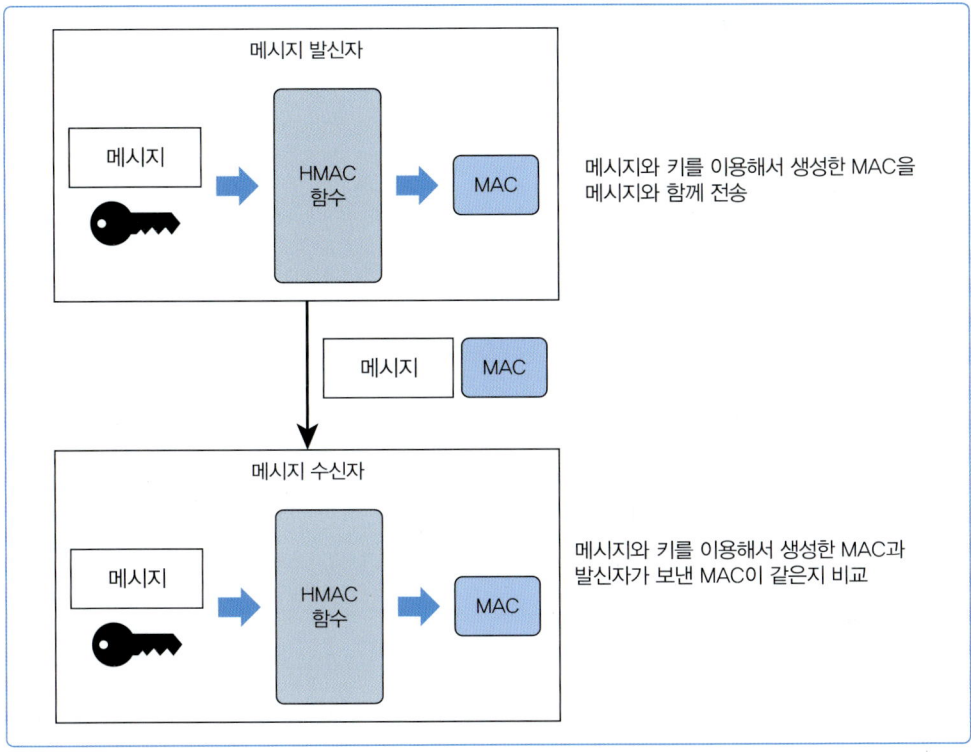

그림 8.15 HMAC의 동작 방식

HMAC의 장점은 단순함과 효율성에 있다. 발신자와 수신자가 비밀 키만 공유하면 정해진 해시 알고리즘을 이용해서 MAC을 생성할 수 있기 때문에 낮은 비용으로 인증 보안을 구현할 수 있다. 사용되는 해시 알고리즘에 따라 보안성도 향상된다.

단점은 비밀 키 관리다. 비밀 키가 외부에 유출되면 보안에 취약해진다. 또한, 유출 위험이 있는 만큼 비밀 키 교체도 까다로울 수 있다.

HMAC 예제 코드

다음은 HMAC을 이용해서 MAC을 생성하는 예제 코드이다.

```java
public static class HMAC {
    private String secretKey;
    public HMAC(String secretKey) {
        this.secretKey = secretKey;
    }
    public String hmac(String message) {
        try {
            Mac mac = Mac.getInstance("HmacSHA256");
            SecretKeySpec secretKeySpec =
                    new SecretKeySpec(secretKey.getBytes(), "HmacSHA256");
            mac.init(secretKeySpec);
            byte[] hash = mac.doFinal(message.getBytes("UTF-8"));
            return Base64.getEncoder().encodeToString(hash);
        } catch (Exception e) {
            throw new RuntimeException(e);
        }
    }
}
```

비교적 간단한 코드로 HMAC을 구현할 수 있다는 것을 알 수 있다.

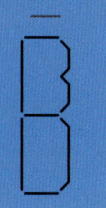

방화벽으로 필요한 트래픽만 허용하기

서버가 외부에 노출되기 시작하면 포트 스캔부터 다양한 공격이 들어온다. 해커는 호시탐탐 해킹할 기회를 엿보고 있기 때문에 이를 방지하려면 필요한 만큼만 네트워크 접근을 허용하고 나머지는 차단해야 한다.

가장 기본적인 네트워크 접근 차단은 방화벽firewall을 통해 이루어진다. 방화벽은 물리적인 장비로 존재하기도 하고 가상 방화벽(예: AWS의 보안 그룹)으로 존재하기도 한다.

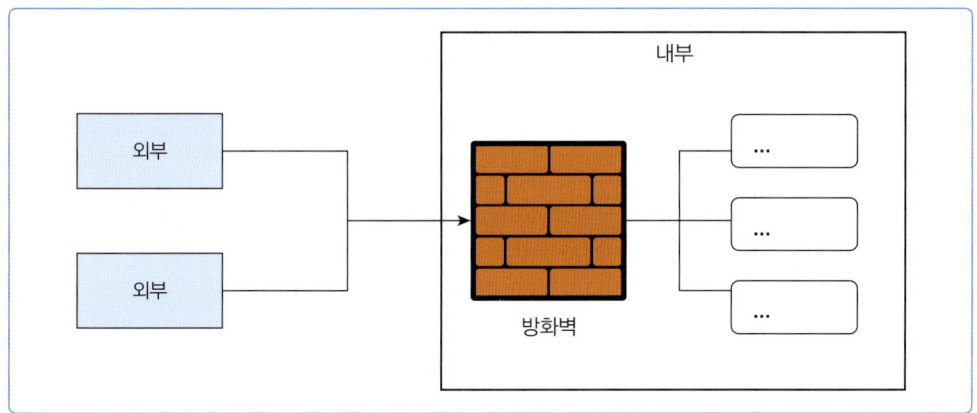

그림 8.16 방화벽을 통해 네트워크 통신을 제어한다.

방화벽은 네트워크 통신을 두 방향으로 제어한다.

- 인바운드 트래픽: 외부에서 내부로 유입되는 것
- 아웃바운드 트래픽: 내부에서 외부로 유출되는 것

기본적으로 인바운드는 필수 트래픽만 허용하고 나머지는 차단할 것을 권한다. 모든 외부 IP의 모든 포트에 접근을 허용하기보다는, 특정 서버 IP의 443 포트만 허용하고 나머지는 차단하는 식으로 외부 노출을 최소화해야 한다. 또한 접속을 허용할 클라이언트 IP도 가능한 최소 범위로 지정한다. 예를 들어 서비스의 특성에 따라 다음과 같이 인바운드 트래픽을 허용할 수 있다.

- 서비스 API: 외부의 모든 IP에서 서버A IP에 443 포트로 접근 가능
- 관리자 API: 사내 IP만 서버B IP의 443 포트로 접근 가능

아웃바운드 트래픽 역시 가능하면 필수만 허용하고 나머지는 차단한다. 아웃바운드를 모두 허용하면 서버가 해킹당했을 때 해커의 중간 경유지로 악용될 수 있기 때문이다. 이런 상황을 막기 위해 아웃바운드도 정해진 목적지로의 트래픽만 허용해야 한다.

방화벽은 단순히 트래픽을 제어하는 것 외에도, DDoS나 포트 스캔 같은 네트워크 공격을 차단하는 기능도 제공한다.

> **알아두기 DDoS**
>
> DDoS는 Distributed Denial of Service의 약자로 분산 서비스 거부 공격이라고도 한다. 여러 위치에서 동시에 다량의 트래픽을 서버에 보내 서버를 느리게 만들거나 아예 서비스를 중단시키는 공격이다. 유명한 DDoS 사례로는 Dyn DNS 공격이 있다.

웹 방화벽WAF, Web Application Firewall을 사용하면 HTTP/HTTPS 수준에서 발생하는 공격도 방어할 수 있다. 웹 방화벽은 SQL 인젝션, XSSCross Site Scripting, 크로스 사이트 스크립팅 같은 웹 기반 위협을 감지하고 차단한다.

또한, 개별 서버 자체도 방화벽 기능을 제공한다. 우분투 리눅스, 로키 리눅스, 윈도우 서버 등 서버 OS도 방화벽 기능을 통해 트래픽을 제어할 수 있다. 방화벽이나 웹 방화벽을 사용하고 있지 않다면, 최소한 서버 수준에서 방화벽을 설정해 시스템을 보호해야 한다.

# 감사 로그(audit log) 남기기

위키피디아에 따르면 감사 로그는 다음과 같이 정의된다.

> 감사 로그는 특정 작업, 절차, 사건 또는 장치에 영향을 주는 활동의 순서를 입증하는 보안 관련 기록이다.

> **Memo**
> 감사 로그는 감사 추적(audit trail)이라고도 한다.

다음은 대표적인 감사 로그 기록 대상이다.

- 사용자의 로그인/로그아웃 내역
- 암호 초기화 등 설정 변경 내역
- 환자 기록을 조회한 의료진 정보
- 계약서의 수정 이력

감사 로그는 데이터 조회 및 변경 이력, 작업자, 시점 등의 정보를 기록해 활동을 입증하는 증거로 사용된다. 이런 로그는 보안이 중요한 시스템에서 사고가 발생했을 때 문제 해결에 큰 도움이 된다.

산업군에 따라 법적으로 요구되는 보안 인증이 있는데, 인증 항목에는 접속 기록과 같은 감사 로그가 포함된다. 인증에 통과하지 못하면 과태료 등 처분을 받을 수 있으므로 보안의 한 축으로서 감사 로그는 매우 중요한 역할을 한다.

> **알아두기** **감사 로그와 일반 로그**
>
> 감사 로그가 컴플라이언스나 정책을 지키기 위해 활동 내역을 기록한다면, 일반적인 로그는 개발자가 버그나 오류 같은 문제를 해결할 때 도움을 받기 위한 목적으로 기록한다. 감사 로그는 필수로 기록해야 하는 반면, 일반 로그는 로그 레벨을 두어 필요에 따라 남기기도 하고 생략하기도 한다. 또한, 감사 로그는 규정에 정해진 기간 동안 보관해야 한다면, 일반 로그는 상황에 따라(예: 디스크 용량 부족 등) 지우기도 한다.

데이터 노출 줄이기

서비스 운영자는 백오피스에서 다양한 고객 정보를 조회할 수 있다. 고객 이름, 휴대폰 번호, 배송 주소 등 고객을 특정할 수 있는 민감 정보가 노출된다. 개인 정보가 많이 표시될수록 고객 정보를 쉽게 취득할 수 있다. 예를 들어 백오피스의 회원 목록 조회 화면에 회원 아이디, 이름, 휴대폰 번호가 표시된다고 해 보자. 한 페이지에 50명의 회원을 표시하면 한 번에 50명의 개인 정보를 취득할 수 있다. 마음만 먹으면 자동화 도구를 사용하지 않더라도 고객 정보를 쉽게 모을 수 있다.

다수의 고객 정보를 쉽게 획득하지 못하게 만드는 방법으로는 마스킹이 있다. 회원 목록 화면에서는 휴대폰 번호 일부나 주소 정보 일부를 마스킹하는 식이다. 이때 서버에서 클라이언트로 응답하는 데이터 자체가 마스킹되어 있어야 한다. API 응답은 원본 데이터가 보이고 프런트 코드에서만 마스킹 처리를 하면 안 된다. 이 경우 웹 브라우저 개발자 도구로 손쉽게 여러 고객 정보를 조회할 수 있다.

소수 인원에게만 고객 목록 조회 권한을 부여하는 것도 방법이다. 권한이 없는 나머지 사용자는 고객이 불러준 휴대폰 번호나 이름을 사용해서 고객 정보를 조회할 수 있게 한다.

자동화에 익숙한 사람은 도구를 사용해서 개인 정보를 수집할 수 있다. 이를 막을 수 있는 방법은 없지만 이상 접근을 빠르게 감지해서 피해를 최소화할 수는 있다. 예를 들어 고객 목록 기능을 짧은 시간 동안 빈번하게 실행했거나 고객 상세 정보를 짧은 시간 간격으로 조회하는 사용자가 있다면 비정상 사용으로 인지하고 접근을 차단하는 식이다. 이렇게 하면 정보 유출 피해가 커지는 것을 막을 수 있다.

로그 메시지도 신경을 써야 한다. 2018년 트위터(현재 X)는 로그 메시지에 사용자의 비밀번호가 평문으로 기록되는 문제가 있었다. 로그를 조회할 수 있는 개발자는 누구든 사용자의 비밀번호를 알 수 있었던 것이다. 당시 트위터는 로그가 외부에 유출되지는 않았다고 했지만 악의적인 마음을 품은 개발자가 있었다면 심각한 문제가 발생할 상황이었다.

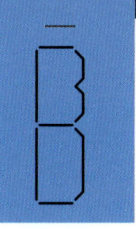

비정상 접근 처리

사용자가 평소와 다른 행동 패턴을 보이면 비정상 접근으로 판단하고 사용자에게 해당 내용을 알려주는 서비스가 있다. 비정상 접근으로 판단하는 대표적인 예로는 다음의 3가지가 있다.

- 평소와 다른 장소에서 로그인함
- 평소와 다른 기기에서 로그인함
- 로그인에 여러 차례 실패함

이 3가지는 계정 관리에 대한 책임을 사용자에게만 맡기지 않고 시스템적으로 보안을 강화한다. 이를 통해 사용자는 예상치 못한 계정 탈취 상황에 대처할 수 있게 된다.

사용자에게 알리는 것을 넘어 계정 사용 중지와 같은 정책을 적용할 수도 있다. 예를 들어 연속적으로 로그인에 실패하면 일시적으로 계정을 잠그기도 한다. 이를 통해 브루트 포스 공격에 대응한다.

> **알아두기**   **브루트 포스(brute force) 공격**
>
> 위키피디아에 따르면 브루트 포스 공격은 다음과 같이 정의되어 있다.
>
> 특정한 암호를 풀기 위해 가능한 모든 값을 대입하는 것을 의미한다. 대부분의 암호화 방식은 이론적으로 무차별 대입 공격에 대해 안전하지 못하며, 충분한 시간이 존재한다면 암호화된 정보를 해독할 수 있다.
>
> 모든 가능한 조합을 시도하는 방식은 시간이 오래 걸리기 때문에 자주 사용하는 암호 패턴과 탈취한 암호를 활용해서 공격하는 방식도 있다.

동일한 URL이나 API를 반복해서 접근하는 것도 부정 사용으로 간주할 수 있다. 예를 들어 고객 정보 조회 API를 지속적으로 반복해서 호출한다면 고객 정보 유출을 의심할 수 있다. 이런 부정 사용이 의심되는 상황일 때 계정 사용을 중지시켜 고객 정보를 보호할 수 있다.

권한이 없는 URL이나 API에 대한 접근 시도를 하는 경우에도 부정 사용으로 간주할 수 있다. 일반적으로 서비스나 시스템은 사용자가 실행할 수 있는 기능만 노출한다. 따라서 사용자가 권한이 없는 기능에 대한 접근을 시도한다면 계정 탈취나 해킹 시도를 의심해 볼 수 있다. 이렇게 부정 사용이 의심될 때에도 계정을 잠가 피해를 줄일 수 있다.

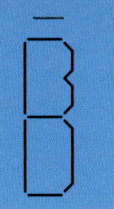

시큐어 코딩

다음 코드를 보자.

```
String id = request.getParameter("id");
String query = "select id, name from member where id = '" + id + "'";
ResultSet rs = stmt.executeQuery(query);
```

이 코드는 사용자가 입력한 값을 이용해서 SQL을 실행한다. 사용자가 입력한 문자열이 "abcd"이면 다음 쿼리를 실행한다. 정상적인 쿼리다.

```
select id, name from member where id = 'abcd'
```

문제는 정상적이지 않은 값을 입력하는 사용자도 있다는 데에 있다. 예를 들어 사용자가 아래 값을 입력했다고 하자.

```
' or 1=1 or id = '
```

이 값을 입력하면 실제로 실행되는 쿼리는 다음과 같아진다.

```
select id, name from member where id = '' or 1=1 or id = ''
```

이 코드의 where 절은 각 조건이 or로 연결되어 있고, 중간에 항상 참인 1=1 조건이 있다. 따라서 where 절은 항상 참이 되고, 결과적으로 member 테이블에 있는 모든 id와 name을 조회한다.

지금 살펴본 예가 전형적인 SQL 인젝션injection 공격에 해당한다. SQL 인젝션 공격은 코드의 취약점을 이용해서 SQL 쿼리에 코드를 삽입하는 방식으로 공격하는 해킹 수법이다. 보통 개인 정보 같은 주요 정보를 탈취하거나 조작할 목적으로 시도한다. 간단한 공격이지만 한 번 뚫리면 피해가 클 수 있다. 실제로 국내에서도 SQL 인젝션 공격으로 200만 건에 가까운 개인정보가 유출된 사례가 있다.

SQL 인젝션을 막는 가장 쉬운 방법은 Prepared Statement를 사용하는 것이다. Prepared Statement를 사용하면 값에 포함된 특수 문자(작은 따옴표 등)를 알맞게 변환해서 SQL을 만들어주기 때문에 SQL 인젝션 공격을 피할 수 있다.

SQL 인젝션 외에도 서버 프로그램을 개발할 때는 아래 항목에 신경 써야 한다. 이를 통해 보안을 강화할 수 있다.

- 입력 값 검증: 클라이언트가 전송한 값이 올바르다고 가정하지 말고 모든 값을 검증해야 한다. 검사 항목으로는 필수 여부, 길이 제한, 미허용 값 등이 있다.
- 개인 정보/민감 정보 암호화: 로그인 암호와 바이오 정보처럼 인증에 사용되는 정보뿐만 아니라 주민 번호, 운전 면허 번호 같은 고유 식별 정보도 암호화해야 한다.
- 에러 메시지에 시스템 정보 미노출: 에러 메시지에 내부 IP나 DB IP와 같은 시스템 정보가 노출되지 않도록 한다.
- 보안 통신: HTTPS처럼 데이터를 암호화해서 데이터 유출을 방지한다.
- CORS^{Cross Origin Resource Sharing} 설정: 허용된 도메인만 서버 자원에 접근할 수 있도록 제한한다.
- CSRF^{Cross-Site Request Forgery} 대응: 주요 기능은 타 사이트에서 위조 공격이 들어오는 것을 방지하기 위해 CSRF 토큰, SameSite 쿠키, 캡차 등을 사용한다.

개인 보안

개발자는 다양한 서버에 연결할 수 있다. 권한에 따라 DB에 접속해서 다양한 쿼리도 실행할 수 있다. 개발자가 접근할 수 있는 시스템이 많은 만큼 개발자 PC가 해킹 당하면 큰 사고로 이어진다. 그래서 개발자는 보안 위험에 민감해야 한다.

하지만 보안에 둔감한 개발자를 종종 만난다. 출처가 불분명한 파일을 다운받거나 의심스러운 이메일의 첨부 파일을 실행하는 식이다. 이는 위험한 상황을 만들 수 있다. 실제로 개발자 PC가 해킹되면서 사고가 발생한 사례가 다수 있다. 심지어 해킹을 막아야 할 백신이 해킹되면서 개인 정보가 유출된 사례도 있다. 언론에 나온 사건 외에 필자 주변에서 직접 목격한 사건도 있다.

> **Column | 목격한 사례 2가지**
>
> 개인 보안에 소홀해서 문제가 된 첫 번째 사례는 A사의 핵심 게임 개발자가 해킹 당한 사건이다. 해커는 개발자 PC에 악성 코드를 심었다. 이후 키로깅keylogging을 통해 DB 접속 암호를 알아냈다. 이후 해커는 개발자 PC를 통해 DB에 접속해서 다양한 정보를 탈취했다.
>
> 두 번째는 B사의 서버 담당자가 랜섬웨어에 걸린 사례다. 데이터가 보관된 서버에 접근할 수 있는 담당자가 랜섬웨어가 걸렸고, 랜섬웨어가 데이터를 암호화해서 사용할 수 없게 되는 사고가 터졌다. 사업을 지속하는 데 꼭 필요한 데이터였기에 B사는 해커에게 돈을 지불해서 데이터를 복구할 수밖에 없었다.

물리적인 보안도 중요하다. 자리를 비울 때는 화면 보호기를 실행해서 모니터 화면을 아무도 못 보게 잠가야 한다. 중요 사이트에 로그인한 상태에서 화면 잠금을 하지 않은 채로 자리를 비우지 말자. 자리를 비운 사이에 누군가 보안에 민감한 기능을 실행하거나 고객의 민감 정보를 조회해서 유출할 수 있다. 민감 정보가 담긴 문서를 출력했으면 파기하거나 유출되지 않게 잘 간수해야 한다.

> **알아두기** **보안과 비용**
>
> 방화벽이나 웹방화벽을 도입하려면 장비를 추가로 구매하거나 클라우드 서비스를 추가로 사용해야 한다. 감사 로그를 남기려면 스토리지가 추가로 필요하다. 비정상 접근을 탐지하려면 관련 기능을 추가로 개발해야 한다. 시스템에 대한 접근 권한을 관리하기 위해 접근 제어 솔루션을 구매하기도 한다.
>
> 이렇듯 보안 수준을 높일수록 비용은 증가한다. 이런 이유로 초기 스타트업은 보안에 투자하기가 쉽지 않다. 제품 개발에 투입할 비용이 부족한 상황에서 보안에 투자할 여력이 없기 때문이다. 하지만 보안 자체에 무신경하면 안 된다. 최소한 인증과 인가에 신경쓰고 주요 정보를 암호화하며 서버 수준에서 방화벽이라도 설정해야 한다. 이는 보안 사고가 발생할 확률을 낮춰준다.

Chapter 09

9장

최소한 알고 있어야 할 서버 지식

이 장에서 다룰 내용
- OS 계정과 권한
- 프로세스
- 디스크 용량
- 파일 디스크립터 제한
- 시간 동기화
- 크론을 이용한 스케줄링
- 별칭
- 네트워크 정보 확인

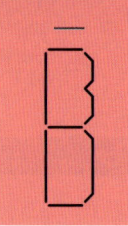

개발자와 서버

규모가 큰 회사는 인프라와 플랫폼을 담당하는 팀과 서비스를 개발하는 팀이 분리되어 있다. 서비스를 개발하면서 동시에 인프라나 플랫폼을 관리하기에는 인프라와 플랫폼이 복잡해지기 때문이다. 그래서 규모가 큰 회사에서 백엔드 개발을 시작하면 OS를 설치하고 설정하고 관리하는 경험을 못하기도 한다.

서버 OS에 대한 경험이 없으면 문제가 생겼을 때 어플리케이션 문제인지 OS 문제인지 확인하는 데 어려움을 겪게 된다. 인프라 엔지니어처럼 전문적인 지식은 아니더라도 백엔드 개발자라면 기본적인 서버 관리는 할 수 있어야 한다.

이 장에서는 백엔드 개발을 할 때 알아두면 좋을 기초적인 내용을 알아볼 것이다. 이후에 더 깊이 있는 내용을 알고 싶다면 OS 관련 책을 더 학습하기 바란다.

> **Memo**
>
> 서버라는 단어는 다양한 대상을 의미한다. 먼저 물리 장비나 가상화 장비를 서버라고 부른다. 또는 그 장비에 설치된 OS를 서버라고도 한다. 또한 OS에서 구동하는 프로그램을 서버라고 부르기도 한다. 이 장에서는 서버 프로그램을 구동하는 OS를 서버라고 부르고 아파치나 톰캣 같은 프로그램은 서버 프로그램이라고 불러서 읽을 때 오는 혼란을 줄이려고 노력했다.

> **알아두기** 버추얼박스(Virtualbox), 베이그런트(Vagrant)
>
> 필자가 처음 프로그래밍을 배울 때만 해도 실제 컴퓨터에 OS를 직접 설치하고 설정하면서 서버 관리를 연습해야 했다. 잘못 설치하면 다시 설치하느라 시간을 날렸다. 다행히 지금은 이런 수고를 하지 않아도 된다. 가상화 프로그램이 있기 때문이다. 버추얼박스나 베이그런트와 같은 도구를 사용하면 OS 설치부터 다양한 설정까지 쉽게 연습할 수 있다.

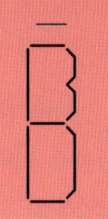

OS 계정과 권한

서버 프로그램의 프로세스를 중지시켰다가 다시 실행했는데 제대로 프로세스가 구동되지 않은 적이 있다. 원인은 프로세스가 생성한 파일에 있었다. 직전에 root 계정으로 프로세스를 구동했고 그 프로세스가 파일을 생성했다. 이후 일반 사용자 계정으로 프로세스를 다시 구동했는데, 일반 계정은 root 계정으로 생성한 파일을 수정할 권한이 없었다. 프로세스 시작 과정에서 파일 수정에 실패하면서 프로세스는 비정상 종료됐다.

서버 OS로는 리눅스를 많이 사용하므로 리눅스의 기본적인 계정과 권한 관리를 이해할 필요가 있다. 우분투, 로키 리눅스 등 각 리눅스 배포판마다 조금씩 사용법이 다르지만, 기본적인 계정 생성과 파일 권한 관리 체계는 유사하므로 특정 리눅스 배포판에 익숙해지면 나머지도 쉽게 접근할 수 있다.

root 계정은 OS를 설치하면 기본 생성되는 계정으로 모든 권한을 가진 관리자 계정이다. 모든 것을 다 할 수 있기 때문에 root 계정에 접근할 수 있는 인원에 제한을 둔다. 보통 인프라 담당자만 root 계정 접근 권한을 갖고 나머지 개발자는 별도로 생성한 사용자 계정을 이용해서 서버에 연결한다. OS 관리에 익숙하지 않은 사람한테 root 계정을 부여하면 재앙에 가까운 사고가 벌어질 수도 있다.

> **Column**
>
> **rm -rf**
>
> 초보 시절에 자주 겪는 실수 중 하나는 지우지 말아야 할 파일을 삭제하는 것이다. 특정 디렉토리에 있는 모든 파일을 삭제하기 위해 rm -rf 명령어를 사용했는데 알고 보니 다른 디렉토리에서 명령어를 실행한 경우다. 여기에 root 계정 권한까지 더해지면 더 많은 파일을 삭제할 수 있어 실수했을 때의 여파가 더 크다.
>
> 필자는 rm 명령어를 입력하고 엔터를 누르는 순간, 오싹한 느낌을 받은 적이 있다. 뭔가 실수를 한 것 같은 예감이었다. 실제로 다른 디렉토리의 파일을 지워 복구하느라 고생한 적도 있다. 그래서 파일을 삭제하기 전에는 항상 현재 디렉토리와 삭제 대상 파일 목록을 확인하는 습관을 들여야 한다. 그래야 삭제 사고를 줄일 수 있다. 또한 중요한 작업은 두 사람이 함께 확인하면서 진행하는 것도 사고를 방지하는 좋은 방법이다.

리눅스는 계정과 함께 그룹 개념도 사용한다. 여러 계정을 하나의 그룹으로 묶어 권한을 관리할 수 있다. 다만 필자의 개인적인 경험상, 한 서버에 개발자용 계정을 여러 개 생성해서 사용하는 경우는 드물었기 때문에 실제로 그룹 수준에서 권한을 관리한 경우는 거의 없었다.

특정 파일을 실행했는데 다음과 같이 접근이 거부된 메시지를 받는다면 실행에 필요한 권한이 없는 것이다.

```
$ ./run.sh
-bash: ./run.sh: 허가 거부
```

파일을 실행할 때 이런 접근 거부가 발생하는 이유는 보통 읽기 권한이나 실행 권한이 없기 때문이다. 파일이나 디렉토리에 대한 권한은 ls 명령어로 확인할 수 있다. ls -l 명령어를 사용하면 파일 권한을 포함한 여러 정보를 확인할 수 있다.

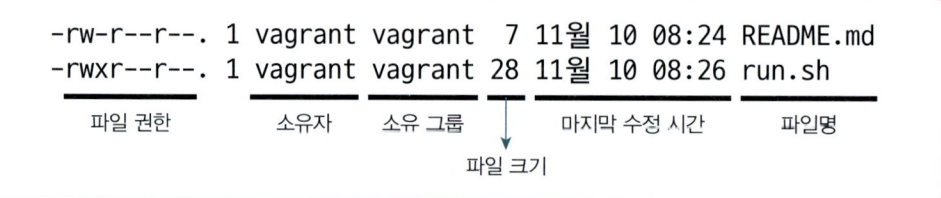

그림 9.1 ls -l 명령어로 조회한 정보 구조

파일 권한 부분은 첫 세 글자가 소유자의 권한, 중간 세 글자가 그룹의 권한, 마지막 세 글자가 다른 사용자에 대한 권한을 표시한다. 세 글자는 순서대로 r, w, x 글자가 올 수 있는데 이 글자는 각각 다음을 의미한다.

- r: 읽기(Read) 권한
- w: 쓰기(Write) 권한
- x: 실행(eXecute) 권한

예를 들어, [그림 9.1]에서 run.sh 파일의 권한이 'rwxr--r--'로 표시되어 있다고 하자. 이 권한은 [그림 9.2]처럼 각 대상별 권한을 의미한다.

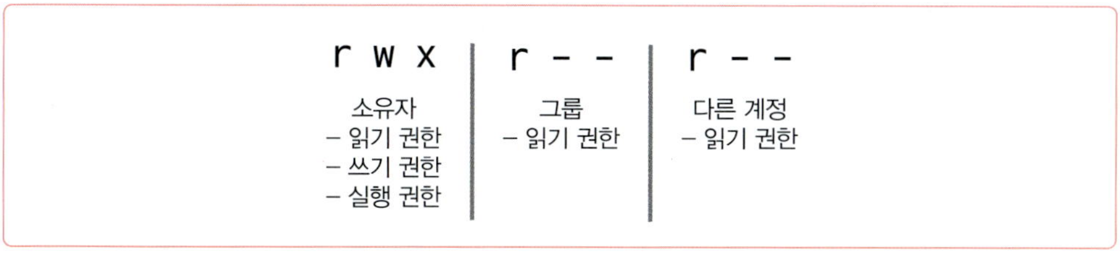

```
r w x   │ r - -  │ r - -
소유자      그룹      다른 계정
- 읽기 권한  - 읽기 권한  - 읽기 권한
- 쓰기 권한
- 실행 권한
```

그림 9.2 권한 설명

권한은 숫자로도 표현한다. 각 권한에 해당하는 숫자는 다음과 같다.

- r → 4
- w → 2
- x → 1

chmod로 권한을 변경할 때는 숫자 합을 이용할 수 있다. 읽기와 쓰기 권한을 부여하고 싶다면 읽기 권한 숫자 4와 쓰기 권한 숫자 2를 합한 6을 사용한다. 전체 권한을 부여하고 싶다면 7(4+2+1)을 사용한다. 소유자, 그룹, 다른 계정에 대한 권한을 숫자 3개로 지정하면 된다. 예를 들어 다음 명령어는 run.sh 파일에 대해 소유자는 모든 권한을 갖고, 그룹은 읽기와 실행 권한을 갖고, 다른 계정에는 읽기 권한만 부여한다.

```
$ chmod 754 run.sh
```

> **Memo**
> 습관적으로 chmod 777을 사용하면 안 된다. 777은 읽기, 쓰기, 실행의 모든 권한을 부여하기 때문에 보안에 취약해질 수 있다. chmod 명령어를 실행할 때는 딱 필요한 만큼만 권한을 부여하자.

숫자 대신 개별 항목에 대해 권한을 지정할 수도 있다. 예를 들어 다음 명령어는 소유자(u)에게 실행 권한(x)을 추가(+)한다.

```
$ chmod u+x run.sh
```

모드에 올 수 있는 값은 [그림 9.3]과 같다.

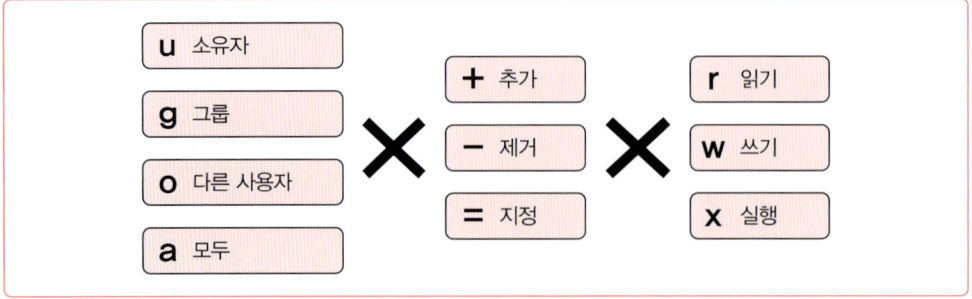

그림 9.3 chmod에서 사용자, 동작, 권한 값을 조합해 권한을 설정하는 방식

다음은 몇 가지 모드 예시를 보여준다.

- g-x: 그룹에서 실행 권한 제거
- o=rx: 다른 사용자에게 읽기와 실행 권한 지정
- a+r: 소유자, 그룹, 다른 사용자 모두에 읽기 권한 추가

> **Memo**
>
> 일반 사용자 계정으로 실행해야 하는 서버 프로그램을 root 계정으로 실행하면 이후에 권한 문제를 겪을 수 있다. 다른 계정에 실행 권한을 주지 않아도 관리자 계정인 root는 모든 권한을 갖기 때문에, root로 서버 프로그램을 실행할 때는 일반 사용자 계정으로 실행해야 하는 서버 프로그램은 아닌지 확인해야 한다.

sudo로 권한 주기

일반적으로 운영체제의 root 권한은 일부 인프라 담당자만 갖고, 개발자는 일반 계정에 대한 권한만 갖는다. 개발자는 이 계정으로 톰캣과 같은 다른 서비스를 관리한다. 하지만 개발자도 root 권한이 필요할 때가 있다. 예를 들어 systemctl로 아파치 서비스를 재시작해야 하는 경우가 이에 해당한다.

root 권한이 필요할 때마다 매번 인프라 담당자한테 작업을 요청하면 업무 효율이 떨어진다. 반대로 개발자한테 root 권한을 부여하면 보안 측면에서 위험할 수 있다. 이때 사용할 수 있는 게 sudo 명령어다. sudo 명령어를 사용하면 다른 사용자의 권한으로 프로그램을 실행할 수

있다. 예를 들어 sudo 명령어를 통해 일반 사용자가 root 계정으로 systemctl 명령어를 사용할 수 있다.

sudo 명령어로 실행할 수 있는 명령어는 별도 설정 파일로 관리한다. 일반적으로 sudo 명령어와 관련된 설정은 /etc/sudoers 파일이나 /etc/sudoers.d 디렉토리에 위치한 파일로 관리한다.

/etc/sudoers 파일을 보면 다음 설정을 볼 수 있다.

```
root    ALL=(ALL) ALL
```

이 설정은 앞에서부터 차례대로 다음을 뜻한다.

- root → root 계정은
- ALL → 모든 호스트에 대해(실질적으로는 로그인한 서버)
- (ALL) → 모든 사용자로 실행할 수 있다.
- ALL → 모든 명령어를 실행할 수 있다.

user1 계정에 sudo로 모든 명령어를 실행할 수 있는 권한을 부여하고 싶다면 다음 설정을 sudoers 파일에 추가하면 된다.

```
user1   ALL=(ALL) ALL
```

참고로 sudoers 파일을 수정할 때는 visudo 명령어를 사용한다. sudoers 파일은 읽기 전용 파일이기 때문에 vi 명령어로 수정하려면 sudoers 파일의 권한을 수정 전/후에 변경해야 하는데 visudo 명령어를 사용하면 간편하게 sudoers 파일을 수정할 수 있다.

위 설정을 추가하면 user1 계정은 다음과 같이 sudo 명령어를 이용해서 root 계정으로 모든 명령어를 실행할 수 있다.

```
[user1@myserver ~]$ sudo su
[sudo] user1의 암호:
```

이 코드를 보면 sudo 명령어를 실행할 user1의 암호를 입력해야 하는 것을 알 수 있다. 만약 암호 입력 없이 바로 실행할 수 있기를 원한다면 다음 코드처럼 NOPASSWD: 설정을 추가하면 된다.

```
user1    ALL=(ALL) NOPASSWD: ALL
```

이 설정은 user1 사용자가 암호 없이 sudo로 모든 명령어를 실행할 수 있는 권한을 부여한다. 이는 root 암호를 알려준 것이나 다름없다. 개발이나 임시 테스트 목적의 서버가 아닌 이상 모든 명령어에 대해 root로 실행할 권한을 부여하는 것은 위험할 수 있다. 그래서 ALL 대신에 특정 명령어만 실행할 수 있는 권한을 부여한다. 다음은 그 예이다.

```
user1    ALL=(ALL) NOPASSWD: /usr/bin/systemctl
```

위 설정은 user1 계정이 sudo 명령어로 systemctl 명령어를 실행할 수 있게 허용한다. 다음과 같이 명령어 뒤에 인자를 추가해서 해당 인자를 사용한 명령만 허용할 수도 있다.

```
user1    ALL=(ALL) NOPASSWD: /usr/bin/systemctl start docker
user1    ALL=(ALL) NOPASSWD: /usr/bin/systemctl stop docker
```

프로세스 확인하기

클라이언트가 서버에 연결이 제대로 안 되면 서버 프로세스가 정상 동작 중인지 확인해야 한다. 서버 프로그램을 재시작하는데 이전 프로세스가 종료되지 않고 남아 있다거나, 시작하는 과정에서 오류가 발생해서 프로세스 구동에 실패할 때가 발생할 수 있기 때문이다.

프로세스 종료가 제대로 되지 않을 경우 프로세스를 강제로 종료해야 한다. 프로세스를 종료하려면 종료시킬 프로세스의 ID가 필요하다. 프로세스 ID를 확인하기 위해 필자는 ps aux나 ps -eaf 명령어를 주로 사용한다. 이 명령어를 사용하면 실행 중인 프로세스의 소유자, 프로세스 ID, 명령행 인자 등의 정보를 확인할 수 있다.

프로세스가 사용하는 CPU나 메모리 사용량을 실시간으로 확인할 때에는 top이나 top을 개선한 htop과 같은 프로그램을 사용한다. 이들 도구를 사용하면 CPU 사용량이 높은 프로세스나 메모리 사용량이 높은 프로세스를 쉽게 확인할 수 있어 문제를 일으키는 프로세스를 찾을 때 도움이 된다.

그림 9.4 htop을 이용한 서버 프로세스 확인

메모리나 CPU 사용량은 ps 명령어로도 확인할 수 있다. 예를 들어 다음 명령어를 사용하면 프로세스가 점유하는 메모리 사용량이 높은 프로세스 상위 5개를 확인할 수 있다.

```
$ ps aux --sort -rss | head -n 6
```

ps 명령어나 htop 같은 도구를 익히면 원하는 정보를 빠르게 탐색할 수 있어 편리하니 자주 사용하는 옵션은 익혀두자.

프로세스 종료

서버의 중지 명령어를 실행했는데 프로세스가 죽지 않고 계속 실행되는 상태로 남아 있거나, 재시작 과정에서 이전 프로세스가 제대로 종료되지 않을 때가 있다. 이때는 프로세스를 직접 종료해야 한다.

프로세스를 종료할 때는 kill 명령어를 사용한다. kill 명령어는 명령행 인자로 프로세스 ID를 사용한다.

```
kill 옵션 PID
```

옵션에는 보통 다음 2가지를 사용한다.

- -15 또는 -s SIGTERM 또는 -TERM
- -9 또는 -s SIGKILL 또는 -KILL

-15는 기본값으로, 프로세스에 TERM 신호를 보낸다. TERM 신호를 받은 프로세스는 종료에 필요한 작업을 수행한다. 예를 들어 임시로 생성한 파일을 삭제하거나, 스프링 빈의 제거 처리를 하는 작업을 수행한다.

-9 옵션을 이용하면 프로세스를 강제로 종료한다. 이 옵션은 프로그램이 종료할 때 수행하는 정리 작업을 할 수 없기 때문에 주의해서 사용해야 한다. 처음부터 -9 옵션으로 프로세스를 죽이기보다는 -15 옵션으로 여러 차례 종료 시도를 했음에도 프로세스가 종료되지 않을 때 -9 옵션을 사용하는 것이 좋다.

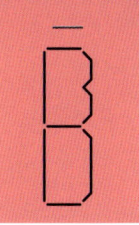

백그라운드 프로세스

로그 파일을 보려고 터미널에 접속해서 tail 명령어를 실행했다고 하자.

```
$ tail -f access.log
```

이 명령어는 tail 프로세스가 실행되는 동안 access.log 파일에 추가된 내용을 콘솔에 출력한다. tail 프로세스를 종료하려면 Ctrl + C 키를 누르면 된다.

tail, top, vi처럼 서버에 접속한 뒤 터미널에서 실행하는 프로그램은 기본적으로 포그라운드foreground 프로세스로 실행된다. 포그라운드 프로세스는 터미널에 연결된 프로세스로, 키보드나 스크린을 통해 사용자와 상호작용한다. 포그라운드 프로세스는 터미널과 연결되어 있기 때문에 사용자와 터미널의 연결이 끊기면 종료된다(예를 들어, 네트워크 이상으로 서버와의 연결이 끊기면 실행 중이던 tail 프로세스나 vi 프로세스는 종료).

> **알아두기 터미널**
>
> 오래전 메인프레임이라 불리는 컴퓨터에 연결할 때 사용자는 터미널을 통해 원격으로 접속했다. 이 터미널은 키보드와 스크린만 있는 장치로 PC와 달리 로컬에서 프로그램을 실행할 수 없었다. 단지 키보드 입력을 서버로 보내고 응답을 스크린에 표시할 뿐이었다.
>
> 이 터미널이라는 용어는 지금도 사용된다. 리눅스에서 터미널은 텍스트 기반 인터페이스를 말한다. 이 인터페이스를 통해 사용자와 상호작용한다. 터미널은 콘솔, 셸, 프롬프트 등 다양한 이름으로 불리기도 한다.

톰캣 같은 서버 프로세스는 항상 실행되어 있어야 한다. 클라이언트가 API를 요청하는데 서버 프로세스가 실행 중이 아니면 사용자 요청을 처리할 수 없기 때문이다. 이런 이유로 서버 프로그램은 포그라운드 프로세스로 실행하지 않고 백그라운드background 프로세스로 실행한다.

백그라운드 프로세스는 터미널과 연결되지 않은 프로세스를 말한다. 터미널과 연결되어 있지 않으므로 키보드나 스크린을 통해 사용자와 상호작용할 수 없다. 리눅스에서 프로세스를 백그라운드로 실행하려면 명령어 뒤에 &를 붙이면 된다.

```
$ java -Dserver.port=9090 -jar server.jar &
```

명령어 뒤에 &를 붙이면 프로세스가 백그라운드로 실행되므로, 다른 포그라운드 작업을 동시에 할 수 있다.

&를 붙이면 백그라운드로 프로세스가 실행되긴 하지만, 사용자가 로그아웃하면 터미널에서 실행한 백그라운드 프로세스가 함께 종료될 수도 있다. 터미널을 종료해도 백그라운드 프로세스가 계속 실행되게 하려면 추가로 nohup 명령어와 &를 함께 사용한다. 다음은 nohup 명령어의 사용 예다.

```
$ nohup java -Dserver.port=9090 -jar server.jar &
[1] 12345
$ nohup: ignoring input and appending output to 'nohup.out'
```

> **알아두기** **nohup**
>
> nohup은 No Hang Up을 뜻하는 명령어로, 로그아웃처럼 터미널 연결이 끊길 때 전송되는 HUP 시그널이 프로세스에 전달되지 않게 한다. HUP 시그널을 처리하는 방식은 프로그램마다 다르며, HUP 시그널을 받는다고 해서 반드시 프로세스가 종료되는 것은 아니다.

nohup 명령어로 실행한 프로세스가 콘솔에 출력하는 내용은 기본적으로 nohup.out 파일에 기록된다. 다른 파일에 기록하고 싶다면 다음 코드처럼 리눅스의 리디렉션을 사용하면 된다.

```
$ nohup java -Dserver.port=9090 -jar server.jar > server.log 2>&1 &
```

이 코드는 프로세스가 콘솔에 출력하는 메시지를 server.log 파일에 기록한다.

> **알아두기**   **2>&1**
>
> 리눅스를 사용하다 보면 '2>&1'이라는 표현을 자주 보게 된다. '2>&1'에서 각 항목은 다음을 의미한다.
>
> - 2: 표준 오류(System.err.println 메서드로 출력하면 표준 오류로 출력됨)
> - >: 리디렉션 연산
> - &1: 표준 출력
>
> 즉, '2>&1'은 표준 오류를 표준 출력과 동일한 경로로 전달하라는 의미다.

디스크 용량 관리

예전에 서버에 접속할 수 없는 문제가 발생한 적이 있다. 원인은 디스크 용량 부족이었다. 디스크가 100% 사용되면서 아무 작업도 할 수 없는 상태가 된 것이다. 재부팅을 해도 정상화되지 않아 결국 OS를 새로 설치해야 했다. 고객이 사용하는 기능과는 직접적인 연관이 없어서 서비스 자체에는 이상이 없었지만, 설치를 다시 하는 과정에서 정리했던 데이터 중 일부는 사용할 수 없게 됐다.

디스크가 가득 차서 발생하는 문제를 방지하려면, 서버 모니터링 도구가 디스크 사용률에 따른 알림 기능을 제공해야 한다. 보통은 경고와 위험을 나타내는 2개의 사용률을 설정한다. 예를 들어 사용률이 80%를 넘기면 경고 알림을 보내고 90%를 넘기면 위험 알림을 보내는 식이다.

디스크 사용률이 높다는 알림을 받으면 즉시 파일 삭제 같은 조치를 해야 한다. 리눅스에서는 df 명령어를 사용해서 어떤 파티션의 사용률이 높은지 확인할 수 있다. 필자는 -h 옵션(또는 --human-readable)을 자주 붙여서 사용한다. 이 옵션을 주면 용량이 바이트 단위가 아닌 MB(M)나 GB(G) 단위로 표시되어 쉽게 확인할 수 있다.

```
$ df -h
Filesystem      Size  Used Avail Use% Mounted on
drivers         460G  256G  204G  56% /usr/lib/wsl/drivers
/dev/sdc        251G  3.6G  235G   2% /
```

삭제 대상을 찾을 때는 어떤 디렉토리가 많은 용량을 차지하는지 확인해야 한다. 이럴 때 du 명령어를 사용한다. du는 disk usage의 약자로, 하위 디렉토리나 파일이 차지하는 용량을 쉽게 확인할 수 있다.

```
$ du -sh ./*
36K     ./SimpleEchoServer
1.5M    ./ddd-start2
32K     ./nbio-prac
120K    ./todo_project.zip
```

-s 옵션을 사용하면 하위 디렉토리의 용량 합과 파일의 크기를 보여준다. -h 옵션은 바이트 대신에 사람이 읽기 쉬운 K, M, G 단위로 용량을 표시한다. 위 명령어를 사용하면 현재 디렉토리에 있는 모든 디렉토리와 파일의 용량을 표시한다.

파일을 제외한 하위 디렉토리의 용량 합만 구하고 싶다면 다음 du 명령어를 사용한다.

```
$ du -sh */
```

많은 용량을 사용하는 디렉토리를 찾았다면 파일을 삭제하거나 이동시켜 디스크 용량을 확보한다.

일반적으로 서버 프로그램에서 디스크 용량과 관련된 파일은 다음 2가지다.

- 로그 파일
- 파일 저장(임시 파일 등)

우리는 나중에 문제가 생겼을 때 원인을 분석하기 위해 로그를 남긴다. 로그를 남기는 위치는 다양하다. 로컬 서버의 디스크에 남기거나 별도의 수집 서버에 로그를 남긴다. 어디에 기록하건 물리적으로 로그를 남겨야 나중에 필요할 때 로그에서 필요한 정보를 뒤질 수 있다.

어디가 됐건 로그를 남긴다는 건 로그가 디스크에 쌓인다는 것을 의미한다. 로그가 많이 쌓일수록 로그가 차지하는 용량은 계속해서 커진다. 앞서 말했듯 디스크 용량이 100%가 되면 OS 구성에 따라 서버 자체가 구동이 안 되기도 한다. 따라서 로그로 인해 디스크가 꽉 차지 않게 로그 파일을 정리해야 한다.

로그 파일을 정리하는 가장 쉬운 방법은 오래된 로그를 삭제하는 것이다. 예를 들어 최대 90일까지의 로그만 로컬 디스크에 저장하고, 이전 로그는 삭제한다. 보관이 필요하면 NAS나 S3 같은 별도 저장소로 로그 파일을 백업하고 삭제한다. 이렇게 오래된 로그 파일을 삭제해서 디스크 여유 공간을 일정 크기로 유지한다.

로그 파일을 압축해서 추가 공간을 확보할 수도 있다. 로그와 텍스트 파일은 압축 효율이 높으므로 일정 기간이 지난 로그 파일을 압축해서 보관하면 로그가 사용하는 디스크 용량을 상당히 줄일 수 있다.

파일 저장 기능도 디스크 용량을 증가시킨다. 클라이언트가 전송한 파일을 로컬에 임시로 보관한 뒤에 파일 서버로 업로드하는 기능은 로컬 디스크에 임시로 생성한 파일을 남긴다. 이렇게 임시로 쌓이는 파일도 일정 시간이 지나면 삭제해서 디스크 용량이 불필요하게 증가하는 것을 방지하자.

> **알아두기** **find 명령어로 오래된 파일 삭제하기**
>
> find 리눅스 명령어를 사용하면 일정 기간이 지난 파일을 손쉽게 찾아서 삭제할 수 있다. 예를 들어 logs 디렉토리에서 30일 이전 파일을 삭제하고 싶다면 아래 코드처럼 find 명령어를 사용하면 된다.
>
>
> ```
> $ find ./logs -mtime +29 -type f -delete
> ```
>
> 파일 삭제 외에도 find 명령어의 -exec 옵션을 함께 사용하면 파일 압축, 이동 등 다양하게 파일 처리를 할 수 있다.

한 디렉토리에 저장되는 파일 개수에도 주의해야 한다. 한 디렉토리에 저장되는 파일 개수가 증가하면 어느 시점부터 해당 디렉토리에 대한 파일 탐색 속도가 급격히 느려진다. 이런 문제가 발생하지 않으려면 한 디렉토리에 저장하는 파일 개수를 일정 개수 이하로 제한해야 한다.

흔히 사용하는 방법은 일자나 시간 기준으로 폴더를 생성하는 것이다. 예를 들어 2025년 7월 31일에 생성되는 파일은 /files/2025/07/31/ 디렉토리에 저장하는 식이다. 순간 생성되는 파일 개수가 많다면 일자에 해시 값을 이용해서 하위 디렉토리를 추가로 나눈다.

> **Column** **로그 파일이 커지기만 해요. 어쩌죠?**
>
> 일반적으로 로그 파일은 일정 단위로 잘라서 보관한다. 일자별로 로그를 나눠 보관하거나 일정 크기만큼 나눠서 보관하는 식이다. 로그 파일 개수를 고정해서 차례대로 파일을 바꿔가며 남기는 방식을 사용하기도 한다. 이렇게 로그 파일을 지정한 규칙에 따라 교대하는 것을 로그 로테이션rotation이라고도 한다.
>
> 그런데 실수로 로그 파일에 대한 로그 로테이션 처리를 하지 않았다고 하자. 로그 파일은 계속 커질 것이다. 실제로 로그 로테이션을 하지 않아 특정 로그 파일이 수십 GB까지 커지는 사례도 있었는데, 로그 파일이 계속 커지면 로그를 검색하거나 복사, 압축하는 작업은 운영 중인 서비스에 부담이 될 수 있다.

로그 파일이 커지면 디스크 용량에 압박도 생긴다. 서비스를 중지할 수 없는 상황인데 디스크 용량이 95%를 넘겼다면 심적으로 부담도 커진다. 이럴 때 사용할 수 있는 극약 처방이 하나 있는데 그것은 바로 널 카피[null copy]를 사용하는 것이다. 다음은 널 카피의 사용 예를 보여준다

```
$ cp /dev/null out.log
```

리눅스에서 /dev/null은 널(null) 장치 파일로, 이 장치에 쓰는 데이터는 모두 버려진다. 위 명령어는 널 장치 파일을 out.log 파일에 복사하는데, 이는 out.log 파일을 비우는 효과를 낸다. 즉, 파일 크기가 0이 되는 것이다. 이 명령어를 사용하면 이전에 쌓인 로그가 모두 유실되지만, 용량이 부족해서 급하게 조치를 취해야 할 때는 널 카피를 고려해보자.

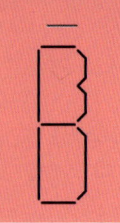

파일 디스크립터 제한

프로세스는 데이터 입출력이 필요할 때 OS로부터 파일 디스크립터^{File Descriptor, FD}를 할당받는다. 예를 들어 파일 입출력이나 소켓을 이용한 네트워크 입출력을 처리할 때 파일 디스크립터를 할당받아 사용한다.

OS는 사용자나 시스템 수준에서 생성할 수 있는 파일 디스크립터 개수를 제한한다. 프로세스는 제한된 개수의 파일 디스크립터를 초과해서 생성할 수 없다. 예를 들어 사용자의 파일 디스크립터 개수 제한이 1024라면 프로세스는 파일과 소켓을 합쳐 1024개를 초과해서 열 수 없다. 따라서 동시에 1024개 이상의 클라이언트가 연결을 시도하면 'Too Many Open Files'와 같은 오류 메시지와 함께 소켓 생성에 실패한다.

이런 오류를 방지하려면, 트래픽 증가에 맞춰 미리 파일 디스크립터 개수 제한을 확인하고 늘려야 한다.

프로세스가 생성할 수 있는 파일 디스크립터 개수 제한은 여러 방법으로 확인할 수 있다. 먼저 ulimit -a 명령어로 사용자의 파일 디스크립터 개수 제한을 확인할 수 있다. 아래 결과에서 open files 값이 파일 디스크립터 개수 제한이다. 참고로 ulimit -n 명령어를 사용해서 확인해도 된다.

```
$ ulimit -a
real-time non-blocking time  (microseconds, -R) unlimited
core file size              (blocks, -c) 0
data seg size               (kbytes, -d) unlimited
scheduling priority         (-e) 0
file size                   (blocks, -f) unlimited
pending signals             (-i) 62780
max locked memory           (kbytes, -l) 8192
max memory size             (kbytes, -m) unlimited
open files                  (-n) 1024
pipe size                   (512 bytes, -p) 8
POSIX message queues        (bytes, -q) 819200
real-time priority          (-r) 0
```

```
stack size                    (kbytes, -s) 8192
cpu time                      (seconds, -t) unlimited
max user processes                    (-u) 62780
virtual memory                (kbytes, -v) unlimited
file locks                            (-x) unlimited
```

위 결과는 현재 터미널에 접속한 사용자가 생성한 프로세스의 파일 디스크립터 개수 제한이 1024개라는 것을 알려준다.

사용자의 파일 디스크립터 제한을 변경하려면 'ulimit -n 개수' 명령어를 사용한다. 이 명령어는 현재 사용자 세션을 기준으로 파일 디스크립터 제한을 설정한다. 세션을 기준으로 적용되므로 다른 세션에는 적용되지 않으며, 로그아웃하고 다시 접속하면 기본 값이 적용된다.

사용자의 기본 파일 디스크립터 제한을 변경하고 싶다면 /etc/security/limits.conf 파일을 수정한다. 예를 들어, 모든 사용자에 대해 파일 디스크립터 제한을 10만으로 변경하려면 아래 설정을 추가한다.

```
* soft nofile 100000
* hard nofile 100000
```

맨 앞의 *은 모든 사용자에 적용한다는 뜻이다. nofile은 파일 디스크립터 개수를 의미한다. soft와 hard는 각각 사용자의 기본 값과 설정할 수 있는 최대 값을 지정한다. 프로세스는 soft로 지정한 값을 기본으로 사용하고, 부족할 경우 hard로 지정한 값까지 사용할 수 있다. 단, 사용자는 hard로 지정한 값 이상으로는 사용할 수 없다.

systemd로 실행되는 서비스의 파일 디스크립터 제한은 systemctl show 명령어로 확인할 수 있다.

```
$ systemctl show -p DefaultLimitNOFILE
DefaultLimitNOFILE=524288
```

위 명령어는 systemd로 실행되는 서비스의 기본 파일 디스크립터 제한을 보여준다.

systemd로 실행되는 서비스는 ulimit이나 limits.conf 파일에 설정한 값을 사용하지 않는다. systemd는 /etc/systemd/system.conf 파일에 있는 DefaultLimitNOFILE 값을 서비스의 기본 파일 디스크립터 제한 값으로 사용한다.

```
DefaultLimitNOFILE=1048576
```

system.conf 파일을 수정하면 systemctl daemon-reload 명령어로 설정을 반영한다.

각 서비스마다 다른 값을 지정할 수도 있다. 개별 서비스 설정 파일에 다음과 같이 LimitNOFILE 설정을 추가하면 된다(개별 서비스 파일은 /etc/systemd/system 디렉토리나 /usr/lib/systemd/system 디렉토리에 위치).

```
[Service]
LimitNOFILE=1048576
```

한 프로세스가 가질 수 있는 파일 디스크립터 개수 제한도 확인해야 한다. 이 값은 다음 명령어로 확인할 수 있다.

```
$ sysctl fs.nr_open
fs.nr_open = 1073741816
```

일반적으로 이 값은 충분히 큰 값을 가지므로 변경할 필요가 없지만, 더 큰 값이 필요하다면 /etc/sysctl.conf 파일에 fs.nr_open 설정을 변경한다.

시스템 전체의 파일 디스크립터 개수를 제한할 수도 있다. 다음 명령어를 사용해서 시스템 수준의 제한을 확인할 수 있다.

```
$ sysctl fs.file-max
fs.file-max = 9223372036854775807
```

이 값이 충분히 크다면 늘릴 필요가 없다. 이 값이 작아서 변경하고 싶다면 /etc/sysctl.conf 파일에 fs.file-max 설정을 변경하면 된다.

```
fs.file-max=1048576
```

sysctl.conf 파일을 수정한 뒤에는 sysctl -p 명령어로 적용한다.

프로세스의 파일 디스크립터 제한 값은 다음 명령어를 사용해서 확인할 수 있다.

```
$ cat /proc/프로세스ID/limits
Limit                     Soft Limit           Hard Limit           Units
...
Max open files            65535                65535                files
...
$ prlimit --pid 프로세스ID
RESOURCE   DESCRIPTION                             SOFT       HARD UNITS
...
NOFILE     max number of open files                65535      65535
...
```

실제 프로세스가 사용 중인 파일 디스크립터 개수를 확인하고 싶다면 lsof 명령어를 사용한다.

```
$ lsof -p 프로세스ID
$ lsof -p 프로세스ID | wc -l
```

> **알아두기 — vi 익히기**
>
> 필자가 처음 리눅스를 접할 때 어려웠던 것 중 하나가 vi를 이용한 파일 편집이었다. 익숙한 윈도우 단축키를 쓰지 못하는 불편함이 컸다. 몇몇 단축키를 익히고 나서야 조금 편집을 할 수 있게 됐다. 솔직히 고백하자면 지금도 vi 사용에는 능숙하지 않지만 간단하게 파일을 편집할 수 있을 정도는 된다. 리눅스 서버를 사용하다 보면 각종 파일을 편집할 일이 생기므로 vi에 익숙해지도록 하자.

B 시간 맞추기

서버를 운영할 때는 시간 동기화에 신경 써야 한다. 컴퓨터가 관리하는 시간과 실제 세계의 시간 사이에는 조금씩 오차가 생긴다. 이 오차는 시간이 흐를수록 누적되어 수 초 이상 차이가 발생하기도 한다. 서버가 여러 대인 경우 각 서버마다 시간이 제각각인 상황이 발생한다.

실제 시간과 서버 시간 간에 차이가 벌어지면 시간을 중요하게 여기는 기능을 실행할 때 문제가 될 수 있다. 예를 들어 카산드라 클러스터를 생각해보자. 각 노드가 서버 시간을 이용해서 데이터 생성 시간을 기록할 때 서버 간 시간 차이가 크면 최신 데이터를 판단하는데 문제가 발생한다.

서버 시간이 틀어지는 것을 방지하려면 chrony나 ntp 같은 서비스를 이용해서 주기적으로 서버 시간을 맞춰야 한다. 시간 서비스를 설정하는 것을 놓치지 않는 방법 중 하나는 서버 구성 체크리스트를 만드는 것이다. 체크리스트에 시간 서비스 설정 여부를 필수 항목으로 넣어 최초에 서버를 구성할 때 시간 동기화를 활성화한다.

> **Column 결제 승인이 안 돼요**
>
> 결제 승인 API가 간헐적으로 실패하는 문제가 발생한 적이 있다. 여러 서버 중에서 유독 특정 서버에서만 API 호출에 실패했다. 실패 원인은 시간에 있었다. 문제가 발생한 서버의 시간이 실제 시간보다 30초 이상 차이가 났는데 결제 승인 API는 결제 데이터 생성 기준으로 15초 이내에 요청이 오지 않으면 잘못된 요청으로 처리한 것이다. 시간을 맞춰서 문제는 간단하게 해결할 수 있었지만 실제 문제 원인을 알아내기까지는 오랜 시간이 걸렸다.

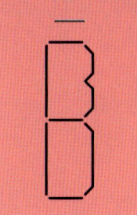

크론으로 스케줄링하기

서버를 운영하면 일정 시간마다 해야 할 작업이 생긴다. 다음은 몇 가지 예다.

- 매일 0시 5분에 90일 이상된 로그 파일을 삭제한다.
- 매일 0시 10분에 10일 이상된 로그 파일을 압축한다.
- 매주 일요일 4시에 DB를 풀백업한다.
- 매주 일요일 6시에 DB 풀백업 파일을 S3에 업로드한다.

이런 작업을 실행하기에 적합한 도구가 크론^{cron}이다. 크론은 리눅스를 포함한 유닉스 계열 OS의 시간 기반 스케줄러이다. 크론은 크론탭^{crontab, cron table}에 정의된 스케줄에 맞춰 작업을 실행한다.

크론탭에 정의된 작업 목록을 조회할 때는 crontab -l 명령어를 사용한다. 다음 결과에서 첫 번째 작업 설정은 매일 1시에 /data/project/run-db-job.sh을 실행한다. 두 번째 작업은 매일 4시에 remove-old-log.sh을 실행한다.

```
$ crontab -l
0 1 * * * /data/project/run-db-job.sh
0 4 * * * /data/project/remove-old-log.sh
```

크론탭은 crontab -e 명령어로 설정한다. 일반적으로 크론탭 편집기는 vi를 사용한다. 크론탭은 OS 계정별로 존재하므로 사용자마다 따로 설정할 수 있다. 보통 각 계정마다 필요한 작업을 크론탭으로 설정한다.

크론탭의 각 작업은 시간 패턴과 실행할 명령어로 구성된다. 크론탭의 설정 구문은 [그림 9.5]와 같다.

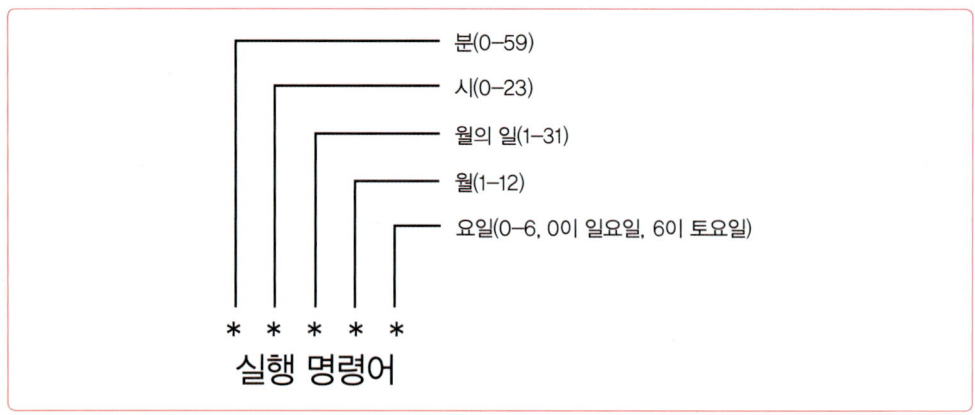

그림 9.5 크론탭 문법

크론탭 설정에서 *은 매 시간을 의미한다. 예를 들어 분 위치에 *을 사용하면 매분을 의미하고, 월 위치에 *을 사용하면 매월을 의미한다.

다음은 몇 가지 크론탭 설정 예이다.

- `0 0 * * *` : 매일 0시 0분에
- `30 1 1 * *` : 매월 1일 1시 30분에
- `5 4 * * 0` : 매주 일요일 4시 5분에

콤마로 구분해서 개별 값을 지정할 수도 있다.

- `0 1,2,3 * * *` : 매일 1시 0분, 2시 0분, 3시 0분에
- `0,30 5 * * *` : 매일 5시 0분, 5시 30분에

구간을 지정할 때는 '값1-값2' 형식을 사용한다.

- `30 1-3 * * *` : 매일 1시에서 3시의 매시 30분에(즉 1시 30분, 2시 30분, 3시 30분)

슬래시(/)를 이용해서 시간 간격을 지정할 수도 있다.

- `*/10 1 * * *` : 매일 1시의 0분부터 1시 50분까지 10분 간격으로 실행
- `0 */2 * * *` : 0시부터 2시간 간격으로 0분에 실행

크론탭에서 명령어가 콘솔에 출력한 내용을 확인하고 싶을 때는 리디렉션을 사용한다.

```
0 4 * * * /data/project/run.sh > /data/project/out.log 2>&1
```

크론탭으로 실행한 명령어의 콘솔 출력 내용을 별도 파일에 남기면 나중에 문제가 생겼을 때 원인을 분석하는 데 도움이 된다.

> **Memo**
> 크론탭 명령어에 대한 실행 권한이 없으면 /etc/cron.deny 파일(또는 /etc/cron.d/cron.deny 파일)에 계정이 기재되어 있는지 확인한다. cron.deny 파일에 등록된 계정은 크론탭을 설정할 수 없다. 만약 /etc/cron.allow 파일(또는 /etc/cron.d/cron.allow 파일)이 존재하면 해당 파일에 계정이 등록되어 있어야 크론탭을 설정할 수 있다.

> **Memo**
> 일회성 작업을 스케줄링해야 할 때는 cron 대신 at 명령어를 사용한다. at 명령어는 지정한 일자와 시간에 명령어를 실행하는 기능을 제공한다.

alias 등록하기

서버를 운영하면 자주 사용하는 명령어가 생긴다. 예를 들어 로그를 보기 위해 특정 디렉토리로 이동하는 명령어가 이에 해당한다. 이동해야 할 디렉토리 경로가 길면 탭 키를 눌러가며 긴 경로 이름을 입력해야 하는데 이는 다소 번거롭다.

alias를 사용하면 이런 번거로움을 줄일 수 있다. 리눅스에서 alias는 명령어에 대한 별칭이다. alias는 2가지 방식으로 등록할 수 있다. 하나는 현재 터미널 세션에만 적용하는 방식이다.

```
$ alias cdweb='cd /var/www/html'
```

위 alias 명령어는 cdweb 별칭에 대해 cd /var/www/html 명령어를 대응한다. 별칭을 등록한 뒤에는 cdweb 별칭을 명령어처럼 사용할 수 있다.

```
$ cdweb
$ pwd
/var/www/html
```

매번 alias를 설정하지 않고 로그인할 때 자동으로 alias를 적용하고 싶다면, 쉘의 구성 파일에 alias를 등록하면 된다. 로키 리눅스, CentOS, 우분투는 기본으로 bash를 사용하므로 홈 디렉토리에 위치한 .bashrc 파일 하단에 alias 설정을 추가한다.

```
# .bashrc
# Source global definitions
if [ -f /etc/bashrc ]; then
        . /etc/bashrc
fi
# alias
alias cdweb='cd /var/www/html'
```

인자 없이 alias 명령어만 실행하면 현재 정의되어 있는 모든 별칭을 볼 수 있다.

```
$ alias
alias cdweb='cd /var/www/html'
alias egrep='egrep --color=auto'
alias fgrep='fgrep --color=auto'
alias grep='grep --color=auto'
alias l.='ls -d .* --color=auto'
alias ll='ls -l --color=auto'
alias ls='ls --color=auto'
```

> **알아두기** .bash_profile 파일과 .bashrc 파일
>
> .bash_profile 파일과 .bashrc 파일은 둘 다 bash 셸에서 사용자 환경을 구성할 때 사용되는 설정 파일이다. 이 두 파일은 실행되는 시점과 용도가 다르다.
>
> 1. .bash_profile 파일은 사용자가 로그인할 때 한 번 실행된다. 보통 이 파일에는 PATH처럼 전체 세션에 필요한 환경 변수를 설정한다.
>
> 2. .bashrc 파일은 새로운 bash 셸을 시작하거나 터미널 창을 열 때 실행된다. 주로 별칭과 같이 각 세션마다 적용할 설정을 이 파일에 지정한다.
>
> 3. .bash_profile 파일은 다음과 같이 .bashrc 파일을 실행하는 코드가 포함되어 있어, 로그인 시점에 .bashrc 설정도 함께 적용된다.
>
>
> ```
> if [ -f ~/.bashrc ]; then
>         . ~/.bashrc
> fi
> ```

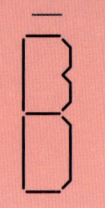

네트워크 정보 확인

서버를 운영하다 보면 네트워크 연결이 정상인지 확인해야 할 때가 있다. 이 절에서는 네트워크 관련해서 알아두면 도움이 될 만한 명령어 몇 가지를 알아보자.

IP 정보 확인하기

서버의 IP 주소를 알고 싶다면 ifconfig 명령어를 사용한다.

```
$ ifconfig
eth0: flags=4163<UP,BROADCAST,RUNNING,MULTICAST>  mtu 1500
        inet 172.19.187.60  netmask 255.255.240.0  broadcast 172.19.191.255
        inet6 fe80::215:5dff:fec3:f66b  prefixlen 64  scopeid 0x20<link>
        ether 00:15:5d:c3:f6:6b  txqueuelen 1000  (Ethernet)
        RX packets 85679  bytes 37160326 (37.1 MB)
        TX packets 12424  bytes 922029 (922.0 KB)
lo: flags=73<UP,LOOPBACK,RUNNING>  mtu 65536
        inet 127.0.0.1  netmask 255.0.0.0
        inet6 ::1  prefixlen 128  scopeid 0x10<host>
        RX packets 308  bytes 34462 (34.4 KB)
        TX packets 308  bytes 34462 (34.4 KB)
```

ifconfig는 각 네트워크 인터페이스별로 IP 주소를 포함한 정보를 보여준다. 예시에서 eth0는 일반적인 네트워크 인터페이스고 lo는 로컬 루프백 인터페이스다. 주요 정보는 다음과 같다:

- IP 주소(inet): 172.19.187.60
- IPv6 주소(inet6): fe80::215:5dff:fec3:f66b
- MAC 주소(ether): 00:15:5d:c3:f6:6b

이 외에도 RX, TX로 수신/전송된 패킷 수와 바이트 크기를 확인할 수 있다.

nc 명령어로 연결 확인하기

요즘 서버 프로그램은 다양한 내부/외부 서비스와 연동을 하는데, 종종 연결이 불안정할 때가 있다. 이럴 때는 네트워크 연결이 정상적으로 이루어지는지 확인할 필요가 있다. 보통 가장 먼저 확인하는 작업은 해당 서버의 특정 포트로 연결이 잘 되는지 확인하는 것이다. 특정 포트로 연결이 잘 되는지 확인할 때 사용할 수 있는 명령어로 nc가 있다.

다음은 nc를 이용해서 443 포트로 연결이 되는지 확인하는 명령어의 예이다. 출력되는 메시지는 nc 버전에 따라 다를 수 있다.

```
$ nc -z -v www.daum.net 443
Ncat: Version 7.92 ( https://nmap.org/ncat )
Ncat: Connected to 211.249.220.24:443.
Ncat: 0 bytes sent, 0 bytes received in 0.07 seconds.
```

-z 옵션은 데이터 전송 없이 특정 포트가 열려 있는지만 확인한다. -v 옵션은 추가 정보를 출력한다.

> **Memo**
>
> -v 옵션을 사용하지 않으면 연결에 성공해도 메시지를 출력하지 않으므로 답답할 수 있어 필자는 -v 옵션을 사용할 것을 권한다.

UDP 포트가 열려있는지 여부도 확인할 수 있다. -u 옵션을 사용하면 된다.

```
$ nc -z -u -v localhost 6100
Ncat: Version 7.50 ( https://nmap.org/ncat )
Ncat: Connected to ::1:6100.
Ncat: UDP packet sent successfully
Ncat: 1 bytes sent, 0 bytes received in 2.01 seconds.
```

> **알아두기** **curl로 API 실행하기**
>
> 외부 서버의 API 호출 결과를 확인하고 싶을 때는 curl이나 wget을 사용한다. 이 둘을 사용하면 손쉽게 GET이나 POST 요청을 보내고 응답을 확인할 수 있다.

nc를 사용하면 특정 포트를 사용하는 서버를 구동할 수도 있다. 이를 사용하면 실제 서버 프로세스를 구동하기 전에 두 노드 간에 통신이 제대로 동작하는지 확인할 수 있다.

```
$ nc -l -v -p 1234
Ncat: Version 7.50 ( https://nmap.org/ncat )
Ncat: Listening on :::1234
Ncat: Listening on 0.0.0.0:1234
```

위 명령어에서 -l 옵션은 리스닝listening 모드, 즉 서버 모드를 뜻한다. -p는 클라이언트 요청을 수신할 포트를 의미한다. 참고로 클라이언트가 연결하면 nc 프로그램이 종료되므로 연결 확인이 필요할 때마다 실행해야 한다.

netstat 명령어로 포트 사용 확인

서버 프로세스가 구동되어 있는데 해당 포트로 연결이 안 된다면, 실제 포트로 클라이언트 연결을 기다리고 있는지 확인해야 하는데 이때 사용할 수 있는 명령어가 netstat이다. netstat 명령어를 사용하면 현재 사용 중인 소켓의 IP와 포트를 확인할 수 있다.

다음 netstat 명령어를 사용하면 현재 서버에서 열려 있는 서버 포트를 확인할 수 있다.

```
$ netstat -lputn
Proto Recv-Q Send-Q Local Address      Foreign Address    State     PID/Program name
tcp        0      0 127.0.0.1:25       0.0.0.0:*          LISTEN    2894/master
tcp        0      0 127.0.0.1:199      0.0.0.0:*          LISTEN    2243/snmpd
tcp        0      0 0.0.0.0:6379       0.0.0.0:*          LISTEN    4317/redis-server *
...
```

netstat은 다양한 옵션을 제공하는데, 위 명령어에서 사용한 옵션은 각각 다음을 뜻한다.

- –l: 리스닝 서버 소켓을 출력한다.
- –p: 소켓을 사용하는 PID/프로그램 이름을 출력한다.
- –u: UDP 소켓을 출력한다.
- –t: TCP 소켓을 출력한다.
- –n: 포트나 주소를 숫자로 출력한다.

현재 사용 중인 전체 포트를 확인하고 싶다면 –a 옵션을 사용한다. 다음처럼 netstat –anp 명령어와 grep을 함께 사용하면 현재 사용 중인 포트를 쉽게 확인할 수 있다.

```
$ netstat -anp | grep 12931
```

> **알아두기 포트 충돌**
>
> 이미 포트가 사용 중이라는 오류 메시지가 뜨면서 서버 프로그램을 실행하는 데 실패할 때가 있다. 이때는 netstat 명령어로 해당 포트를 사용하는 프로그램이 있는지 확인해보자. 간혹 클라이언트 소켓이 같은 포트 번호를 사용하면서 충돌이 일어날 때가 있다.
>
> 클라이언트 소켓이 서버 소켓과 같은 포트 번호를 사용하면서 발생하는 충돌을 방지하는 방법은 클라이언트 소켓이 사용할 포트 범위를 제한하는 것이다. 예를 들어, 서버 포트는 9,999번 이하만 사용하고, OS가 할당하는 클라이언트 소켓은 10,000번 이상 포트만 사용하게 설정을 변경하는 식이다.

Chapter 10

10장

모르면 답답해지는 네트워크 기초

이 장에서 다룰 내용
- 네트워크와 라우터
- IP 주소와 도메인
- NAT
- VPN
- 프로토콜

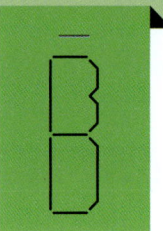

네트워크 기초를 모르면

몇 년 전 사례다. 팀원이 잘 안 되는 문제가 있다면서 같이 봐 달라고 했다. 서버에서 외부 업체가 제공한 API에 연결이 안 되는 문제였다. 실제로 같이 확인해 보니 연결이 안 됐다. 그런데 API 제공 업체에 문의하면 잘 되니 다시 확인해 보라는 답변만 온다면서 하소연을 했다.

같이 원인을 찾아봤다. 코드에 적혀 있는 API 주소가 유효한지 확인했다. 방화벽의 아웃바운드 설정이 잘못됐는지도 확인했다. API 제공자 측의 인바운드 허용 정책도 재차 확인했다. 그런데 모두 이상 없었다.

이렇게 한참을 헤매다가 원인을 알아냈다. 동료가 접속 허용을 요청한 IP를 잘못 기재한 것이었다. 외부 API를 호출할 서버는 2개의 공인 IP와 연결되어 있었다. 하나는 외부에서 서버에 연결할 때 사용하는 IP고 다른 하나는 서버에서 외부로 나갈 때 사용하는 IP다. 이 둘 중에 후자의 IP를 외부 업체에 공유해야 했는데 전자의 IP를 알려줘서 연결이 안 됐던 것이다.

서버 개발자가 네트워크 엔지니어만큼 네트워크 관련 지식을 깊이 있게 알 필요는 없다고 생각한다. 하지만 네트워크 지식이 전무하면 네트워크 관련 문제가 생겼을 때 쉽게 해결할 수 있는 문제도 오랜 시간 동안 처리하지 못하게 된다. 기초적인 네트워크 지식 정도는 알아야 하는 것이다.

노드, 네트워크, 라우터

데이터를 송수신하는 모든 장치를 노드node라고 표현한다. 우리가 사용하는 휴대폰, 노트북, 서버 장비 등이 노드에 해당한다. 이런 각 노드가 서로 데이터를 주고받기 위해 연결된 시스템을 네트워크network라고 한다.

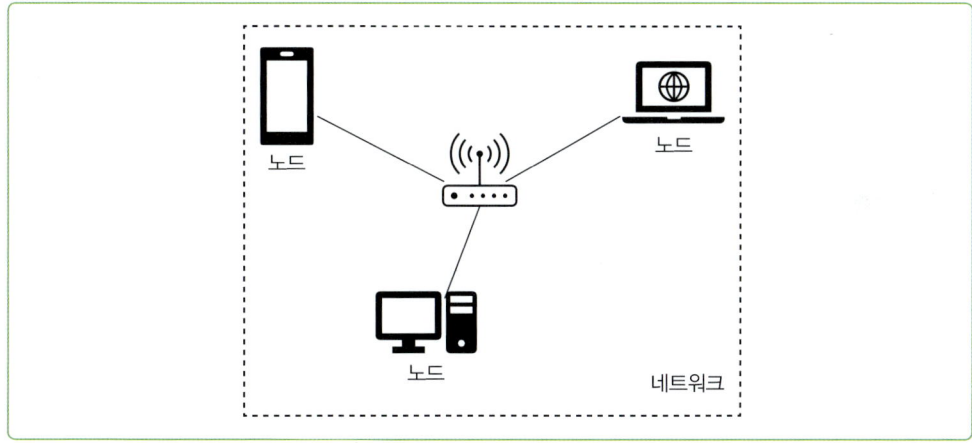

그림 10.1 노드와 네트워크

> **알아두기** **패킷**
>
> 노드가 네트워크를 통해 전송하는 데이터의 단위를 패킷packet이라고 한다. 패킷은 헤더와 페이로드로 구성된다. 헤더는 패킷의 발신자와 수신자 정보를 포함하며 페이로드에는 데이터가 포함된다. 데이터는 일정 크기를 가진 여러 패킷으로 나뉘어 전송된다.

네트워크의 예로 가정에서 사용하는 공유기에 연결된 장치들을 들 수 있다. 공유기에 연결된 휴대폰이나 컴퓨터가 하나의 네트워크를 구성한다. 비슷하게 사무실에서 사용하는 컴퓨터도 하나의 네트워크를 구성한다.

내가 사용하는 휴대폰과 앱에서 연결하는 서버는 서로 다른 네트워크에 포함된다. 서로 다른 네트워크에 속한 노드는 직접 연결해서 패킷을 송수신할 수 없다. 이때 사용되는 것이 라우터 router이다. 라우터는 네트워크 간에 패킷을 전송하는 역할을 한다. 우리가 휴대폰 앱에서 서버에 연결하면 여러 라우터를 거쳐 최종적으로 패킷이 전송된다.

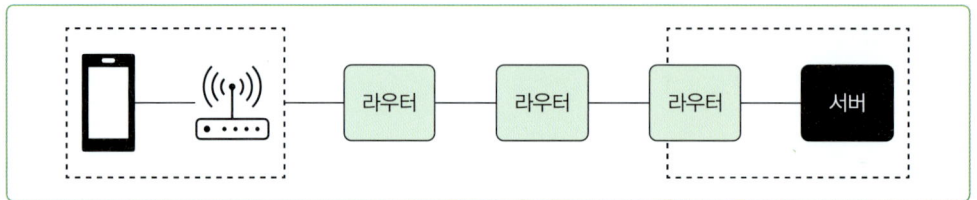

그림 10.2 네트워크 간 통신은 여러 라우터를 거친다.

서울에서 부산까지 가는 고속도로 경로가 다양한 것처럼 두 노드 간에는 다양한 라우터 이동 경로가 존재한다. 각 라우터는 목적지 노드의 주소에 따라 알맞은 다음 라우터를 선택해 데이터를 전송한다.

IP 주소와 도메인

택배사에서 물건을 배달하기 위해 주소를 사용하는 것처럼 노드에 패킷을 전송할 때에도 주소를 사용한다. 네트워크에서 각 노드를 구분하기 위해 사용하는 주소를 IP 주소라고 한다. 현재 일반적으로 사용하는 IP 주소는 IPv4 주소이다. 여기서 v4는 버전이 4라는 것을 뜻한다. IPv4 주소는 223.130.192.248과 같이 1바이트(8비트) 4개의 숫자 블록으로 구성되어 있다. 각 숫자 블록은 0부터 255까지의 값을 갖는다. 이 책에서는 이후로 특별히 구분할 필요가 없는 이상 IPv4 주소를 IP 주소로 표현할 것이다.

> **알아두기 IPv6 주소**
>
> IPv4 주소는 32비트로 구성되므로 약 43억 개의 고유한 주소가 존재한다. 인터넷이 대중화되기 이전인 1990년대 초부터 IP 주소가 고갈될 것으로 예측했다. 이 당시 세계 인구는 이미 50억이 넘었기에 43억 개가 전부인 IPv4 주소가 부족할 것이라 예상한 것이다. 그래서 더 많은 노드에 고유한 주소를 부여할 수 있는 IPv6(버전 6) 주소를 만들었다.
>
> 32비트를 사용하는 IPv4와 달리 IPv6는 128비트를 사용한다. 128비트를 사용하는 만큼 IPv6는 전 세계의 모든 기기에 고유 주소를 할당해도 차고 넘칠 정도로 많은 IP 주소를 제공한다. 2000년대 초반에는 멀지 않아 IPv6 주소를 사용할 것이라고 전망하는 기사도 나오곤 했다. 하지만 지금도 여전히 IPv4 주소를 사용하고 있다. IP 주소가 고갈되지 않은 이유에는 사설 IP와 NAT가 있다. 이 2가지에 대한 내용은 뒤에서 알아볼 것이다.

각 노드의 IP 주소를 기억하기는 쉽지 않다. 그래서 IP 주소에 기억하기 쉬운 이름을 붙이는데, 그 이름이 도메인 이름Domain Name이다. 도메인 이름과 IP 주소로 변환하는 체계가 DNSDomain Name System다. DNS를 일종의 인터넷 전화번호부라고 생각하면 된다.

도메인 이름은 계층 구조를 갖는다. 도메인 이름의 각 계층은 점(.)으로 구분되며 오른쪽이 상위 계층이고 왼쪽이 하위 계층이다. 가장 오른쪽이 최상위 계층이다. 최상위 계층에는 com, org, net, gov, app, biz, tech 등의 일반 최상위 도메인이나 kr, jp, au와 같은 국가 최상위 도메인이 있다.

일반 최상위 도메인은 두 번째 계층인 2차 도메인이 도메인의 주요 이름이 된다. 주로 회사 이름이나 브랜드 이름을 2차 도메인으로 사용한다. naver.com이나 google.com에서 naver와 google이 2차 도메인에 해당한다. 3차 이후는 cafe.naver.com, www.google.com과 같이 용도에 맞는 이름을 사용한다.

국가 최상위 도메인은 두 번째 계층까지 미리 정의되어 있다. 예를 들어 ac.kr은 대학 같은 교육 기관 용도로 사용하고 co.kr은 기업 용도로 사용하는 식이다. 국가 최상위 도메인에서는 gasapp.co.kr과 같이 세 번째 계층이 도메인의 주요 이름이 된다.

도메인 이름에 해당하는 IP 주소는 DNS 서버를 통해 확인한다. 예를 들어 www.naver.com을 브라우저에 입력하면, 브라우저는 DNS 서버에 www.naver.com의 IP 주소를 물어본다. DNS 서버는 응답으로 대응하는 IP 주소를 알려준다. 브라우저는 응답으로 받은 IP 주소에 패킷을 전송한다.

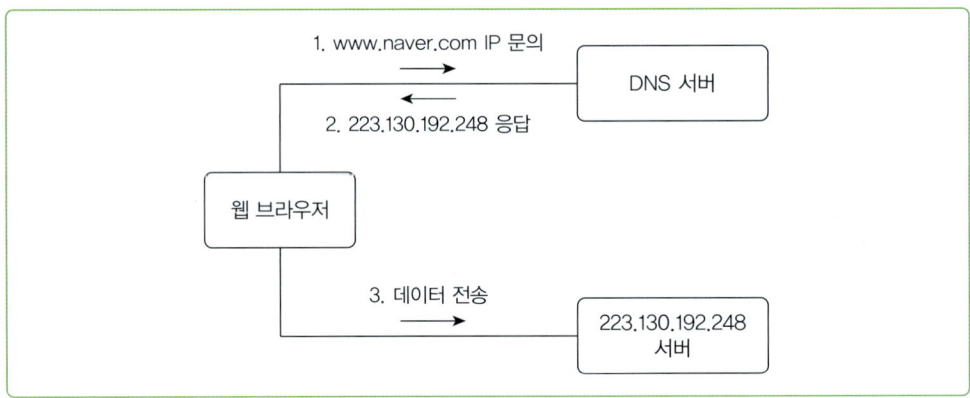

그림 10.3 DNS 서버를 통해 도메인 이름에 매핑된 IP 주소를 구한다.

로컬에 서버를 띄우고 연결할 때 사용하는 localhost는 특별한 주소다. 컴퓨터에서 localhost의 IP 주소는 127.0.0.1이다. 127.0.0.1은 루프백loopback 주소로서 자기 자신을 참조할 때 사용하는 IP 주소이다.

> **알아두기** hosts 파일
>
> 각 컴퓨터는 hosts 파일을 갖고 있다. 리눅스에서는 /etc 디렉토리에 위치하고, 윈도우에서는 C:\Windows\System32\drivers\etc 디렉토리에 위치한다. 이 파일은 호스트 이름과 IP 주소에 대한 매핑을 정의한 파일이다. 도메인 서버보다 hosts 파일에 매핑된 설정이 우선이다. 참고로 localhost에 대한 IP 매핑도 이 파일에 정의되어 있다.

> **알아두기** 도메인 이름과 IP 주소 개수
>
> 도메인 이름에 매핑되는 IP 주소는 여러 개일 수 있다. nslookup 명령어를 사용하면 도메인의 IP 주소를 확인할 수 있는데 www.naver.com의 IP 주소를 확인하면 다음과 같이 여러 개 IP가 표시된다.
>
>
> ```
> $ nslookup www.naver.com
> ...생략
> www.naver.com    canonical name = www.naver.com.nheos.com.
> Name:     www.naver.com.nheos.com
> Address:  223.130.192.247
> Name:     www.naver.com.nheos.com
> Address:  223.130.192.248
> Name:     www.naver.com.nheos.com
> Address:  223.130.200.219
> Name:     www.naver.com.nheos.com
> Address:  223.130.200.236
> ```
>
> 한 도메인 이름에 IP 주소를 여러 개 매핑하는 이유 중 하나는 부하 분산에 있다. 예를 들어 웹 브라우저에서 www.naver.com 도메인 이름의 IP 주소를 요청하면 DNS 서버는 등록된 IP를 번갈아 제공한다. 이를 통해 여러 서버에 분산해서 요청을 보낸다.

고정 IP와 동적 IP

동일 네트워크 상에서 각 노드는 서로 다른 IP 주소를 가져야 한다. IP 주소를 사용해서 패킷을 전송할 노드를 선택하기 때문에 같은 IP 주소를 가진 노드가 존재하면 IP 충돌이 발생한다.

노드의 IP 주소는 2가지 방식으로 지정한다. 하나는 고정 IP고 다른 하나는 동적 IP다. 고정 IP는 말 그대로 노드가 고정된 IP를 갖는다. 서버 IP가 대표적이다. 많은 서버가 바뀌지 않는 IP 주소를 갖는다. 고정 IP를 사용하는 노드는 IP 주소를 직접 지정한다.

동적 IP는 노드가 네트워크에 연결할 때마다 IP를 할당한다. 동적 IP는 DHCP$^{Dynamic\ Host\ Configuration\ Protocol}$ 서버를 통해 제공받는다. 인터넷에 연결하려면 IP 주소, 게이트웨이 주소, 서브넷 마스크, DNS 서버 주소를 설정해야 하는데 DHCP 서버가 이 값을 모두 제공한다. 가정에서 사용하는 공유기가 주로 동적 IP 방식을 사용한다.

> **Memo**
> 동적 IP를 사용한다고 해서 매번 IP가 바뀌는 것은 아니다. DHCP 서버에 따라 일정 시간 동안 동일한 IP를 할당할 때도 있다. 보안이 중요한 곳은 IP로 사용자를 식별하기 위해 노드마다 IP를 고정해서 할당하기도 한다.

공인 IP와 사설 IP

웹 브라우저에 www.google.com이나 www.daum.net과 같은 도메인 이름을 입력하면 DNS 서버로부터 IP 주소를 받아와 해당 IP 주소에 접속한다고 했다. 이때 IP 주소는 인터넷에서 접근 가능한 IP 주소로서 공인^{public} IP 주소라고 부른다. 공인 IP 주소는 인터넷에 접속하는 모든 네트워크에 적용되는 주소이며 공용 IP 주소라고도 한다. 공인 IP 주소를 가진 노드는 (방화벽으로 막지 않았다면) 누구나 연결할 수 있다.

모든 네트워크에 적용되는 공인 IP 주소와 달리 네트워크 내부에만 적용되는 사설^{private} IP 주소도 있다. 사설 IP 주소는 특정 네트워크에 속한 노드에 할당하는 주소로서 네트워크 외부에서 접근할 수 없다. 공유기에 연결된 휴대폰, 태블릿, 컴퓨터가 사설 IP 주소를 갖는다.

서로 같은 주소를 가질 수 없는 공인 IP와 달리 사설 IP는 네트워크가 다르면 같은 주소를 가질 수 있다. 예를 들어 카페의 공유기에 연결할 때 할당된 사설 IP와 집의 공유기에 연결할 때 할당된 사설 IP는 같아도 서로 충돌되지 않는다. 노드에 할당된 사설 IP는 네트워크 내부에서만 고유하면 된다.

사설 IP로 사용할 수 있는 주소 범위는 다음의 세 대역으로 제한되어 있다.

- 192.168.x.x
- 10.x.x.x
- 172.16.x.x ~ 172.31.x.x

우리가 흔히 사용하는 무선 공유기는 192.168 대역을 주로 사용한다. 무선 공유기에 연결된 노트북을 사용하고 있다면 ifconfig(리눅스)나 ipconfig(윈도우) 명령어를 실행해보자. 이 명령어로 사용중인 IP 주소를 알 수 있는데, 할당된 IP 주소를 보면 위 세 대역 중 하나를 사용하고 있을 것이다.

```
무선 LAN 어댑터 Wi-Fi:
   연결별 DNS 접미사. . . . :
   링크-로컬 IPv6 주소 . . . . : fe80::생략
   IPv4 주소 . . . . . . . . . : 192.168.0.23
   서브넷 마스크 . . . . . . . : 255.255.255.0
   기본 게이트웨이 . . . . . . : 192.168.0.1
```

인터넷 초장기에는 회사의 각 PC마다 공인 IP를 할당 받아서 사용하기도 했다. 만약 지금까지 PC와 휴대폰 등 모든 기기가 공인 IP를 사용했다면 IPv4 주소는 한참 전에 고갈됐을 것이다. 다행히 사설 IP 덕에 아직까지 IPv4 주소를 사용할 수 있다. 서버 네트워크, 회사, 가정 같은 환경에서는 사설 IP를 사용해서 필요한 공인 IPv4 주소 개수가 적다. 홈페이지나 공개 API처럼 인터넷에서 서비스를 제공해야 하는 대상에 한해 공인 IP 주소를 사용한다.

NAT

NAT^{Network Address Translation}(네트워크 주소 변환)는 네트워크 주소를 변환하는 기술이다. 인터넷에 연결하려면 내부에서 사용하는 사설 IP와 인터넷에서 사용하는 공인 IP 주소 간의 변환이 필요한데, NAT가 이 변환을 담당한다.

NAT는 주로 인터넷에 연결된 라우터 같은 네트워크 장비가 담당한다. 라우터는 내부 네트워크에서 나가는 패킷의 사설 IP를 공인 IP로 변환한다. 소스 IP의 주소를 변환한다고 해서 이를 SNAT^{Source NAT}라고 한다.

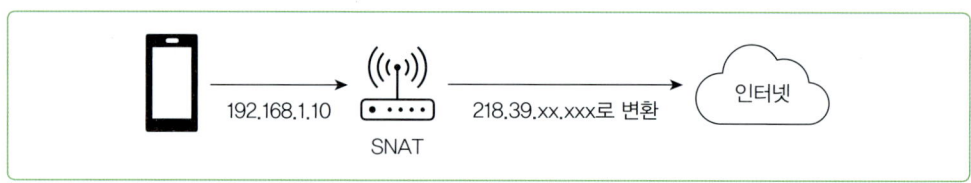

그림 10.4 SNAT는 소스 사설 IP를 공인 IP로 변환한다.

공인 IP로 들어온 패킷의 목적지를 사설 IP로 변환하기도 하는데 목적지 IP의 주소를 변환한다고 해서 이를 DNAT^{Destination NAT}라고 한다.

그림 10.5 DNAT는 목적지 공인 IP를 사설 IP로 변환한다.

DNAT는 서버를 구성할 때 사용된다. 일반적으로 네트워크를 구성할 때 보안, 이중화 등을 고려해 서버 노드는 공인 IP가 아닌 사설 IP 주소를 갖는다. 공인 IP 주소는 네트워크 연결을 관리하는 장비(라우터, 방화벽 등)에 할당한다. 해당 장비는 DNAT를 이용해서 공인 IP로 들어온 패킷을 사설 IP를 가진 서버 노드에 전송한다.

> **알아두기**   **공인 IP 알아내기**
>
> SNAT는 사설 IP를 공인 IP로 변환한다고 했다. 이렇게 변환된 공인 IP 주소는 어떻게 알 수 있을까? 간단한 방법은 공인 IP 주소를 알려주는 https://ifconfig.me 같은 사이트에 접속해서 확인하는 것이다. 웹 브라우저에서 이 주소에 접속하면 된다. 리눅스에서도 curl ifconfig.me 명령어로 공인 IP 주소를 확인할 수 있다.

B

VPN

백엔드 서버를 개발하고 운영하려면 서버 노드에 접속하거나 DB에 접속해야 할 일이 생긴다. 서버 노드에 SSH로 접속해서 프로세스를 확인하거나 OS 설정을 변경해야 할 때가 있고, DB에 접속해서 SQL을 실행해야 할 때도 있다.

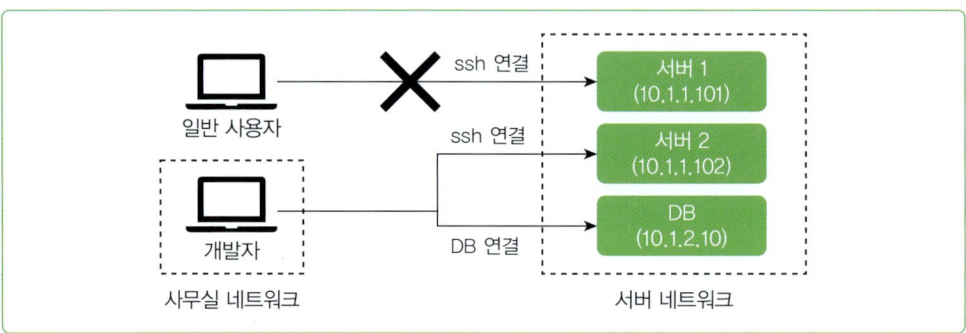

그림 10.6 서버 네트워크에는 허용된 사용자만 접근할 수 있어야 한다.

서버 네트워크에 존재하는 노드는 사설 IP를 사용한다. 앞서 언급했듯이 외부 네트워크에서는 사설 IP에 직접 접근할 수 없다. NAT를 사용하면 공인 IP를 통해 사설 IP를 가진 서버에 접근할 수는 있지만 노드 개수가 많은 경우 모든 사설 IP마다 공인 IP를 매핑할 수 없기도 하다. 설사 가능하다고 하더라도 보안에 문제가 생길 수 있다. 서버 네트워크의 모든 노드가 공인 IP로 노출되기 때문이다.

서버를 운영하려면 서버 네트워크에 구성된 노드에 안전하게 접근할 수 있어야 하는데 안전한 방법이 바로 VPN^{Virtual Private Network}(가상 사설 네트워크)이다. VPN은 인터넷과 같은 공용 네트워크에서 서로 다른 네트워크 간에 암호화된 연결을 제공한다. 두 네트워크는 마치 하나의 사설 네트워크에 존재하는 것처럼 연결될 수 있다. 이를 통해 개발자는 안전하게 서버 네트워크에 접근할 수 있다.

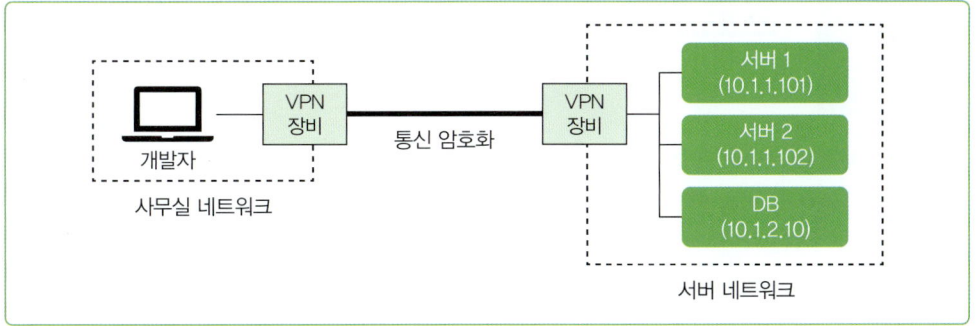

그림 10.7 VPN은 가상의 사설 네트워크를 만들어준다.

개발자는 전용 VPN 클라이언트를 통해 VPN에 접근할 수 있다. 집이나 카페 같은 외부 공간에서 서버 네트워크에 접근해야 할 때 이 방식을 사용한다.

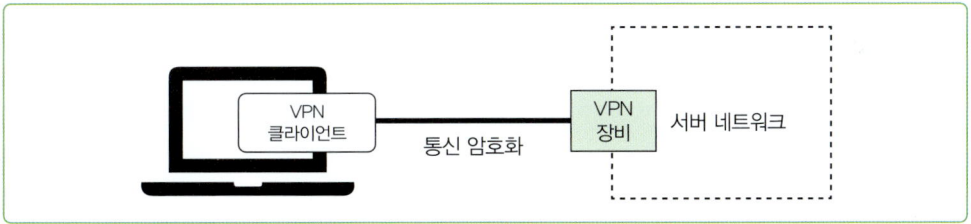

그림 10.8 외부 환경에서는 별도 VPN 클라이언트를 통해 VPN에 연결한다.

프로토콜과 TCP, UDP, QUIC

네트워크 상에서 두 노드가 데이터를 주고받기 위해 정의한 규칙을 프로토콜protocol이라고 한다. 네트워크는 여러 계층으로 구성되며 각 계층마다 사용하는 프로토콜이 존재한다. 예를 들어 TCP/IP 모델에는 4개 계층이 있으며 각 계층별로 사용되는 주요 프로토콜은 [그림 10.9]와 같다.

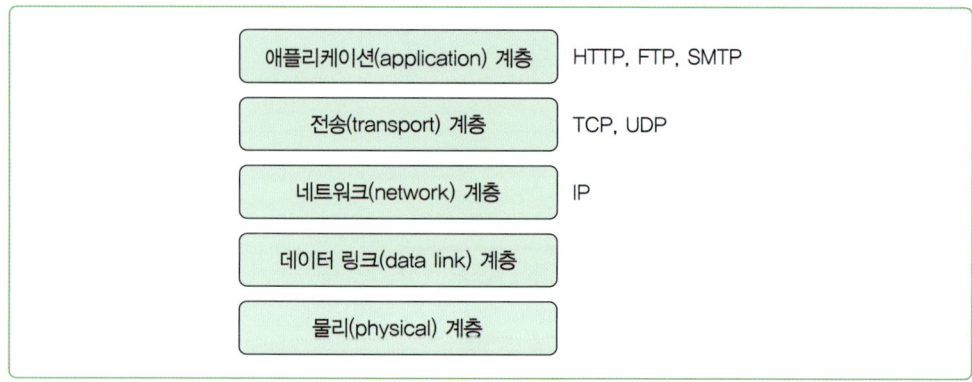

그림 10.9 TCP/IP 모델의 계층별 프로토콜

> **Memo**
> TCP/IP 모델은 애플리케이션, 전송, 인터넷, 네트워크 인터페이스의 4개 계층으로도 표현한다. 5개 계층은 네트워크 인터페이스 계층을 데이터 링크 계층과 물리 계층으로 나누어 표현한다.

개발자는 주로 전송 계층과 애플리케이션 계층의 프로토콜을 사용한다. 먼저 전송 계층 프로토콜에 대해 알아보자. 전송 계층에서 사용하는 프로토콜에는 TCP와 UDP가 있다. 이 두 프로토콜은 각각 안정성과 속도에 중점을 두고 있다.

TCP^{Transmission Control Protocol}는 연결 기반 프로토콜이다. 통화를 하기 위해 한 명은 전화를 걸고 한 사람은 전화를 받은 뒤에 대화를 주고 받는 것처럼 TCP도 두 노드 간에 먼저 연결을 맺은 뒤에 데이터를 주고 받는다. TCP에서 두 노드가 연결을 맺기 위한 과정을 3-Way Handshake라고 부른다.

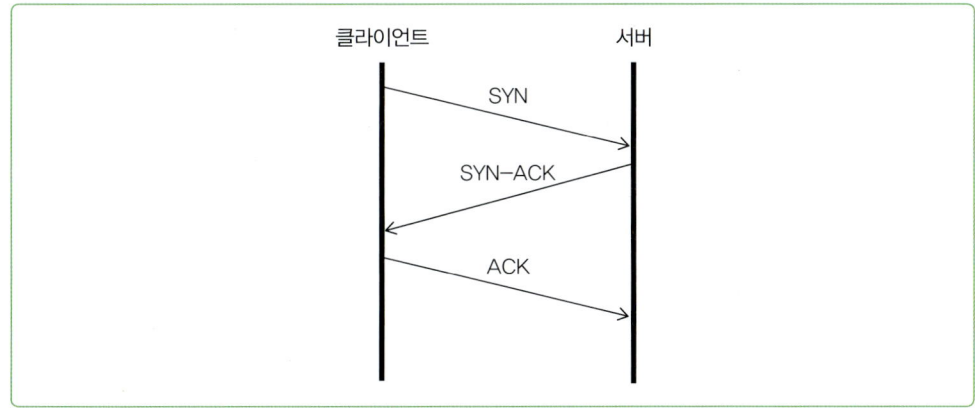

그림 10.10 TCP는 3-Way Handshake를 통해 연결을 수립한다.

클라이언트와 서버는 [그림 10.10]의 과정을 거친 뒤에 연결이 완료되며, 이후 서로 데이터를 주고받을 수 있다.

TCP의 장점은 신뢰성에 있다. TCP는 패킷 순서를 보장하고 패킷이 유실될 경우 재전송하는 기능을 제공하고 있어 안정적으로 데이터를 전송할 수 있다. 이런 이유로 애플리케이션 계층의 HTTP, SMTP와 같은 많은 프로토콜이 TCP를 기반으로 동작한다.

TCP가 전송을 보장하기 위해 사용하는 시퀀스 번호, 확인 응답, 재전송 등이 추가되면서 전송 속도는 (UDP 대비) 상대적으로 느려진다. 예를 들어 일부 패킷이 유실되면 해당 패킷이 도착할 때까지 이후 패킷을 제대로 처리하지 못하는 HOL 블로킹$^{\text{Head-of-Line Blocking}}$ 문제가 있는데 이는 전체적인 전송 속도를 느리게 만든다.

TCP와 달리 UDP$^{\text{User Datagram Protocol}}$는 연결 과정 없이 바로 데이터를 전송한다. UDP는 데이터가 정상적으로 전송됐는지 알 수 없고, 순서를 보장하지도 않는다. UDP를 사용하는 어플리케이션은 데이터 유실과 같은 상황이 발생할 수 있다고 가정하고 개발해야 한다.

UDP는 응답 확인이나 패킷 정렬과 같은 과정을 거치지 않기 때문에 전송 속도는 TCP 대비 빠르다. 이런 이유로 UDP는 속도가 중요하거나 일부 데이터가 유실되더라도 문제되지 않는 통신에 주로 사용된다. UDP의 사용 예로는 DNS, VoIP, 게임 등이 있다.

TCP는 신뢰성이 있지만 느리다. 반면에 UDP는 빠르지만 신뢰성이 없다. 이 둘을 합쳐 빠르면서도 신뢰성이 있는 프로토콜이 있다면 얼마나 좋을까? 이런 목적으로 개발된 프로토콜이 바로 QUIC이다.

QUIC은 UDP를 기반으로 한다. TCP의 연결 관리 기능을 QUIC 프로토콜 수준에서 제공한다. 예를 들어 QUIC은 데이터에 연결 ID$^{Connection\ ID}$를 포함시키는데, 이 연결 ID를 이용해서 두 노드 간의 연결을 유지한다. 또한 TCP의 혼잡 제어나 패킷 유실 복구와 같은 기능을 QUIC 프로토콜 수준에서 제어한다.

QUIC은 TLS$^{Transport\ Layer\ Security}$를 통합했다. QUIC 패킷은 기본적으로 암호화되어 전송된다. 또한 TCP 기준의 HTTPS는 TCP 연결을 위한 3-Way Handshake와 TLS 연결을 위한 TLS Handshake를 진행해서 여러 차례 통신을 한 뒤에 연결이 수립되는데, QUIC은 TLS를 통합함으로써 이 과정을 단축했다.

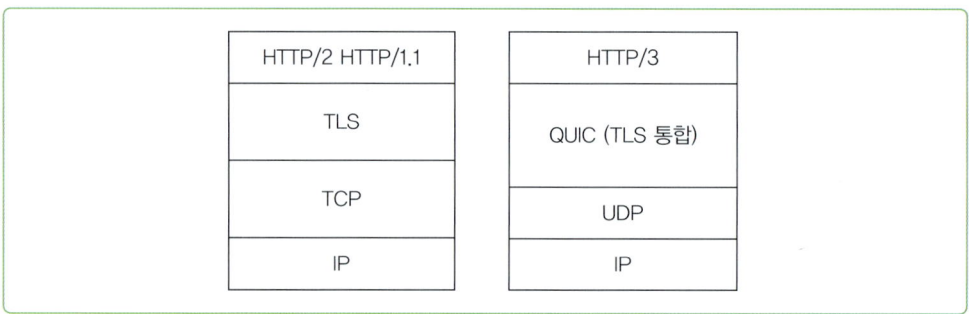

그림 10.11 HTTP/3 프로토콜은 QUIC을 기반으로 사용한다.

QUIC은 멀티플렉싱을 지원한다. QUIC은 한 연결에서 여러 스트림을 동시에 처리할 수 있다. 여러 스트림을 동시에 처리하므로 1개 스트림에서 HOL 블로킹이 발생해도 다른 스트림에는 영향을 주지 않는다. 참고로 HTTP/2도 멀티플렉싱을 지원하지만 TCP 자체에서 발생하는 HOL 블로킹 문제를 피할 수는 없다.

크롬, 에지, 사파리 등 주요 브라우저는 이미 HTTP/3을 지원하고 있다. 구글, 페이스북 등 주요 기업도 HTTP/3을 지원하고 있으며, 아카마이, 클라우드플레어, AWS 클라우드프론트 등 주요 CDN 서비스도 HTTP/3을 지원하고 있다. 국내 기업도 HTTP/2를 넘어 조금씩 HTTP/3을 지원하는 서비스가 증가하는 추세다.

Name	Status	Protocol	Type
www.daum.net	200	h2	document
ct2.html	200	h2	document
shopping	200	http/1.1	document
planmall	200	http/1.1	document
ct2.html	200	h2	document
zrt_lookup_fy2021.html	200	h3	document
ads?client=ca-pub-16822882577595...	200	h3	document
safeframe.html	200	h2	document
afr.php?z=QeSxpvvAh6kIIEkFW2jhy...	200	h2	document
ads?client=ca-pub-16822882577595...	200	h3	document
ads?client=ca-pub-16822882577595...	200	h3	document
reach_worklet.html	200	h3	document
reach_worklet.html	200	h3	document
runner.html	200	h3	document
aframe	200	h3	document

그림 10.12 브라우저에서 개발자 도구를 통해 HTTP/3 사용 여부를 알 수 있다. HTTP/3을 사용한 연결은 Protocol 값에 h3이 표시된다.

> **알아두기** **TCP 연결은 65,535개가 한계인가?**
>
> 포트 번호는 부호 없는 16비트 정수를 사용한다. 그래서 65535가 포트 번호의 최대 값이다. 실제로 리눅스에서 포트 범위를 지정할 때 사용하는 ip_local_port_range 값도 65535가 최대 값이다. 포트 번호의 최대 값이 65535이다 보니 OS에서 생성할 수 있는 TCP 연결 개수가 65,535개라고 오해하는 경우가 있다. 하지만 실제로 한 장비에서 생성할 수 있는 TCP 연결 개수는 이론적으로 2^{96}(2의 96승) 개의 연결을 생성할 수 있을 만큼 많다.
>
> TCP의 각 연결은 (로컬IP, 로컬포트, 원격IP, 원격포트)로 구분된다. IP는 32비트이고 포트는 16비트이다. 따라서 로컬 IP가 고정되어 있을 때 한 장비가 생성할 수 있는 연결 개수는 이론적으로 다음과 같다.
>
> 2^{16}(로컬포트) × 2^{32}(원격IP) × 2^{16}(원격포트) = 2^{64} (약 1,844경)
>
> 위 결과를 계산하면 엄청나게 큰 숫자가 나온다. 하나의 로컬 IP에서 특정 원격 IP의 1개 포트에 연결할 수 있는 TCP 연결 개수가 65,535인 것이다.
>
> 이론적으로 생성할 수 있는 TCP 연결 개수는 매우 크지만, 실제로 생성할 수 있는 연결 개수는 OS 설정(파일 디스크립터 개수, 포트 범위 설정 등)에 따라 제약을 받는다.

Chapter 11

11장

자주 쓰는 서버 구조와 설계 패턴

이 장에서 다룰 내용
- MVC 패턴
- 계층형 아키텍처
- DDD와 전술 패턴
- 마이크로서비스 아키텍처
- 이벤트 기반 아키텍처
- CQRS

MVC 패턴

서버 애플리케이션을 개발하다 보면 자주 반복되는 패턴이 존재한다. 이 장에서는 그중에서 아키텍처 수준에서 자주 반복되는 패턴 6가지를 알아보자.

첫 번째로 살펴볼 패턴은 MVC 패턴이다. 자바의 스프링 프레임워크와 Node.js의 Express.js가 전형적인 MVC 패턴을 사용한다. MVC는 Model-View-Controller의 약자로, 이름 그대로 3개의 요소로 구성된 패턴이다. MVC에서 각 구성 요소는 다음과 같다.

- 모델: 회원 가입, 암호 변경 등 비즈니스 영역의 로직을 처리한다.
- 뷰: 사용자가 보게 될 결과를 생성해서 사용자에 응답한다.
- 컨트롤러: 사용자의 입력 처리와 흐름 제어를 담당한다.

MVC 패턴의 세 구성 요소의 연결 관계는 [그림 11.1]과 같다.

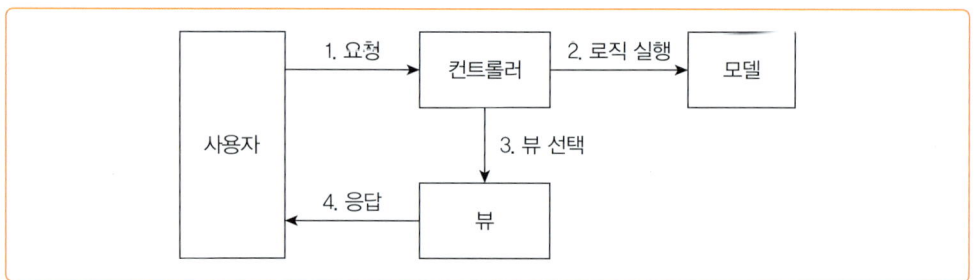

그림 11.1 MVC 패턴의 구조

사용자는 원하는 기능을 처리하기 위한 요청을 컨트롤러에 보낸다. 컨트롤러는 사용자의 요청을 알맞게 해석한 뒤, 모델에 비즈니스 로직 실행을 위임한다. 예를 들어 컨트롤러는 사용자가 POST 방식으로 전송한 데이터를 알맞은 요청 객체로 변환한 뒤 모델이 제공하는 기능을 실행한다.

모델은 사용자가 요청한 기능을 실행한다. 암호 변경, 주문 배송지 변경과 같은 로직을 모델에서 처리한다. 모델은 처리한 결과를 컨트롤러에 리턴한다.

컨트롤러는 모델의 처리 결과를 기준으로 사용자에게 보여줄 뷰를 선택한다. 뷰는 사용자에게 결과 화면을 보여준다. API를 구현한 컨트롤러는 JSON 응답을 생성하는 뷰를 선택하고, 웹 페이지를 구현한 컨트롤러는 HTML 결과를 응답하는 뷰를 선택한다. 뷰가 결과를 생성하려면 데이터가 필요한데 이 데이터는 컨트롤러를 통해 전달받는다.

MVC 패턴의 핵심은 다음 2가지다.

1. 비즈니스 로직을 처리하는 모델과 결과를 생성하는 뷰를 분리한다.
2. 애플리케이션의 흐름 제어나 사용자의 요청 처리는 컨트롤러에 집중한다.

모델은 비즈니스와 관련된 로직만 처리한다. 사용자에게 제공할 화면(HTML 등)이나 UI 흐름 제어에 대한 처리는 하지 않는다. 반대로 뷰는 사용자에게 알맞은 응답을 제공하는 역할만 한다. 로직이나 흐름 제어는 뷰가 처리하지 않는다. 이렇게 모델과 뷰가 분리되어 있기 때문에 모델과 뷰는 서로의 변화에 영향을 덜 받는다.

예를 들어 모델의 내부 구현이 변경되더라도 뷰는 영향을 거의 받지 않고, 반대로 뷰 구현 기술로 JSP가 아닌 타임리프를 사용하더라도 모델은 영향을 거의 받지 않는다.

컨트롤러는 사용자의 요청을 해석해서 알맞은 모델을 실행하고, 그 결과를 보여줄 뷰만 선택하면 된다. 비즈니스 로직이나 뷰의 구현은 신경쓰지 않아도 된다. 컨트롤러는 사용자 입력 값이 유효한 형식인지 검증하고, 쿼리 문자열을 알맞은 데이터 모델로 변환한다. 또한 비즈니스 로직에 포함되지 않는 사용자 인증과 같은 기능을 컨트롤러 영역에서 담당한다.

MVC는 관심사에 따라 모델, 뷰, 컨트롤러로 역할을 나누고, 뷰와 모델은 컨트롤러에 의존하지 않는다. 컨트롤러만 모델과 뷰를 의존한다. 이는 컨트롤러에 상관없이 모델과 뷰를 변경할 수 있게 해주어 유지보수를 용이하게 만든다.

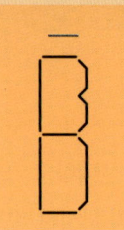

계층형 아키텍처

계층형 아키텍처Layered Architecture는 오래된 패턴으로 많은 곳에서 사용된다. 계층형 아키텍처는 각 계층마다 특정 역할을 수행하고, 하위에 위치한 계층에만 의존하는 특징을 갖는다.

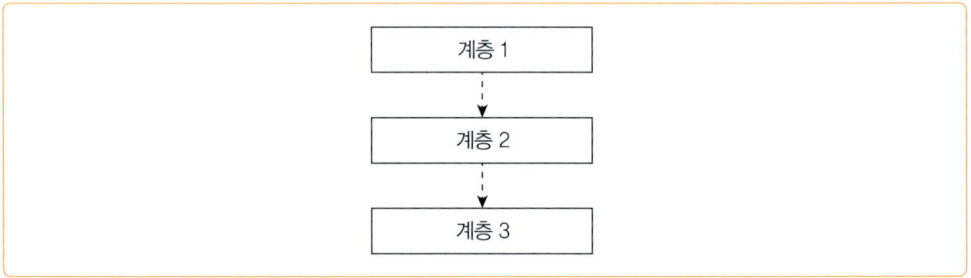

그림 11.2 계층형 아키텍처는 계층마다 특정한 역할을 맡고, 하위 계층만 의존하는 특징이 있다.

계층형 아키텍처에서 하위 계층은 상위 계층에 대한 의존을 갖지 않는다. 오직 상위 계층에서 하위 계층으로의 의존만 허용한다. 예를 늘어 [그림 11.2]에서 계층 1은 계층 2에 의존하지만 반대로 계층 2는 계층 1에 의존하지 않는다. 비슷하게 계층 3은 계층 2나 계층 1에 의존하지 않는다.

계층형 아키텍처는 바로 하위의 계층에만 의존하도록 강제하는 경우가 있고, 하위에 있는 계층이면 모두 의존을 허용하는 경우도 있다. 즉, 계층 1이 계층 2 에만 의존하고 계층 3에는 의존하지 못하게 강제할 수도 있고 또는 계층 2와 계층 3에 모두 의존할 수 있게 허용하기도 한다.

웹 애플리케이션을 계층형 아키텍처로 구현할 때는 일반적으로 4개 계층을 구성한다.

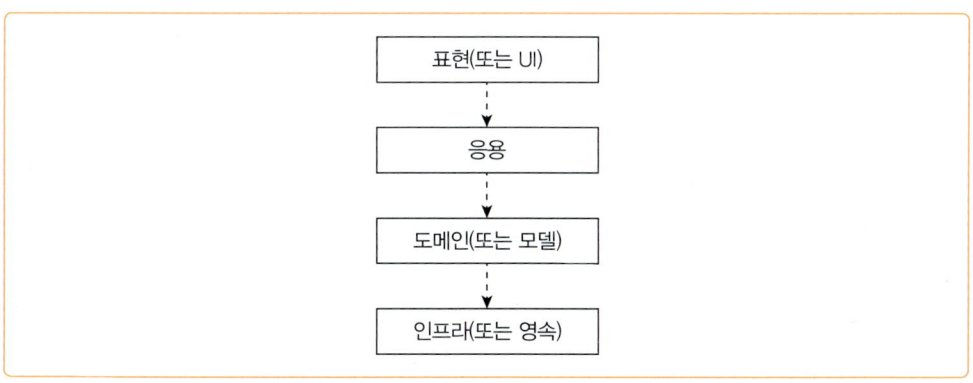

그림 11.3 웹 애플리케이션의 계층형 아키텍처

표현presentation 또는 UI User Interface 계층은 사용자와의 상호 작용을 담당한다. 표현 계층은 사용자의 요청 처리를 응용 계층에 위임한다. MVC 패턴에서 살펴본 컨트롤러와 뷰가 표현 계층에 속한다. 응용 계층은 사용자의 요청을 실제로 처리한다. 응용 계층은 모델 계층이나 인프라 계층을 사용해서 필요한 기능을 구현하고 결과를 표현 계층에 리턴한다. 흔히 서비스라고 부르는 기능이 응용 계층에 속한다.

도메인/모델 계층은 도메인 로직을 구현한다. 주문 모델의 취소 제약 조건과 상태 변경과 같은 로직이 이 계층에 속한다. 인프라/영속 계층은 DB 연동이나 문자 발송과 같은 구현 기술을 지원한다. DB 연동을 처리하는 DAO가 인프라 계층에 속하는 전형적인 구성 요소다.

계층형 아키텍처는 구조가 단순하고 규칙이 명확하기 때문에 코드 실행 흐름을 추적하기 쉽다는 장점이 있다.

흩어지는 도메인 로직

필자의 경험상 도메인 구현에 미숙한 개발자가 많았고, 도메인 계층 없이 응용 계층과 인프라 계층만으로 구현하는 경우를 많이 봤다. 단순히 서비스/DAO로 구성된 계층형 아키텍처를 사용하면 실제로 계층은 3개가 된다. 도메인 영역이 (거의) 없는 계층 구조에서는 도메인 로직이 인프라와 응용 계층으로 분산되는 경향이 있어 코드 유지보수를 어렵게 만들기도 한다.

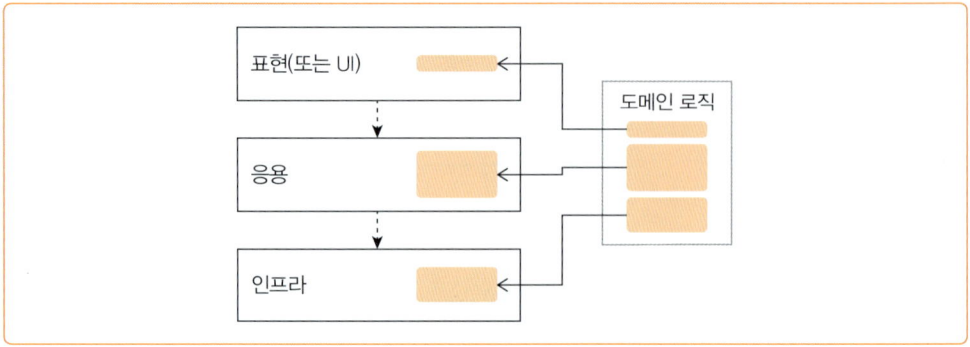

그림 11.4 도메인 계층이 없으면 도메인 로직이 각 계층으로 퍼지는 경향을 보인다.

다음 쿼리는 쿼리에 도메인 로직이 스며들어간 전형적인 예를 보여준다.

```
// MemberDao..updateMemberStatus(id)의 쿼리
update member set status = 20 where member_id = ? and status = 10
```

이 쿼리는 status가 10인 경우에 status를 20으로 바꾼다. 이 쿼리를 실행하는 코드는 다음과 같은 형태를 갖는다.

```
int cnt = mdao.updateMemberStatus(id);
if (cnt == 0) {
    // 변경 건이 없으므로 변경 실패 처리
}
```

이 코드에는 어떤 도메인 로직도 없다. 단지 회원의 상태를 변경하는 DAO 메서드를 실행하고 결과 건수가 0이면 변경 실패 처리를 한다. 어떤 조건일 때 상태가 변경되는지 확인하려면 쿼리를 뒤져야 한다.

이것이 도메인 모델이 빈약하거나 없을 때 발생하는 로직 흩어짐 증상이다. 이렇게 도메인 로직이 쿼리나 컨트롤러와 같은 다른 계층에 흩어지는 것을 방지하려면 도메인 로직을 최대한 한 계층으로 모아야 한다. 도메인 로직을 한 곳에 모으는 방법 중 하나는 다음에 소개할 DDD의 전술 패턴을 활용하는 것이다.

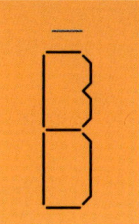

DDD와 전술 패턴

로직이 복잡한 도메인을 구현할 때는 DDD^{Domain-Driven Design}에 소개된 패턴을 사용하는 것을 검토해보자. 필자가 좋아하는 설계 방식이기도 하다. DDD에서 소개하는 전술 패턴을 사용하면 도메인 영역에 도메인 로직을 집중시키는 데 도움이 된다.

DDD에서 도메인 모델은 [표 11.1]의 요소로 구성된다.

표 11.1 DDD에서 도메인 모델의 구성 요소

구성 요소	설명
엔티티 (Entity)	각 엔티티 객체는 고유의 식별자를 가지며, 각 엔티티는 식별자로 구분된다. 내부 상태가 바뀌어도 식별자는 바뀌지 않는다. 예를 들어 각 주문 엔티티는 서로 다른 주문번호를 식별자로 갖는다.
밸류 (Value)	밸류는 고유의 식별자를 갖지 않으며 개념적인 값을 표현한다. 금액, 배송 주소 같은 값이 밸류가 된다. 값은 불변으로 구현하는 것을 추천한다.
애그리거트 (Aggregate)	애그리거트는 관련된 객체를 묶어 하나의 개념적인 단위를 표현한다. 예를 들어 주문 애그리거트는 Order 엔티티, OrderLine 밸류 집합, ShippingAddress 밸류로 구성될 수 있다. 애그리거트는 모델의 일관성을 관리하는 단위가 된다.
리포지토리 (Repository)	도메인 객체를 물리적인 저장소와 연결할 때 사용하는 모델이 리포지토리이다. 리포지토리는 도메인 객체를 저장하고 조회할 때 사용되는 인터페이스를 제공한다. 리포지토리는 애그리거트 단위로 존재한다.
도메인 서비스 (Domain Service)	특정 애그리거트에 속하지 않은 로직을 구현한다. 외부 연동이 필요한 도메인 로직도 도메인 서비스로 사용해서 표현한다.
도메인 이벤트 (Domain Event)	도메인 내에서 발생한 이벤트를 표현한다. 도메인의 상태가 변경될 때 도메인 이벤트가 발생한다. 도메인 이벤트는 주로 다른 부분에 변화를 알리기 위해 사용된다.

DDD는 [표 11.1]의 구성 요소를 사용해서 도메인 로직을 애그리거트 단위로 묶는다. 복잡한 모델을 애그리거트 단위로 관리할 수 있게 함으로써 복잡도를 낮추고, 애그리거트에 관련 로직을 모아 응집도를 높인다. 이는 복잡한 도메인의 유지보수성을 높여준다.

```java
// DDD의 전술 패턴은 도메인 로직을 한 곳에 모으는 데 도움이 된다.
public class CancelOrderService {
    private OrderRepository orderRepository;

    @Transactional
    public void cancel(OrderNumber orderNum) {
        // 응용 서비스는 도메인 모델을 사용해서 사용자 요청을 처리한다.
        Optional<Order> orderOpt = orderRepository.findById(orderNum);
        Order order = orderOpt.orElseThrow(() -> new NoOrderException());
        // 주문 취소 로직은 Order 애그리거트에 위치한다.
        order.cancel();
    }
}
```

전술 패턴 외에도 바운디드 컨텍스트bounded context는 도메인 간의 경계를 설정해준다. 이는 상위 수준에서 복잡한 도메인을 관리하는 데 도움을 주며, 이어서 살펴볼 마이크로서비스 아키텍처와도 잘 어울린다. DDD에 대한 내용이 궁금한 독자는 필자가 지은 『도메인 주도 개발 시작하기』(2022, 한빛미디어)를 참고하기 바란다.

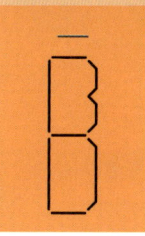

마이크로서비스 아키텍처

마이크로서비스 아키텍처는 등장 이후 지금까지 꾸준히 유행하고 있는 아키텍처 패턴이다. 과거에는 하나의 애플리케이션에 모든 것을 구현한 모놀리식 아키텍처가 일반적이었지만 마이크로서비스 아키텍처는 더 작은 단위로 서비스를 분리하고 각 서비스가 연동되는 구조를 갖는다.

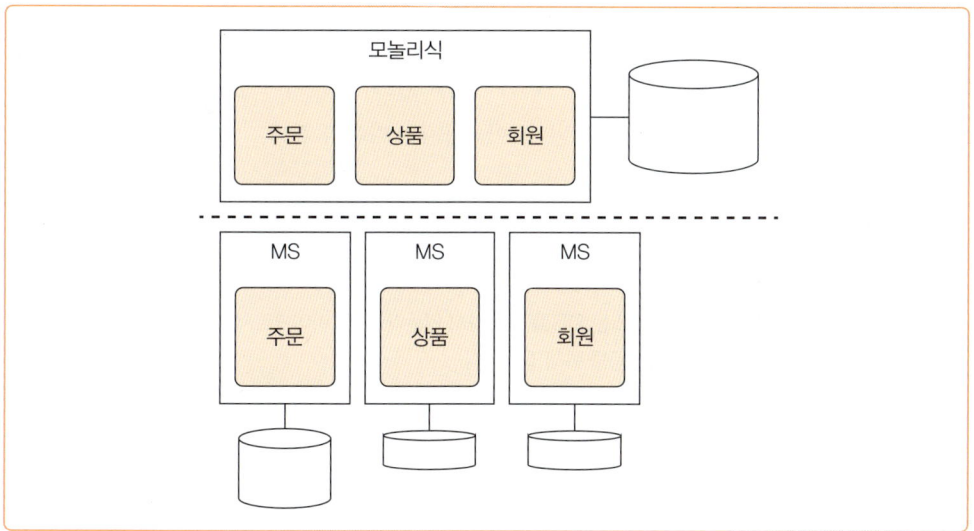

그림 11.5 모든 것을 다 구현한 모놀리식과 달리 마이크로서비스는 부분만 구현한다.

마이크로서비스 아키텍처를 채택하는 조직은 점점 늘고 있다. 하지만 유행을 쫓기 위해 마이크로서비스를 도입하는 곳도 적지 않다. 단순히 새로운 기술을 사용해보고 싶어서 또는 마이크로서비스가 유행이라서 도입하는 경우다. 마이크로서비스는 모놀리식 아키텍처와 장단점을 비교하고, 효과가 분명할 때 도입해야 한다. 두 아키텍처의 장단점은 [표 11.2]와 같다.

표 11.2 모놀리식과 마이크로서비스의 장점과 단점

	모놀리식	마이크로서비스
장점	• 배포가 단순하다. • 코드 관리가 더 쉽다. • 성능을 높이기 위해 복잡한 구조를 가질 필요가 없다. • 테스트와 디버깅이 쉽다.	• 독립적인 배포와 지속적인 배포가 용이하다. • 성능 확장이 용이하다. • 기술에 대한 유연성을 가질 수 있다. • (보통) 개발자의 만족도가 더 높다.
단점	• 규모가 커질수록 개발 속도가 느려질 수 있다. • 한 기능의 문제가 전체에 영향을 줄 수 있다. • 구현 기술 변경에 어려움이 있다. • 작은 변경도 전체를 다시 배포해야 한다.	• 테스트와 디버깅이 어려울 수 있다. • 모놀리식 대비 인프라가 복잡해진다. • 소통에 따른 부하가 증가할 수 있다. • 무분별하게 서비스를 만들면 분산 모놀리식이 될 수 있다.

장단점 분석과 함께 『마이크로서비스 아키텍처 구축』(2023, 한빛미디어)에서 제시한 마이크로서비스 6가지 핵심 개념도 좋은 기준이 된다. 이 6가지는 다음과 같다.

1. 독립적 배포: 다른 마이크로서비스를 배포하지 않고도 마이크로서비스를 변경, 배포, 출시할 수 있어야 한다.
2. 도메인을 중심으로 모델링: 각 마이크로서비스는 도메인을 기준으로 구분해야 한다. 한 도메인의 기능 구현이 여러 마이크로서비스에 걸쳐 있으면 출시 비용이 증가한다.
3. 자신의 상태를 가짐: 마이크로서비스는 DB를 공유하지 않는다. 다른 마이크로서비스의 데이터를 사용할 경우 DB에 직접 접근하지 않고 API 등을 통해 접근한다.
4. 크기: 마이크로서비스의 크기에 절대적인 기준은 없다. 마이크로서비스의 크기를 정할 때는 조직이 감당할 수 있는 수준과 마이크로서비스 경계 정의에 집중해야 한다.
5. 유연함: 마이크로서비스는 비용을 들여 기술, 확장, 견고함과 같은 유연함을 얻는 구조다. 비용을 감당할 수 있는 수준에서 도입을 고려해야 한다.
6. 아키텍처와 조직을 맞춤: 조직 구조는 아키텍처에 영향을 준다[1]. 비즈니스 도메인이 시스템 아키텍처를 주도하는 주요 원동력이 되도록 설계한다.

『마이크로서비스 아키텍처 구축』의 저자는 이 중 독립적 배포가 가장 중요하다고 강조한다. 따라서 마이크로서비스를 설계하거나 분리할 계획이라면 독립적 배포를 최우선으로 고려해야 한다. 이를 위해 각 마이크로서비스 간 결합도를 최대한 낮춰야 한다.

---

[1] '시스템 구조는 시스템을 설계하는 조직의 소통 구조를 닮는다'는 콘웨이 법칙이 있다.

> **Column | 모놀리식이 나쁜 건가?**
>
> 마이크로서비스 만능주의에 빠진 사람은 무턱대고 모놀리식을 나쁘다고 단정짓는다. 모놀리식이 가진 단점만 강조하며 마이크로서비스 도입을 정당화하려는 경우다. 하지만 모놀리식 아키텍처 자체가 잘못된 경우는 드물다. 대부분은 모놀리식 구조 안의 설계와 코드 품질이 문제다.
>
> 만약 이러한 문제를 가진 모놀리식을 여러 개의 마이크로서비스로 분리하더라도, 구조와 코드 품질이 여전히 낮다면 결과적으로 더 복잡한 구조만 초래할 수 있다.
>
> 모놀리식 구조를 채택하더라도 구조와 품질에 신경 쓴다면 개발 속도를 유지하면서 짧은 배포 주기를 가질 수 있다. 예를 들어 모듈라 모놀리식Modular Monolithic 아키텍처를 사용하면 모놀리식 안에서 모듈을 잘 나누어 모듈 간 의존을 줄이고 유지보수성을 높일 수 있다.

이벤트 기반 아키텍처

이벤트 기반 아키텍처Event-Driven Architecture는 두 시스템 간에 통신할 때 이벤트를 사용하는 구조다. 여기서 말하는 이벤트는 5장에서 다룬 것과 마찬가지로 과거에 발생한 사실을 의미한다. 그래서 이벤트는 보통 '주문함', '인증에 실패함', '주문을 취소함'처럼 과거형으로 표현한다.

이벤트 기반 아키텍처는 다음의 3가지 구성 요소로 이루어진다.

- 이벤트 생산자
- 이벤트 소비자
- 이벤트 브로커(또는 라우터)

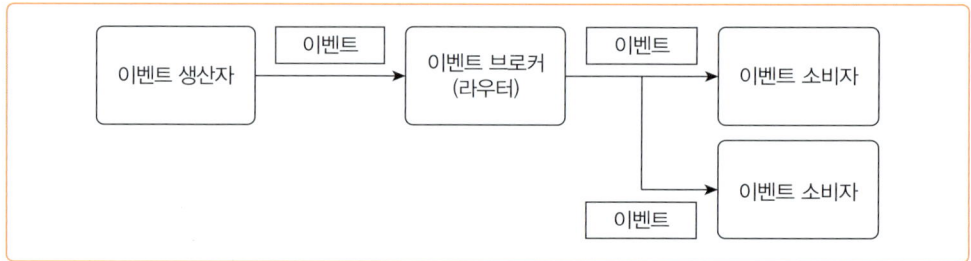

그림 11.6 이벤트 기반 아키텍처의 3가지 구성 요소

이벤트 생산자는 이벤트를 생성해서 브로커에 전달하고, 브로커는 해당 이벤트에 관심 있는 소비자에게 이벤트를 전달한다. 이벤트 소비자는 이벤트를 받아 적절하게 반응한다. 이벤트는 변경된 데이터를 다른 시스템에 전달할 때 주로 사용된다. 예를 들어 주문 시스템에서 '결제 완료' 이벤트가 발생하면 이 이벤트가 배송 시스템으로 전달되고, 배송 시스템은 전달받은 주문 정보를 바탕으로 배송을 시작한다.

알림 목적에도 사용할 수 있다. 사용자가 잘못된 암호를 반복 입력해 로그인을 실패할 경우, 인증 시스템은 '인증 실패' 이벤트를 발생시키고, 이상 감지 시스템은 이를 받아 연속 실패 횟수를 추적해 비정상 접근 여부를 판단할 수 있다.

5장에서 설명했듯이 이벤트는 메시지의 한 형태로 볼 수 있다. 이벤트를 전달하는 데 보통 메시징 기술을 사용하는데 카프카Kafka는 이벤트 브로커로 많이 활용되는 대표적인 예다. 이벤트 기반 아키텍처의 장점 중 하나는 생산자와 소비자가 직접 연결되지 않고 브로커를 통해 간접적으로 연결된다는 점이다. 덕분에 서로 간섭하지 않고 독립적으로 배포할 수 있으며, 새로운 소비자 추가도 용이하다. 반면, 이벤트가 중간 브로커를 거치기 때문에 이벤트의 처리 상태를 추적하려면 별도의 추가 수단이 필요할 수 있다.

이벤트 기반 아키텍처의 메시지 설계나 처리 시의 고려 사항은 5장에서 다룬 내용과 동일하므로 궁금하다면 5장을 참고하자.

> **알아두기** **이벤트 브로커와 단일 진실 공급원**
>
> 이벤트 브로커를 단일 진실 공급원Single Source of Truth으로 확장해서 사용하는 방식도 있다. 예를 들어 카프카는 메시지를 삭제하지 않고 저장할 수 있는데, 이 특징을 활용하면 이벤트 생산자가 보낸 모든 이벤트를 영구 보관할 수 있다.
>
> 시스템의 모든 상태 변화가 이벤트로 발생한다면, 이벤트 기록만으로도 시스템 상태의 변화를 추적할 수 있다. 더 나아가 카프카 같은 브로커를 이벤트 소싱 패턴의 이벤트 저장소로도 활용할 수 있다.

CQRS 패턴

아주 단순한 시스템은 상태 변경과 상태 조회가 동일한 모습을 갖지만, 조금만 복잡해져도 상태 변경에 사용하는 데이터와 상태 조회 시 사용하는 데이터에 차이가 발생한다. 예를 들어 주문을 생각해보자. 주문을 생성할 때는 주문 ID, 회원 ID, 배송지 주소, 상품 ID와 같은 데이터를 사용한다. 반면에 주문 정보를 조회할 때는 이들 정보 외에도 회원 이름, 상품명과 같은 데이터를 추가로 사용한다. 명령과 조회에서 사용하는 데이터가 서로 다른 것이다.

명령과 조회가 서로 다른 데이터를 사용하는데도 하나의 모델로 명령과 조회를 모두 구현하면, 모델이 복잡해지고 코드 유지보수가 어려워진다. 예를 들어 주문의 상태를 변경하는 코드를 보는데 조회에서만 사용하는 속성이 함께 있다면 코드 분석이 더 어려워진다. 시간이 지날수록 모델은 추가되는 기능을 지원하기 위해 점점 커지게 되고, 이는 유지보수를 더 어렵게 만든다.

도메인이 복잡해질 경우에는 CQRS 패턴을 사용해서 단일 모델 사용으로 인해 발생하는 복잡도 문제를 해결할 수 있다. CQRS는 Command Query Responsibility Segregation의 약자로, 명령을 위한 모델과 조회를 위한 모델을 분리하는 패턴이다. 여기서 명령은 시스템의 상태를 변경하는 것을, 조회는 상태를 조회하는 것을 의미한다.

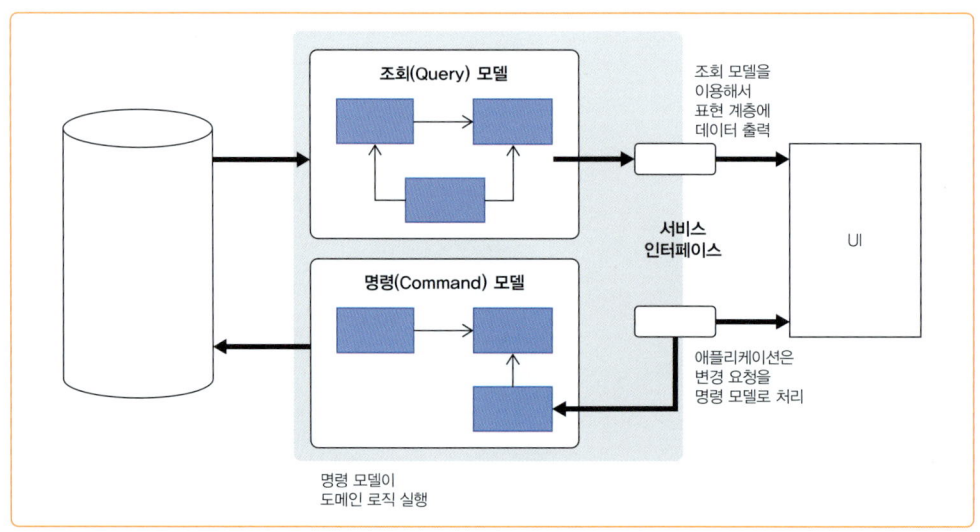

그림 11.7 CQRS 패턴(출처: https://martinfowler.com/bliki/CQRS.html)

CQRS는 명령 모델과 조회 모델을 구분하므로 각 기능에 맞게 모델을 구현할 수 있다는 이점이 있다. 단일 모델을 사용할 경우 조회 기능 때문에 명령 기능이 영향을 받거나, 반대로 명령 기능 때문에 조회 기능이 영향을 받을 수 있다. CQRS는 두 모델을 분리함으로써 이런 상호 영향 문제를 최소화할 수 있다.

또한, 조회 모델이 별도로 존재하므로 조회 성능을 향상시키기 쉽다. 조회 모델에 캐시를 적용하거나, 조회 전용 DB를 확장하는 방식이 이에 해당한다.

단점도 있다. 각 기능마다 모델을 따로 만들어야 하므로 작업해야 할 코드가 늘어난다. 따라서 추가되는 코드 대비 얻는 이점이 더 큰지 따져봐야 한다. 단순한 모델에 CQRS를 적용하면 작업량만 늘어나고 얻는 이점은 적을 수 있다. 반면에 모델이 복잡한 경우에는 CQRS를 통해 얻는 이점이 더 클 가능성이 높다.

또 다른 단점은 구현 기술이 늘어날 수 있다는 점이다. 명령 모델과 조회 모델을 서로 다른 기술로 구현할 때도 많은데, 특히 높은 트래픽을 처리하기 위해 조회 모델을 별도 조회 전용 DB에 구축하는 경우가 있다. 이 경우에는 서로 다른 DB 간의 데이터 동기화를 위해 추가적인 메시징 수단을 도입해야 한다.

Appendix A

부록 A

처음 해보는 성능 테스트를 위한 기본 정리

이 장에서 다룰 내용
- 성능 테스트 종류
- 테스트 설계 고려 사항
- 성능 테스트 도구
- 실행 주의 사항

성능 테스트 종류

내가 만든 서버가 어느 정도의 트래픽을 감당할 수 있는지 확인하려면 실제로 측정을 해봐야 한다. 이런 측정은 성능 테스트를 통해 이루어진다. 위키피디아의 정의에 따르면, 성능 테스트는 일반적으로 특정 작업 부하 상태에서 응답성과 안정성 측면에서 시스템이 어떻게 작동하는지를 확인하기 위해 수행하는 테스트 관행이다. 응답 시간, 처리량, 자원 사용량(CPU, 메모리 등)을 주로 측정한다.

주로 사용하는 성능 테스트의 종류는 다음 [표 A.1]과 같다.

표 A.1 성능 테스트 종류

테스트 종류	설명
부하(load) 테스트	특정한 예상 부하에서 시스템이 어떻게 동작하는지 확인한다. 이 테스트를 통해 주요 기능의 응답 시간과 처리량 등의 성능 지표를 확인할 수 있고, 병목을 파악하는 데 도움이 된다.
스트레스(stress) 테스트	시스템의 최대 성능을 확인하기 위한 테스트이다. 예상을 뛰어넘는 부하가 발생했을 때, 시스템이 어디까지 성능을 낼 수 있는지를 확인한다.
지속 부하(soak) 테스트	시스템이 지속적인 부하를 견딜 수 있는지를 검증한다. 장시간 동안 일정 수준의 부하를 주어 성능 저하가 발생하는지 확인하며 메모리 누수도 탐지할 수 있다.
스파이크(spike) 테스트	급격하게 트래픽이 변화할 때 시스템의 반응성과 안정성을 검증하는 테스트이다. 순간적으로 트래픽이 급증했을 때, 성능 저하나 실패가 발생하는지를 확인한다.

포화점과 버클존

성능 테스트를 진행하는 일반적인 방식은 낮은 부하에서 시작해서 점진적으로 부하를 높이는 것이다. 예를 들어, 동시 사용자 수를 100명에서 시작해 200명, 300명으로 단계적으로 부하를 높여가며 성능을 측정한다.

이렇게 부하를 증가시키면 초기에는 처리량도 함께 증가한다. 그러다 일정 부하 구간에 도달하면 처리량의 증가 폭이 줄어들기 시작하고, 어느 시점부터는 처리량과 응답 시간이 급격히 저하된다. 이때 성능이 저하되기 전의 최대 처리량을 포화점saturation point 또는 tipping point이라고 한다. 포화점은 시스템이 감당할 수 있는 성능 한계 지점이다.

포화점을 지나 성능이 꺾이기 시작하는 구간을 버클존buckle zone이라고 한다.

> **알아두기** **버클(buckle)**
>
> 버클링buckling(좌굴)은 물리 현상에서 빌려온 개념으로 세로로 긴 구조물을 세로 방향으로 압축할 때 어느 순간 압축 하중을 견디지 못하고 구부러지는 것을 말한다. 버클존의 버클buckle은 이 현상에서 빌려온 단어로 시스템이 한계를 초과했을 때 급격하게 성능이 저하되는 상황을 표현한다.

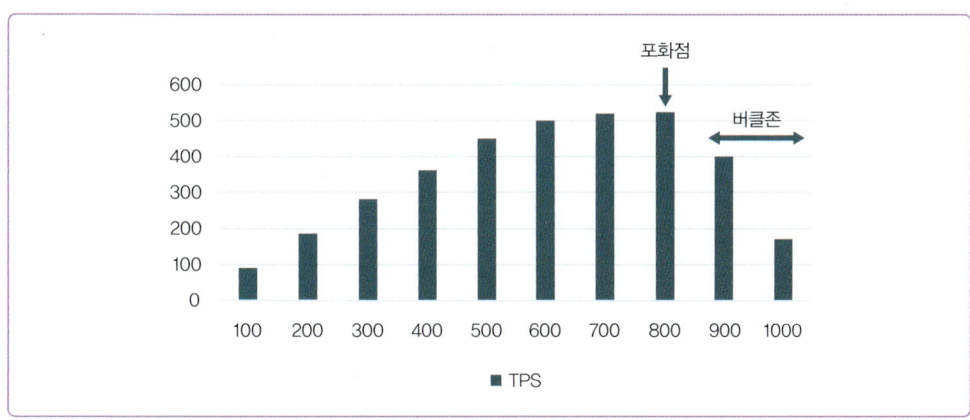

그림 A.1 포화점과 버클존

포화점이 목표로 한 성능보다 높다면 만족하면서 성능 테스트를 마칠 수 있다. 하지만 포화점이 목표치보다 낮거나 같다면 병목 지점을 찾아 제거해야 한다. 일반적으로 웹 서버의 병목 지점은 호출 비중이 높으면서도 응답 시간이 긴 기능과 관련되어 있다. 2장에서 살펴본 바와 같이 다음 요인들이 응답 시간에 영향을 준다.

- DB 연동(쿼리 실행 시간)
- 외부 연동 시간
- 트래픽 대비 부족한 커넥션 풀 크기

어떤 지점에서 병목이 발생하는지 확인한 뒤, 서버 확장, 캐시 적용, 비동기 연동과 같은 수단을 강구해서 응답 시간을 줄여보자. 응답 시간을 줄인 만큼 포화점을 높일 수 있을 것이다.

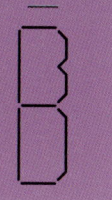

주요 측정 지표

응답 시간

성능 테스트에서 중요한 지표 중 하나는 응답 시간이다. 응답 시간은 다음과 같이 여러 값을 측정한다.

- 평균
- 최대
- 최소
- 중앙
- 99%나 95% 백분위

응답 시간의 평균과 최대 값의 차이가 크다면 99%나 95% 백분위 값을 함께 확인해야 한다. 이 백분위 값이 최대 응답 시간보다 평균 값에 가깝다면 최대 값은 이상치일 수 있다.

중앙 값과 평균 값의 차이도 중요하다. 응답 시간이 중앙 값보다 평균 값이 더 큰 좌편향 분포를 보인다면 이는 응답 시간이 전반적으로 평균보다 느리다는 것을 의미한다.

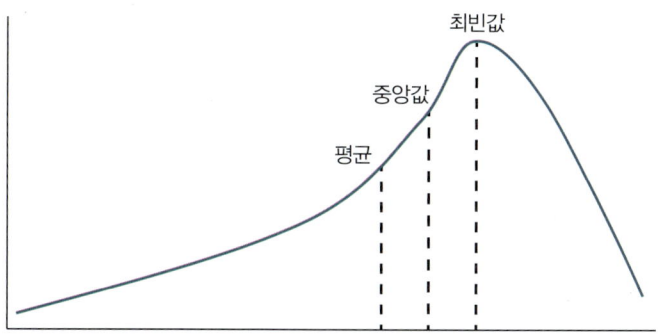

그림 A.2 응답 시간 분포가 좌편향 분포를 이루면 응답 시간이 느린 요청을 기준으로 확인해보자.

처리량

처리량은 TPS$^{\text{Transaction Per Second}}$(초당 트랜잭션 건수)처럼 초 단위로 얼마나 많은 요청을 처리했는지를 나타낸다. 테스트를 진행하는 동안 처리량은 변화하므로 최대, 평균, 최소 값을 함께 구한다.

에러율

에러율은 전체 요청 중에서 에러가 발생한 비율을 의미한다. 부하 테스트를 하다 보면, 처리량은 높은데 에러도 함께 증가하는 상황이 생긴다. 에러가 발생한다는 건 시스템이 부하를 감당하지 못하고 있다는 신호일 수 있다. 에러가 증가하기 시작하는 지점이 시스템의 한계일 가능성이 높다.

CPU 사용률

부하 테스트 중에는 대상 시스템의 CPU 사용률도 함께 모니터링해야 한다. 일반적으로 웹 서버의 성능 문제는 DB나 외부 연동에서 발생하지만 높은 CPU 사용률로 인해 문제가 생기는 경우도 있다. CPU 사용률을 측정하면 문제 원인을 분석할 때 범위를 좁히는 데 도움이 된다.

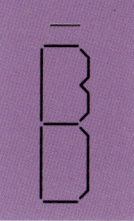

성능 테스트 설계 시 고려 사항

성능 테스트를 설계할 때는 다음 사항들을 고려해야 한다.

- 시스템의 트래픽 패턴
- 동시 요청 사용자 수 / 트래픽 규모
- 기능별 요청 비율
- 데이터 크기
- 워밍업
- 적절한 목표치 설정

시스템은 보통 일정한 트래픽 패턴을 가진다. 일부 서비스는 시간에 따라 트래픽 편차가 크지 않지만, 일부는 특정 시간대에 트래픽이 집중되기도 한다. 예를 들어, 콜센터 업무 시스템은 업무 시작 시간부터 종료 시간까지 비교적 고른 트래픽 패턴을 보인다. 반면, 학원 관련 서비스는 주중 오후 시간대에 트래픽이 급증하는 패턴을 보인다.

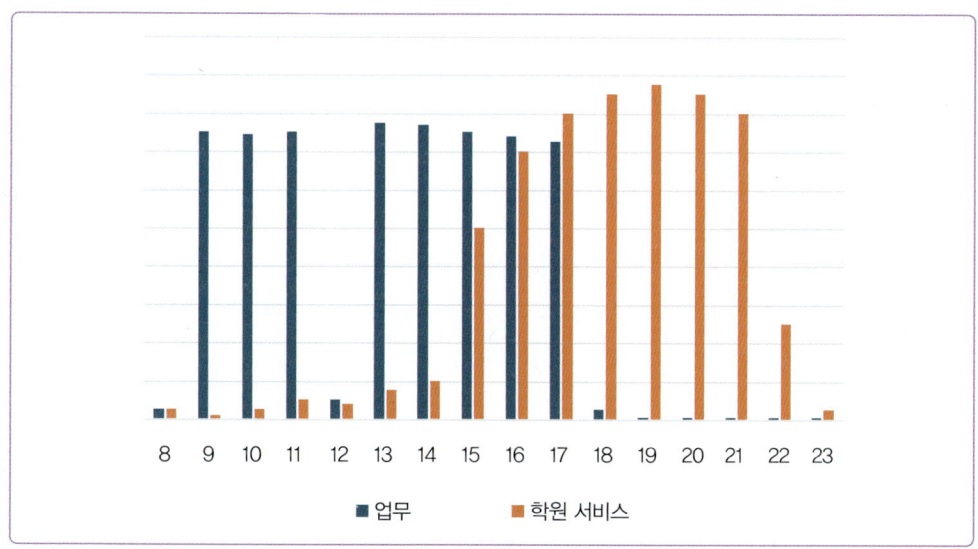

그림 A.3 트래픽 패턴에 따라 부하를 설계한다.

트래픽이 짧은 시간에 증가하는 패턴을 보인다면 그에 맞춰 성능 테스트도 짧은 시간 간격으로 부하를 늘리는 방식으로 설계한다. 업무 시스템은 부하가 점진적으로 증가하기보다는 특정 시간에 목표로 하는 부하가 발생하므로 해당 부하를 바로 발생하도록 성능 테스트를 설계한다.

동시에 사용하는 사용자 규모도 고려한다. 50명이 사용하는 내부 시스템과 1천만이 사용하는 온라인 서비스는 처리해야 하는 트래픽 규모가 다르다. 트래픽 규모가 작으면 한 대의 부하 발생기로도 충분하지만 트래픽 규모가 큰 서비스는 여러 대의 부하 발생기를 사용해야 할 수 있다. 또한 부하에 사용할 사용자 수도 중요하다. 예를 들어 한 사용자의 인증 토큰을 사용해서 모든 요청을 생성한다면 시스템은 실제보다 더 좋은 성능을 낼 수 있다(예를 들어 DB가 자주 조회하는 데이터를 캐싱해서 조회 속도가 빨라질 수 있다). 사용자에 따라 조회하는 데이터가 다르다면 목표로 하는 동시 사용자 수에 맞춰 요청을 발생시킬 수 있도록 테스트를 설계해야 한다.

부하 테스트를 설계할 때는 기능별 트래픽 비율도 고려해야 한다. 자주 불리는 API 목록을 추리고 최대한 실제 호출되는 비율에 맞게 부하가 발생하도록 테스트를 설계한다. 실제 불리는 비율을 고려하지 않고 1개 API에 대해서만 부하를 발생하면(캐시 효과와 같은 이유로) 결과가 실제보다 잘 나올 수 있다.

데이터 크기도 고려한다. 데이터가 100만 건이 예상되는 서비스에 대해 부하 테스트를 하는데 DB에 데이터를 50건만 넣으면 많은 경우 의미가 없다. 데이터 규모가 작으면 성능이 잘 나오기 때문이다. 이는 반대로 말하면 데이터가 많아야 1년에 2천 개밖에 생성되지 않는 기능에 대해 스트레스 테스트 목적으로 50만 개의 데이터를 만들면 안 된다는 뜻이기도 하다. 예상되는 규모에 맞게 테스트 데이터를 만들어야 실제에 근접한 성능 테스트 결과를 얻을 수 있다.

테스트를 진행하기에 앞서 워밍업이 필요할 때도 있다. 레디스를 캐시로 사용하는 서비스에 대해 부하 테스트를 진행하는 경우를 생각해보자. 최초에 캐시에 아무 데이터도 존재하지 않으면 초기 요청은 캐시에 데이터가 없으므로 전반적으로 성능(처리량과 응답 시간)이 떨어질 것이다. 반면에 캐시에 어느 정도 데이터가 차기 시작하면 성능도 함께 좋아진다. 부하 테스트의 목적이 트래픽이 몰리는 상황에서 캐시를 비울 때 어느 정도 성능이 나오는지 확인하기 위한 것이 아니라면 캐시가 어느 정도 찬 다음에 부하 테스트를 진행해야 올바른 결과를 얻을 수 있다. 이런 테스트를 진행할 때는 진행하기에 앞서 캐시에 데이터를 어느 정도 채워 넣어야 한다.

부하 테스트를 진행할 때 점진적으로 트래픽을 늘려서 워밍업을 하기도 한다. 예를 들어 첫 30초 동안은 20명의 동시 사용자로 부하를 발생하고 이후 15초마다 동시 사용자를 20명씩 늘리는 식으로 시스템에 가해지는 부하를 조금씩 증가시킨다. 이를 통해 시스템이 안정화된 상태에서 본격적인 부하 테스트를 진행할 수 있도록 한다.

적절한 목표치도 중요하다. 최고의 성능을 내는 서버를 만들겠다는 의지를 담아 처리량 목표치를 10만 TPS로 잡을 수 있지만 이는 비현실적인 수치다. 10만 TPS는 10만 명의 사용자가 1초마다 계속 클릭해야 발생할 수 있는 트래픽 규모. 실제 예상되는 사용자 수와 요청 건수를 감안해서 성능 목표치를 설정하자.

성능 테스트 도구

먼저 소개할 부하 테스트 도구는 nGrinder[1]이다. nGrinder는 네이버에서 개발한 부하 테스트 도구로 네이버에서 검증된 기술이다. nGrinder는 grinder를 기반으로 하는데 grinder의 사용이 더 편리한 버전이라고 생각하면 된다.

nGrinder는 1개의 컨트롤러와 다수의 에이전트로 구성되어 있다. 컨트롤러는 웹 UI를 제공하고 있어 사용이 쉽다는 이점이 있다. 에이전트는 실제로 부하를 발생하고 테스트 대상 서버의 시스템 지표(CPU와 메모리)를 모니터링한다. 2개 이상의 에이전트를 사용할 수 있기 때문에 여러 장비를 활용해서 대량의 부하를 발생시킬 수 있다.

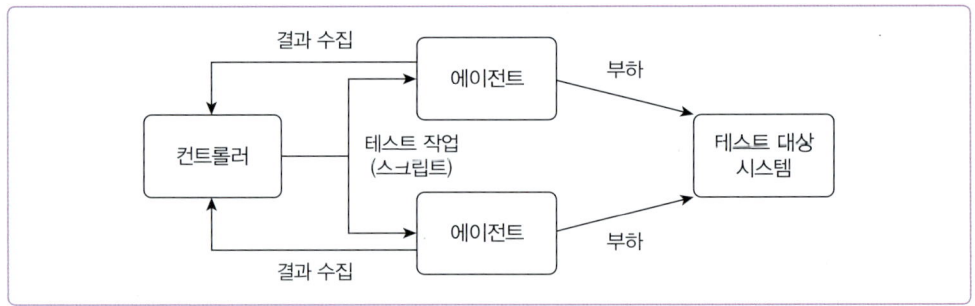

그림 A.4 nGrinder의 구조

nGrinder는 Groovy나 Jython을 이용해서 테스트용 스크립트를 작성한다.

두 번째로 소개할 도구는 k6[2]이다. k6는 Grafana로 유명한 Grafana Labs에서 개발한 부하 테스트 도구이다. 비교적 최근에 나온 도구로 설치가 쉽다. k6는 고 언어로 개발됐지만 테스트 스크립트는 자바스크립트를 이용해서 작성한다. k6는 고루틴을 사용해서 부하를 발생시키기 때문에 스레드를 사용하는 도구 대비 더 적은 자원으로 더 많은 부하를 발생할 수 있다. 동시에 여러 장비에서 부하를 발생시키고 싶다면 유료 버전인 k6 클라우드를 사용하면 된다. 쿠버네티스 클러스터가 있다면 k6 Operator를 사용해서 분산 환경에서 부하를 발생할 수 있다.

---

[1] https://naver.github.io/ngrinder/

[2] https://k6.io/

k6는 CLI로 실행한다. 그래서 CI/CD 환경에 통합이 용이하다. 부하 테스트 결과도 콘솔에 출력한다. Prometheus나 InfluxDB 같은 곳에 결과를 저장해서 실시간 테스트 상황을 모니터링할 수 있다. 또한 별도의 리포트 플러그인을 사용해서 HTML과 같은 형식으로 생성할 수도 있다.

이 외에도 다음의 부하 테스트 도구가 있다.

- Locust[3]: 파이썬 코드를 사용해서 테스트를 정의하며 명령행과 웹기반 UI로 테스트를 실행할 수 있다. 분산 환경에서 부하를 발생하는 기능을 제공하며 클라우드 버전도 제공한다.
- Gatling[4]: 자바 스칼라 코틀린 자바스크립트를 이용해서 테스트 스크립트를 작성한다. 웹 요청 외에 AMQP나 카프카 등 다양한 프로토콜을 지원한다. 엔터프라이즈 버전을 사용하면 분산 환경에서 부하를 발생할 수 있다.
- JMeter[5]: 오랜 기간 명맥을 유지하고 있는 부하 테스트 도구로 GUI 환경과 CLI 환경을 지원한다. 웹 요청 외에 FTP나 DB나 TCP 등 다양한 어플리케이션과 프로토콜에 대한 테스트를 지원한다. 분산 환경에서 부하를 발생할 수 있다.

어떤 도구가 더 좋다기보다는 각자 상황에 맞춰 도구를 선택하면 된다. 자바를 포함한 JVM 환경이 익숙하다면 nGrinder나 Gatling을 사용하고 자바스크립트가 익숙하다면 k6을 시도해 보자.

---

3 https://locust.io/
4 https://gatling.io/
5 https://jmeter.apache.org/

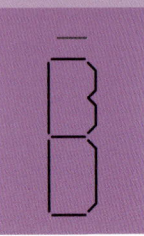

성능 테스트 실행 시 주의 사항

성능 테스트를 진행할 때 흔히 하는 실수 중 하나가 테스트 대상 시스템과 부하기를 한 장비에서 실행하는 것이다.

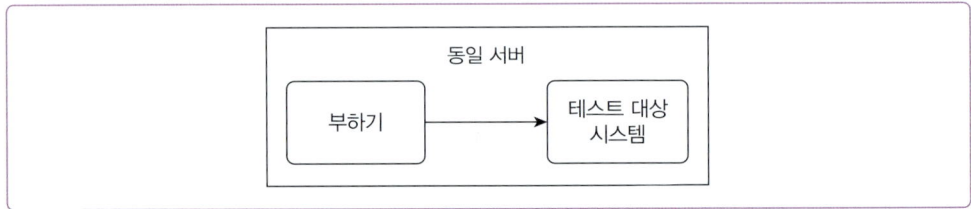

그림 A.5 부하기와 테스트 대상 시스템을 한 곳에서 실행하면 안 된다.

부하 생성은 그 자체로 많은 자원을 사용한다. 따라서 테스트 대상 시스템과 부하기를 한 장비에서 실행하면 테스트 대상 시스템이 자원을 온전히 활용하지 못해 실제 성능보다 낮은 결과가 나온다. 성능 테스트를 진행할 때는 반드시 부하 발생기와 테스트 대상 시스템을 분리해야 한다. 부하를 발생할 장비의 성능도 중요하다. 대량의 부하를 발생시켜야 하는데 장비의 성능이 나쁘면 애초에 부하 자체를 제대로 발생시킬 수 없다. 그러니 부하를 발생할 장비의 성능에도 신경 써야 한다.

서버 설정에 제한을 걸고 부하 테스트를 실행하는 것도 자주 하는 실수다. 예를 들어 Nginx를 사용하는데 DDoS 공격을 막기 위해 limit_req_zone 설정을 사용해서 IP당 초당 요청 개수를 10개로 제한했다고 하자. 부하기는 1대 장비에서 다량의 요청을 발생하므로 초당 10개 제한에 걸리게 된다. 이러면 많은 요청에 대해 오류 응답이 발생하므로 제대로 된 부하 테스트를 할 수 없다. 비슷하게 서버의 스레드 풀 개수나 DB 커넥션 풀의 크기가 작으면 부하 테스트가 제대로 이루어지지 않으니 테스트할 부하 규모에 맞게 풀의 크기를 미리 설정해야 한다.

운영 시스템과 동일한 네트워크 환경에서 부하 테스트를 진행하는 것도 조심해야 한다. 스트레스 테스트처럼 대량의 요청을 발생시킬 때는 테스트 대상 시스템에 많은 네트워크 트래픽이 발생한다. 실 운영 시스템과 테스트 대상 시스템을 동일 네트워크에 넣고 테스트를 실행하면 테스트가 발생시키는 트래픽이 실 운영 환경에 영향을 줄 수 있다. 예를 들어 스트레스 테스트로 인해 네트워크가 포화 상태에 다다르면 실제 서비스가 먹통되는 증상이 발생할 수 있다.

> **Column**
>
> **심야에 스트레스 테스트 돌리기**
>
> 대량 트래픽이 예상되는 서비스 개발에 참여한 적이 있다. 개발 초기에 생각한 아키텍처가 원하는 성능을 보여 주는지 확인할 필요가 있었고 이를 위해 부하 테스트 담당자가 개발에 참여했다. 부하 테스트 담당자는 테스트 스크립트를 작성했지만 업무 시간에 테스트를 수행할 수는 없었다. 부하 테스트 환경과 실제 운영 환경이 같은 네트워크에 있었기 때문이다. 부하 테스트 담당자는 실 서비스에 대한 영향을 최소화하기 위해 사용자가 적은 새벽 시간대에 부하 테스트를 진행해야 했다. 다행히 원하는 성능을 얻었고 부하 테스트 담당자가 다시 새벽에 작업할 일은 생기지 않았다.

외부 서비스를 연동하는 기능을 테스트할 때는 실제 외부 서비스를 사용하지 않게 주의해야 한다. 테스트하고 싶은 대상은 우리 시스템이지 외부 시스템이 아니기 때문이다. 외부 시스템 연동을 그대로 둔 채로 부하 테스트를 진행하면 외부 시스템이 트래픽을 견디지 못하고 장애가 발생할 수 있다. 외부 서비스 연동이 포함된 기능에 대해 부하 테스트를 진행해야 한다면 실제 외부 서비스 대신에 가짜 외부 서비스로 대체해야 한다.

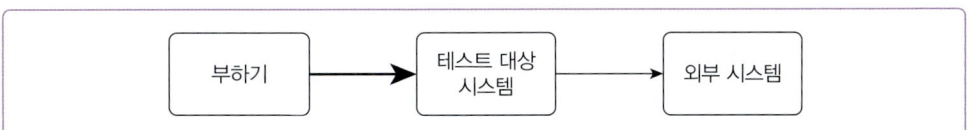

그림 A.6 테스트 부하가 외부 시스템에 영향을 준다면 외부 시스템을 가짜 서비스로 대체한 뒤 성능 테스트를 진행해야 한다.

마지막으로 주의할 점은 테스트 대상 시스템은 최대한 실제 운영 환경과 동일하게 구성해야 한다는 것이다. 간혹 실제 운영 환경 대비 저사양 환경을 사용해서 테스트 대상을 구성할 때가 있다. 예를 들어 실제 운영 서버는 8코어 CPU 16GB 메모리를 사용하는데 테스트 환경은 2코어 2GB 메모리를 사용하는 식이다. 이렇게 되면 실제 환경에서 얼마나 성능을 낼 수 있는지 확인할 수 없다. 유효한 성능 지표를 구하려면 최대한 실 환경에 맞춰야 한다. 그래야 제대로 된 결과를 얻을 수 있다.

> **Column** **지루한 성능 테스트**
>
> 예전에 서비스 점검 시간에 맞춰 부하 테스트를 진행한 적이 있다. 점검 때는 사용자 트래픽이 발생하지 않아 부하 테스트를 하기에 안성맞춤이었다. 점검은 0시부터 진행했고 부하 테스트는 1시 정도부터 시작했다.
>
> 점진적으로 부하 수준을 높여 가며 테스트를 진행했다. 한 번 실행할 때 5분간 부하를 지속했고 테스트가 종료되면 결과를 기록했다. 테스트를 실행하는 동안에는 성능 지표에 이상이 발생하지 않는지 모니터링했다. 이렇게 여러 차례 테스트를 실행했고 이 과정에서 일부 기능에 성능 문제가 발생한 것을 확인했다. 이때 시간은 이미 2시를 넘었다.
>
> 배가 슬슬 고파와 컵라면을 먹었다. 심야 점검 때 먹는 라면은 언제나 맛있는 것 같다. 허기를 달랜 뒤 문제를 분석했다. 다행히 원인은 간단한 곳에 있었다. 문제를 제거한 뒤 다시 테스트 과정을 반복했다. 목표로 하는 성능이 나오는 것을 확인하기까지 1시간 정도의 시간이 소요됐다.
>
> 성능 테스트는 이렇듯 지루한 과정의 연속이다. 목표로 한 성능이 안 나오면 병목을 찾기 위해 시스템을 분석해야 한다. 의심되는 코드를 찾아 수정했다면 다시 성능 테스트를 진행한다. 원하는 결과가 나올 때까지 이 과정을 반복한다.

Appendix B

부록 B

NoSQL 이해하기

이 장에서 다룰 내용
- NoSQL이란
- NoSQL 종류
- 도입 고려 사항
- CAP 정리

NoSQL이란

데이터에 대한 요구사항이 다양해지면서 그에 맞춰 데이터 설계 방식도 다양해지고 있다. 다음은 몇 가지 예이다.

- 수천만 회원 간의 연결 관계를 분석해서 친구를 추천한다.
- 대량의 데이터를 실시간으로 수집하고 통계를 추출한다.
- 테라바이트에서 페타바이트 이상의 데이터를 처리한다.

RDBMS로도 이런 요구를 처리할 수는 있지만 더 알맞은 기술을 찾아야 할 때도 있다. 예를 들어 회원 간의 연결 관계는 그래프를 지원하는 데이터베이스를 사용하면 분석이 더 용이하다. 대량 데이터를 저장하고 통계를 생성하기 위해서는 수평 확장을 지원하는 데이터베이스가 필요하다.

이렇듯 특정한 요구사항에 맞춰 데이터를 저장하고 조회하기 위한 기법을 제공하는 데이터베이스를 NoSQL이라고 한다. 위키피디아에 따르면 NoSQL의 정의는 다음과 같다[1].

> *NoSQL 데이터베이스는 전통적인 관계형 데이터베이스보다 덜 제한적인 일관성 모델을 이용하는 데이터의 저장 및 검색을 위한 메커니즘을 제공한다. 이러한 접근에 대한 동기에는 디자인의 단순화, 수평적 확장성, 세세한 통제를 포함한다. NoSQL 데이터베이스는 단순 검색 및 추가 작업을 위한 매우 최적화된 키 값 저장 공간으로 레이턴시와 처리량과 관련하여 상당한 성능 이익을 내는 것이 목적이다. NoSQL 데이터베이스는 빅데이터와 실시간 웹 애플리케이션의 상업적 이용에 널리 쓰인다.*

> **알아두기 Non-SQL, Not Only SQL**
>
> 초기 NoSQL 기술은 SQL을 사용하지 않고 기존 관계형 데이터베이스와는 완전히 다른 방식을 사용했기에 NoSQL을 Non-SQL로 이해했다. 이때는 관계형 데이터베이스를 NoSQL로 대체하려는 성격이 강했다. 그러나 시간이 지나면서 필요에 따라 NoSQL과 SQL을 함께 사용하는 방식으로 발전했고 NoSQL 기술도 SQL과 유사한 언어를 지원하기 시작했다. 그래서 NoSQL은 Not Only SQL의 의미로 확장되었으며 최근에는 주로 이 의미로 사용된다.

---

[1] https://ko.wikipedia.org/wiki/NoSQL

데이터 시스템에서 NoSQL을 사용하는 주된 이유는 다음과 같다.

- 대용량 데이터나 분산 처리
- 고속의 읽기와 쓰기 성능
- 특정한 요구사항에 맞는 데이터 설계
- 비정형 데이터 처리 또는 유연한 스키마

수평 확장을 통한 대용량 데이터 처리에 강점이 있는 NoSQL도 있다. Cassandra나 HBase 등이 이런 특징을 갖고 있다. 이들 NoSQL은 수평 확장을 통해 데이터 저장 용량을 늘릴 수 있다. 이는 일반적으로 관계형 데이터베이스가 수직 확장을 통해 용량을 늘리는 것과 비교된다. 물론 NoSQL도 수직 확장을 통해 성능을 높이지만 단일 장비로는 저장할 수 없는 수준의 데이터를 다루기 위해 수평 확장을 사용한다. 예를 들어 Discord는 2023년 기준 수 조개의 메시지를 저장하기 위해 70개 이상의 ScyllaDB 노드를 운영하고 있다.

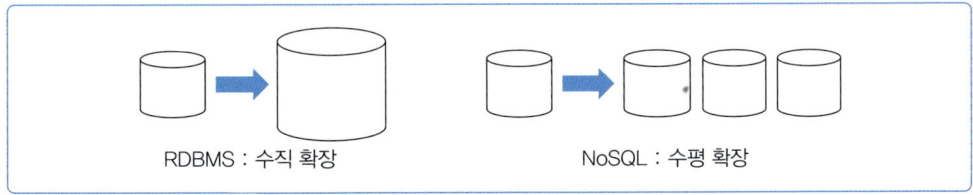

그림 B.1 NoSQL은 수평 확장을 통해 대용량 데이터를 처리한다.

> **알아두기 RDBMS와 샤딩(sharding)**
>
> 관계형 데이터베이스도 수평 확장을 할 수는 있다. 예를 들어 10개의 데이터베이스를 구성하고 각 데이터베이스에 데이터를 샤딩해서 넣는 식으로 확장할 수 있다. 하지만 이는 NoSQL의 클러스터와는 다르다. NoSQL의 클러스터는 개념적으로 데이터베이스가 하나라면 RDBMS는 서로 다른 데이터베이스 10개를 사용하는 것과 같다. 클러스터에서는 노드 중 하나에 장애가 발생해도 전체 클러스터가 정상 동작할 수 있다. 반면 샤딩으로 구성한 RDBMS는 데이터베이스 하나에 장애가 발생하면 해당 데이터베이스에 속한 데이터를 사용할 수 없게 된다.

고속 성능도 NoSQL을 사용하는 이유다. 분산 처리나 높은 성능과 같은 특징을 제공하기 위해 NoSQL은 RDBMS가 제공하는 트랜잭션의 ACID 요건 중 일부를 지원하지 않는다. 예를 들어 다중 네트워크에서 동작하는 클러스터에서 네트워크가 단절되는 문제가 발생할 때 일관성을 보장하지 않는 대신 DB를 사용할 수 있게 하는 식이다. 또한 NoSQL은 메모리 사용을 높이고 빠른 읽기와 쓰기에 알맞은 데이터 구조를 사용해서 성능을 높인다. 인덱스 생성을 최소화하고 데이터를 분산 저장함으로써 병렬 처리로 성능을 높인다.

RDBMS가 데이터 저장을 위해 전통적인 관계형 모델을 사용한다면 NoSQL은 특정한 용도에 맞는 데이터 모델을 사용한다. 아마존 DynamoDB처럼 키 값 형태로 데이터를 저장하는 NoSQL이 있는 반면 MongoDB는 BSON(바이너리 JSON) 형태로 데이터를 저장한다. 이런 데이터 모델의 특징으로 다수의 NoSQL DB는 RDBMS의 조인과 같은 기능을 지원하지 않는다.

RDBMS가 고정된 스키마를 갖는 것과 비교해 NoSQL은 고정된 스키마가 없거나 유연한 스키마를 갖는다. 이는 데이터의 신규 속성 추가와 같은 구조 변화에 좀 더 유연하게 대처할 수 있도록 한다.

NoSQL 종류

NoSQL을 나누는 다양한 기준이 존재하는데 일반적으로는 다음 4가지 유형으로 나눈다.

- 키-값 DB
- 문서 DB
- 칼럼 패밀리 DB
- 그래프 DB

키-값 DB(또는 키-값 스토어)는 가장 간단한 형태의 NoSQL이다. 자바의 Map처럼 키에 값을 매핑해서 저장한다. 대표적인 키-값 DB로는 아마존의 DynamoDB와 레디스Redis가 있다. 키-값 DB는 모든 데이터를 값으로 사용할 수 있다. 구조가 단순해서 읽기와 쓰기가 빠르다.

키-값 저장소의 주된 용도는 다음과 같다.

- 세션 관리: 인증 토큰과 같은 세션 정보를 저장한다.
- 캐시: 자주 사용하는 데이터를 캐싱하는 용도로 사용한다.
- 설정 관리: 설정은 키-값의 형태를 가지므로 키-값 DB로 관리하기에 적합하다.

> **Memo**
> 레디스는 단순히 키-값 외에 다양한 형태의 값을 지원한다. 예를 들어 레디스는 정렬된 집합을 제공하는데 이를 사용하면 순위표를 쉽게 구현할 수 있다. 또한 큐 기능을 제공하고 있어 메시징 시스템으로도 활용이 가능하다.

문서 DB는 데이터를 (주로) JSON과 유사한 문서에 저장한다. 대표적인 문서 DB로는 MongoDB가 있다. 문서 모델의 특징은 스키마가 고정되어 있지 않다는 점이다. JSON 형태면 되므로 RDBMS의 테이블과 달리 복잡하고 중첩된 모델을 쉽게 표현할 수 있다. 새로운 속성이 필요하면 추가하면 되고 중첩된 구조나 배열을 사용할 수 있다. 또한 어플리케이션에서 사용하는 데이터 모델과 DB에서 사용하는 데이터 모델이 거의 일치한다는 장점도 있다.

> **Memo**
> RDBMS에서는 종종 개념적으로 하나인 모델을 저장하기 위해 여러 테이블을 사용해야 하는 것과 비교된다.

문서 DB의 주요 용도는 다음과 같다.

- 컨텐츠 관리: 유연한 스키마를 이용해서 다양한 종류의 컨텐츠를 관리한다.
- 제품 카탈로그: 다양한 메타데이터를 가진 카탈로그를 제공한다.

칼럼 패밀리 DB는 키-값 DB의 확장 버전이라고 볼 수 있다. 대표적인 칼럼 패밀리 DB에는 Cassandra와 HBase가 있다. 각 DB마다 데이터 구조에 약간 차이가 있지만 각 행은 여러 칼럼을 가질 수 있는데 여러 칼럼들을 그룹으로 묶어 관리한다는 공통점이 있다. 또한 대량의 데이터를 저장할 수 있는 수평 확장이 용이한 구조를 갖는다.

칼럼 패밀리 DB의 주요 용도는 다음과 같다.

- 대규모 데이터 관리: 채팅 플랫폼의 채팅 메시지나 IoT 데이터 등 대규모 데이터에 대한 저장과 조회가 필요한 서비스에 사용한다.

> **알아두기 · 칼럼 기반 DB**
>
> 칼럼 기반(column oriented) DB 또는 칼럼형(columnar) DB는 칼럼 패밀리 DB와는 다르다. RDBMS에서 테이블은 일반적으로 행 단위로 데이터를 저장하는 반면 칼럼 기반 DB는 칼럼 단위로 데이터를 저장한다. 칼럼 기반 DB는 OLAP과 같이 데이터 분석 목적으로 주로 사용된다. 칼럼 기반 DB에는 Clickhouse와 MariaDB의 ColumnStore 등이 있다.

그래프 DB는 이름 그대로 데이터를 그래프 형태로 관리한다. 노드 데이터가 있고 노드와 노드를 연결하는 엣지 데이터가 있다. 노드와 엣지로 데이터의 관계를 표현하며 노드와 엣지는 필요한 프로퍼티를 갖는다. 대표적인 그래프 DB로는 Neo4j가 있다.

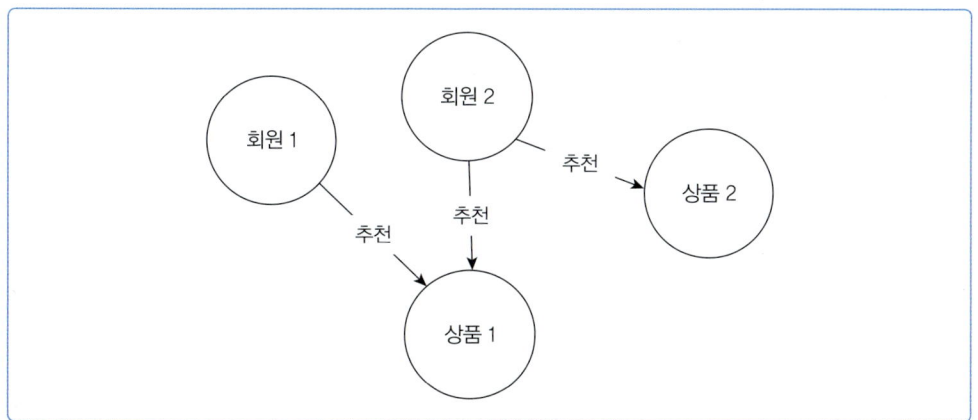

그림 B.2 그래프 DB는 노드와 엣지를 사용해서 데이터를 표현한다.

그래프 DB의 주요 용도는 다음과 같다.

- 소셜: 소셜 네트워크는 그 자체가 그래프다.
- 추천: 사용자 관계에 기반한 친구 추천, 사용자 활동에 기반한 상품 추천 등에 활용할 수 있다.
- 부정 탐지: 관계에 대한 패턴을 이용해서 실시간으로 이상 사용을 탐지할 수 있다.

NoSQL 도입 시 고려 사항

NoSQL은 성능, 확장성, 고가용성, 모델 유연함 등 좋은 특징이 있지만 RDBMS가 아닌 NoSQL을 도입할 때는 몇 가지를 고려해야 한다.

첫째, 트랜잭션 지원 여부를 고려한다. 다수의 NoSQL은 RDBMS가 지원하는 수준의 트랜잭션을 지원하지 않는다. 따라서 트랜잭션이 필요한 기능을 구현할 때는 도입하려는 NoSQL이 ACID를 지원하는지 확인하고 검증해야 한다. NoSQL이 원하는 수준의 트랜잭션을 지원하지 않으면 어플리케이션에서 따로 트랜잭션을 보완해야 한다. 또한 RDBMS와 NoSQL을 함께 사용할 경우 두 데이터 저장소 간의 데이터 동기화도 고려해야 한다.

둘째, 데이터 모델이 요구사항에 적합한지 확인해야 한다. NoSQL마다 지원하는 데이터 모델이 있다. 설문 조사처럼 질문, 답변이 계층 관계를 갖고 있는 모델은 문서 DB를 사용하면 알맞게 표현할 수 있지만 반대로 단순 캐시가 필요한 경우에는 문서 DB보다는 키-값 DB가 적당하다.

셋째, 확장성과 성능 요구도 주요 고려 사항이다. 일반적으로 NoSQL은 RDBMS와 대비해서 확장성이 뛰어나고 속도가 빠른 특징을 갖는다. 대신 높은 일관성을 지원하는 RDBMS와 달리 궁극적 일관성eventual consistency을 지원한다. 따라서 성능보다 일관성이 중요한 서비스에서는 NoSQL의 일관성 특징이 요구를 충족하는지 검증해야 한다.

넷째, 운영과 개발 역량을 확보해야 한다. 오랜 기간 사용된 RDBMS와 달리 NoSQL은 백업, 모니터링, 확장 등 관리가 복잡할 수 있다. SQL의 조인을 사용하는 것에 익숙한 개발자는 NoSQL이 제공하는 데이터 모델을 사용하는 데에 어려움을 겪을 수 있다. 따라서 NoSQL을 도입할 때에는 팀이 가진 경험을 고려해야 하며 필요하다면 미리 학습해서 기술을 익혀야 한다.

> **Column**
>
> **NoSQL 도입은 신중하게**
>
> 견물생심(見物生心)이라고 새로운 기술을 알게 되면 사용해보고 싶은 마음이 생기기 마련이다. 하지만 새로운 기술을 도입할 때는 도입 이후 운영 단계까지 고려해야 한다. 인터넷에서 쉽게 자료를 구할 수 없는 기술일수록 더욱 그렇다. 데이터 저장소는 잘못되면 서비스에 심각한 타격을 줄 수 있으므로 NoSQL을 도입할 때는 신중에 신중을 기해야 한다.
>
> 실제로 필자도 일부 서비스에 적용되어 있던 MongoDB를 걷어낸 적이 있다. 임시 저장 성격이 강한 데이터를 MongoDB에 저장했다. 기능의 중요도를 고려했을 때 MongoDB를 사용해서 얻는 이점은 거의 없었고 오히려 MongoDB를 사용하면서 구조만 더 복잡해졌다. 나중에는 MongoDB를 도입했던 인원의 퇴사로 인해 DB 운영에 문제도 있었다. 이런 이유로 MongoDB를 사용하지 않고 단순한 방식으로 저장하도록 구현을 변경해서 기능에 대한 유지보수 부담을 줄여야 했다. 아무쪼록 여러분은 잘못된 선택으로 인해 작업을 다시 하는 누를 범하지 않기를 바란다.

CAP 정리

분산 시스템에서 주로 언급되는 이론으로 CAP 정리^{theorem}가 있다. CAP 정리는 다음 세 조건을 모두 만족하는 분산 시스템은 존재하지 않는다는 것을 증명한 정리[2]이다.

- 일관성(Consistency): 모든 노드가 같은 순간에 같은 데이터를 볼 수 있다. 한 노드의 데이터가 변경되면 모든 노드의 데이터도 동일한 값으로 바뀐다.
- 가용성(Availability): 모든 요청이 성공 또는 실패 결과를 반환할 수 있다.
- 분할내성(Partition tolerance): 네트워크 장애가 발생해도 시스템이 계속 동작할 수 있다.

CAP 정리에 따르면 위 조건 중 최대 2가지만 충족할 수 있다. [그림 B.1]은 이 제약을 그림으로 표현한 것이다.

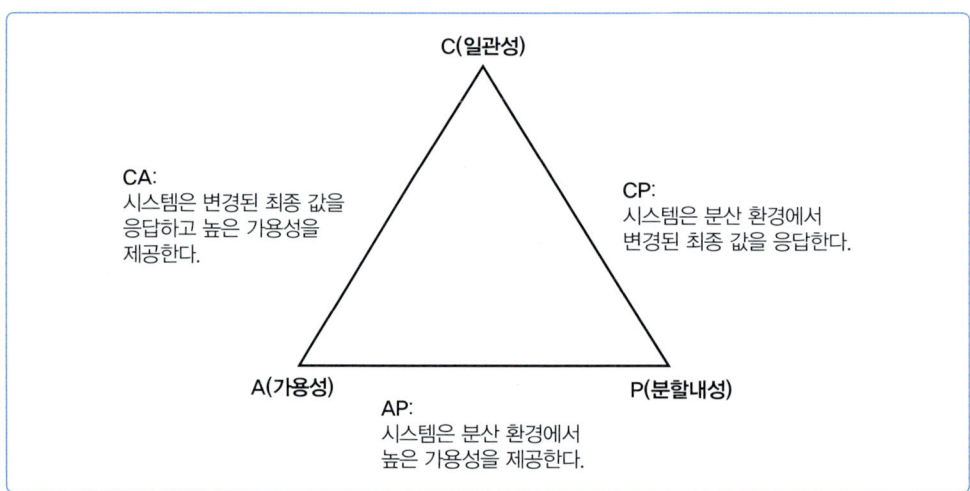

그림 B.3 CAP 정리

CAP 정리에 따르면 다음의 세 종류로 DB를 나눌 수 있다.

- CA: 모든 노드에서 일관성과 가용성을 제공한다. 즉 모든 노드에서 변경된 최종 값을 사용하고 일부 노드가 다운되어도 나머지 노드가 정상 동작한다. RDBMS가 CA에 해당한다.

---

[2] https://ko.wikipedia.org/wiki/CAP_정리

- AP: 가용성을 우선하며 분할내성을 제공한다. 노드 간에 네트워크 분할이 발생하면 일관성을 포기하고 기능을 계속한다(가용성). Cassandra가 AP에 해당한다.
- CP: 일관성을 우선하며 분할내성을 제공한다. 네트워크 분할이 발생하면 일관성을 보장할 수 없으므로 분할이 해결될 때까지 (일부 또는 전체) 기능을 차단한다. MongoDB가 CP에 해당한다.

NoSQL은 분산 시스템을 기반으로 하고 있기 때문에 분할내성을 기본으로 한다. 따라서 NoSQL은 가용성(AP)이나 일관성(CP)을 우선하는 설계를 선택한다. 그러니 서비스의 품질 속성에서 가용성과 일관성 중 무엇에 중점을 두느냐에 따라 선택할 수 있는 NoSQL도 달라진다.

Appendix C

부록 C

DB로 분산 잠금 구현하기

이 장에서 다룰 내용
- DB 이용 분산 잠금 구현

예전에 다음과 같은 요구사항을 만족해야 하는 기능을 구현한 적이 있다.

- 애플리케이션이 1분 간격으로 작업을 실행함
- 애플리케이션 프로세스는 여러 노드에서 실행됨
- 동시에 여러 스레드가 작업을 실행하면 데이터에 문제가 발생함

즉, 동시에 두 개 이상의 프로세스가 실행되더라도 그중 하나의 프로세스, 하나의 스레드만 작업을 실행해야 했다. 이러한 요구를 만족하려면 분산 잠금이 필요하다. 레디스나 주키퍼 Zookeeper 같은 기술을 사용할 수도 있지만 구조를 단순하게 유지하고 싶었다. 그래서 분산 잠금 수단으로 DB를 사용했다. 이 부록에서는 일정 시간 동안 잠금을 소유하는 방식의 분산 잠금을 DB로 구현해본다.

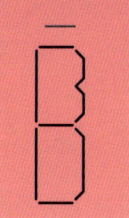

잠금 정보 저장 테이블

분산 잠금을 구현하기 위해 필요한 테이블 스키마는 [그림 C.1]과 같다.

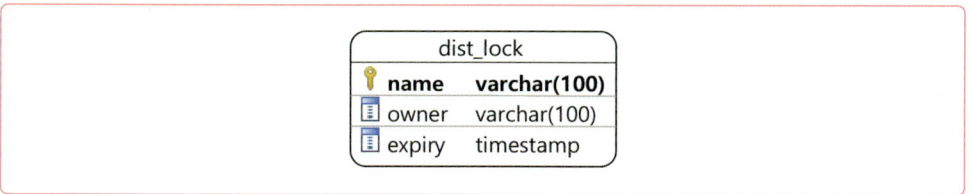

그림 C.1 분산 잠금을 구현하기 위한 DB 테이블 구조

각 칼럼의 역할은 다음과 같다.

- name: 개별 잠금을 구분하기 위한 값으로, 주요 키^{primary key}이다.
- owner: 잠금 소유자를 구분하기 위한 값으로, 여러 스레드가 같은 이름의 잠금을 시도할 때 충돌을 처리한다.
- expiry: 잠금 소유 만료 시간으로, 한 소유자가 오랜 시간 잠금을 소유하지 못하도록 한다.

다음은 MySQL용 테이블 생성 쿼리이다.

```sql
CREATE TABLE dist_lock
(
    name varchar(100) NOT NULL COMMENT '락 이름',
    owner varchar(100) COMMENT '락 소유자',
    expiry datetime COMMENT '락 만료 시간',
    primary key (name)
)
```

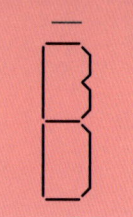
분산 잠금 동작

분산 잠금이 필요한 스레드는 다음 절차에 따라 잠금을 획득한다.

1. 트랜잭션을 시작한다.
2. 선점 잠금 쿼리(for update)를 이용해 해당 행을 점유한다.
3. 행이 없으면 잠금 테이블에 새로운 데이터를 추가한다.
4. owner가 다른데 아직 expiry가 지나지 않았다면, 잠금 획득에 실패한다.
5. owner가 다른데 expiry가 지났다면, owner와 expiry 값을 변경한 후 잠금을 획득한다.
6. owner가 같다면 expiry만 갱신한 후 잠금을 획득한다.
7. 트랜잭션을 커밋하고 소유 결과를 리턴한다.
8. 트랜잭션 커밋에 실패하면 잠금 획득도 실패한다.

이 절차에 따라 잠금 소유에 성공했다면 원하는 기능을 실행하고, 실패했다면 기능을 실행하지 않도록 구현한다.

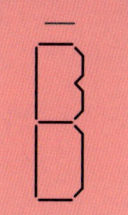

DB 잠금 구현

먼저 구현할 코드는 잠금 소유자를 표현하는 LockOwner 타입으로 [리스트 C.1]과 같다.

리스트 C.1 LockOwner.java

```java
01   package distlock;
02
03   import java.time.LocalDateTime;
04
05   public record LockOwner(String owner, LocalDateTime expiry) {
06       public boolean isOwnedBy(String owner) {
07           return this.owner.equals(owner);
08       }
09       public boolean isExpired() {
10           return expiry.isBefore(LocalDateTime.now());
11       }
12   }
```

dist_lock 테이블에는 현재 잠금 소유자와 만료일 정보를 저장한다. LockOwner 클래스는 현재 소유자가 누구인지 비교하기 위한 isOwnerBy() 메서드와 잠금이 만료됐는지 여부를 확인하는 isExpired() 메서드를 제공한다.

실제 잠금 로직은 DistLock 클래스에서 구현한다. 이 클래스를 사용해서 분산 잠금을 시도하는 코드는 다음과 같은 구조를 갖는다.

```java
// 분산 잠금 생성
DistLock lock = new DistLock(ds);
String owner = "owner1";
if (lock.tryLock("lockName", owner, Duration.ofMinutes(1))) {
    // 잠금에 성공
    … 코드 실행
} else {
    // 잠금에 실패
}
```

구현 코드는 [리스트 C.2]와 같다. 코드가 길어 tryLock() 메서드를 먼저 표시했다. 다른 메서드는 이어서 살펴보겠다.

리스트 C.2 DistLock.java – tryLock() 메서드

```
01  package distlock;
02
03  import javax.sql.DataSource;
04  import java.sql.*;
05  import java.time.Duration;
06  import java.time.LocalDateTime;
07
08  public class DistLock {
09      private final DataSource dataSource;
10
11      public DistLock(DataSource dataSource) {
12          this.dataSource = dataSource;
13      }
14
15      public boolean tryLock(String name, String owner, Duration duration) {
16          Connection conn = null;
17          boolean owned;
18          try {
19              conn = dataSource.getConnection();
20              conn.setAutoCommit(false);
21              LockOwner lockOwner = getLockOwner(conn, name);
22              if (lockOwner == null || lockOwner.owner() == null) {
23                  // 아직 소유자가 없음 - 잠금 소유 시도
24                  insertLockOwner(conn, name, owner, duration);
25                  owned = true;
26              } else if (lockOwner.isOwnedBy(owner)) {
27                  // 소유자 같음 - 만료 시간 연장
28                  updateLockOwner(conn, name, owner, duration);
29                  owned = true;
30              } else if (lockOwner.isExpired()) {
31                  // 소유자 다름 && 만료 시간 지남 - 잠금 소유 시도
32                  updateLockOwner(conn, name, owner, duration);
33                  owned = true;
34              } else {
```

```
35                        // 소유자 다름 && 만료 시간 안 지남 - 잠금 소유 실패
36                        owned = false;
37                    }
38                    conn.commit();
39            } catch (Exception e) {
40                owned = false;
41                rollback(conn);
42            } finally {
43                close(conn);
44            }
45            return owned;
46        }
```

- 11~13행: DB를 이용하므로 연결을 구할 DataSource를 생성자로 받는다.
- 17행: owned 변수는 잠금 성공 여부를 저장한다.
- 21행: DB에서 잠금 소유자 정보를 구한다. getLockOwner() 메서드는 동시 실행을 막기 위해 "select for update" 쿼리를 실행한다.
- 22~25행: 잠금 소유자가 없으면 잠금 데이터를 추가하는 insert 쿼리를 실행하고 owned를 true로 설정한다.
- 26~29행: 잠금 소유자가 같으면 만료 시간을 연장하는 update 쿼리를 실행하고 owned를 true로 설정한다.
- 30~33행: 잠금 소유자가 다르고 만료 시간이 지났으면 소유자를 변경하는 update 쿼리를 실행하고 owned를 true로 설정한다.
- 34~36행: 잠금 소유자가 다른데 만료 시간이 지나지 않았으면 잠금에 실패하므로 owned를 false로 설정한다.
- 39~41행: DB 연동에 실패하면 잠금에 실패하므로 owned를 false로 설정한다. 예를 들어 잠금 데이터가 없는 상황에서 동시에 insert 쿼리를 실행하면 두 트랜잭션 중 하나는 주요키 중복에 의한 예외가 발생하므로 잠금을 실패 처리한다.
- 45행: 잠금 시도 결과를 리턴한다.

tryLock() 메서드에서 사용하는 3가지 메서드, 즉 getLockOwner(), insertLockOwner(), updateLockOwner()에 대한 구현은 [리스트 C.3]과 같다.

리스트 C.3 tryLock( ) 메서드에서 사용하는 메서드

```java
01    private LockOwner getLockOwner(Connection conn, String name) throws
02    SQLException {
03        try (PreparedStatement pstmt = conn.prepareStatement(
04                "select * from dist_lock where name = ? for update")) {
05            pstmt.setString(1, name);
06            try (ResultSet rs = pstmt.executeQuery()) {
07                if (rs.next()) {
08                    return new LockOwner(
09                            rs.getString("owner"),
10                            rs.getTimestamp("expiry").toLocalDateTime());
11                }
12            }
13        }
14        return null;
15    }
16
17    private void insertLockOwner(
18            Connection conn, String name, String ownerId, Duration duration)
19    throws SQLException {
20        try (PreparedStatement pstmt = conn.prepareStatement(
21                "insert into dist_lock values (?, ?, ?)")) {
22            pstmt.setString(1, name);
23            pstmt.setString(2, ownerId);
24            pstmt.setTimestamp(3, getExpiry(duration));
25            pstmt.executeUpdate();
26        }
27    }
28
29    private static Timestamp getExpiry(Duration duration) {
30        return Timestamp.valueOf(
31                LocalDateTime.now().plusSeconds(duration.getSeconds())
32        );
33    }
34
35    private void updateLockOwner(
36            Connection conn, String name, String owner, Duration duration) throws
37    SQLException {
38        try (PreparedStatement pstmt = conn.prepareStatement(
39                "update dist_lock set owner = ?, expiry = ? where name = ?")) {
```

```
40              pstmt.setString(1, owner);
41              pstmt.setTimestamp(2, getExpiry(duration));
42              pstmt.setString(3, name);
43              pstmt.executeUpdate();
44          }
45      }
```

getLockOwner( ) 메서드에서 핵심은 4행의 쿼리이다.

```
select * from dist_lock where name = ? for update
```

이 쿼리는 for update를 사용해서 한 번에 한 트랜잭션만 데이터를 조회할 수 있게 제한하고 있다. 이를 통해 분산 환경에서 잠금 데이터에 동시에 접근하는 것을 제어한다.

명시적으로 잠금을 해제할 수 있도록 unlock( ) 메서드도 구현했다. 잠금에 성공하면 unlock( )을 실행하는 방식으로 코드를 작성하면 된다.

```
if (lock.tryLock("lockName", owner, Duration.ofMinutes(1))) {
    // 잠금에 성공
    try {
        … 코드 실행
    } finally {
        lock.unlock("lockName", owner);
    }
}
```

unlock( ) 메서드의 코드는 [리스트 C.4]와 같다.

리스트 C.4 unlock( ) 메서드

```
01  public void unlock(String name, String owner) {
02      Connection conn = null;
03      try {
04          conn = dataSource.getConnection();
05          conn.setAutoCommit(false);
```

```
06
07              LockOwner lockOwner = getLockOwner(conn, name);
08              if (lockOwner == null || !lockOwner.isOwnedBy(owner)) {
09                  throw new IllegalStateException("no lock owner");
10              }
11              if (lockOwner.isExpired()) {
12                  throw new IllegalStateException("lock is expired");
13              }
14              clearOwner(conn, name);
15              conn.commit();
16          } catch (SQLException e) {
17              rollback(conn);
18              throw new RuntimeException("fail to unlock: " + e.getMessage());
19          } finally {
20              close(conn);
21          }
22      }
23
24      private void clearOwner(
25              Connection conn, String name)
26              throws SQLException {
27          try (PreparedStatement pstmt = conn.prepareStatement(
28                  "update dist_lock set owner = null, expiry = null where name = ?")) {
29              pstmt.setString(1, name);
30              pstmt.executeUpdate();
31          }
32      }
```

- 07행: 잠금 소유자 정보를 구한다.
- 8-10행: 잠금 소유자가 아니면 익셉션을 발생한다.
- 11-13행: 소유자가 본인이 맞지만 만료 시간이 지났으면 익셉션을 발생한다.
- 14행: 본인 소유가 맞고 만료 시간이 안 지났으면 잠금을 해제한다.
- 24-32행: clearOwner() 메서드는 소유자와 만료 시간 칼럼을 null로 설정해서 잠금을 해제 처리한다.

마지막 남은 코드는 tryLock( )과 unlock( )에서 호출하는 rollback( )과 close( ) 메서드다.

리스트 C.5 남은 메서드

```
01    private void rollback(Connection conn) {
02        if (conn != null) {
03            try {
04                conn.rollback();
05            } catch (SQLException ex) {
06            }
07        }
08    }
09
10    private void close(Connection conn) {
11        if (conn != null) {
12            try {
13                conn.setAutoCommit(false);
14            } catch (SQLException ex) {
15            }
16            try {
17                conn.close();
18            } catch (SQLException e) {
19            }
20        }
21    }
22  }
```

Index

▶ 기호 / 숫자

.bash_profile 파일	275
.bashrc 파일	275
2)&1	261

▶ ㄱ

가비지 컬렉터	40
가상 스레드	192
감사 로그	241
개인 키	230
게시자	125
결과적 일관성	133
경량 스레드	192
계층형 아키텍처	302
고루틴	192
고정 IP	288
고정 세션	216
공개 키	230
공인 IP 주소	288
교착 상태	180
구독자	125
궁극적 일관성	133
그래프 DB	334
글로벌 트랜잭션	129
기아 상태	182

▶ ㄴ

낙관적 잠금	169
널 카피	265
네트워크	283
노드	283
논블로킹 IO	199

▶ ㄷ

단방향 암호화	226
단일 인덱스	56
단편화	74
대칭 키 암호화	230
동기화된 컬렉션	167
동적 IP	288
디스코드	43

▶ ㄹ

라우터	284
라운드 로빈	28
라이브락	181
레디스	333
레인보우 테이블	228
로그 로테이션	264
로드 밸런서	27
로컬 캐시	37
리모트 캐시	37
리액터 네티	205
리액터 패턴	203
리프레시 토큰	221

▶ ㅁ

마이크로서비스 아키텍처	307
메시징 시스템	124
멱등성	97
모놀리식 아키텍처	307
문서 DB	333
뮤텍스	160

▶ ㅂ

방화벽	239
백그라운드 프로세스	259

버추얼박스	250
버클존	317
벌크헤드	101
베이그런트	250
복합 인덱스	56
분산 서비스 거부 공격	240
분산 잠금	173
브루트 포스 공격	243
블로킹	189
블로킹 IO	189
비관적 잠금	169
비대칭 키 암호화	230
비동기 방식	116
비선점 잠금	169
빠른 실패	103

원자적 연산	66
원자적 타입	165
웹 방화벽	240
응답 시간	18
이름	285
이벤트 기반 아키텍처	310
이벤트 루프	204
이벤트 메시지	131
이벤트 브로커	310
이벤트 생산자	310
이벤트 소비자	310
인가	214
인증	214
읽기 쓰기 잠금	163
임계 영역	156

ㅅ

사설 IP 주소	288
생산자	125
선점 잠금	169
선택도	58
성능 테스트	316
세마포어	161
소비자	125
소켓 타임아웃	95
속성 기반 접근 제어	223
솔트	229
수직 확장	26
수평 확장	27
스레드	123
스레드 풀	197

ㅇ

액세스 토큰	221
양방향 암호화	230
역할 기반 접근 제어	222

ㅈ

잠금	156
재시도	96
재시도 폭풍	99
적중률	36
전문 검색 인덱스	55
정규화	66

ㅊ

처리량	21
충돌 저항성	227

ㅋ

칼럼 기반 DB	334
칼럼 패밀리 DB	334
캐리어 스레드	194
캐시	34
캐시 무효화	39
캐시 서버	76

커맨드 메시지 · 131
커버링 인덱스 · 59
컨텍스트 스위칭 · · · · · · · · · · · · · · · · · · 190
크론 · 271
크론탭 · 271
키 – 값 DB · 333

▶ ㅌ

타임아웃 · 91
터미널 · 259

▶ ㅍ

파일 디스크립터 · · · · · · · · · · · · · · · · · · 266
패킷 · 283
포그라운드 프로세스 · · · · · · · · · · · · · · 259
포화점 · 317
풀 스캔 · 52
프로토콜 · 294

▶ ㅎ

호출 타임아웃 · 95

▶ A

Accept-Encoding 요청 헤더 · · · · · · · · · · 44
access token · 221
Attribute-Based Access Control · · · · · · 223
at 명령어 · 273
authentication · · · · · · · · · · · · · · · · · · · 214
authorization · 214

▶ B

blocking · 189
Bulkhead · 101

▶ C

Cache-Control 헤더 · · · · · · · · · · · · · · · 46
CAP 정리 · 338
CAS · 166
Cassandra · 334
CDC · 142
CDN · 47
Change Data Capture · · · · · · · · · · · · · 142
chmod · 253
Circuit Breaker · · · · · · · · · · · · · · · · · · 102
Clickhouse · 334
collision resistance · · · · · · · · · · · · · · · 227
Consumer · 125
Content Delivery Network · · · · · · · · · · · 47
Content-Encoding 응답 헤더 · · · · · · · · · 44
context switching · · · · · · · · · · · · · · · · 190
CORS(Cross Origin Resource Sharing) · · · · · 245
CPU 중심 작업 · · · · · · · · · · · · · · · · · · 196
CQRS 패턴 · 312
Critical Section · · · · · · · · · · · · · · · · · · 156
cron · 271
crontab · 271
CSRF(Cross-Site Request Forgery) · · · · · · · · · 245

▶ D

DB 커넥션 풀 · 29
DDD(Domain-Driven Design) · · · · · · · · 305
DDoS · 240
deadlock · 180
DefaultLimitNOFILE · · · · · · · · · · · · · · 268
df 명령어 · 262
DHCP(Dynamic Host Configuration Protocol) · · · · 288
DNAT(Destination NAT) · · · · · · · · · · · · 290
DNS(Domain Name System) · · · · · · · · 285
Domain Name · · · · · · · · · · · · · · · · · · · 285
du 명령어 · 262
DynamoDB · 333

▶ E

Event-Driven Architecture · · · · · · · · · · · · · 310
eventual consistency · · · · · · · · · · · · · · · · · 133

▶ F

fail fast · 103
File Descriptor · 266
find 명령어 · 264
firewall · 239
full scan · 52

▶ H

HBase · 334
Head-of-Line Blocking · · · · · · · · · · · · · · · 295
HMAC · 236
HOL 블로킹 · 295
hosts 파일 · 287

▶ I

IO 멀티플렉싱 · 202
IO 중심 작업 · 196
IP 주소 · 285

▶ K

kill 명령어 · 258

▶ L

Layered Architecture · · · · · · · · · · · · · · · · 302
Least Frequently Used · · · · · · · · · · · · · · · · 36
Least Recently Used · · · · · · · · · · · · · · · · · · 36
LFU · 36
LimitNOFILE 설정 · · · · · · · · · · · · · · · · · · · 268

livelock · 181
lock · 156
LRU · 36
lsof 명령어 · 269

▶ M

MongoDB · 333
mutex · 160

▶ N

NAT(Network Address Translation) · · · · · · 290
nc 명령어 · 277
Neo4j · 334
network · 283
nGrinder · 324
node · 283
nohup · 260
normalization · 66
NoSQL · 330
null copy · 265

▶ P

packet · 283
private key · 230
Producer · 125
protocol · 294
public key · 230
Publisher · 125

▶ Q

QUIC 프로토콜 · 296

▶ R

찾아보기 **355**

rainbow table · 228
ReentrantLock · 158
refresh token · 221
Role-Based Access Control · · · · · · · · · · · · 222
router · 284
RPS · 21

▶ S

saturation point · 317
selectivity · 58
Semaphore · 161
SNAT(Source NAT) · · · · · · · · · · · · · · · · · · · 290
SQL 인젝션 · 245
startvation · 182
Subscriber · 125
sudo · 254
systemctl show 명령어 · · · · · · · · · · · · · · · · 267

▶ T

TCP(Transmission Control Protocol) · · · · · · · · · · · · · · 294
Time to First Byte · 19
Time to Last Byte · 19
TPS · 21
TTFB · 19
TTLB · 19

▶ U

UDP(User Datagram Protocol) · · · · · · · · · · 295
ulimit 명령어 · 266

▶ V

Vagrant · 250
Virtualbox · 250
VPN(Virtual Private Network) · · · · · · · · · · · · · 292

▶ W

WAF · 240